电子信息科学与工程类专业规划教材

U0838848

TMS320LF240x DSP 原理及应用（第 2 版）

杨　光　主编

杨　光　王英志　宿敬辉　冯　涛　秦永左　编著

電子工業出版社
Publishing House of Electronics Industry
北京・BEIJING

内容简介

本书以 TMS320LF240x 模块的结构、原理及应用为主线，介绍了各个功能模块的基本原理，列举了相应的应用实例，给出了应用系统设计的电路原理图和程序清单。全书共 14 章，内容涉及 TMS320LF240x DSP 基本结构及引脚功能，内部资源，寻址方式和指令系统，通用目标文件格式及头文件，总线扩展及应用，看门狗定时器模块，数字输入/输出模块工作原理及使用方法，事件管理器模块的原理及应用，串行通信接口模块的原理及应用，A/D 转换模块，串行外设接口模块，CAN 控制器模块，应用系统设计，开发环境等。全书紧密结合教学需要，强调工程实践应用，结构合理，入门简单，层次清楚，内容详实，并附有习题。

本书可作为高等院校电子、电气、计算机、自动化及机电一体化等专业本科生和研究生 DSP 应用技术课程的教材，也可作为数字信号处理器应用开发人员的参考书。

图书在版编目（CIP）数据

TMS320LF240x DSP 原理及应用/杨光主编. —2 版. —北京：电子工业出版社，2015.7

ISBN 978-7-121-26221-0

Ⅰ. ①T… Ⅱ. ①杨… Ⅲ. ①数字信号处理－高等学校－教材 Ⅳ. ①TN911.72

中国版本图书馆 CIP 数据核字（2015）第 120367 号

策划编辑：谭海平
责任编辑：谭海平　　特约编辑：王　崧
印　　刷：三河市双峰印刷装订有限公司
装　　订：三河市双峰印刷装订有限公司
出版发行：电子工业出版社
　　　　　北京市海淀区万寿路 173 信箱　邮编 100036
开　　本：787×1092　1/16　印张：17　字数：457 千字
版　　次：2015 年 7 月第 1 版
印　　次：2015 年 7 月第 1 次印刷
定　　价：39.00 元

凡所购买电子工业出版社图书有缺损问题，请向购买书店调换。若书店售缺，请与本社发行部联系，联系及邮购电话：（010）88254888。

质量投诉请发邮件至 zlts@phei.com.cn，盗版侵权举报请发邮件至 dbqq@phei.com.cn。

服务热线：（010）88258888。

前 言

本书共分为 14 章，第 1 章介绍 TMS320LF240x DSP 基本结构及引脚功能；第 2 章介绍了 TMS320LF240x DSP 结构及内部资源；第 3 章主要讨论 TMS320LF240x DSP 寻址方式和指令系统，并对主要的汇编指令给出详细的说明；第 4 章介绍通用目标文件格式及头文件；第 5 章介绍 TMS320LF240x 总线扩展以及应用；第 6 章介绍看门狗定时器模块；第 7 章对数字输入/输出模块工作原理及使用方法进行详细描述；第 8 章介绍事件管理器模块的原理及应用，对通用定时器、脉宽调制电路、比较单元和正交编码电路进行了详细描述；第 9 章介绍串行通信接口模块的原理及应用；第 10 章介绍 A/D 转换模块并给出实例；第 11 章介绍串行外设接口模块；第 12 章介绍 CAN 控制器模块；第 13 章介绍 TMS320LF240x DSP 的应用系统设计；第 14 章介绍 TMS320LF240x 芯片开发环境，重点描述 CCS v3.3 开发平台的应用。

本书由长春理工大学电子信息工程学院杨光副教授担任主编。第 1 章和第 2 章由王英志编写，第 3 章和第 4 章由宿敬辉编写，第 5 章至第 7 章由秦永左编写，第 8 章至第 13 章由杨光编写，第 14 章由冯涛编写。

本书可作为普通高校通信、信息、电子、自动化、电气、计算机等有关专业高年级本科生和研究生的教材，还可作为有关教师和科研人员的参考用书。

本书编写时参阅了许多优秀的 DSP 技术书籍，在此向这些书籍的作者表示真诚的谢意。

由于 DSP 芯片发展迅速及编者水平和掌握的资料有限，书中不当和错误之处在所难免，恳请广大读者批评指正。

编著者

2015 年 7 月

目 录

第 1 章　TMS320LF240x DSP 概述

TMS320 系列包括定点、浮点、多处理器 DSP 和定点 DSP 控制器。TMS320 系列 DSP 的体系结构专为实时信号处理而设计，该系列 DSP 控制器将实时处理能力和控制器外设功能集于一身，为控制系统应用提供了理想的解决方案。以下特性使得 TMS320 系列成为很多信号处理及控制应用的理想选择：

⑴灵活的指令集；

⑵灵活的内部操作；

⑶高速的运算能力；

⑷改进的并行结构；

⑸有效的成本。

TMS320 同一产品系列中的器件具有相同的 CPU 结构，但片内存储器和外设的配置不同。派生器件集成了新的片内存储器和外设，以满足世界范围内电子市场的不同需求。将存储器和外设集成到控制器内部，TMS320 器件降低了系统成本，节省了电路板空间，提高了系统可靠性。

1.1　TMS320LF240x 系列 DSP 概述

在 TMS320 系列 DSP 的基础上，TMS320LF240x 系列 DSP 有以下特点：

⑴运算速度。采用高性能静态 CMOS 技术，使得供电电压降为 3.3V，使控制器的功耗大大减小，从而提高了控制器的实时控制能力。单周期指令执行时间为 50ns、33ns 或 25ns，即运算能力为 20MIPS、30MIPS 或 40MIPS。

⑵兼容性。基于 TMS320LF240x DSP 的 CPU 核，保证了 F240x 系列 DSP 芯片的源代码与 TMS320 系列 DSP 完全兼容。

⑶片内存储器。TMS320LF240x 片内有高达 32KW 的 FLASH 程序存储器，高达 1.5KW 的数据/程序 RAM，544W 的双口 RAM（DARAM）和 2KW 的单口 RAM（SARAM）。

⑷两个事件管理器模块 EVA 和 EVB，每个模块包括：2 个 16 位通用定时器，8 个 16 位脉宽调制（PWM）通道，3 个捕获单元，片内编码器接口电路。

⑸可扩展的外部存储器（LF2407）的空间共 192KW，即 64KW 的程序存储器空间、64KW 的数据存储器空间和 64KW 的 I/O 寻址空间。

⑹看门狗定时器模块（WDT）。

⑺10 位 A/D 转换器，最小转换时间为 500ns。

⑻控制器局域网络（CAN）2.0B 模块。

⑼串行通信接口（SCI）模块。

⑽16 位串行外设（SPI）接口模块。

⑾高达 40 个可单独编程或复用的通用输入/输出引脚（GPIO）。

⑿5 个外部中断（两个电动机驱动保护、复位和两个可屏蔽中断）。

⒀电源管理包括 3 种低功耗模式。

1.2 TMS320LF240x DSP 结构及引脚功能

图 1.1～图 1.4 列出了 TMS320LF2407/6/2 的 PGE 封装图及 TMS320LF2407 DSP 的功能结构图，引脚功能如表 1.1 所示。

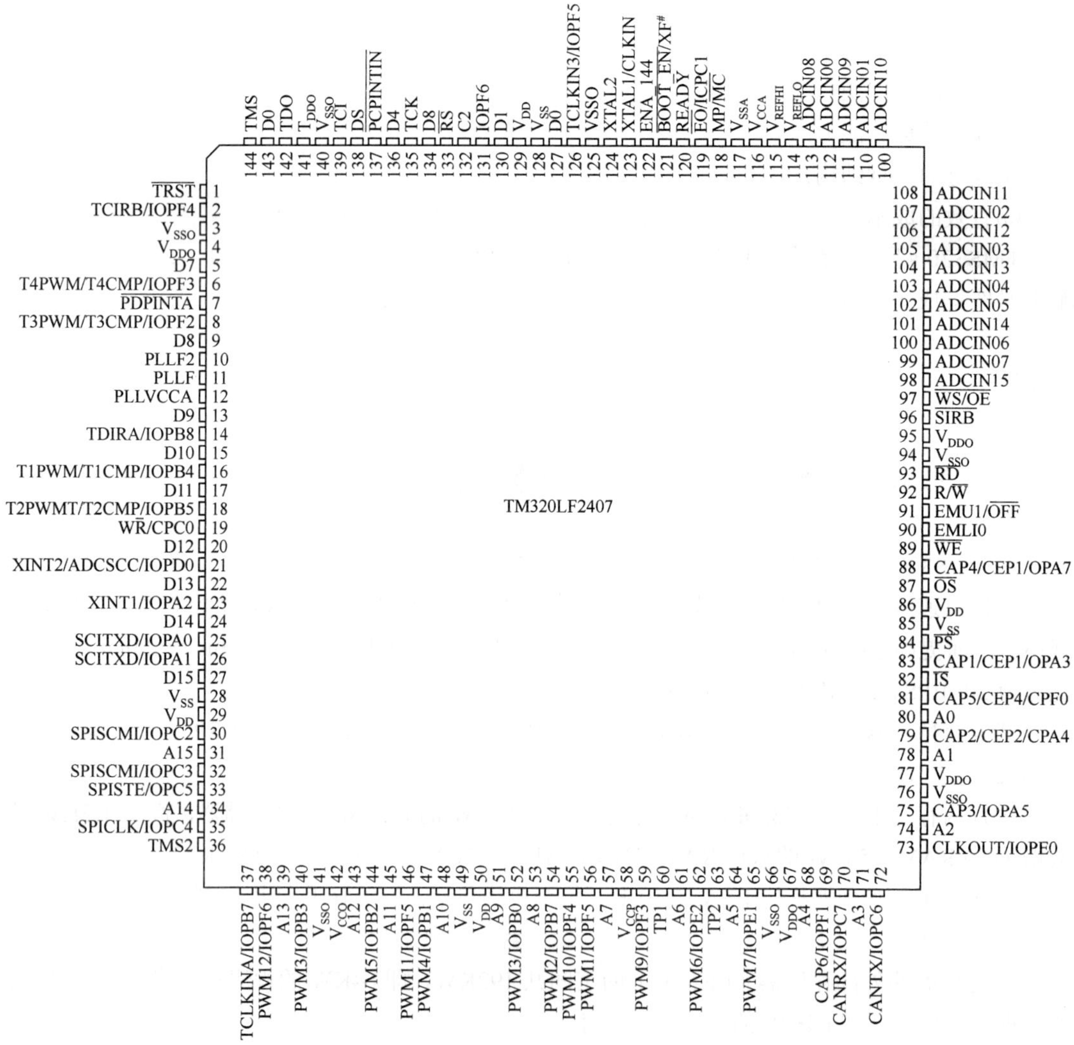

图 1.1 TMS320LF2407 的 PGE 封装（俯视）

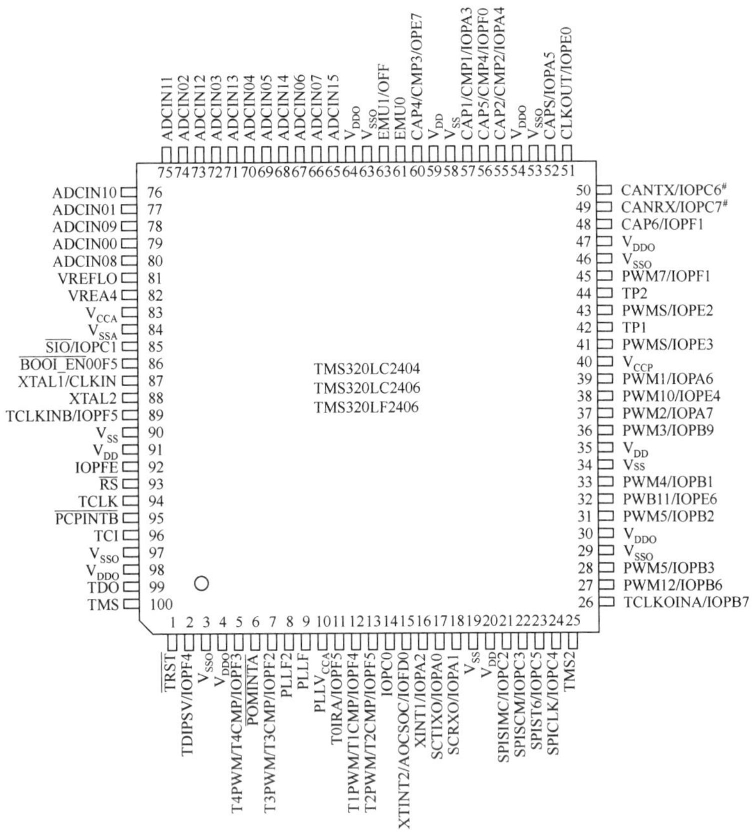

图 1.2 TMS320LF2406 的 PGE 封装（俯视）

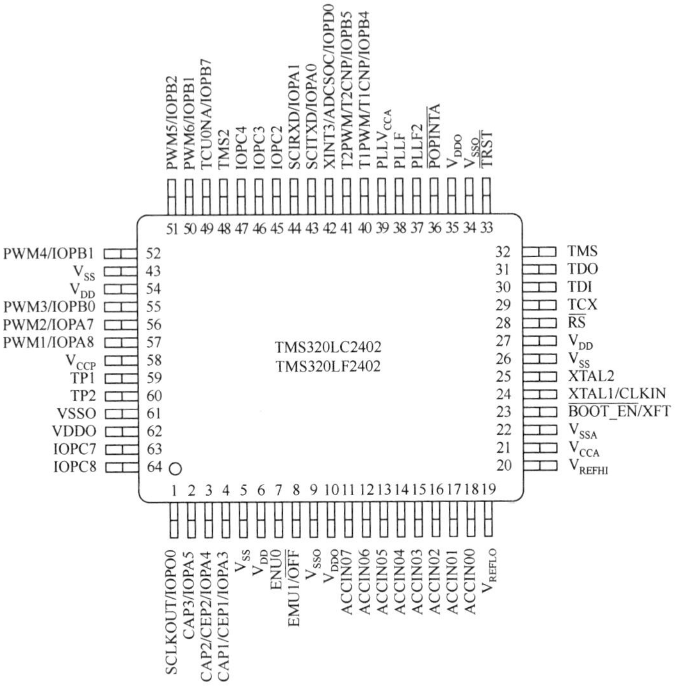

图 1.3 TMS320LF2402 的 PGE 封装（俯视）

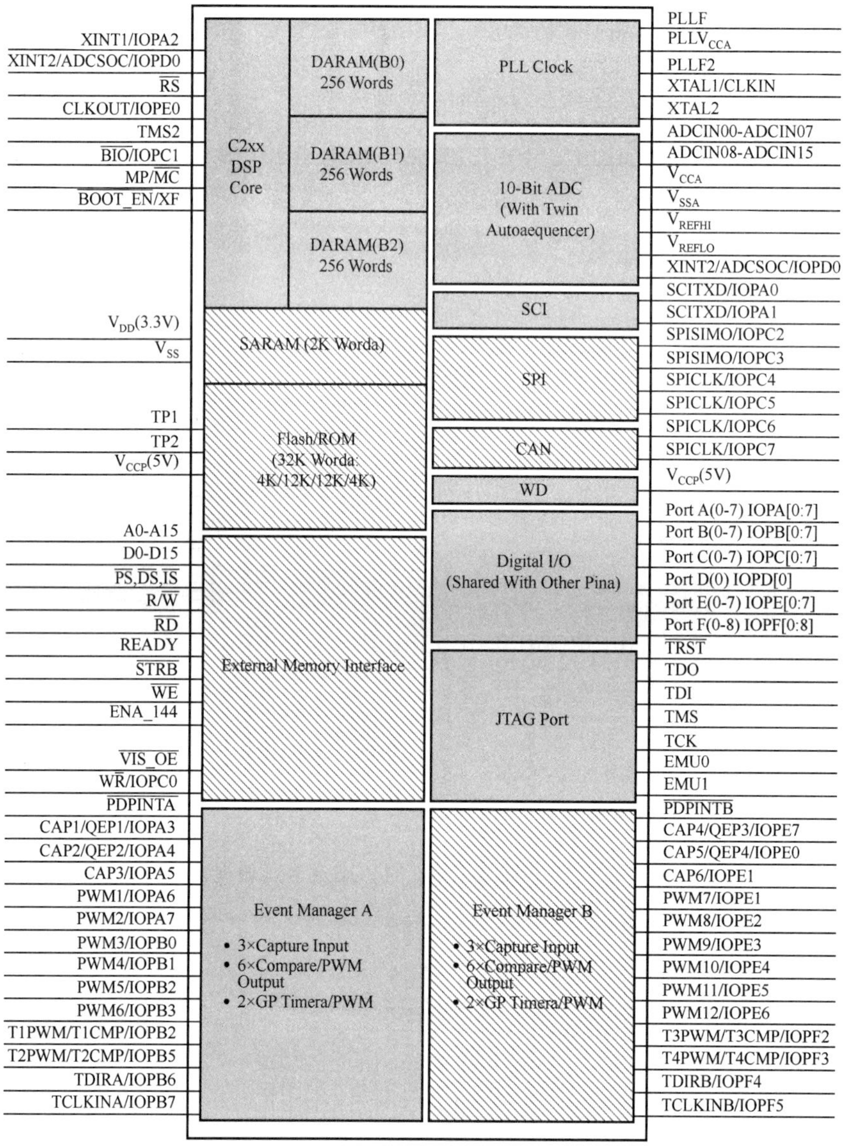

图 1.4 TMS320LF2407 DSP 的功能结构图

表 1.1 TMS320LF240x 的引脚功能

引 脚 名 称	2407	2406	2402	功 能 描 述
事件管理器 A（EVA）				
CAP1/QEP1/IOPA3	83	57	4	EVA 模块的捕获输入#1/正交编码脉冲输入 1#/或通用 IO（↑）
CAP2/QEP2/IOPA4	79	55	3	EVA 模块的捕获输入#2/正交编码脉冲输入 2#/或通用 IO（↑）
CAP3/IOPA5	75	52	2	EVA 模块的捕获输入#3 或通用 IO（↑）
PWM1/IOPA6	56	39	59	EVA 模块的比较/PWM 输出引脚#1 或通用 IO（↑）
PWM2/IOPA7	54	37	58	EVA 模块的比较/PWM 输出引脚#2 或通用 IO（↑）
PWM3/IOPB0	52	36	57	EVA 模块的比较/PWM 输出引脚#3 或通用 IO（↑）
PWM4/IOPB1	47	33	54	EVA 模块的比较/PWM 输出引脚#4 或通用 IO（↑）
PWM5/IOPB2	44	31	53	EVA 模块的比较/PWM 输出引脚#5 或通用 IO（↑）
PWM6/IOPB3	40	28	50	EVA 模块的比较/PWM 输出引脚#6 或通用 IO（↑）
T1PWM/T1CMP/IOPB4	16	12	40	EVA 模块的通用定时器 1（TMR1）比较输出或通用 IO（↑）

（续表）

引脚名称		2407	2406	2402	功能描述
事件管理器 A（EVA）					
T2PWM/T2CMP/IOPB5		18	13	41	EVA 模块的通用定时器 2（TMR2）比较输出或通用 IO（↑）
TDIRA/IOPB6		14	11		通用定时器计数方向选择（EVA）或通用 IO；若 TDIRA = 1，选择加计数，否则选择减计数（↑）
TCLKINA/IOPB7		37	26	49	EVA 模块的通用定时器的外部时钟输入或通用 IO（该定时器也可以用内部时钟）（↑）
事件管理器 B（EVB）					
CAP4/QEP3/IOPE7		88	60		EVB 模块的捕获输入#4/正交编码脉冲输入 3#/或通用 IO（↑）
CAP5/QEP4/IOPF0		81	56		EVB 模块的捕获输入#5/正交编码脉冲输入 4#/或通用 IO（↑）
CAP6/IOPF1		69	48		EVB 模块的捕获输入#6 或通用 IO（↑）
PWM7/IOPE1		65	45		EVB 模块的比较/PWM 输出引脚#7 或通用 IO（↑）
PWM8/IOPE2		62	43		EVB 模块的比较/PWM 输出引脚#8 或通用 IO（↑）
PWM9/IOPE3		59	41		EVB 模块的比较/PWM 输出引脚#9 或通用 IO（↑）
PWM10/IOPE4		55	38		EVB 模块的比较/PWM 输出引脚#10 或通用 IO（↑）
PWM11/IOPE5		46	32		EVB 模块的比较/PWM 输出引脚#11 或通用 IO（↑）
PWM12/IOPE6		38	27		EVB 模块的比较/PWM 输出引脚#12 或通用 IO（↑）
T3PWM/T3CMP/IOPF2		8	7		EVB 模块的通用定时器 3（TMR3）比较输出或通用 IO（↑）
T4PWM/T4CMP/IOPF3		6	5		EVB 模块的通用定时器 4（TMR4）比较输出或通用 IO（↑）
TDIRB/IOPF4		2	2		通用定时器计数方向选择（EVB）或通用 IO；若 TDIRB = 1，选择加计数，否则选择减计数（↑）
TCLKINB/IOPF5		126	89		EVB 模块的通用定时器的外部时钟输入或通用 IO（该定时器也可以用内部时钟）（↑）
模数转换器 ADC					
ADCIN00		112	79	18	ADC 模拟输入引脚#0
ADCIN01		110	77	17	ADC 模拟输入引脚#1
ADCIN02		105	74	16	ADC 模拟输入引脚#2
ADCIN03		107	72	15	ADC 模拟输入引脚#3
ADCIN04		103	70	14	ADC 模拟输入引脚#4
ADCIN05		102	69	13	ADC 模拟输入引脚#5
ADCIN06		100	67	12	ADC 模拟输入引脚#6
ADCIN07		99	66	11	ADC 模拟输入引脚#7
ADCIN08		113	80		ADC 模拟输入引脚#8
ADCIN09		111	78		ADC 模拟输入引脚#9
ADCIN10		109	76		ADC 模拟输入引脚#10
ADCIN11		108	75		ADC 模拟输入引脚#11
ADCIN12		106	73		ADC 模拟输入引脚#12
ADCIN13		104	71		ADC 模拟输入引脚#13
ADCIN14		101	68		ADC 模拟输入引脚#14
ADCIN15		98	65		ADC 模拟输入引脚#15
VREFHI		115	82		ADC 模拟输入高电平参考电压输入端
VREFLO		114	81		ADC 模拟输入低电平参考电压输入端
VCCA		116	83		ADC 模拟供电电压（3.3V）
VSSA		117	84		ADC 模拟地
控制器区域网络 CAN，异步串行口 SCI，同步串行口 SPI					
CANRX/IOPC7	CANRX	70	49	—	CAN 接收数据或通用 IO 引脚（↑）
	IOPC7	70	49	63	
CANTX/IOPC6	CANTX	72	50	—	CAN 发送数据或通用 IO 引脚（↑）
	IOPC6	72	50	64	
SCITXD/IOPA0		25	17	43	SCI 发送数据或通用 IO 引脚（↑）
SCIRXD/IOPA1		26	18	44	SCI 接收数据或通用 IO 引脚（↑）
SPICLK/IOPC4	SPICLK	35	24	—	SPI 时钟或通用 IO 引脚（↑）
	IOPC4	35	24	47	

（续表）

引脚名称		2407	2406	2402	功能描述
控制器区域网络 CAN，异步串行口 SCI，同步串行口 SPI					
SPISIMO/IOPC2	SPISIMO	30	21	—	SPI 从动输入主控输出或通用 IO 引脚（↑）
	IOPC2	30	21	45	
SPISOMI/IOPC3	SPISOMI	32	22	—	SPI 从动输出主控输入或通用 IO 引脚（↑）
	IOPC3	32	22	46	
$\overline{\text{SPISTE}}$ /IOPC5	SPISTE	33	23	—	SPI 从动发送使能或通用 IO 引脚（↑）
	IOPC5	33	23	—	
外部中断，时钟					
$\overline{\text{RS}}$		133	93	28	控制器复位引脚：$\overline{\text{RS}}$ 为低时，240x 控制器终止执行并使 PC = 0；$\overline{\text{RS}}$ 拉为高电平时，240x 控制器从程序存储器的 0 单元开始执行；$\overline{\text{RS}}$ 将各寄存器和状态位置 0；当 WDT 定时时间溢出时，在 $\overline{\text{RS}}$ 引脚产生一个系统复位脉冲（↑）
外部中断，时钟					
$\overline{\text{PDPINTA}}$		7	6	36	功率驱动保护中断输入引脚，下降沿有效。该中断有效时，将 EVA 模块的 PWM 输出引脚置为高阻状态。该引脚可用来监测电动机驱动或电源逆变器出现的过电压、过电流等故障（↑）
XINT1/IOPA2		23	16		外部中断 1 或通用 IO 引脚。XINT1 和 XINT2 都是边沿有效引脚，其边沿极性可编程（↑）
XINT2/ADCSOC/IOPD0		21	15	42	外部中断 2/启动 AD 转换输入引脚或通用 IO 引脚。XINT1 和 XINT2 都是边沿有效引脚，其边沿极性可编程（↑）
CLKOUT/IOPE0		73	51	1	时钟输出或通用 IO 引脚。输出时钟为 CPU 时钟或监视定时器时钟，由系统控制状态寄存器中的 CLKSRC (D14)决定；当不用于时钟输出时，就可做通用 IO（↑）
$\overline{\text{PDPINTB}}$		137	95		功率驱动保护中断输入引脚，下降沿有效。该中断有效时，将 EVB 模块的 PWM 输出引脚置为高阻状态。该引脚可用来监测电动机驱动或电源逆变器出现的过电压、过电流等故障（↑）
振荡器、PLL、FLASH、引导程序及其他					
XTAL1/CLKIN		123	87	24	PLL 上振荡器输入引脚，晶振或时钟源输入到 PLL。该引脚接至参考晶振
XTAL2		124	88	25	晶振、PLL 振荡器输出引脚。该引脚接至参考晶振，EMU1/OFF 引脚为低电平时，该引脚呈高阻态
PLLVCC		12	10	39	PLL 电压（3.3V）
$\overline{\text{BOOT\_EN}}$/XF		121	86	23	使能引导 ROM/通用输出 XF 引脚。该引脚在复位期间被采样输入以更新 SCSR2.3($\overline{\text{BOOT\_EN}}$ 位)，然后驱动作为 XF 输出信号；复位后，XF 被置为高电平。$\overline{\text{BOOT\_EN}}$ 只能用无源回路驱动（↑）
IOPF6		131	92		通用 IO 引脚（↑）
PLLF		11	9	38	滤波器输入引脚 1
PLLF2		10	8	37	滤波器输入引脚 2
VCCP（5V）		58	40	60	FLASH 编程电压输入引脚。在 FLASH 编程时该引脚电平须为 5V，在芯片运行时该引脚须接地，在该引脚上不要使用任何限流电阻
TP1（FLASH）		60	42	61	FLASH 阵列测试引脚，悬空
TP2（FLASH）		63	44	62	FLASH 阵列测试引脚，悬空
$\overline{\text{BIO}}$/IOPC1		119	45		分支控制输入或通用 IO 引脚。由 BCND pma，$\overline{\text{BIO}}$ 指令查询该引脚电平，若为低，则执行分支程序；若不用该引脚，则须将其拉为高电平；控制器复位时将该位配置为分支控制输入，若不用分支控制功能，该引脚就作为通用 IO 引脚（↑）
仿真和测试					
$\overline{\text{TRST}}$		1	1	33	JTAG 测试复位引脚（↓）。当 $\overline{\text{TRST}}$ 拉高时，扫描系统控制器的运行；若该信号引脚未接或为低电平，控制器运行在功能方式，且测试复位信号无效

（续表）

<table>
<tr><th colspan="2">引 脚 名 称</th><th>2407</th><th>2406</th><th>2402</th><th colspan="2">功 能 描 述</th></tr>
<tr><td colspan="7">仿真和测试</td></tr>
<tr><td colspan="2">EMU0</td><td>90</td><td>61</td><td>7</td><td colspan="2">仿真器 I/O 引脚#0（↑）。$\overline{\text{TRST}}$ 拉高时，该引脚用做来自或到仿真器系统的中断，通过 JTAG 扫描可定义为 I/O 引脚</td></tr>
<tr><td colspan="2">EMU1$\overline{\text{OFF}}$</td><td>91</td><td>62</td><td>8</td><td colspan="2">仿真器引脚#1（↑）。该引脚可禁止所有输出；$\overline{\text{TRST}}$ 拉高时，该引脚用做来自或到仿真器系统的中断，通过 JTAG 扫描可定义为 I/O 引脚；$\overline{\text{TRST}}$ 拉低时，该引脚设定为 $\overline{\text{OFF}}$ 引脚；低电平有效时，所有输出引脚驱动为高阻态。注意，$\overline{\text{OFF}}$ 只用于测试和仿真，而不用于多处理应用，因此，对于 $\overline{\text{OFF}}$ 状态，有 $\overline{\text{TRST}}$ = 0，EMU0 = 0，EMU1$\overline{\text{OFF}}$ = 0</td></tr>
<tr><td colspan="2">TCK</td><td>135</td><td>94</td><td>29</td><td colspan="2">JTAG 测试时钟引脚（↑）</td></tr>
<tr><td colspan="2">TDI</td><td>139</td><td>96</td><td>30</td><td colspan="2">JTAG 测试数据输入引脚（↑）。在 TCK 的上升沿从 TDI 输入的指令或数据被锁存到选定的寄存器</td></tr>
<tr><td colspan="2">TDO</td><td>142</td><td>99</td><td>31</td><td colspan="2">JTAG 扫描输出，测试数据输出引脚。在 TCK 的下降沿，选定寄存器中的指令或数据被移出到 TDO 引脚（↓）</td></tr>
<tr><td colspan="2">TMS</td><td>144</td><td>100</td><td>32</td><td colspan="2">JTAG 测试方式选择引脚（↑）。该串行控制输入在 TCK 的上升沿锁存到 TAP 控制器中</td></tr>
<tr><td colspan="2">TMS2</td><td>36</td><td>25</td><td>48</td><td colspan="2">JTAG 测试方式选择 2 引脚（↑）。该串行控制输入在 TCK 的上升沿锁存到 TAP 控制器中；仅用于测试和仿真；在用户应用中，该引脚可不接</td></tr>
<tr><td colspan="7">地址、数据和存储器控制信号</td></tr>
<tr><td colspan="2">$\overline{\text{DS}}$</td><td>87</td><td></td><td></td><td>外部数据存储器选通引脚</td><td rowspan="3">$\overline{\text{DS}}$、$\overline{\text{PS}}$、$\overline{\text{IS}}$ 总保持为高电平，当芯片的 CPU 请求访问相关的外部存储器和 I/O 空间时，对应的引脚输出为低电平；在复位、掉电和 EMU1 低电平有效期间，这些引脚为高阻态</td></tr>
<tr><td colspan="2">$\overline{\text{PS}}$</td><td>84</td><td></td><td></td><td>外部程序存储器选通引脚</td></tr>
<tr><td colspan="2">$\overline{\text{IS}}$</td><td>82</td><td></td><td></td><td>外部 I/O 空间选通引脚</td></tr>
<tr><td colspan="2">R/$\overline{\text{W}}$</td><td>92</td><td></td><td></td><td colspan="2">读/写选择信号。指明与外部装置通信期间信号的传送方向，通常情况下输出为高电平：（读方式），当输出为低电平时请求执行写操作；当 EMU1$\overline{\text{OFF}}$ 为低电平有效和掉电期间该引脚置为高阻态</td></tr>
<tr><td rowspan="2">W/$\overline{\text{R}}$/IOPC0</td><td>W/$\overline{\text{R}}$</td><td>19</td><td></td><td></td><td colspan="2" rowspan="2">写/读选择或通用 IO 引脚（↑）。这是一个对“0 等待状态”存储器接口很有用的反向输出传输读/写信号。通常情况下为低电平，当执行存储器写操作时为高电平</td></tr>
<tr><td>IOPC0</td><td>19</td><td>14</td><td>[illegible]</td></tr>
<tr><td colspan="7">地址、数据和存储器控制信号</td></tr>
<tr><td colspan="2">$\overline{\text{RD}}$</td><td>93</td><td></td><td></td><td colspan="2">读使能输出引脚。$\overline{\text{RD}}$ 表示一个有效的外部读周期，它对所有外部程序、数据和 I/O 读有效。当 EMU1$\overline{\text{OFF}}$ 低电平有效时，该引脚被置为高阻态</td></tr>
<tr><td colspan="2">$\overline{\text{WE}}$</td><td>89</td><td></td><td></td><td colspan="2">写使能输出引脚。该信号的下降沿可驱动所有外部程序、数据存储器和 I/O 空间写有效。当 EMU1$\overline{\text{OFF}}$ 低电平有效时，该引脚被置为高阻态</td></tr>
<tr><td colspan="2">$\overline{\text{STRB}}$</td><td>96</td><td></td><td></td><td colspan="2">外部存储器访问选通（输出）。该引脚总为高电平，在访问任意的片外空间时该信号为低电平，以表示一个外部总线周期。当 EMU1$\overline{\text{OFF}}$ 低电平有效时和掉电期间，该引脚被置为高阻态</td></tr>
<tr><td colspan="2">READY</td><td>120</td><td></td><td></td><td colspan="2">外设准备好信号（输入）。访问外部设备时 READY 被拉低以增加等待状态，它表示一个外部器件为将要完成的总线处理做好准备，若该外设未准备好，则将 READY 拉为低电平（此时处理器将等待一个周期，并且再次检测 READY）。为满足外部 READY 时序要求，等待状态发生控制寄存器（WSGR）至少要设定一个等待状态（↑）</td></tr>
<tr><td colspan="2">MP/$\overline{\text{MC}}$</td><td>118</td><td></td><td></td><td colspan="2">微处理器/微控制器方式选择引脚（输出）。复位时该引脚若为低电平，则工作在微控制器方式下，并从内部程序存储器（FLASH E^2PROM）的 0000h 开始程序执行；若为高电平，则工作在微处理器方式下，并从外部程序存储器的 0000h 开始程序执行。同时，将 MP/$\overline{\text{MC}}$ 位（SCSR2 寄存器的第 2 位）置位（↓）</td></tr>
</table>

（续表）

引脚名称	2407	2406	2402	功能描述
地址、数据和存储器控制信号				
ENA_144	122			外部接口使能信号。该引脚输出为高电平时使能外部接口，若为低电平，则 2407 与 2406、2402 控制器一样，没有外部存储器，如果 $\overline{DS}$ 为低，则产生一个无效地址（↓）
$\overline{VIS\_OE}$	97			透视度（$\overline{VIS}$）输出使能引脚（当数据总线输出时有效）。当运行在透视方式下，外部数据总线驱动为输出时该引脚有效（为低电平）。该引脚可作为外部编码逻辑以防止数据总线冲突
A0	80			16 位地址总线的 Bit0
A1	78			16 位地址总线的 Bit1
A2	74			16 位地址总线的 Bit2
A3	71			16 位地址总线的 Bit3
A4	68			16 位地址总线的 Bit4
A5	64			16 位地址总线的 Bit5
A6	61			16 位地址总线的 Bit6
A7	57			16 位地址总线的 Bit7
A8	53			16 位地址总线的 Bit8
A9	51			16 位地址总线的 Bit9
A10	48			16 位地址总线的 Bit10
A11	45			16 位地址总线的 Bit11
A12	43			16 位地址总线的 Bit12
A13	39			16 位地址总线的 Bit12
A14	34			16 位地址总线的 Bit14
A15	31			16 位地址总线的 Bit15
D0	127			16 位数据总线的 Bit0（↑）
D1	130			16 位数据总线的 Bit1（↑）
D2	132			16 位数据总线的 Bit2（↑）
D3	134			16 位数据总线的 Bit3（↑）
D4	136			16 位数据总线的 Bit4（↑）
D5	138			16 位数据总线的 Bit5（↑）
D6	143			16 位数据总线的 Bit6（↑）
D7	5			16 位数据总线的 Bit7（↑）
D8	9			16 位数据总线的 Bit8（↑）
D9	13			16 位数据总线的 Bit9（↑）
D10	15			16 位数据总线的 Bit10（↑）
D11	17			16 位数据总线的 Bit11（↑）
D12	20			16 位数据总线的 Bit12（↑）
D13	22			16 位数据总线的 Bit12（↑）
D14	24			16 位数据总线的 Bit14（↑）
D15	27			16 位数据总线的 Bit15（↑）
供电电源				
VDD	29, 50, 86, 129	20, 35, 59, 91	6, 27, 56	内核电源电压+3.3V，数字逻辑电源电压
VDDO	4, 42, 67, 77, 95, 141	4, 30, 47, 54, 64, 98	10, 35, 52	I/O 缓冲器电源电压+3.3V，数字逻辑和缓冲器电源电压
VSS	28, 49, 85, 128	19, 34, 58, 90	5, 26, 55	内核地：数字参考地
VSS0	3, 41, 66, 76, 94, 125, 140	3, 29, 46, 53, 63, 97	9, 34, 51	I/O 缓冲器地：数字逻辑和缓冲器参考地

1.3 TMS320LF240x DSP 存储器映射图

1.3.1 TMS320LF2407 的存储器配置

图 1.5 给出了 TMS320LF2407 的存储器地址分配示意图。

图 1.5 TMS320LF2407 存储器映射图

注：

MP/$\overline{MC}$ = 0 时，为片内 FLASH 程序存储器； MP/$\overline{MC}$ = 1 时，则为外部程序存储器。

引导 ROM：若使能引导 ROM，则程序存储器 0000H～00FFH 区域将被引导 ROM 占用。

① 片内程序存储器 0040h～0043h 区域为保留空间。

② CNF = 1 时，程序存储器中地址为 FE00H～FEFFH 和 FF00H～FFFFH 的区域分配给了同一物理块 DARAM（B0）。

③ CNF = 0 时，数据存储器中地址为 0100H～01FFH 和 0200H～02FFH 的区域分配给了同一物理块 DARAM（B0）。

④ 数据存储器中地址为 0300H～03FFH 和 0400H～04FFH 的区域分配给了同一物理块(B1)。

1.3.2 TMS320LF2406 的存储器配置

TMS320LF2406 的存储器地址分配与 TMS320LF2407 的基本相似，区别如下：

(1)数据存储器的 8000H～FFFFH 和 I/O 口空间的 0000H～FEFFH 为非法访问区域。

(2)I/O 口空间的 FFFFH 为保留区域。

1.3.3 TMS320LF2402 的存储器配置

图 1.6 给出了 TMS320LF2402 的存储器地址分配示意图。

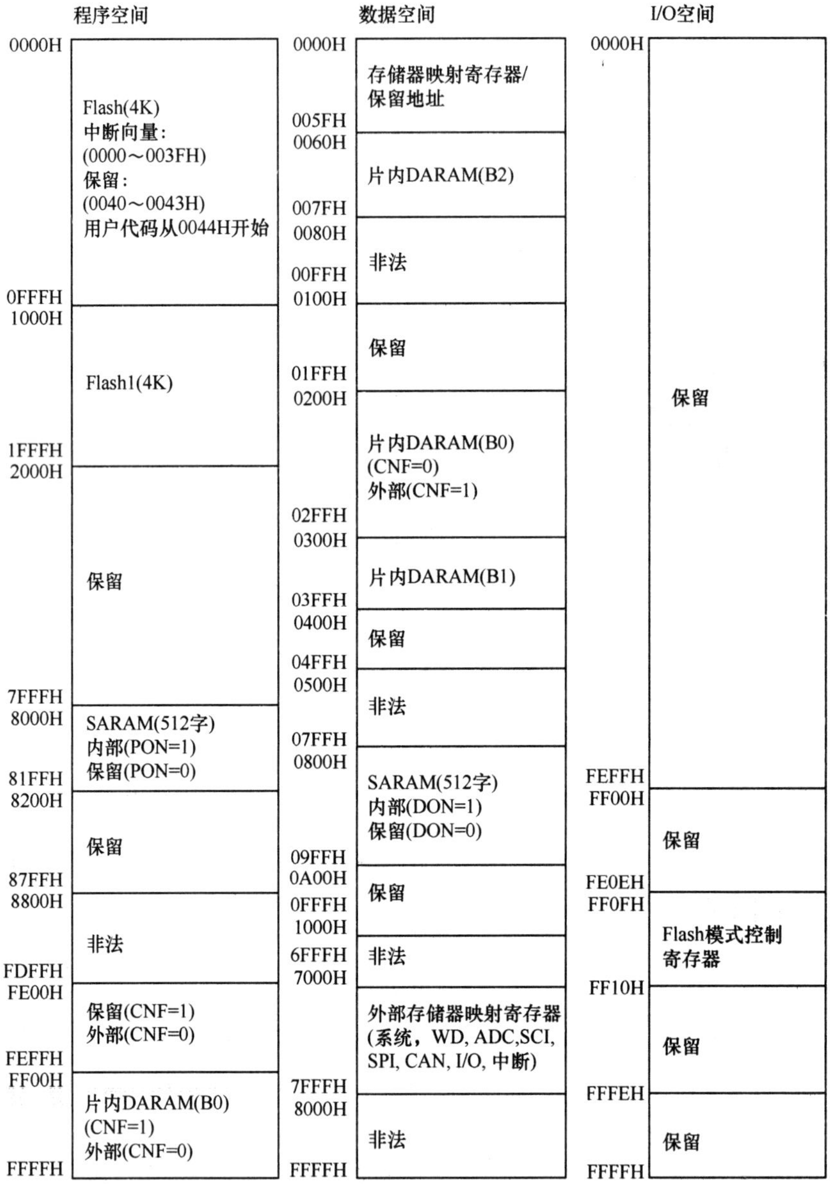

图 1.6 TMS320LF2402 存储器映射图

注：①、②、③和④的含义与 LF2407 的相同。

1.4 TMS320LF240x DSP 片内外设存储器映射

TMS320LF240x DSP 的片内外设存储器映射图如图 1.7 所示。

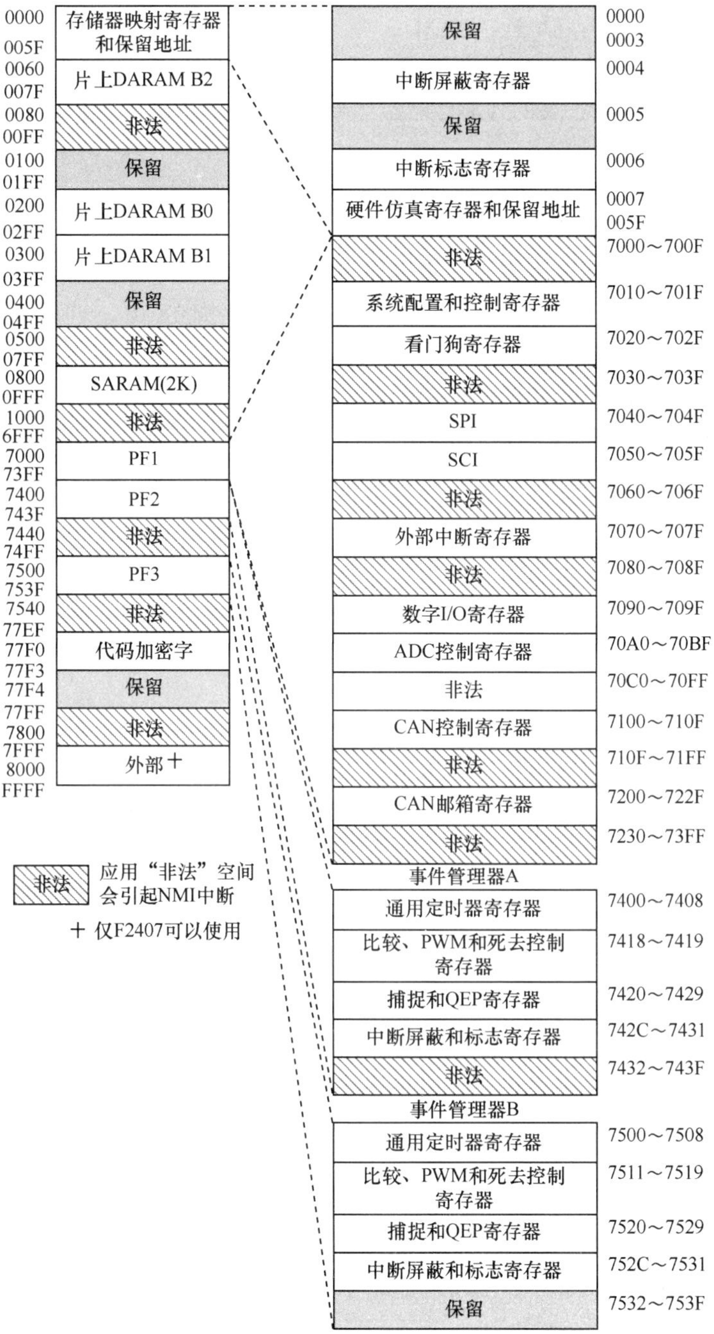

图 1.7　TMS320LF240x 的片内外设存储器映射图

习题 1

1. TMS320LF240x 系列 DSP 芯片的外设接口有哪些？
2. 例举 TMS320LF240X 的片内外设。
3. TMS320LF2407 DSP 在复位后，置 MP/$\overline{MC}$ 引脚为（　　）电平可以选择外部程存储器。
4. TMS320LF2407 片内有（　　）位 A/D 转换器，最小转换时间（　　）。

5. TMS320LF2407 的程序存储器 SARAM（　　）KW，其地址范围是（　　）。
6. 在 TMS320LF240x 系列 DSP 中，若访问了非法或保留的空间，DSP 会产生（　　）中断。
7. TMS320LF2407 DSP 可扩展的外部存储器总共（　　）KW 空间，由（　　）、（　　）、（　　）三部分组成。
8. TMS320LF2407 DSP 的内核电压是（　　）V，I/O 口电压是（　　）V。
9. TMS320LF240x 系列 DSP 的存储器映射寄存器大部分应设在（　　）空间。
10. TMS320LF240x 系列 DSP 的外部数据存储器选通引脚 $\overline{DS}$（　　）电平有效；外部程序存储器选通引脚 $\overline{PS}$（　　）电平有效；外部 I/O 空间选通引脚 $\overline{IS}$（　　）电平有效。
11. TMS320LF2407 系列 DSP 是（　　）位定点 DSP 芯片。
12. TMS320LF2407 运行的最高时钟频率是（　　），单机器周期是（　　）。
13. TMS320LF2407 的片内 FLASH 是（　　）；其数据总线为（　　）根；其地址总线为（　　）根。

第 2 章　TMS320LF240x DSP 内部资源介绍

2.1　TMS320LF240x 系列 DSP 的 CPU 功能模块

TMS320LF240x 系列 DSP 的中央处理单元（CPU）包括输入定标部分、乘法部分、中央算术逻辑部分、辅助寄存器算术单元和状态寄存器。

输入定标部分、乘法部分和中央算术逻辑部分是 CPU 的基本组成部分，是 DSP 运算处理的核心。辅助寄存器算术单元主要对 8 个辅助寄存器进行算术运算。状态寄存器决定处理器的工作方式、寻址指针、工作状态和运算结果。图 2.1 为 CPU 的基本组成框图，表 2.1 是 TMS320LF240x DSP 的 CPU 内部硬件功能模块的作用和意义。

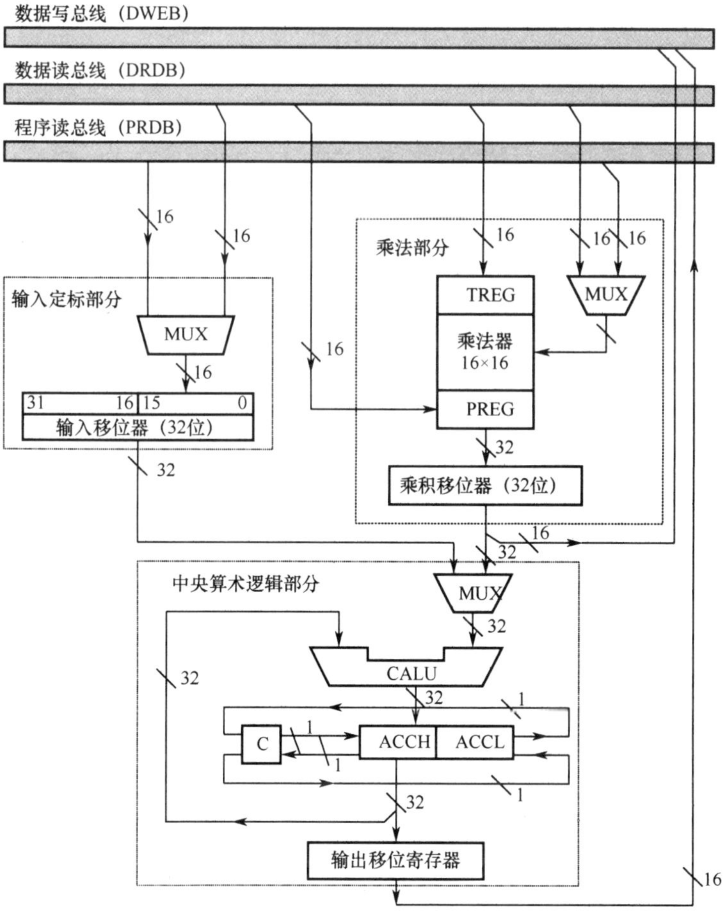

图 2.1　CPU 的基本组成框图

表 2.1　TMS320LF240x DSP 的 CPU 内部硬件功能模块的作用和意义

符　　号	名　　称	功 能 说 明
ACC	累加器	一个 32 位寄存器，用来保存 CALU 计算结果，并为下一次 CALU 操作提供输入，它具有移位和循环操作功能
ARAU	辅助寄存器算术单元	一个无符号 16 位算术单元。间接寻址时，用辅助寄存器算数单元来计算寄存器地址
AUX REGS	辅助寄存器 0～7	这些 16 位寄存器可用做指针，指向数据存储空间范围内的任何地址。它们面向 ARAU 单元操作，由辅助寄存器指针（ARP）选定。AR0 可用来作为更新 ARx（x 为 1～7）的参考值，也可作为 ARx 的比较值
C	进位	寄存器进位位由 CALU 输出，C 被反馈到 CALU 单元，用于扩展运算操作。C 位位于状态寄存器 1（ST1），其状态可通过条件指令测试。C 位也可用于累加器移位和循环
CALU	中央算术逻辑单元	TMS320C2xx 核的 32 位主要算术逻辑单元。CALU 在一个单机器周期内执行 32 位操作。它对来自 ISCALE 或 PSCALE 的数据和来自 ACC 的数据进行运算，并将运算后的状态结果存于 PCTRL 单元
DARAM	双口 RAM	若片内 RAM 配置控制位（CNF）置为 0，则可配置的双口 RAM（DARAM）块 B0 被映射到数据存储空间；否则，B0 被映射到程序存储空间。块 B1 和 B2 分别映射到地址为 0300H～03FFH 和 0060H～007FH 的数据存储器空间。块 0 和 1 的容量为 256W，而块 2 的容量为 32W
DP	数据存储器页面指针	9 位 DP 寄存器与一个指令字的低 7 位（LSB）一起形成一个 16 位的直接寻址地址。DP 值可由 LST 和 LDP 指令改变
GREG	全局存储器配置寄存器	GREG 指定全局数据存储器的空间大小。由于 F240x 器件未使用全局存储器空间，这个寄存器被保留下来
IMR	中断屏蔽寄存器	IMR 寄存器的各位分别屏蔽或使能对应的 7 个中断
IFR	中断标志寄存器	IFR 的 7 位分别指示 TMS320C2xx 已进入 7 个可屏蔽的中断中的任意一个中断
INT#	中断陷阱	总共有 32 个可通过硬件和/或软件产生的中断
ISCALE	输入数据定标移位器	一个 16～32 位的桶式左向移位器。ISCALE 能将输入的 16 位数据的 0～16 位在本周期内，向左移位以得到 32 位输出，因此输入定标移位操作不需额外的周期
MPY	乘法器	经过 16×16 位乘法运算得到一个 32 位的乘积。MPY 可在一个单周期内完成乘法运算。MPY 进行有符号或无符号的二进制补码乘法运算
MSTACK	微堆栈	当程序地址生成逻辑电路用来在数据存储空间内生成连续的地址时，MSTACK 单元为下一条指令的地址提供暂存空间
MUX	多路选择器	从多个总线输入中选择一个输入
NPAR	下一条程序地址寄存器	NPAR 单元保存下一指令周期出现在程序地址总线上的程序地址
OSCALE	输出数据定标移位器	一个 16～32 位的桶式左向移位寄存器。OSCALE 将 32 位累加器输出左移 0～7 位，以实现数据的归一化管理，并把移位后 32 位数据的高 16 位或低 16 位输出到数据写总线（DWEB）
PAR	程序地址寄存器	PAR 保存当前程序地址总线上出现的程序地址，保存多个指令周期，直到 CPU 完成当前总线周期所排定的所有存储器操作
PC	程序计数器	PC 计数器每次将 NPAR 的值增 1，以便下次取指操作和数据传送操作提供地址
PCTRL	程序控制器	PCTRL 对指令进行译码、管理流水线、储存状态位，并对条件操作指令进行译码
PREG	乘积寄存器	一个保存 16×16 乘法结果的 32 位寄存器
PSCALE	乘积定标移位器	将乘积结果左移 0 位、1 位、4 位或右移 6 位。左移可得到由二进制补码乘法运算产生的附加标志位；右移可用来将数字量按比例减少，以防止 CALU 内的乘积累加溢出；PSCALE 输入连接到乘法器，输出连接到 CALU 或数据写总线（DWEB）。移位操作不需要额外的指令周期
STACK	堆栈	STACK 是一块存储器单元，用来存储子程序和中断服务程序的返回地址，或存储数据。C2xx 堆栈为 16 位宽、8 级深
TREG	临时寄存器	一个 16 位寄存器，保存乘法运算操作数中的一个。TREG 保存 LACT、ADDT 和 SUBT 指令的移位个数；还保存 BITT 指令测试位的位置

2.1.1　输入定标部分

输入定标部分是 CPU 的三个基本部分之一。如图 2.2 所示，输入定标部分把来自存储器的 16 位数据移位调整后送到 32 位的 CALU。这种数据调整对于算术运算和逻辑运算非常必要。由于输入定标部分的输入移位器是程序或数据空间与 CALU 之间数据通路的一部分，因此不占用时钟开销。

输入移位器的 0～15 位数据来源有两种：一是来自指令操作数据所指向的数据存储单元中的数据；二是来自指令操作数给出的常数值。当 16 位数据接收到输入移位器后，输入移位器将它左移 0～16 位变成 32 位结果送到 CALU。移位器的移位次数为指令字中的常数或临时寄存器（TREG）的低 4 位。左移时，移位器中没有使用的低位填 0，没有使用的高位或者填 0，或者进行符号扩展，符号扩展结果由状态寄存器 ST1 中 SXM 位的值决定。若 SXM = 0，则不用符号扩展；若 SXM = 1，则输入移位器的输出进行符号扩展。图 2.3 分别为 SXM = 0 和 SXM = 1 时输入数据 AF11 被左移 8 位的输出情况。

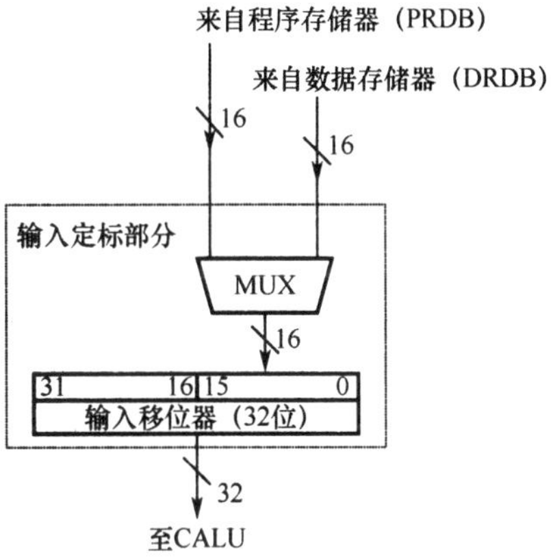

图 2.2　输入定标部分框图

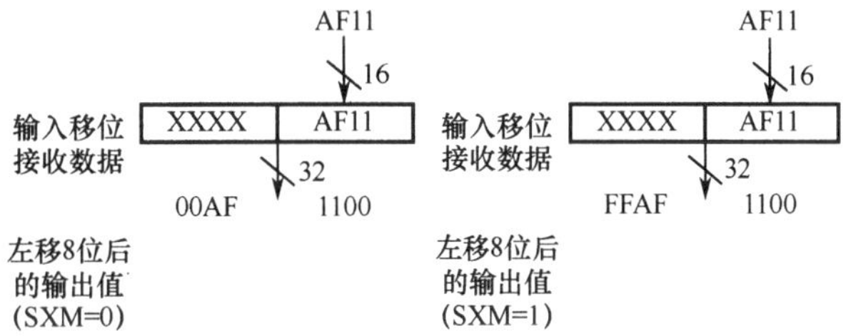

图 2.3　输入移位器的符号扩展操作

2.1.2　乘法部分

TMS320LF240x 系列 DSP 使用 16 位×16 位的硬件乘法器在单机器周期内完成有符号数或无符号数乘法，乘积为 32 位。

乘法部分包括：乘法器、临时寄存器（TREG）、乘积寄存器（PREG）、乘积比例移位器，如图 2.4 所示。从图中可以看出，乘法器的输入一个来自临时寄存器，另一个来自数据读总线的数据存储器或程序读总线的程序存储器。乘法器的输出保存在乘积寄存器（PREG）中。

⑴临时寄存器（TREG）用来保存数据读总线的数据存储器的一个乘数。

⑵乘积寄存器（PREG）接收乘法器相乘运算的结果。乘法器可在一个机器周期内完成 16 位有符号数或无符号数相乘，乘积的结果为 32 位。除进行无符号乘法（MPYU 指令）外，相乘的两个乘数均做二进制补码处理。

⑶乘积比例移位器：用于乘积寄存器（PREG）中数值的定标。该移位器的 32 位输入连至 PREG 的输出，它的 32 位输出连至 CALU 的输入和数据写总线。乘积移位器采用四种移位方式之一对 PREG 的数值进行移位，并将移位后的 32 位结果送入 CALU 或将乘积按高低两个 16 位结果存入数据存储器。

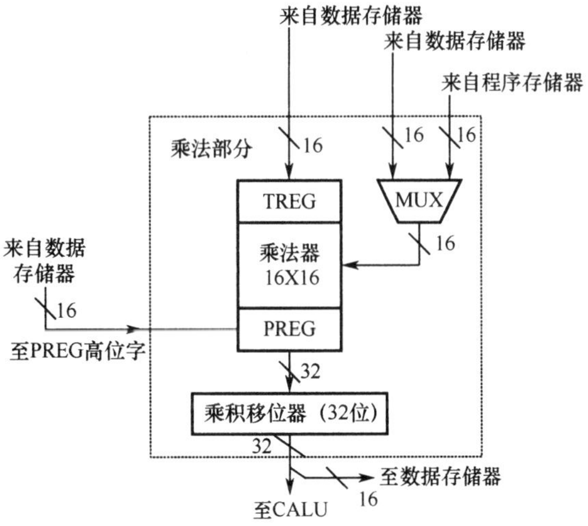

图 2.4　乘法部分框图

移位方式由状态寄存器 ST1 的 PM 位决定：

- PM = 00：乘积不移位即送到 CALU 或数据存总线；
- PM = 01：将乘积左移 1 位，这对实现小数算术运算或小数乘积的调整非常有用；
- PM = 10：将乘积左移 4 位，这对实现小数算术运算或小数乘积的调整非常有用；
- PM = 11：可使乘积右移 6 位，这使得可连续执行 128 次乘加运算而不会产生溢出。右移时，无论状态寄存器 ST1 中 SXM 位为何值，都要进行符号扩展。

2.1.3 中央算术逻辑部分

中央算术逻辑部分由中央算术逻辑单元（CALU）、32 位累加器（ACC）和输出数据定标移位器组成，图 2.5 所示为中央算术逻辑部分组成框图。

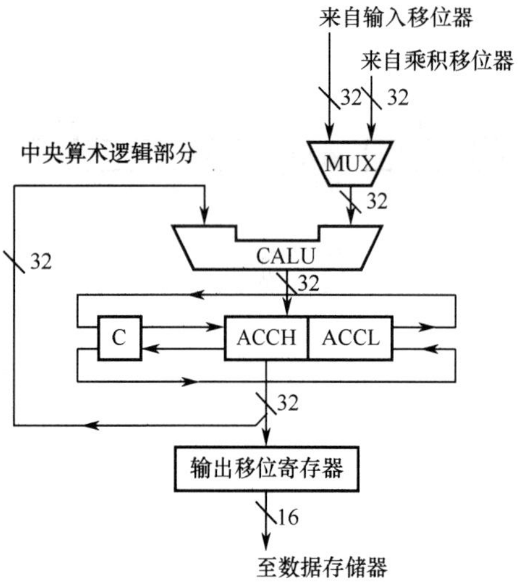

图 2.5 中央算术逻辑部分框图

1. 中央算术逻辑单元（CALU）

中央算术逻辑单元（CALU）可以进行各种算术和逻辑运算，而且大多数功能只需一个时钟周期。这些功能可分为 16 位加法，16 位减法，布尔逻辑操作和位测试、移位与循环。

CALU 有两个输入：一个输入总是由 32 位累加器提供，另一个输入由乘积定标移位器或输入定标移位器提供。CALU 完成一次操作后，将结果送入 32 位累加器，累加器对其结果进行移位后，送至 32 位输出数据定标移位器处理。经过输出移位器，累加器的高 16 位字和低 16 位字被分别移位后保存到数据存储器。

2. 累加器

累加器在参与 CALU 运算和保存 CALU 操作结果处理时，常与以下四个状态位相关联。

⑴进位位（C）

累加器进行加减运算和移动 1 位或循环移动 1 位时，将影响进位位。当相减产生借位，相加不产生进位时（移位 16 位的 ADD 指令例外），进位位 C 被清 0；当相加产生进位，相减不产生借位时（移位 16 位的 SUB 指令例外），进位位 C 被置 1，向左移动 1 位或循环移动 1 位时，累加器的最高位进入 C；向右移动 1 位或循环移动 1 位时，累加器的最低位进入 C。

⑵溢出方式位（OVM）

溢出方式位决定累加器如何反映算术运算的溢出。当处理器处于溢出方式（OVM = 1）且正向溢出时，累加器被填入最大正值 7FFFFFFFH；负向溢出时，累加器被填入最大负值 80000000H。

⑶溢出标志位（OV）

检测到累加器没有溢出时，OV 位为 0，溢出（正溢或负溢）发生时，OV 位置为 1 且锁存。

⑷测试/控制标志位（TC）

根据被测位的值将 TC 置 1 或清 0。对 NORM 指令（累加器内容规格化），若累加器的最高两位异或结果为真，则 TC 被置 1。

另外，许多转移指令的实现都取决于状态位 C、OV、TC 和累加器中的数值。

3．输出数据定标移位器

输出数据定标移位器（输出移位器）有一个 32 位输入与累加器的 32 位输出相连接，并有一个 16 位输出与数据总线相连接。该移位器将累加器的 32 位数据复制过来，再根据相应存储指令中指定的位数将其内容左移 0～7 位，左移时高位丢失，低位补 0。然后由带移位保存累加器高位（SACH）指令或带移位保存累加器低位（SACL）指令，把移位器的高位字或低位字保存到数据存储器。在此过程中，累加器的内容保持不变。图 2.6 分别为左移 4 位和左移 6 位的实例说明。

图 2.6　输出移位器实例

2.1.4　辅助寄存器算术单元

CPU 中还有一个与中央算术单元（CALU）无关的算术单元，即辅助寄存器算术单元（ARAU）。ARAU 的主要功能是在 CALU 操作的同时，对 8 个辅助寄存器（AR0～AR7）进行算术运算，图 2.7 为 ARAU 及有关逻辑。

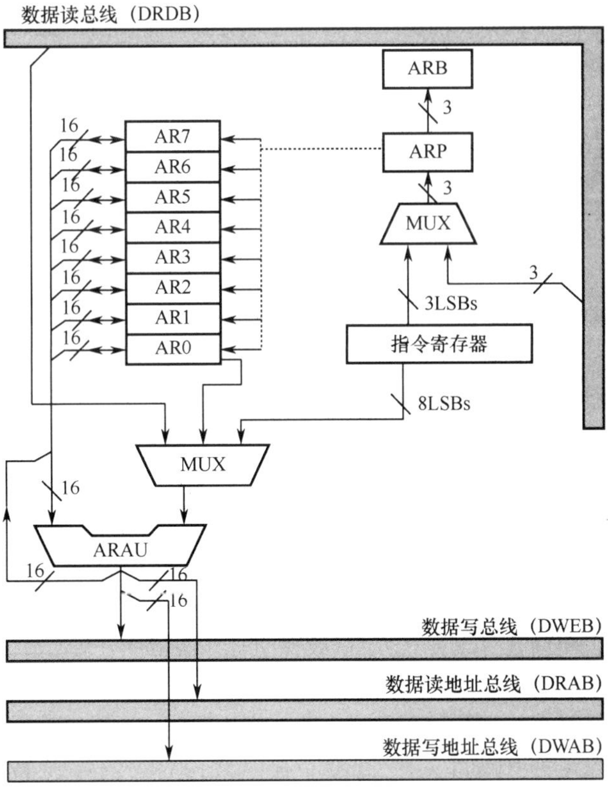

图 2.7　ARAU 及有关逻辑

8 个辅助寄存器（AR0～AR7）提供了灵活而有效的间接寻址方式。通过辅助寄存器中的 16 位地址可以访问 64KW 数据存储空间的任意单元。

把数值 0～7 写入状态寄存器 ST0 中的 3 位辅助寄存器指针（ARP），可以选择一个辅助寄存器。利用 MAR 指令（它只修改辅助寄存器和 ARP）的主要功能或 LST 指令（借助数据读总线 DRDB 将数据存储器的值加载到 ST0）可以加载 ARP。同样，通过支持间接寻址的任何指令，也可以设置 ARP 的值。

ARP 所指定的寄存器称为当前辅助寄存器或当前 AR。在一条指令执行过程中，当前辅助寄存器的内容被用做数据存储器的访问地址。若指令需要从数据存储器读出，ARAU 就把这个地址送到数据读地址总线（DRAB）。若指令要向数据存储器写入，则 ARAU 将该地址送至数据写地址总线（DWAB）。指令使用完该数据后，当前辅助寄存器的内容可通过 ARAU 执行 16 位无符号算术运算进行更新。ARAU 执行的操作如下：

⑴通过执行任何一条支持间接寻址的指令将辅助寄存器的值加 1 或减 1 或加减一个变址量。

⑵使辅助寄存器值加一常数（用 ADRK 指令）或使其减去一常数（用 SBRK 指令）。该常数值是指令字的低 8 位。

⑶比较 AR0 和当前 AR 的内容，然后将比较结果通过 CMPR 指令，借助数据写总线送入状态寄存器 ST1 的测试控制位（TC）。

通常，ARAU 在流水线的译码阶段（指定操作的指令正在被译码时）进行它的算术运算，这使得在下一条指令的译码阶段之前能够产生本条指令的地址。但也有例外：在处理 NORM 指令时，却是在流水线的执行过程中完成对辅助寄存器和 ARP 的修改。

辅助寄存器除用于指示数据存储器地址外，还可用于其他目的。例如：通过 CMPR 指令，使用辅助寄存器可支持条件分支、调用和返回；用辅助寄存器作为暂存单元；将辅助寄存器作为软件计数器，并根据需要对其进行加减操作。

2.1.5 状态寄存器

TMS320LF240x 系列 DSP 有两个状态寄存器 ST0 和 ST1，用来存放状态位和控制位。这两个状态寄存器的内容可以保存在数据存储器中，也可以由数据存储器加载，因此它们可用来保存和恢复子程序的机器状态。它们的所有状态位可分别用加载状态寄存器（LST）指令和保存状态寄存器（SST）指令写入和读出。此外，使用设置控制位（SETC）指令和清除控制位（CLRC）指令可以设置和清除这两个状态寄存器的许多位。

注意： INTM 位不受 LST 指令的影响。

状态寄存器 ST0 和 ST1 中所有位的组成如图 2.8 所示，其中 1 为保留位，读出时为 1，写入时无影响。下面说明状态寄存器 ST0 和 ST1 的其他各位。

- **ARP：** 辅助寄存器指针。这 3 位字段用于间接寻址中选择所使用的辅助寄存器 AR。当加载 ARP 时，ARP 原来的值被复制到辅助寄存器指针缓冲器 ARB 中。通过存储器访问指令（使用间接寻址方式）、修改辅助寄存器指令（MAR）和加载状态寄存器指令（LST）可以修改 ARP。
- **OV：** 溢出标志位。该位锁存的值指出 CALU 是否发生溢出，当 CALU 发生溢出时，OV 位被置为 1。一旦发生溢出，OV 位保持置 1 状态直到有复位指令、条件转移指令或加载状态寄存器指令才能被清除。

15 14 13	12	11	10	9	8 7 6 5 4 3 2 1 0
ARP	OV	OVM	1	INTM	DP
R/W-x	R/W-0	R/W-x		R/W-1	R/W-x

状态寄存器ST0

15 14 13	12	11	10	9	8	7	6	5	4	3	2	1 0
ARB	CNF	TC	SXM	C	1	1	1	1	XF	1	1	PM
R/W-x	R/W-0	R/W-x	R/W-1	R/W-1					R/W-x			R/W-00

注：R=允许读访问；W=允许写访问；-后的值为复位后的值（x表示不受影响）

状态寄存器ST1

图 2.8　状态寄存器

- **OVM**：溢出方式位。该位决定 CALU 如何处理溢出情况。OVM = 0 时，累加器结果正常溢出。OVM = 1 时，根据所发生的溢出，把累加器置为最大正数或最大负数。用 SETC 和 CLRC 指令可将 OVM 位置 1 和清 0，也可用 LST 指令修改 OVM 位。
- **INTM**：中断方式位。该位用来允许或禁止所有可屏蔽中断。INTM = 0 时，允许全部没有被屏蔽的中断。INTM = 1 时，禁止全部没有被屏蔽的中断。通过 SETC 和 CLRC 指令可将 INTM 位置 1 或清 0。INTM 不影响不可屏蔽中断 NMI 和 RS，也不影响由软件引起的中断。LST 指令不影响 INTM 位。发生中断（TRAP 指令除外）或复位时 INTM 位置 1。
- **DP**：数据存储器页面指针。当指令采用直接寻址方式时，ST0 寄存器中 9 位 DP 字段与指令字中的低 7 位形成 16 位数据存储器完整的 16 位地址。DP 的值可通过 LST 指令和 LDP（加载 DP）指令来修改。
- **ARB**：辅助寄存器指针缓冲器。除 LST 指令外，每当加载辅助寄存器指针 ARP 时，ARP 原来的值就被复制到 ARB 中。通过 LST 指令加载 ARB 时，同样的值也复制到 ARP 中。
- **CNF**：片内 DARAM 配置位。该位决定可重新配置的双访问 RAM 块是映射到数据空间还是映射到程序空间。CNF = 0 映射到数据空间，CNF = 1 映射到程序空间。用 SETC、CLRC 和 LST 指令可修改 CNF 位。复位时 CNF 位清 0。
- **TC**：测试控制标志位。TC 位可在下述情况被置为 1：①由 BIT（测试位）指令或 BITT（测试 T 寄存器的指定位）指令测试的位为 1；②利用 NORM（累加器内容规格化）指令测试时，累加器的最高两位异或结果为真；③用 CMPR 指令所测试的当前辅助寄存器和 AR0 之间的比较条件成立。根据 TC 位可执行条件分支、调用和返回指令。BIT、BITT、CMPR、LST 和 NORM 指令均可影响 TC 位。
- **SXM**：符号扩展方式位。一般情况下，SXM = 0，抑制符号扩展；SXM = 1，数据从输入移位器进入累加器时进行符号扩展。但有些指令的操作不受 SXM 的影响，如 ADDS（抑制符号扩展的加累加器）指令。SXM 位可用 SETC 指令置位，用 CLRC 指令清 0，还可由 LST 指令加载。复位时 SXM 被置为 1。
- **C**：进位位。若相加结果产生进位，则该位置 1；若相减结果产生借位，则该位被清 0。相反，相加不产生进位 C 清 0，相减不产生借位 C 置 1。但带 16 位移位的 ADD 和 SUB 指令除外。移动 1 位和循环移动 1 位及 SETC、CLRC、LST 指令也影响该位。条件分支、调用和返回指令可根据该位的状态执行。复位时 C 置为 1。

- **XF**：XF 引脚状态位。它决定通用输出引脚 XF 的状态。XF 可通过 SETC 指令置 1、CLRC 指令清 0，也可通过 LST 指令修改。复位使 XF 置 1。
- **PM**：乘积移位方式位。PM 位决定乘积寄存器的值在送往 CALU 或数据存储器时的移位位数。
  - PM = 00，乘法器的 32 位乘积不移位送到 CALU 或数据存储器；
  - PM = 01，乘积寄存器的输出值左移 1 位（低位填 0）后送至 CALU 或数据存储器；
  - PM = 10，乘积寄存器输出值左移 4 位（低位填 0）后送至 CALU 或数据存储器；
  - PM = 11，乘积寄存器输出值右移 6 位，且进行符号扩展。

注意：乘积寄存器的内容被复制到乘积移位器中进行移位，乘积寄存器的内容保持不变。PM 可由 SPM（设置乘积寄存器输出移位方式）指令和 LST 指令加载。复位使 PM 清 0。

2.2 存储器和 I/O 空间

TMS320LF240x 系列 DSP 是一种增强型哈佛结构，其存储空间可通过三种并行总线进行访问，即程序地址总线（PAB）、数据读地址总线（DRAB）和数据写地址总线（DWAB）。由于这三种总线的操作是独立的，因此可以同时访问程序空间和数据空间。在给定的机器周期里，中央算术逻辑单元（CALU）可以同时执行多达三种存储器操作。

TMS320LF240x 系列 DSP 有一个 16 位地址总线，通过该地址总线能访问 3 个可独立访问的空间，分别是程序存储器 64KW、数据存储器 64KW 和输入/输出空间 64KW，共 192KW。

2.2.1 程序存储器

程序存储器用于保存应用程序代码，也可以保存表格信息和操作常数。程序存储器空间的寻址范围高达 64KW，包含片内的 DARAM、ROM 或 FLASH 存储器。当访问片外程序存储器地址空间时，DSP 自动产生一个访问外部程序地址空间的信号 $\overline{PS}$ 。

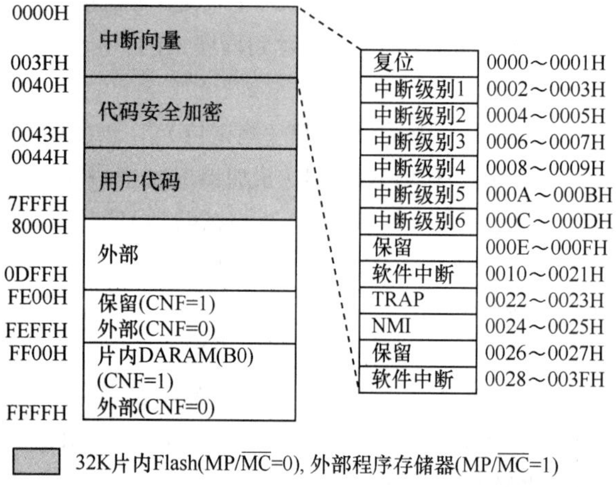

图 2.9 TMS320LF2407 片内程序存储空间映射图

图 2.9 为 TMS320LF2407 片内程序存储空间映射图。

有两个因素决定程序存储器的配置。

(1)CNF 位：CNF 为 0 时 B0 块被映射为片外程序空间，为 1 时被映射为片内程序空间。

(2) MP/$\overline{MC}$ 引脚：为 0 时，器件被配置为微控制器方式，片内 ROM 或 FLASH 可以访问，器件从片内程序存储器中读取复位向量；为 1 时，器件被配置为微处理器方式，器件从片外程序存储器中读取复位向量。

无论 MP/$\overline{MC}$ 为何值，TMS320LF240x 系列 DSP 都从程序存储器的 0000H 单元读取复位向量。

2.2.2 数据存储器

数据存储器可寻址的空间为 64KW。图 2.10 给出了 TMS320LF2407 的数据存储空间地址映射图。每个器件都有三个 DARAM 块：B0、B1、B2。

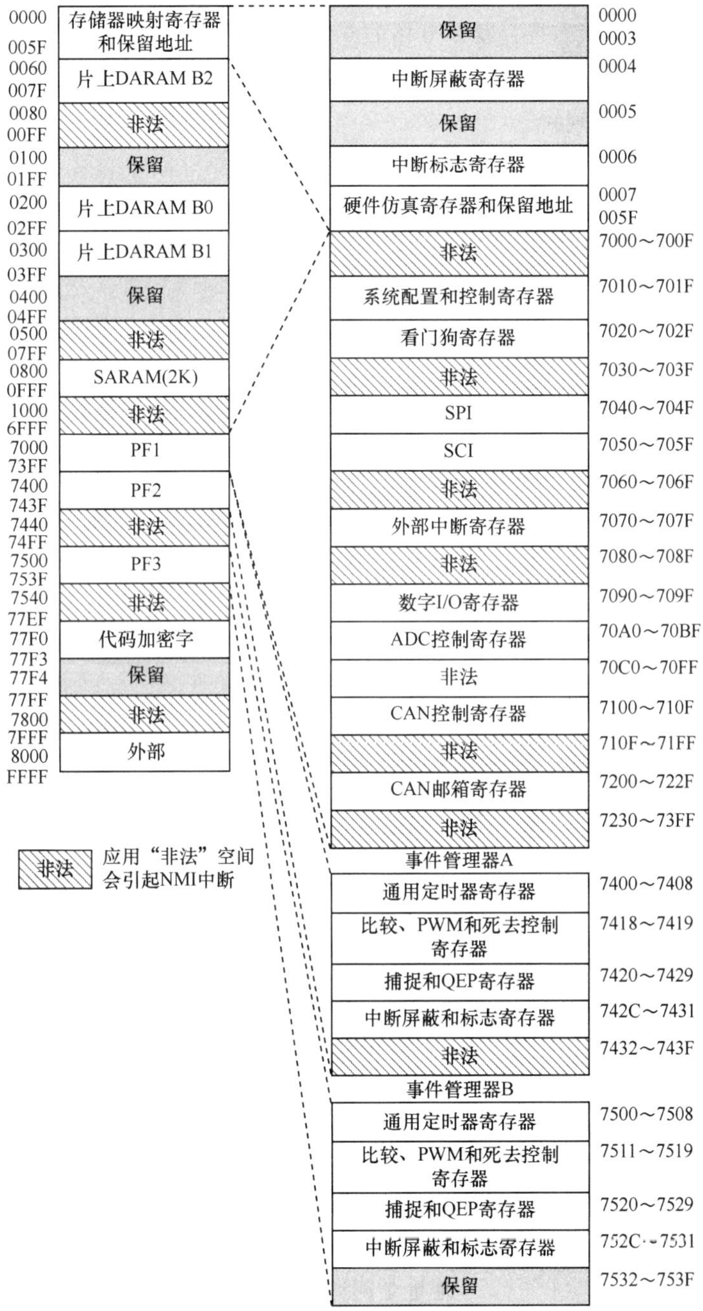

图 2.10 TMS320LF2407 的数据存储空间地址映射图

1．B0 块

B0 块占用 256W，可配置成数据存储单元或程序存储单元。

2．B1 块和 B2 块

B1 块（256W）和 B2 块（32W）共 288W，只能用做数据存储器。

存储器可以采用两种寻址方式：直接寻址和间接寻址。使用直接寻址时，按 128W（称为数据页）的数据块对数据存储器进行寻址。全部 64KW 的数据存储器包含 512 个数据页，其标号范围为 0～511。当前页由状态寄存器 ST0 中的 9 位数据页面指针（DP）的值来确定。因此，当使用直接寻址指令时，用户必须事先指定数据页，并在访问数据存储器的指令中指定偏移量。

3．第 0 页数据页地址映射

数据存储器中包含着存储器映射寄存器，它们位于数据存储器的第 0 页（地址 0000H～007FH），见表 2.2，用户必须注意以下几点：

① 利用零等待状态可以访问两个存储器映射寄存器，它们是中断屏蔽寄存器（IMR）和中断标志寄存器（IFR）。

② 测试/仿真保留区已被测试与仿真系统用于传送特殊信息。写测试/仿真保留区可能会改变器件工作方式，从而影响应用程序运行。

③ 高速暂存 RAM 块（B2）包括 32W 的 DARAM，它提供灵活的存储器而不是把外部或内部较大的 RAM 块分成碎片。该 RAM 块支持双访问操作，并可用任何数据存储器寻址方式对其寻址。

表 2.2　数据页 0 的地址映射

地　址	名　称	说　明
0000H～0003H	—	保留
0004H	IMR	中断屏蔽寄存器
0005H	—	保留
0006H	IFR	中断标志寄存器
0023H ～0027H	—	保留
002BH～002FH	—	保留用于测试和仿真
0060H～007FH	B2	双口 RAM（DARAM B2）

4．数据存储器的配置

CNF 位决定数据存储期的配置：CNF 位为 0 时，B0 块被映射为片外程序空间；CNF 位为 1 时，B0 块被映射为片内程序空间。复位时 B0 块被配置为数据存储器空间。

2.2.3　I/O 空间

TMS320LF2407 器件支持 64KW 的 I/O 地址范围，图 2.11 示出了 TMS320LF2407 的 I/O 地址映射。I/O 空间分三个主要地址段：

⑴地址 0000H～FEFFH 在 DSP 应用程序中一般用来访问片外设备，例如数模和模数转换器。

⑵地址 FF00H～FF0FH 映射到片内 I/O 空间。这些地址是测试用的保留区，不要使用。

⑶地址 FF10H～FFFFH 也映射到片内 I/O 空间。这些地址用做其他保留空间和片内 I/O 映射的寄存器。

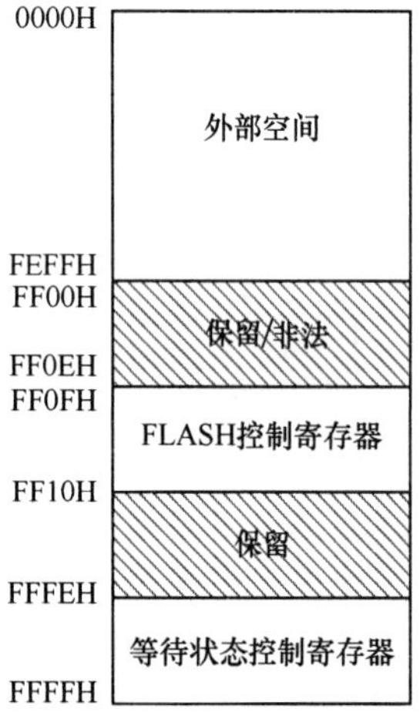

图 2.11　TMS320LF2407 的 I/O 地址映射

所有 I/O 空间（外部 I/O 口和片内 I/O 寄存器）都可用 IN 和 OUT 指令访问。访问外部并行 I/O 端口与访问程序、数据存储器复用同样的地址总线和数据总线。这种访问与访问外部程序和数据存储器的区别在于 $\overline{\text{IS}}$ 变低。数据总线是 16 位宽，如果用 8 位的外围设备，那么可以选择使用数据总线的高 8 位或低 8 位数据线，以满足特殊应用的需要。

可以用 $\overline{\text{RD}}$ 信号与片选逻辑一起形成外部设备的输出允许信号，也可以用 $\overline{\text{WE}}$ 信号与片逻辑一起产生外部设备的写允许信号。

2.3 系统配置和中断

本节主要介绍系统的配置寄存器及与 TMS320LF240x 系列 DSP 有关的中断。

2.3.1 系统配置寄存器

1．系统控制和状态寄存器 1（SCSR1）：地址 7018H

D15	D14	D13	D12	D11	D10	D9	D8
保留位	CLKSCR	LPM1	LPM0	CLKPS2	CLKPS1	CLKPS0	保留位
R-0	RW-0	RW-0	RW-0	RW-1	RW-1	RW-1	R-0

D7	D6	D5	D4	D3	D2	D1	D0
ADC CLKEN	SCI CLKEN	SPI CLKEN	CAN CLKEN	EVB CLKEN	EVA CLKEN	保留位	ILLADR
RW-0	RW-0	RW-0	RW-0	RW-0	RW-0	R-0	RW-0

注：R = 可读，W = 可写，C = 清除，-0 = 复位值。

各位意义如表 2.3 所示。

表 2.3 SCSR1 各位意义

位	意 义
D15	保留位
D14	CLKSCR，CLKOUT 引脚源选择位 0：CLKOUT 引脚输出 CPU 时钟 1：CLKOUT 引脚输出 WDCLK 时钟
D13～D12	LPM(1: 0)。低功耗模式选择位，这两位声明了 CPU 在执行 IDLE 指令时进入哪一种低功耗模式 00：CPU 进入 IDLE1 (LPM0)模式 01：CPU 进入 IDLE2 (LPM1)模式 1x：CPU 进入 HALT (LPM2)模式
D11～D9	PLL 时钟预定标选择位，这三位对输入时钟选择 PLL 倍频系数，如表 2.4 所示
D8	保留位
D7	ADC CLKEN，ADC 模块时钟使能控制位 0：禁止 ADC 模块时钟 1：使能 ADC 模块时钟
D6	SCI CLKEN，SCI 模块时钟使能控制位 0：禁止 SCI 模块时钟 1：使能 SCI 模块时钟
D5	SPI CLKEN，SPI 模块时钟使能控制位 0：禁止 SPI 模块时钟 1：使能 SPI 模块时钟
D4	CAN CLKEN，CAN 模块时钟使能控制位 0：禁止 CAN 模块时钟 1：使能 CAN 模块时钟

（续表）

位	意　义
D3	EVB CLKEN，SCI 模块时钟使能控制位 0：禁止 EVB 模块时钟 1：使能 EVB 模块时钟
D2	EVA CLKEN，EVA 模块时钟使能控制位 0：禁止 EVA 模块时钟 1：使能 EVA 模块时钟
D1	保留位
D0	ILLADR 位，无效地址检测位

表 2.4　PLL 倍频系数表

CLKPS2	CLKPS1	CLKPS0	系统时钟频率
0	0	0	$4f_{in}$
0	0	1	$2f_{in}$
0	1	0	$1.33f_{in}$
0	1	1	$1f_{in}$
1	0	0	$0.8f_{in}$
1	0	1	$0.66f_{in}$
1	1	0	$0.57f_{in}$
1	1	1	$0.5f_{in}$

注：f_{in} 为系统输入时钟频率。

2．系统控制和状态寄存器 2（SCSR2）：地址 7019H

D15	D14	D13	D12	D11	D10	D9	D8
保留位	保留位	保留位	保留位	保留位	保留位	保留位	保留位
RW-0	RW-0	RW-0	RW-0	RW-0	RW-0	RW-0	RW-0

D7	D6	D5	D4	D3	D2	D1	D0
保留位	I/P QUAL	WD OVERRIDE	XMIF HI-Z	$\overline{\text{BOOT EN}}$	MP/$\overline{\text{MC}}$	DON	PON
RW-0	RW-0	RC-1	RW-0	RW-0/1	RW-0/1	RW-1	RW-1

各位意义如表 2.5 所示。

表 2.5　SCSR2 各位意义

位	意　义
D15～D7	保留位
D6	I/P QUAL，输入时钟限定器。它限定输入到 LF240x 器件的 CAP1～6、XINT1～2、ADCSOC 及 PDPINTA/B 引脚上的信号。若这些引脚作 I/O 功能使用，则不会使用输入时钟限定电路。当这些引脚使用特殊功能时，这二位规定了输入到这些引脚上的信号被正确锁存时需要的最小脉冲宽度。脉冲只有达到这个宽度之后内部的输入状态才会改变 0：输入限定器锁存脉冲至少 5 个时钟周期长 1：输入限定器锁存脉冲至少 11 个时钟周期长
D5	WD OVERRIDE，WD 保护位。复位后的默认值为 1，从而使用户可通过用软件将 WDCR 寄存器中的 WDDIS 位置 1 来禁止 WD 工作。该位是一个只能清 0 的位，通过向这一位写入 1 来对其清 0 0：使用户不能通过软件来禁止 WD，该位是一个只能清 0 的位，不能通过软件来置 1 1：复位时的默认值，使用户能够通过软件来禁止 WD 工作
D4	XMIF HIZ，XMIF 高阻控制位。该位控制外部存储器接口信号（XMIF） 0：所有 XMIF 信号处于正常驱动模式（即非高阻态） 1：所有 XMIF 信号处于高阻态
D3	$\overline{\text{BOOT EN}}$，BOOT 使能位。该位反映 $\overline{\text{BOOT EN}}$ /XF 引脚在复位时的状态，可被软件改变 0：使能引导 ROM，地址空间 0000H～00FFH 被片内引导 ROM 块占用。这种方式下，禁止用 FLASH 存储器。 1：禁止引导 ROM，对 TMS320LF2407A 和 TMS320LF2406A 片内 FALSH 程序存储器映射地址范围为 0000H～7FFFH，对 TMS320LF2402A 地址范围为 0000H～1FFFH

（续表）

位	意　义
D2	MP/$\overline{MC}$ 微处理器/微控制器选择位。该位反映器件复位时 MP/$\overline{MC}$ 引脚上的状态。复位之后，可通过软件来改变该位，以动态映射存储器到片内或片外 0：器件设置为微控制器方式，程序地址范围 0000H～7FFFH 被映射到片内 1：器件设置为微处理器方式，程序地址范围 0000H～7FFFH 被映射到片外（即用户必须自己提供外部存储器器件）
D1	SARAM 程序/数据空间选择位 DON　PON　SARAM 状态 0　0　地址空间不被映射，该空间被分配到外部存储器 0　1　SARAM 被映射到片内程序空间 1　0　SARAM 被映射到片内数据空间 1　1　SARAM 既被映射到片肉程序空间，又被映射到片内数据空间

2.3.2　中断优先级和中断向量表

TMS320LF240x 系列 DSP 的 CPU 提供了 6 个可屏蔽中断，采用集中化的中断扩展设计来满足大量的外设中断需求，表 2.6 为 TMS320LF240x 系列 DSP 的中断源优先级和中断入口地址向量。

表 2.6　TMS320LF240x 中断源优先级和中断向量表

中断名称	优先级	CPU 中断和向量地址	PIRQRx 和 PIACKRx 中的数位位数	外围中断向量（PIV）	能否被屏蔽	外围中断源模块	描　述
Reset	1	RSN 0000H		N/A	N		
保留位	2	— 0026H		N/A	N		
NMI	3	NMI 0024H		N/A	N		
PDPINTA	4	INT1 0002H	0.0	0020H	Y	EVA	功率保护驱动引脚
PDPINTB	5		2.0	0019H	Y	EVB	
ADCINT	6		0.1	0004H	Y	ADC	高优先级 ADC 中断
XINT1	7		0.2	0001H	Y	外部中断逻辑	高优先级的外部中断
XINT2	8		0.3	0011H	Y	外部中断逻辑	
SPINT	9		0.4	0005H	Y	SPI	高优先级 SPI 中断
RXINT	10		0.5	0006H	Y	SCI	高优先级 SCI 接收中断
TXINT	11		0.6	0007H	Y	SCI	高优先级 SCI 发送中断
CANMBINT	12		0.7	0040H	Y	CAN	高优先级 CAN 邮箱中断
CANERINT	13		0.8	0041H	Y	CAN	高优先级 CAN 错误中断
CMP1INT	14	INT2 0004H	0.9	0021H	Y	EVA	Compare1 中断
CMP2INT	15		0.10	0022H	Y	EVA	Compare2 中断
CMP3INT	16		0.11	0023H	Y	EVA	Compare3 中断
T1PINT	17		0.12	0027H	Y	EVA	Timer1 周期中断
T1CINT	18		0.13	0028H	Y	EVA	Timer1 比较中断
T1UFINT	19		0.14	0029H	Y	EVA	Timer1 下溢中断
T1OFINT	20		0.15	002AH	Y	EVA	Timer1 上溢中断
CMP4INT	21		2.1	0024H	Y	EVB	Compare4 中断
CMP5INT	22		2.2	0025H	Y	EVB	Compare5 中断
CMP6INT	23		2.3	0026H	Y	EVB	Compare6 中断
T3PINT	24		2.4	002FH	Y	EVB	Timer3 周期中断
T3CINT	25		2.5	0030H	Y	EVB	Timer3 比较中断
T3UFINT	26		2.6	0031H	Y	EVB	Timer3 下溢中断
T3OFINT	27		2.7	0032H	Y	EVB	Timer3 上溢中断
T2PINT	28	INT3 0006H	1.0	0022BH	Y	EVA	Timer2 周期中断
T2CINT	29		1.1	0022CH	Y	EVA	Timer2 比较中断
T2UFINT	30		1.2	0022DH	Y	EVA	Timer2 下溢中断
T2OFINT	31		1.3	0022EH	Y	EVA	Timer2 上溢中断
T4PINT	32		2.8	0039H	Y	EVB	Timer4 周期中断
T4CINT	33		2.9	003AH	Y	EVB	Timer4 比较中断
T4UFINT	34		2.10	003BH	Y	EVB	Timer4 下溢中断
T4OFINT	35		2.11	003CH	Y	EVB	Timer4 上溢中断

（续表）

中断名称	优先级	CPU 中断和向量地址	PIRQRx 和 PIACKRx 中的数位位数	外围中断向量（PIV）	能否被屏蔽	外围中断源模块	描　述
CAP1INT	36	INT4 0008H	1.4	0033H	Y	EVA	Capture1 中断
CAP2INT	37		1.5	0034H	Y	EVA	Capture2 中断
CAP3INT	38		1.6	0035H	Y	EVA	Capture3 中断
CAP4INT	39		2.12	0036H	Y	EVB	Capture4 中断
CAP5INT	40		2.13	0037H	Y	EVB	Capture5 中断
CAP6INT	41		2.14	0038H	Y	EVB	Capture6 中断
SPINT	42	INT5 000AH	1.7	0005H	Y	SPI	低优先级 SPI 中断
RXINT	43		1.8	0006H	Y	SCI	低优先级 SCI 接收中断
TXINT	44		1.9	0007H	Y	SCI	低优先级 SCI 发送中断
CANMBINT	45		1.10	0040H	Y	CAN	低优先级 CAN 邮箱中断
CANERINT	46		1.11	0041H	Y	CAN	低优先级 CAN 错误中断
ADCINT	47	INT6 000CH	1.12	0004H	Y	ADC	低优先级 ADC 中断
XINT1	48		1.13	0001H	Y	外部中断逻辑	低优先级外部引脚中断
XINT2	49		1.14	0011H	Y	外部中断逻辑	
保留位		000EH		N/A	Y	CPU	分析中断
TRAP	N/A	0022H		N/A	N/A	CPU	TRAP 指令
假中断向量	N/A	N/A		0000H	N/A	CPU	假中断向量
INT8～INT16	N/A	0010H～0020H		N/A	N/A	CPU	软件中断向量
INT20～INT31	N/A	0028H～003FH		N/A	N/A	CPU	

注：1．由于某些特殊器件缺乏某些外围模块，故这些器件不具备有相应的中断。

2．表中加灰色底纹部分表示 F2407/F2406 的新外围中断和向量。

2.3.3 TMS320LF240x 系列器件的可屏蔽中断

TMS320LF240x 系列 DSP 的 CPU 提供了 6 个可屏蔽中断，即 INT1～INT6。INT1 优先级别最高，而 INT6 优先级别最低。利用这 6 个中断，采用集中化的中断扩展设计使得 TMS320LF240x 器件能够管理 46 个可屏蔽中断请求。图 2.12 为外设中断扩展模块图。

图 2.12 是一个两级中断系统。46 个外设中断请求信号通过中断请求模块 Level1～Level6 IRQ GEN 引入，在中断控制器处相或并按优先级别产生一个到 CPU 的中断请求 INT*n*。INT*n* 信号是具有两个 CPU 时钟脉冲的低电平脉冲。

CPU 内部的中断请求 INT1～INT6 由 CPU 中断寄存器来管理，PDPINTA 等 46 个外设中断请求由外设中断寄存器管理。以下介绍这些寄存器各位的意义及寄存器映射的地址。

1．CPU 中断寄存器

CPU 中断寄存器包括：中断标志寄存器（1FR）和中断屏蔽寄存器（1MR）。IFR 和 IMR 寄存器管理内核级的中断 INT1～INT6，而外设中断在它们各自的配置/控制寄存器中都有相应的中断标志位和屏蔽位。

(1)CPU 中断标志寄存器（IFR）：地址 0006H

16 位中断标志寄存器（IFR）映射至数据存储器空间的 0006H 处，用于识别和清除挂起的中断，IFR 中包括 6 个可屏蔽中断的标志位 INT～INT6。

当 INT1～INT6 中某一级向 CPU 发出可屏蔽中断请求时，控制寄存器中相应标志位被置 1。若该中断未被屏蔽，则中断请求被送到 CPU，表明该中断正被挂起或等待响应。

读取 IFR 可以识别挂起的中断，而向 IFR 相应的位写 1 则清除已挂起的中断。把 IFR 中当前的内容写回 IFR 可清除所有挂起的中断。CPU 响应中断或器件复位都能将 IFR 标志清除。

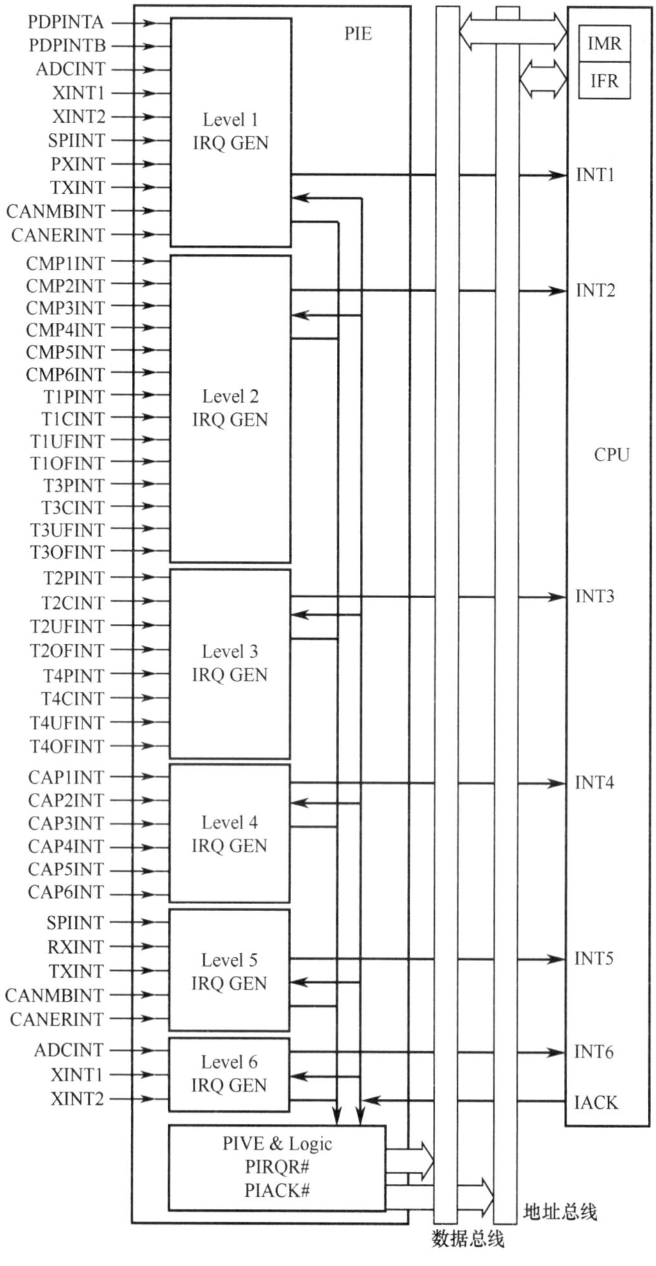

图 2.12　TMS320LF240x 外设中断扩展模块图

D15～D6	D5	D4	D3	D2	D1	D0
保留位	INT6 flag	INT5 flag	INT4 flag	INT3 flag	INT2 flag	INT1 flag
0	RW1C-0	RW1C-0	RW1C-0	RW1C-0	RW1C-0	RW1C-0

注：0＝ 总是读出为 0，R＝ 读，W1C＝ 向该位写 1 可将其清 0，“-” 后面的值为复位后的值。

D5:　　INT6 flag——中断 6 标志位，作为连至 INT6 的所有外部中断的标志。

D4:　　INT5 flag——中断 5 标志位，作为连至 INT5 的所有外部中断的标志。

D3:　　INT4 flag——中断 4 标志位，作为连至 INT4 的所有外部中断的标志。

D2:　　INT3 flag——中断 3 标志位，作为连至 INT3 的所有外部中断的标志。

D1:　　INT2 flag——中断 2 标志位，作为连至 INT2 的所有外部中断的标志。

D0:　　INT1 fiag——中断 1 标志位，作为连至 INTl 的所有外部中断的标志。

说明：① 当 D5～D0 某位为 0 时，表示没有中断挂起。当 D5～D0 某位为 1 时，表示对应的 INT 级的中断挂起。当响应该中断时，相应的位被清 0。此时，相应的外设控制寄存器的标志位不会被清 0，若要清 0，需要在用户程序中对该位写 1。

② 如果通过 INTR 指令请求中断且相应的 IFR 位被置 1 时，必须由软件清除该位，CPU 不会自动清除。

⑵CPU 中断屏蔽寄存器（IMR）：地址 0004H

16 位的中断屏蔽寄存器（IMR）映射至数据存储器空间的 0004H 处。IMR 中包含所有中断级（INTl～INT6）的屏蔽位。读 IMR 寄存器可识别已被屏蔽或被使能的中断级，而向 IMR 中某位写 0 则可屏蔽相应的中断级，写 1 则使能该中断级。

D15～D6	D5	D4	D3	D2	D1	D0
保留位	INT6 mask	INT5 mask	INT4 mask	INT3 mask	INT2 mask	INT1 mask
0	RW	RW	RW	RW	RW	RW

注：0＝ 总是读出为 0，R＝ 读，W＝ 写，IMR 中各位的值不受器件复位的影响。

D15～D6　Reserved——保留位。
D5　INT6 mask——中断 INT6 的屏蔽位。
D4　INT5 mask——中断 INT5 的屏蔽位。
D3　INT4 mask——中断 INT4 的屏蔽位。
D2　INT3 mask——中断 INT3 的屏蔽位。
D1　INT2 mask——中断 INT2 的屏蔽位。
D0　INT1 mask——中断 INTl 的屏蔽位。

说明：某位为 0，表示该中断级被屏蔽；某位为 1，表示该中断级被使能。

2．外设中断寄存器

外设中断寄存器包括：1 个外设中断矢量寄存器（PIVR）；3 个外设中断请求寄存器 0/1/2（PIRQR0/1/2），其各位定义见表 2.6；3 个外设中断应答寄存器 0/1/2（PIACKR0/1/2）。

外设中断请求寄存器 0/1/2 和外设中断应答寄存器 0/1/2 是外设中断扩展模块用来向 CPU 产生 INTl～INT6 中断请求的内部寄存器，只能对其测试（可读），不能对其编程（不可写）。

3．外部中断控制寄存器

外部中断 1 控制寄存器（XINTlCR）和外部中断 2 控制寄存器（XINT2CR），用来控制和监视两个外部引脚 XINTl 与 XINT2 的状态。在 LF240x 器件中，XINT1 和 XINT2 引脚必须至少被拉低 6 个（或 12 个）CLKOUT 周期才能被 CPU 认可。

⑴外部中断 1 控制寄存器（XINTlCR）：地址 7070H

D15	D14～D3	D2	D1	D0
XINT1 flag	Reserved	XINT1 polarity	XINT1 priority	XINT1 enable
RC-0	R-0	RW-0	RW-0	RW-0

注：R＝ 读，W＝ 写，C＝ 向该位写 1 可将其清 0，“-”后面的值为复位后的值。

D15：　XINTl flag——XINTl 标志位。该位指示在 XINTl 引脚上是否检测到一个跳变（极性由 XINTlCR 的 D2 位选择），无论外部中断 1 是否被使能，XINTl 引脚中跳变时该位总被置位。当相应的中断被应答时，该位被自动清 0。通过软件向该位写 1（写 0 无效）或器件复位时，该位也被清 0。

0　未检测到跳变
1　检测到跳变

D2：　XINTl polarity——XINTl 极性。选择中断是在 XINTl 引脚信号的上升沿产生还是下降沿产生。

0　在下降沿（由高到低跳变）产生中断

1 在上升沿（由低到高跳变）产生中断

D1: XINTl priority——XINTl 优先级。该读/写位决定哪个中断优先级被请求。CPU 的优先级层次和相应的高低优先级已被编码到外设中断扩展寄存器中，可参见表 2.6。

0 高优先级

1 低优先级

D0: XINTl enable——XINTl 使能位。该读/写位使能或屏蔽外部中断 XINTl。

0 屏蔽中断

1 使能中断

(2)外部中断 2 控制寄存器（XINT2CR）：地址 7071H

D15	D14～D3	D2	D1	D0
XINT2 flag	Reserved	XINT2 polarity	XINT2 priority	XINT2 enable
RC-0	R-0	RW-0	RW-0	RW-0

注：R＝读，W＝写，C＝向该位写 1 可将其清 0，“-”后面的值为复位后的值。

D15: XINT2 flag——XINT2 标志位。该位指示在 XINT2 引脚上是否检测到一个跳变（极性由 XINT2CR 的 D2 位选择），无论外部中断 2 是否被使能，XINTl 引脚中跳变时该位总被置位。当相应的中断被应答时，该位被自动清 0。通过软件向该位写 1（写 0 无效）或器件复位时，该位也被清 0。

0 未检测到跳变

1 检测到跳变

D2: XINT2 polarity——XINT2 极性。选择中断是在 XINT2 引脚信号的上升沿产生还是在下降沿产生。

0 在下降沿（由高到低跳变）产生中断

1 在上升沿（由低到高跳变）产生中断

D1: XINT2 priority——XINT2 优先级。该读/写位决定哪个中断优先级被请求。CPU 的优先级层次和相应的高低优先级已被编码到外设中断扩展寄存器中，可参见表 2.6。

0 高优先级

1 低优先级

D0: XINT2 enable——XINT2 使能位。该读/写位使能或屏蔽外部中断 XINT2。

0 屏蔽中断

1 使能中断

2.3.4 TMS320LF240x 系列器件的可屏蔽中断响应流程

在外设配置寄存器中，对每个外设中断请求都有一个对应的中断使能位和中断标志位。当一个引起中断的外设事件发生且相应的中断使能位置 1 时，则会产生一个从外设到中断控制器的中断请求，同时中断优先级的值也被送到中断控制器。由中断控制器将中断级别高的外设中断请求送到 CPU 的 INT*n* 端。

在每个外设中断请求有效时都会产生一个唯一的外设中断矢量，并被装入外设中断矢量寄存器（PIVR）中。当 CPU 接收并响应一个中断请求时，先从相应的 CPU 中断矢量地址中取出一条转移指令，该指令将转入执行这一 CPU 中断的通用中断服务程序（GISRx），在 GISRx 中保存必要的上下文后，从外设中断矢量寄存器（PIVR）中读取外设中断矢量，并将其左移一个预定的值，再加上偏移量，所得到的值就是这个外设中断事件的中断服务程序（SISR）的入口地址。对每个从外设来的中断控制器的中断都有一个特定的 SISR，在 SISR 中执行对该外设中断事件的服务。图 2.13 为 CPU 响应外设中断的流程图。

2.3.5 TMS320LF240x 系列器件的非屏蔽中断

非屏蔽中断可分为硬件非屏蔽中断和软件非屏蔽中断两种。

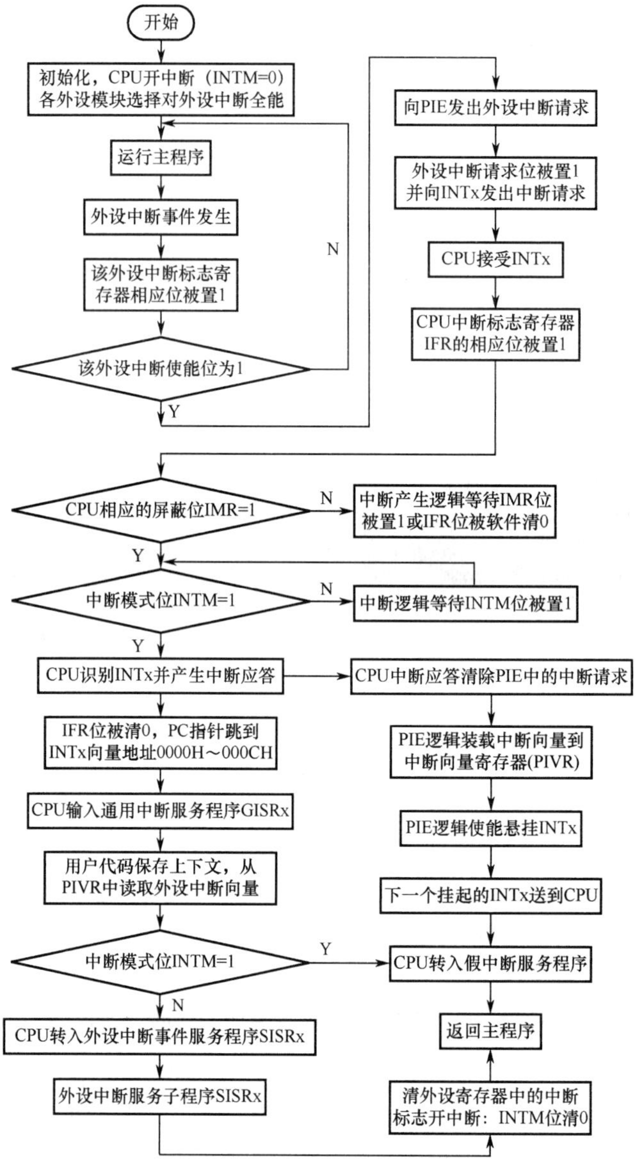

图 2.13　CPU 响应外设中断的流程图

1．硬件非屏蔽中断

通过以下两个引脚可以请求硬件非屏蔽中断。

⑴ $\overline{RS}$（复位）

$\overline{RS}$ 引起的中断将停止程序流程，使处理器回到一个预定的状态，然后从地址 0000H 开始执行程序。响应 $\overline{RS}$ 中断时，状态寄存器 ST0 中的中断模式（INTM）位置 1 以禁止可屏蔽中断。

⑵ $\overline{NMI}$

当 $\overline{NMI}$ 被激活时（$\overline{NMI}$ 引脚变低或 NMI 指令），处理器迫使程序控制转向矢量单元 24H。同时可屏蔽中断被禁止（状态寄存器 ST0 的 INTM 位被置为 1）。尽管 $\overline{NMI}$ 使用与可屏蔽中断一样的逻辑，但它是不被屏蔽的，不管 INTM 位为何值，CPU 都将响应 $\overline{NMI}$ 产生的中断。如果不用 $\overline{NMI}$，应将其拉高以防意外中断。

$\overline{\text{NMI}}$ 也可用做软件复位，与硬件复位 $\overline{\text{RS}}$ 不同，$\overline{\text{NMI}}$ 不影响器件的任何模式，也不终止当前有效指令或存储器的操作。

TMS320LF240x 系列器件没有 $\overline{\text{NMI}}$ 引脚，当器件访问一个无效地址时，将产生非屏蔽中断请求 $\overline{\text{NMI}}$，程序则转移到非屏蔽中断矢量地址 0024H 处，从中取出一条转移指令，然后转向非屏蔽中断的入口，执行相应的中断服务程序。

无效地址的检测由译码逻辑完成，系统和外设模块寄存器地址映射中包含不可访问单元，译码逻辑能够检测到对于这些无效地址的任何访问。当检测到对无效地址的访问时，就将系统控制和标志寄存器 SCSR1 中的无效地址标志位（ILLADR）置 1（该标志位须用软件将其清除），从而产生一个非屏蔽中断 $\overline{\text{NMI}}$。

2．软件非屏蔽中断

通过下述两条指令可引起软件非屏蔽中断。

(1)INTR K

该指令允许启动任何中断，包括用户定义的中断 INT8～INT16 和 INT20～INT31，指令操作数 K 表示 CPU 将转移到哪个中断矢量单元，当响应 INTR 中断时，状态寄存器 ST0 中的中断模式（INTM）位置为 1，禁止可屏蔽中断。

注意：INTR 指令不影响 IFR 标志。

(2)NMI

该指令使程序转移到中断矢量地址 24H，与不可屏蔽硬件中断 $\overline{\text{NMI}}$ 使用同一单元。因此，$\overline{\text{NMI}}$ 引脚为低或执行 NMI 指令均可启动 $\overline{\text{NMI}}$ 中断。执行 NMI 指令时，INTM 置为 1 以禁止可屏蔽中断。

(3)TRAP

该指令使 CPU 转移到中断矢量单元 22H，TRAP 指令不禁止任何可屏蔽中断（INTM 不被置 1。因此当 CPU 转移到中断服务程序时，该中断服务程序可被可屏蔽硬件中断所中断。

图 2.14 为 CPU 管理非屏蔽中断的流程图。

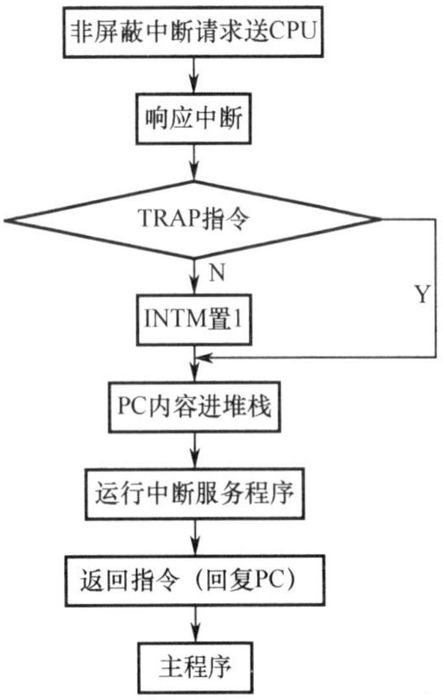

图 2.14　CPU 管理非屏蔽中断的流程图

2.3.6　中断服务程序

CPU 得到中断请求并响应之后，就根据中断矢量转移到相应的中断服务程序 ISR 中，ISR 在为中断所要求的任务服务前，需要保存和恢复寄存器的值，并且还要管理中断嵌套。

1．保存和恢复寄存器值

CPU 进入中断服务程序（ISR）之前，硬件只将增量后的程序计数器的值自动保存起来，所以在中断服务程序中，要用软件对一些重要寄存器的值进行保存和恢复。例如，若 ISR 需要执行一次乘法运算，则它就需要使用乘法寄存器（PREG）。若先前的 PREG 值要求在执行完 ISR 后仍保存在 PREG 中，则 ISR 必须先保存该值，再执行新的乘法运算，当乘法运算执行完后，中断服务程序返回之前，再重新装载原来那个 PREG 值。

在大多数中断服务程序中，都需要对某些寄存器进行保护，所以常常备份一个通用的保存和恢复程序，供中断服务程序调用。

2．中断服务程序（ISR）嵌套的管理

TMS320LF240x 系列 DSP 硬件堆栈允许中断嵌套。在考虑中断嵌套时，需注意以下几点：

⑴若希望一个可屏蔽中断能够中断 ISR，则该 ISR 必须不屏蔽这个中断，可在中断服务程序中，通过对 IMR 中的相应位设置和执行允许中断指令（CLR INTM）来解除该中断屏蔽。

⑵8 级硬件堆栈。每进行一次中断服务或进入子程序都要将返回地址压入堆栈，以提供返回的途径。该堆栈有 8 个单元，所以最多允许中断或子程序嵌套 8 级（其中一级堆栈是为断点/单步调试操作所保留的。若使用调试操作，则该级堆栈被内部使用）。若软件需要的堆栈超过 8 级，则可利用 POPD 和 PSHD 指令将堆栈有效地扩展到数据存储空间。

⑶LF240x 具有防止意外嵌套的功能。因为在执行完中断的服务程序返回之前，总要先允许中断，即执行 CLR INTM 指令开中断后，再执行返回指令 RET，假如在执行 CLR INTM 时发生了意外中断，LF240x CPU 总是先完成 CLR INTM 指令及其下面的那条指令后，才去处理已挂起的中断，这就保证了紧随在 CLR INTM 指令之后的返回指令能得到执行。也就是说，在新中断的返回地址被压入堆栈前，该返回指令先把原返回地址弹出栈顶。

2.3.7 中断等待时间

中断等待时间是指提出中断请求到响应请求之间的时间，其长短取决于许多因素。在执行一个软件中断之前，CPU 总是要完成流水线操作中的所有指令，其最小等待时间为 4 个周期。对于一个外部可屏蔽硬件中断，其最小等待时间为 8 个周期，以实现 CPU 与外部中断的同步，确认中断并转移到中断矢量单元。在第 9 个周期取出中断矢量。

LF240x 的中断等待时间包括外设同步接口时间、CPU 响应时间和 ISR 转移时间。

⑴外设同步接口时间是指外设中断事件发出中断请求，经 PIE 识别、判优、转换后将请求发送至 CPU 的时间。

⑵CPU 响应时间是指 CPU 识别出已被使能的中断、响应中断、清除流水线，到从 CPU 的中断矢量表中取出转移指令的时间。

⑶ISR 转移时间是指 CPU 执行通用中断服务程序，对外部事件的中断矢量进行转换处理，然后转移到外设中断服务子程序所需要的时间。该时间长度根据用户所实现 ISR 的不同而不同。

2.3.8 复位操作

复位（$\overline{RS}$=0）是优先级最高的中断，属于非屏蔽外部中断。复位可在任何时候将 LF240x 设置为一个已知状态。复位通常在电源打开之后被启动。由于复位可终止存储器操作并初始化状态位，因此每次复位之后须重新初始化系统。

复位操作至少需要 6 个时钟周期。LF240x 锁存复位脉冲并产生一个宽度足够长的内部复位脉冲以确保器件复位。LF240x $\overline{RS}$ 上升沿后的 16 个周期提取它的第一条指令，处理器在 0000H 处开始执行操作。通常在 0000H 单元存放一条转移指令，使程序转移到系统初始化程序。

LF240x 器件的复位引脚 $\overline{RS}$ 是个双向输入/输出引脚。当该引脚为输入时，即在 $\overline{RS}$ 引脚上输入一个低电平脉冲时，器件进行复位操作，被外部事件复位；当该引脚为输出时，则表明器件正在被内部事件（程序监视定时器 WDT 定时时间溢出）复位，此时在 $\overline{RS}$ 引脚上产生一个系统复位脉冲。外部事件和内部事件相或后驱动 CPU 复位。

2.3.9 低功耗模式

TMS320LF240x 器件的低功耗模式可使其核心部分进入休眠状态，比正常工作耗散更少的功率。

1．进入低功耗模式

执行 IDLE 指令可进入低功耗模式。执行 IDLE 指令时，程序计数器加 1，CPU 停止所有操作，器件处于低功耗模式。此时，内部寄存器内容全部保持，片内 RAM 的内容保持不变。

LF240x 器件有 3 种低功耗模式：IDLEl 模式、IDLE2 模式和 HALT 模式。由系统配置寄存器 SCSRl（D13～D12）指定。

所有基于 LF240x 的器件都有两个时钟：CPU 时钟（为大部分 CPU 逻辑提供时钟）和系统时钟（从 CPU 的 CLKOUT 引出，提供外部时钟与 CPU 中断逻辑时钟）。

当 CPU 进入 IDLEl 模式时，CPU 时钟停止工作而系统时钟继续工作。

当 CPU 进入 IDLE2 模式时，CPU 时钟和系统时钟都将停止工作。

当 CPU 进入 HALT 模式时，CPU 时钟和系统时钟都将停止工作，且振荡器、WDCLK、PLL 的时钟输入均被关断，这是一种最深的低功耗模式，能节省更多的功耗，具体情况如表 2.7 所示。

表 2.7 LF240x 器件低功耗模式各部分状态

低功耗模式	LPM 位 SCSR（12～13）	CPU 时钟	系统时钟	WDCLK 状态	PLL 状态	OSC 状态	退出低功耗方法
CPU 正常运行	xx	On	On	On	On	On	—
IDLE1	00	Off	On	On	On	On	外部中断，复位，$\overline{\text{PDPINTA/B}}$，XINT1/2 有效
IDLE2	01	Off	Off	On	On	On	唤醒中断，看门狗，复位，$\overline{\text{PDPINTA/B}}$，XINT1/2 有效
HALT	1x	Off	Off	Off	Off	Off	复位，$\overline{\text{PDPINTA/B}}$ 有效

2．结束低功耗模式

如果低功耗模式已经启动，则任何硬件中断（内部的或外部的、复位）都可以使处理器脱离 IDLE 状态。

若使用 NMI 和复位引脚，CPU 将立即执行相应的中断服务程序；如果是复位，则寄存器将被设置为复位值。

若使用可屏蔽中断源唤醒处理器硬件，该中断源必须未被中断屏蔽寄存器所屏蔽（IMR 寄存器中的相应位为 1）。当未被屏蔽的可屏蔽中断源申请中断时，处理器将退出 IDLE 状态。此时状态寄存器 ST0 的第 9 位 INTM 的值将决定结束低功耗模式后 CPU 的动作：

INTM = 0，中断被允许，CPU 执行相应的中断服务程序。

INTM = 1，中断被禁止，CPU 继续执行 IDLE 指令之后的程序。

所以，如果希望 CPU 退出低功耗模式后继续执行 IDLE 之后的程序，则在执行 IDLE 之前设 ST0 中的第 9 位 INTM = 1，禁止可屏蔽中断，且不要用复位或 $\overline{\text{NMI}}$ 来唤醒 CPU，而用可屏蔽中断源来唤醒 CPU。

若 CPU 除等待中断外无其他操作，用 IDLE 指令是最好的等待方式，此时需设 ST0 中的第 9 位 INTM = 0。

LF240x 器件的外部中断 XINTx 可以使设备从任一低功耗模式（除 HALT 模式外）中转出。若设备在 DLE2 模式，连在外部中断引脚上的同步逻辑会被组合逻辑旁路，这些组合逻辑辨识出引脚上的中断并启动时钟，之后它使时钟逻辑产生一个对 PIE 控制器的中断请求。

2.4 程序控制

程序控制是指控制一个或多个指令块的执行顺序。一般情况下，程序是顺序执行的，即在连续的程序存储器地址上执行命令。但有时程序也需要转移到一个不连续的地址，再顺序执行新地址处的指令。为此，TMS320LF240x 提供了转移、调用、返回、重复和中断指令。

2.4.1 程序地址的产生

在执行当前命令的同时，程序流要求处理器产生下一条指令的地址（连续的或不连续的）。程序地址产生框图如图 2.15 所示。表 2.8 列出了不同操作的程序地址源。

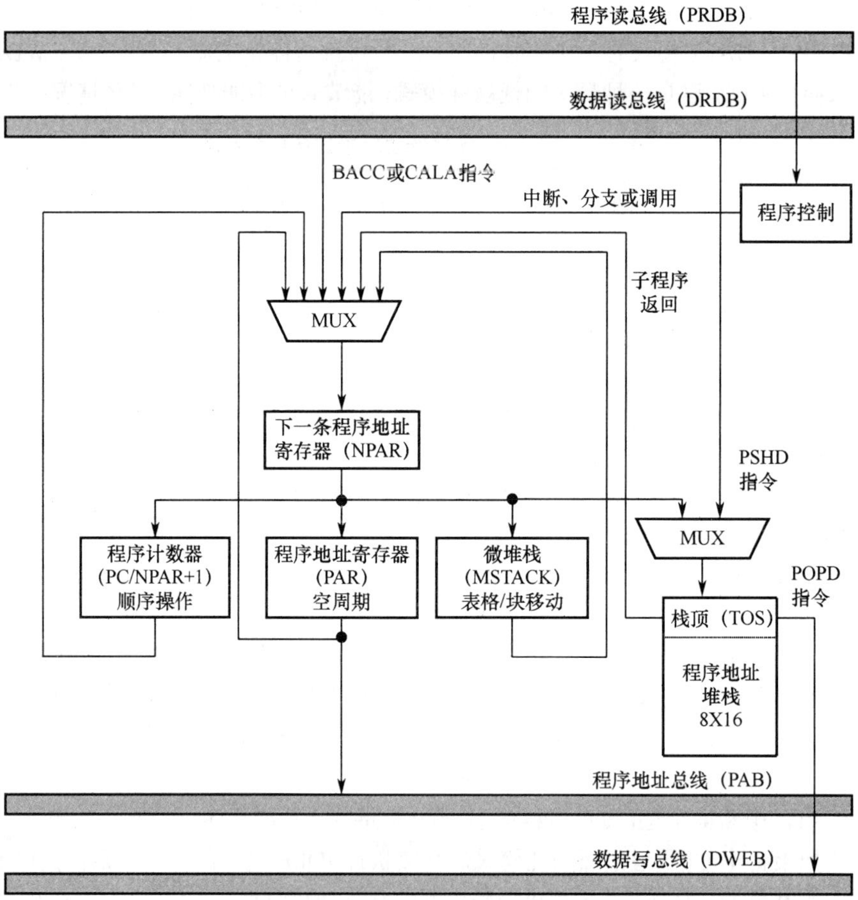

图 2.15　程序地址产生的框图

TMS320LF240x 程序地址产生逻辑使用的硬件有程序计数器（PC）、程序地址寄存器（PAR）、堆栈（STACK）、微堆栈（MSTACK）和重复计数器（RPTC）。

表 2.8 程序地址产生源

操 作	程序地址源
顺序操作	PC（包含程序地址+1）
空周期	PAR（包含程序地址）
从子程序返回	栈顶（TOS）
从表传送或块传送返回	微堆栈（MSTACK）
分支到或调用指令中指定的地址	使用程序读总线（PRDB）的分支或调用指令
分支到或调用累加器低字指定的地址	使用数据读总线（DRDB）的累加器低字
分支到中断服务程序	使用程序读总线（PRDB）中断向量单元

1．程序计数器（PC）

程序地址产生逻辑利用 16 位程序计数器（PC）寻址内部和外部程序存储器。通过程序地址总线（PAB）从程序存储器中取出该地址中的指令装入指令寄存器。当指令寄存器被装入时，PC 保存要执行的下一条指令的地址。TMS320LF240x 有多种加载 PC 的方法，以适应连续和不连续的程序流程。表 2.9 给出了不同操作下装入程序计数器（PC）的地址。

表 2.9 加载程序计数器的地址

操 作	装入 PC 地址
顺序执行	若当前指令占一个字，则 PC + 1 加载到 PC；若当前指令占两个字，则 PC + 2 加载到 PC
分支	在执行分支指令后，PC 装入直接跟随在分支指令后的长立即数的值
子程序调用和返回	对于调用指令，先把 PC 的下一条指令的地址压入堆栈，然后将调用指令后的长立即数直接加载到 PC，返回指令则将返回地址从堆栈弹回到 PC 以便继续执行程序
软件或硬件中断	将相应的中断向量单元的地址加载到 PC。该单元通常存一条分支指令，它将相应的中断服务程序的地址加载到 PC
计算 GOTO	将累加器低 16 位的内容加载到 PC。利用 BACC（分支到累加器中的地址）或 CALL（调用累加器指定地址的子程序）指令可实现计算 GOTO 操作

2．堆栈

TMS320LF240x 有一个 16 位宽、8 级深的硬件堆栈，最多可保存 8 个返回地址。发生子程序调用或中断时，程序地址产生逻辑使用该堆栈保存返回地址。当指令使 CPU 进入子程序或中断使 CPU 进入中断服务程序时，返回地址自动装入该堆栈的栈顶，这一操作不需要额外的时间开销。当子程序或中断服务程序完成时，返回指令把返回地址从堆栈栈顶弹回到程序计数器。当不需要用 8 级堆栈保存返回地址时，该堆栈可用来保存子程序或中断服务程序中的有关数据，或用于其他目的。

TMS320LF240x 用下面两组指令访问堆栈。

⑴PUSH（压入）和 POP（弹出）

PUSH 指令将累加器的低 16 位复制到栈顶。POP 指令将栈顶的值复制到累加器的低 16 位。

⑵PSHD（压入）和 POPD（弹出）

这两条指令允许在数据存储器中建立一个堆栈，以便处理超过 8 级的子程序或中断程序的嵌套。PSHD 指令将数据存储器中的值压入栈顶，POPD 指令将栈顶的值弹回到数据存储器。

每当利用指令或利用地址产生逻辑把数值压入堆栈栈顶时，堆栈中每一级的内容都下移一级，而堆栈底部（第 8 级）的内容将丢失。因此，如果没有弹出，连续压入 8 次以上就会发生堆栈溢出而丢失数据。图 2.16 为 PUSH 操作示意图。

弹出（POP）操作与压入（PUSH）操作相反。弹出操作把堆栈中每一级的值都复制到相邻的较高一级。经过连续几次的 POP 操作之后，栈底的值已被向上复制到堆栈的所有层，以后任何弹出操作得到的值都是初始栈底的值。图 2.17 为 POP 操作的示意图。

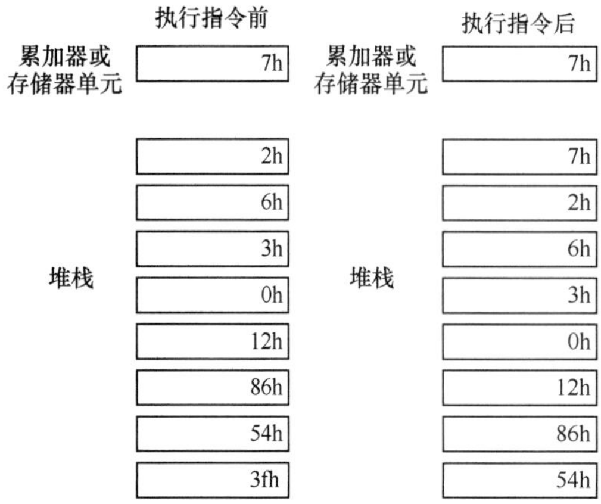

图 2.16　PUSH 操作

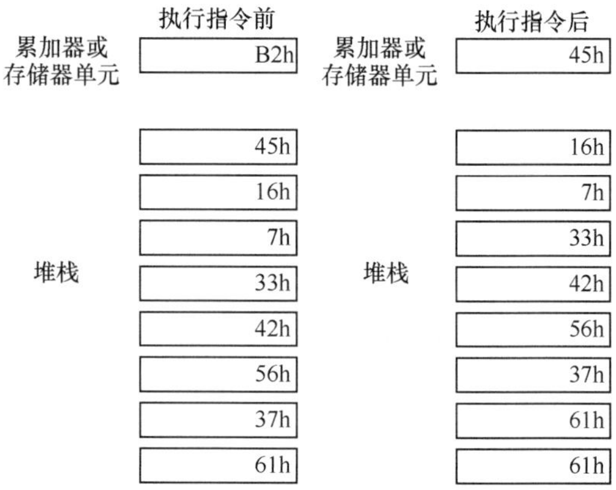

图 2.17　POP 操作

3．微堆栈（MSTACK）

在执行 BLDD、BLPD、MAC、MACD、TBLR 和 TBLW 这些指令前，程序地址产生逻辑使用 16 位宽、1 级深的微堆栈（MSTACK）保存返回地址。这些指令使用程序地址产生逻辑提供双操作数指令中的第二个地址。当重复操作时，这些指令利用 PC 使第一个操作数地址增 1，并用辅助寄存器算术单元（ARAU）产生第二个操作数的地址。在使用这些指令时，返回地址（将被取出的下一指令地址）被压入 MSTACK。到重复的指令完成时，再将 MSTACK 值弹回到程序地址产生逻辑。MSTACK 的操作是不可见的。与堆栈不同的是，MSTACK 只能被程序地址产生逻辑使用，不能用做存储器保存信息的指令。

2.4.2　流水线操作

指令流水线由一系列总线操作组成。TMS320LF240x 流水线有 4 个独立的操作阶段：取指令、指令译码、取操作数和执行。由于 4 个操作阶段是独立的，因此这些操作可以交叠地进行。在任意给定的周期里，1 到 4 条不同的指令均可有效。各指令均处于一个不同的完成阶段。图 2.18 为执行单字、单周期指令且无等待状态时的 4 级流水线操作示意图。

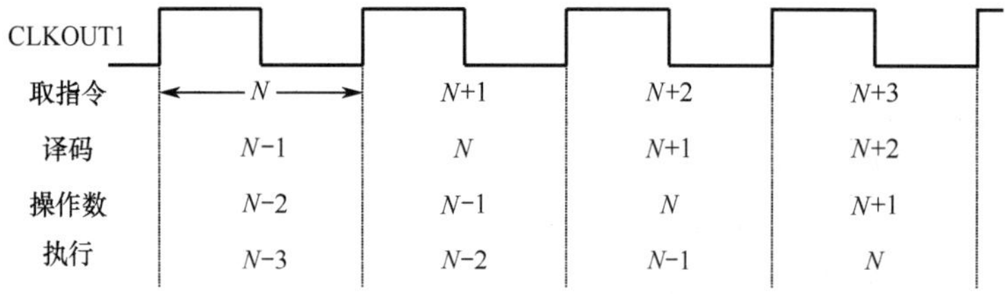

图 2.18　4 级流水线操作

2.4.3　分支、调用和返回

分支、调用和返回使控制转换到程序存储器的其他单元，从而打断了指令的连续流程。分支仅使控制转换到新的单元地址。调用指令则将返回地址（跟随在调用之后的指令地址）保存到硬件碓栈的顶部。每个被调用的子程序或中断服务程序都以返回指令将堆栈中的返回地址弹回地址弹到程序计数器（PC）。

TMS320LF240x 的分支、调用和返回有两种类型：无条件的和有条件的。

1．无条件分支、调用和返回

无条件分支、调用或返回无须满足某个特定条件，总是被执行。

⑴无条件分支

遇到无条件分支指令时，它无条件地被执行。在执行期间，PC 装入指定的存储器地址且程序从该地址开始执行。装入 PC 的地址可来自分支指令的第二个字，也可来自累加器的低 16 位字。在分支指令进入流水线的执行阶段前，其后面的两条指令已被提取，并从流水线操作中退出而不被执行，然后程序从分支地址继续执行。无条件分支指令有 B（分支）和 BACC（分支到累加器指定的存储单元）。

⑵无条件调用

对无条件调用指令的执行，PC 也装入来自调用指令的第二个字或累加器的低 16 位字。在 PC 被加载之前，返回地址已被保存在堆栈内。在子程序或函数执行之后，返回指令将堆栈中的返回地址装入 PC，并（继续执行调用之后的指令）从调用指令后面的那条指令开始执行。在无条件调用指令进入流水线操作的执行阶段之前，随后的两条指令已被提取。这两个指令字将从流水线中清除而不被执行，返回地址被保存到堆栈，程序从被调用函数的第一条指令开始执行指令操作。无条件调用指令有 CALL（调用）和 CALA（调用累加器指定单元地址处的子程序）。

⑶无条件返回

执行无条件返回指令时，PC 装入栈顶的值，且从该栈顶值所指定的地址开始执行程序。同样，在无条件返回指令进入流水线操作的执行阶段之前，下两个指令字已被取出，并从流水线中清除，不再被执行。返回地址从堆栈取得，然后从调用函数之后继续执行。

2．条件分支、调用和返回

TMS320LF240x 提供一些仅当一个或多个条件满足时才执行的分支、调用和返回指令。表 2.10 列出了这些指令可以使用的条件及其相应的操作数符号。

表 2.10　条件调用和返回指令条件

操作数字符号	条　件	说　明
EQ	ACC = 0	累加器为 0
NEQ	ACC ≠ 0	累加器不为 0
LT	ACC < 0	累加器小于 0
LEQ	ACC≤0	累加器小于等于 0
GT	ACC > 0	累加器大于 0
GEQ	ACC≥0	累加器大于等于 0
C	C = 1	进位位置 1
NC	C = 0	进位位清 0
OV	OV = 1	检测累加器溢出
NOV	OV = 0	检测累加器不溢出
BIO	BIO	BIO 引脚为低
TC	TC = 1	测试/控制标志置 1
NTC	TC = 0	测试/控制标志置 0

在条件指令操作数中可把多个条件列为条件指令的操作数。若列出了多个条件，则必须所有的条件都满足。注意，并非所有条件组合都有意义。表 2.11 列出了有意义的条件分组。对于每种条件组合，必须按如下规则从组 1 和组 2 中选择条件：

组 1：最多可选两个条件，其中每个条件必须来自不同的类（A 或 B），不能从同一类中选择两个条件。例如，可同时测试 EQ 和 OV，但不能同时测试 GT 和 NEQ。

组 2：最多可选三个条件，其中每个条件必须来自不同的类（A、B 或 C），不能有两个条件来自同一类。例如，可同时测试 TC、C 和 BIO，但不能同时测试 C 和 NC。

表 2.11　条件分组

组 1		组 2		
A 类	B 类	A 类	B 类	C 类
EQ NEQ LT LEQ GT GEQ	OV NOV	TC NTC	C NC	BIO

条件指令必须能测试状态位的最新值，在流水线操作的执行阶段以前，条件是不稳定的。直到流水线的第四级或执行阶段，即前一条指令后一个周期才能认为条件稳定。在条件稳定之前，流水线控制器停止对条件后面任何指令的译码。

⑴条件分支

分支指令可使程序控制转移到程序存储器的任意单元。只有当表 2.10 中的一个或多个指令的条件满足时，才能执行条件分支指令。分支指令的第二个字包含要转移的地址。若所有条件都满足，则将分支指令的第二个字加载到 PC，并从此地址继续执行。

在进行条件测试时，条件分支指令后面的两个指令字已经取入流水线。若所有条件都满足，则从流水线中清除这两个字，因此它们是不执行的，程序从转移到的地址继续执行。若条件不满足，则执行这两个字而不转移。因为分支指令使用的条件由前一个指令的执行结果决定，所以条件分支指令比无条件分支命令多用一个周期。

条件分支指令有 BCND（条件分支）和 BANZ（若当前所选的辅助寄存器不为 0 则分支），BANZ 指令有助于实现循环操作。

⑵条件调用

条件调用（CC）指令仅在满足规定的一个或多个条件（见表 2.10）时才被执行调用。这就使得程序可以根据所处理的数据不同而在多个子程序间进行选择。如果所有的条件都满足，则将调用指令的第二个字加载到 PC，该字包含有子程序的首地址。在转移到子程序之前，处理器把调用指令后面的那条指令的地址（即返回地址）存入堆栈。子程序最后必须是一条返回指令，该返回指令将从堆栈中取回返回地址使处理器重新执行原来的程序。

在进行条件测试时，如果所有的条件都满足，同样不执行调用指令后的两个指令字，程序从被调用子程序的第一条指令处继续执行。如果条件不满足，则执行这两个指令字而不调用子程序。由于需要一个等待周期才能使条件趋于稳定，因此条件调用比无条件调用多用一个周期。

⑶条件返回

返回指令与调用和中断一起使用。调用或中断将返回地址保存到堆栈里，然后把程序控制转移到程序存储器中新的单元地址。被调用的子程序或中断服务子程序以返回指令结束，该指令将返回地址从堆栈顶弹出并送入程序计数器（PC）。

条件返回指令（RETC）仅在一个或多个条件（见表 2.10）被满足时才执行。利用 RETC 指令，可使子程序或中断服务程序有多种返回路径。选择哪条路径取决于正在处理的数据。此外，利用条件返回还可以避免在子程序或中断服务程序末尾有条件地转移到返回指令或到其附近。

若满足执行 RETC 指令的所有条件，则处理器将把返回地址从堆栈加载到 PC 并重新执行原先的调用程序或被中断的程序。

RETC 和 RET 都是单字指令。但是，由于 PC 的不连续性，RETC 指令的操作与条件转移

（BCND）和条件调用（CC）的有效时间相同。在条件返回指令的条件被测试时，返回指令后面的两个指令字已取入流水线，若所有条件都满足，则从流水线中清除这两个字从而不被执行，然后继续执行调用程序。如果条件不满足，则执行这两个指令而不返回。由于存在等待条件稳定的等待周期，所以条件返回指令比无条件返回指令多用一个周期。

2.5 重复指令

TMS320LF240x 的重复指令（RPT）允许将单条指令执行 $N+1$ 次，N 为 RPT 指令的操作数。执行 RPT 指令时，N 被装入重复计数器（RPTC），然后重复指令每执行一次，RPTC 便减 1，直到 RPTC = 0 为止。当从数据存储单元读出计数值时，RPTC 可用做 16 位计数器；如果指定常数为计数值，则 RPTC 为 8 位计数器。

对诸如 NORM（累加器的内容规格化）、MACD（乘加并带数据转移）和 SUBC（条件减）等这样的指令来说，这种重复特性非常有用。在指令重复时，程序存储器的地址和数据总线被释放，从而可以与数据存储器的地址和数据总线并行取回第二个操作数，这使得在重复 MACD 和 BLPD 这样的指令时，可以在单周期内完成指令，执行更有效。

习题 2

1. 在 TMS320LF240x 系列 DSP 中，可屏蔽中断是分几级管理的？
2. 例举 TMS320LF240x 系列 DSP 流水线的 4 个独立操作阶段。
3. 简述 PM 位（乘积移位方式位）的移位方式。
4. 例举 TMS320LF240x 系列 DSP 程序地址产生逻辑使用的硬件。
5. 简述输入定标部分的作用。
6. 例举中央算术逻辑部分的组成。
7. 简述 TMS320LF240x 系列 DSP 进位位 C 的进位方式。
8. 例举 TMS320LF240x 系列 DSP 软件非屏蔽中断。
9. 例举 TMS320LF240x 系列 DSP 的非屏蔽中断。
10. 例举应用微堆栈的一些 DSP 指令。
11. 写出 TMS320LF240x 系列 DSP 常见的片内外设模块名称。
12. 在 TMS320LF240x 系列 DSP 中，影响中断响应延时的因素是什么？
13. TMS320LF240x 系列 DSP 的中央处理单元（CPU）包括（　　）、（　　）、（　　）、（　　）和（　　）。
14. TMS320LF2407 有（　　）级硬件堆栈，默认状态下，STACK 段的大小是（　　）字。
15. TMS320LF2407 有（　　）级、（　　）位宽的硬件微堆栈。
16. 在 TMS320LF2407 中，AR0 作为间接寻址寄存器，可寻址的数据存储器空间是（　　）KW，寻址的地址空间范围是（　　）。
17. TMS320LF2407 有（　　）个辅助寄存器。
18. TMS320LF2407 DSP 的 $\overline{RS}$ 信号为（　　）电平系统复位。
19. TMS320LF240x 系列 DSP 有（　　）位地址总线，通过该地址总线可访问（　　）个可独立访问的空间，分别是（　　）。

20. 在 TMS320LF2407 中，有（　　）个 DARAM 块，分别是（　　）。
21. 在 TMS320LF2407 中，（　　）DARAM 块可配置成数据存储单元或程序存储单元。
22. 在 TMS320LF2407 中，DARAM 共有（　　）字。
23. 在 TMS320LF2407 中，数据存储器被分为（　　）页，数据页面指针 DP 的取值范围是（　　）。
24. 在 TMS320LF240X DSP 中，优先级最高的中断是（　　）。
25. 如果 DP = 8，则可访问的数据存储器的范围是（　　）。
26. TMS320LF240x 系列 DSP 的 CPU 提供了（　　）个可屏蔽中断。
27. TMS320LF240x 系列 DSP 采用一个（　　）位的硬件乘法器，可以在（　　）个机器周期内产生一个（　　）位乘积结果的有符号或无符号数。
28. 在 TMS320LF240x 系列 DSP 中，数据存储器中存储的最大有符号正整数是（　　）。
A．7FFFH　B．FFFFH　C．8000H　D．8001H
29. 当 OVM = 0 时，(ACC) = 80000000H，执行 ABS 指令，则 ACC 的值为（　　）。
A．80000000H　B．7FFFFFFFH　C．8FFFFFFFH　D．70000000H
30. 在 TMS320LF2407 中，有两个外部引脚 XINTl 和 XINT2，可以是（　　）产生中断。
A．上升沿　B．下降沿　C．低电平　D．上升沿或下降沿
31. 在 TMS320LF240x 系列 DSP 中，重复计数器 RPTC 是（　　）位。
A．8　B．16　C．32　D．8 或 16
32. 下列（　　）状态位可以是硬件引脚。
A．XF　B．SXM　C．TC　D．OVM
33. 在 TMS320LF2407 中，（　　）寄存器是 32 位的。
A．PREG　B．TREG　C．ST0　D．AR4

第 3 章　TMS320LF240x 寻址方式和指令系统

TMS320LF240x 指令系统中的绝大多数指令都可以在单周期内完成。少数指令需两个周期，这些指令主要是操作数涉及 16 位长立即数的指令或控制转移指令。个别复杂的混合运算需要三个周期，如 MAC 指令（乘及累加指令）。无延时的最长指令周期为四个机器周期，主要有子程序返回且涉及片外存储器的指令。

3.1　TMS320LF240x DSP 的寻址方式

TMS320LF240x 系列 DSP 的寻址方式主要有三种：立即寻址、直接寻址和间接寻址，其中立即寻址方式有短立即数和长立即数两种，直接寻址和间接寻址均可访问数据存储器。

3.1.1　立即寻址方式

TMS320LF240x 支持两种立即寻址方式：单字（8 位、9 位或 13 位常数）短立即寻址和双字（16 位常数）长立即寻址。在短立即数指令中，立即操作数包含在这个指令字中。在长立即数指令中，指令码的第二个指令字为立即操作数，这个数值可以是一个绝对值，也可以是 2 的补码值。立即寻址的指令字格式如下。

短立即寻址（单字）：

15 14 13 12 11 10 9	8 7 6 5 4 3 2 1 0
操作码	8、9或13位常数

长立即寻址（双字）：

15 14 13 12 11 10 9 8 7 6 5 4 3 2 1 0
操作码
16位常数

TMS320LF240x 系列指令系统中能进行立即寻址的指令是有限的。TMS320LF240x 支持立即寻址的指令如下。

8 位立即寻址：ADD、ADRK、LACL、LAR、RPT、SBRK、SUB

9 位立即寻址：LDP

13 位立即寻址：MPY

16 位立即寻址：ADD、AND、LACC、LALK、MPY、OR、RPT、SBLK、SUB、XOR

立即寻址方式汇编语言的指令格式是

[<标号>]　指令助记符　[<常数>]

例 3.1 使用短立即寻址方式的 RPT 指令。

RPT #99 ;将 RPT 后面的那条指令执行 100 次。

这条 RPT 指令只需一个指令字，其内容为图 3.1 所示的值。

15	14	13	12	11	10	9	8	7	6	5	4	3	2	1	0
1	0	1	1	1	0	1	1	0	1	1	0	0	0	1	1
立即寻址方式的RPT指令操作码								8位常数=99							

图 3.1 例 3.1 指令寄存器中的内容

例 3.2 使用长立即寻址方式的 ADD 指令。

ADD # 16384, 2 ;将数值 16384 左移 2 位后与累加器内容相加，结果在

;累加器中。

这条 ADD 指令需两个指令字，立即数包含在第二个指令字中，指令寄存器连续接收两个 16 位值，如图 3.2 所示。

第一个指令字：

15	14	13	12	11	10	9	8	7	6	5	4	3	2	1	0
1	0	1	1	1	1	1	1	1	0	0	1	0	0	1	0
长立即寻址的ADD指令操作码												移位次数=2			

第二个指令字：

15	14	13	12	11	10	9	8	7	6	5	4	3	2	1	0
0	1	0	0	0	0	0	0	0	0	0	0	0	0	0	0
16位常数=16384=4000h															

图 3.2 例 3.2 连续加载到指令寄存器的内容

3.1.2 直接寻址方式

采用直接寻址方式，可以访问 128W 的块内数据存储器，把这 128W 构成的块称为数据页面。整个 64KW 数据存储器包含 512 个数据页面，记为 0～511，如图 3.3 所示。当前数据页面由状态寄存器 ST0 内的 9 位数据页面指针（DP）寄存器中的值确定。

DP 值	偏移量	数据存储器
0000 0000 0 0000 0000 0	000 0000 111 1111	页 0：0000H～007FH
0000 0000 1 0000 0000 1	000 0000 111 1111	页 1：0080H～00FFH
0000 0001 0 0000 0001 0	000 0000 111 1111	页 2：0100H～017FH
⋮	⋮	⋮
1111 1111 1 1111 1111 1	000 0000 111 1111	页 511：FF80H～FFFFH

图 3.3 数据存储器的页面

在直接寻址方式中，指令寄存器（IR）的格式为

15	14	13	12	11	10	9	8	7	6	5	4	3	2	1	0
8MSBs								0	7LSBs						

其中：8～15 位是指令类型的操作码；第 7 位为 0，表示该指令为直接寻址方式；0～6 位指出指令所访问的数据存储器地址的偏移量。

直接寻址方式下，由指令提供数据存储器地址的低 7 位和数据存储器的页面指针（DP）寄存器的 9 位形成一个完整的 16 位数据存储器地址，如图 3.4 所示。

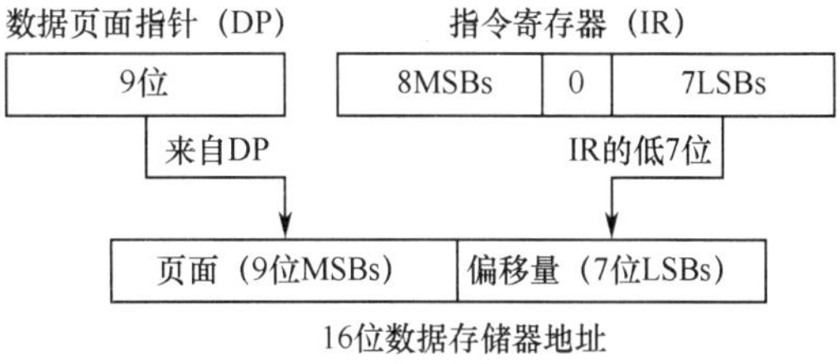

图 3.4 直接寻址方式下数据存储器地址的产生

DP 指示数据存储器 512 页中的某一页，而指令中的 7 位地址则指出一页 128W 中的特定位置。可利用 LDP（装入数据页面指针）指令或任何能将数值加载到 ST0 的指令来装入 DP 寄存器的值。LDP 指令直接加载 DP，不影响 ST0 的其他位，该指令可明确指出加载到 DP 的值。例如，把当前数据页面设置为 32（地址为 1000H～107FH），可使用如下指令：

```
LDP  #32     ;初始化数据页面指针
```

值得注意的是，DP 寄存器在复位时未初始化，其中的值为随机数，因此在访问数据存储器之前必须对 DP 寄存器进行初始化。另外，不必在每条使用直接寻址的指令前都设置数据页面。如果代码块内的所有指令都访问同一数据页面，则只需在该块的前面简单地加载一次 DP。

直接寻址方式的指令格式是

[< 标号 >]　指令助记符　< dma >　[, < 移位 >]

其中，0 < dma < 127。操作数按直接寻址方式取得，先进行预定的位移再操作。位数包含在操作码中。

下面是几个直接寻址方式的例子。

例 3.3 使用直接寻址的 ADD（移位数 0～15）指令。

```
LDP  #4       ;将数据页面设置为 4。
ADD  9H, 5    ;数据存储器地址 0209H 中的内容左移 5 位加至累加器。
```

例中的第一条指令是将 000000100 装入 DP，把当前数据页面设置为 4。然后，ADD 指令指示一个数据存储器地址，在执行 ADD 指令之前，该操作码被装入指令寄存器（IR），其移位值嵌套在指令字中。DP 和指令寄存器的低 7 位一起形成一个完整的 16 位地址 0000001000001001（0209H），如下图所示。

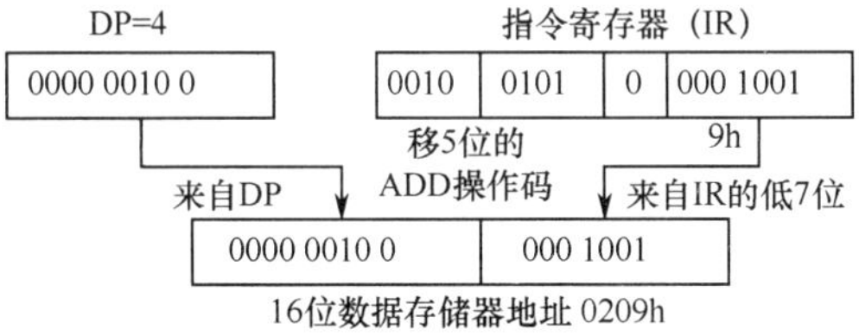

例 3.4 使用直接寻址的 ADD（移位位数 16）指令。

```
LDP  #5       ;将数据页面设置为 5（地址 0280H～02FFH）。
ADD  9H, 16   ;数据存储器地址 0289H 中的内容左移 16 位加至累加器。
```

例中指令寄存器的操作码不仅指出了指令类型，而且还指出移位次数为 16 位。其数据存储器地址 0289H 的形成如下图所示。

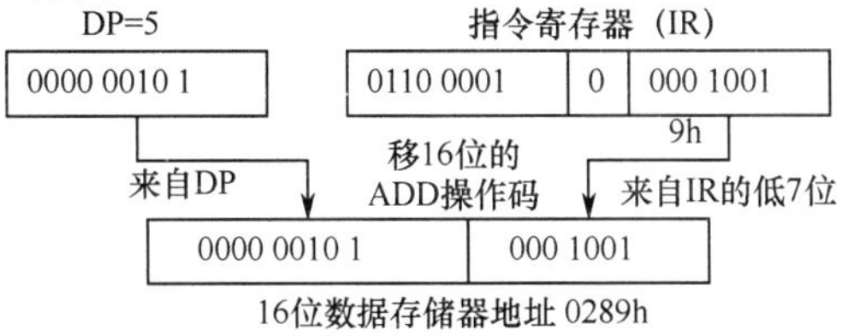

3.1.3 间接寻址方式

在间接寻址方式下，指令中指定一个辅助寄存器 AR，该寄存器包含操作数的 16 位数据存储器地址，使用一个辅助寄存器中的 16 位地址，可以访问 64KW 数据存储空间的任何单元。TMS320LF240x 有 8 个辅助寄存器（AR0～AR7），它提供了灵活多变且功能强大的间接寻址方式。辅助寄存器中的内容可通过 16 位符号运算单元——辅助寄存器运算单元（ARAU）完成地址运算，ARAU 对 AR 的运算可在指令 AR 之后且在指令执行的同一周期内完成。利用 LAR（装入辅助寄存器）指令、ADRK（辅助寄存器加短立即数）指令或 SBRK（辅助寄存器减短立即数）指令等来修改辅助寄存器的内容。

为了选择一个特定的辅助寄存器，可将数值 0～7 装入状态寄存器 ST0 中的一个 3 位辅助寄存器指针（ARP）。通过 LST 指令或 MAR 指令的主要操作可对 ARP 进行加载，也可通过支持间接寻址的任何指令的辅助操作实现对 ARP 的加载。通常把由 ARP 指定的辅助寄存器称为当前辅助寄存器或当前 AR。在指令处理期间，当前辅助寄存器的内容用做访问数据存储器的地址。如果指令需要从数据存储器读数据，ARAU 将该地址送到数据读地址总线（DRAB），若指令需要向数据存储器写数据，ARAU 将该地址送到数据写地址总线（DWAB）。指令使用完该数据值后，ARAU 采用 16 位无符号数的算术运算使当前辅助寄存器的内容增加或减少。

除了更新当前辅助寄存器外，很多指令还可指定下一个辅助寄存器或称下一个 AR。这些指令完成时，所指定的那个寄存器将成为当前寄存器。允许指定下一个辅助寄存器的指令，向 ARP 加载一个新值，当 ARP 装入这个新值时，ARP 中先前的值被加载到辅助寄存器指针缓冲器（ARB）中。

TMS320LF240x 提供四类间接寻址选项，表 3.1 列出了用于间接寻址的选项。

表 3.1 间接寻址操作数

操 作	操 作 数	说 明
不加、不减	*	用当前辅助寄存器 AR（由 ARP 指定）的内容作为数据存储器的地址，但当前辅助寄存器 AR 的内容既不增加也不减少
加 1	*+	用当前辅助寄存器 AR（由 ARP 指定）的内容作为数据存储器的地址，并在存储器访问后，将当前辅助寄存器 AR 的内容加 1
减 1	*–	用当前辅助寄存器 AR 的内容作为数据存储器的地址，并在存储器访问后，将当前辅助寄存器 AR 的内容减 1
加变址量	*0+	用当前辅助寄存器 AR 的内容作为数据存储器的地址，并在存储器访问后，将当前辅助寄存器 AR 的内容加上 AR0 的内容（变址量）
减变址量	*0–	用当前辅助寄存器 AR 的内容作为数据存储器的地址，并在存储器访问后，将当前辅助寄存器 AR 的内容减去 AR0 的内容（变址量）
逆向进位 加变址量	*BR0+	用当前辅助寄存器 AR 的内容作为数据存储器的地址，并在存储器访问后，按逆向进位方式将当前辅助寄存器 AR 的内容加上 AR0 的内容（变址量）
逆向进位 减变址量	*BR0–	用当前辅助寄存器 AR 的内容作为数据存储器的地址，并在存储器访问后，按逆向进位方式将当前辅助寄存器 AR 的内容减去 AR0 的内容（变址量）

表 3.1 列出的这些加或减运算，均由辅助寄存器算术单元（ARAU）在流水线中指令译码的同一周期内完成。

间接寻址可用于除立即操作数和无操作数指令以外的任何指令，其指令字格式为

15–8	7	6–4	3	2–0
8MSBs	1	ARU	N	NAR

其中：8～15 位表示指令类型及与数据移位有关的信息；第 7 位为 1，表明该指令为间接寻址方式；4～6 位是辅助寄存器更新代码，见表 3.2；第 3 位指示下一个辅助寄存器，N = 0 则 ARP 的

内容保持不变，N = 1 则 NAR 的内容将装入 ARP，ARP 的先前值装到状态寄存器 ST1 中的辅助寄存器缓冲器（ARB）中；0～2 位为下一个辅助寄存器的值。

表 3.2　当前辅助寄存器中 ARU 代码的作用

ARU 代码			在当前 AR 上完成的算术运算
D6	D5	D4	
0	0	0	对当前 AR 无操作
0	0	1	当前 AR–1→当前 AR
0	1	0	当前 AR+1→当前 AR
0	1	1	保留
1	0	0	当前 AR–AR0→当前 AR（逆向进位）
1	0	1	当前 AR–AR0→当前 AR
1	1	0	当前 AR+AR0→当前 AR
1	1	1	当前 AR+AR0→当前 AR（逆向进位）

间接寻址方式的指令格式为

[< 标号 >]　指令助记符　{ ind }　[, < 移位 >]　[, < 下一 ARP >]

其中，ind 为间接寻址方式选项。

下面举例说明间接寻址方式的使用。

例 3.5　使用*（不加也不减）间接寻址的 ADD 指令。

```
ADD    *, 8            ;将当前辅助寄存器指定的数据存储单元的内容左移 8 位加至
                       ;累加器，当前辅助寄存器内容不加也不减。
                       ;指令寄存器装入的值如下图所示。
```

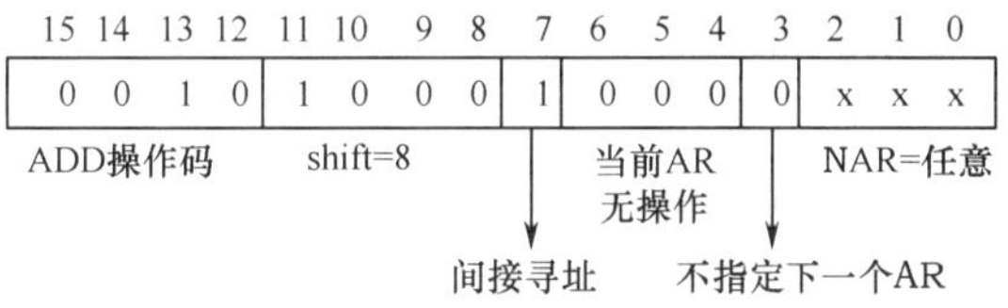

例 3.6　使用*+（加 1）间接寻址的 ADD 指令。

```
ADD *+, 8, AR4         ;操作同例 3.5，但当前辅助寄存器内容加上 1，且 AR4
                       ;变为下一辅助寄存器。指令寄存器装入的值如下图所示。
```

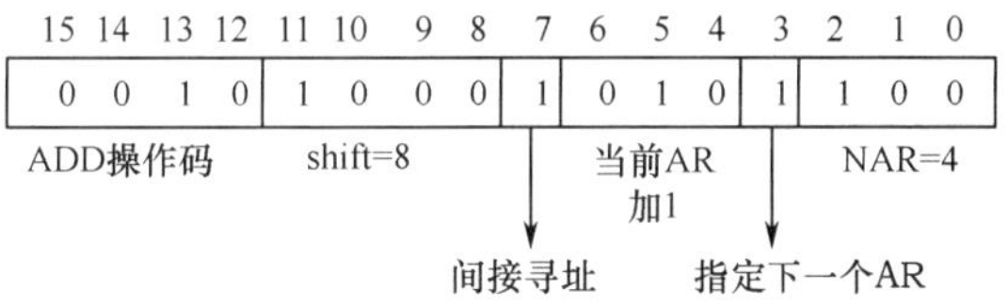

例 3.7　使用*–（减 1）间接寻址的 ADD 指令。

```
ADD *–, 8              ;操作同例 1，但当前辅助寄存器内容减 1，指令寄存器
                       ;装入的值为 0010100010010XXX。
```

3.2　TMS320LF240x DSP 的指令系统

TMS320LF240x 指令系统按功能可分为如下六类：

(1)累加器、算术和逻辑指令。

(2)辅助寄存器和数据页面指针指令。
(3)T 寄存器、P 寄存器和乘法指令。
(4)转移指令。
(5)控制指令。
(6)输入/输出和存储器指令。

3.2.1 累加器、算术和逻辑指令

累加器、算术和逻辑指令主要以累加器（ACC）为目的操作数，是最基本、最主要的操作之一。它包括累加器加法指令、减法指令、逻辑运算指令、移位指令和装载保存指令等。表 3.3 列出了这类指令的助记符、功能说明、所占字数、周期数和操作码。这类指令的详细描述如下。

表 3.3　累加器、算术和逻辑指令

助记符	说明	周期
ABS	累加器（ACC）取绝对值	1
ADD	左移 0～15 位后加到累加器（直接或间接寻址） 左移 0～15 位后加到累加器（长立即数寻址） 左移 16 位后加到累加器（直接或间接寻址） 加到累加器（短立即数寻址）	1 2 1 1
ADDC	带进位加到累加器（直接或间接寻址）	1
ADDS	抑制符号扩展加到累加器（直接或间接寻址）	1
ADDT	由 TREG 指定移位位数（0～15）加到累加器（直接或间接寻址）	1
AND	数据值和累加器逻辑与（直接或间接寻址） 左移 0～15 位和累加器逻辑与（长立即数寻址） 左移 16 位和累加器逻辑与（长立即数寻址）	1 2 2
CMPL	累加器求反（累加器对 1 求补）	1
LACC	左移 0～15 位后装入累加器（直接或间接寻址） 左移 0～15 位后装入累加器（长立即数寻址） 左移 16 位后装入累加器（直接或间接寻址）	1 2 1
LACL	装载累加器低位字（直接或间接寻址） 装载累加器低位字（短立即数寻址）	1 1
LACT	由 TREG 指定移位位数（0～15）装入累加器（直接或间接寻址）	1
NEG	累加器求负	1
OR	数据值和累加器逻辑或　（直接或间接寻址） 左移 0～15 位和累加器逻辑或（长立即数寻址） 左移 16 位和累加器逻辑或（长立即数寻址）	1 2 2
ROL	累加器逻辑循环左移	1
ROR	累加器逻辑循环右移	1
SACH	左移 0～7 位后保存累加器高位字（直接或间接寻址）	1
SACL	左移 0～7 位后保存累加器低位字（直接或间接寻址）	1
SFL	累加器算术左移	1
SFR	累加器算术右移	1
SUB	左移 0～15 位从累加器中减去（直接或间接寻址） 左移 0～15 位从累加器中减去（长立即数寻址） 左移 16 位从累加器中减去（直接或间接寻址） 从累加器中减去（短立即数寻址）	1 2 1 1
SUBB	带借位从累加器减（直接或间接寻址）	1
SUBC	条件减（直接或间接寻址）	1
SUBS	抑制符号扩展从累加器减（直接或间接寻址）	1
SUBT	由 TREG 指定移位位数（0～15）从累加器减（直接或间接寻址）	1
XOR	数据值和累加器逻辑异或　（直接或间接寻址） 左移 0～15 位和累加器逻辑异或（长立即数寻址） 左移 16 位和累加器逻辑异或（长立即数寻址）	1 2 2
ZALR	累加器低位置零并带舍入装载累加器高位	1

3.2.2 辅助寄存器指令

加载辅助寄存器指令主要以辅助寄存器 AR 作为操作单元。这类指令可实现 AR 的加、减、装载、修改、保存、比较与判断 。它包括辅助寄存器（AR）加减短立即数指令、辅助寄存器（AR）装载、修改、保存指令，以及辅助寄存器比较、判断指令。表 3.4 列出了这类指令的助记符、功能说明、所占字数、周期数和操作码。

表 3.4 辅助寄存器指令

助记符	说明	周期
ADRK	短立即数加到当前 AR	1
BANZ	当前 AR 非 0 分支（间接寻址）	4/2
CMPR	当前 AR 与 AR0 比较	1
LAR	从指定数据单元加载指定的 AR（直接或间接寻址） 用短立即数加载指定的 AR 用长立即数加载指定的 AR	1 1 2
MAR	修改当前 AR 和/或 ARP，直接寻址时为空操作（间接寻址）	1
SAR	把指定的 AR 保存到指定的数据单元（直接或间接寻址）	1
SBRK	从当前 AR 减短立即数	1

3.2.3 T 寄存器、P 寄存器和乘法指令

这类指令主要完成与乘法部分的相关操作，它包括 T 寄存器指令、P 寄存器指令和乘法指令。表 3.5 列出了这类指令的助记符、功能说明、所占字数、周期数和操作码。

表 3.5 T 寄存器、P 寄存器和乘法指令

助记符	说明	周期
APAC	PREG 加到 ACC	1
LPH	加载 PREG 高位（直接或间接寻址）	1
LT	加载 TREG（直接或间接寻址）	1
LTA	加载 TREG 并累加先前的积（直接或间接寻址）	1
LTD	加载 TREG、累加先前的积并移动数据（直接或间接寻址）	1
LTP	加载 TREG、PREG 保存到累加器（直接或间接寻址）	1
LTS	加载 TREG、PREG 保存到累加器（直接或间接寻址）	1
MAC	相乘并累加（直接或间接寻址）	3
MACD	相乘、累加并移动数据（直接或间接寻址）	3
MPY	TREG 乘以数据值 TREG 乘以 13 位短立即数（直接或间接寻址）	1
MPYA	相乘并累加先前的积（直接或间接寻址）	1
MPYS	相乘并减去先前的积（直接或间接寻址）	1
MPYU	无符号数乘（直接或间接寻址）	1
PAC	用 PREG 加载 ACC	1
SPAC	ACC 减 PREG	1
SPH	保存 PREG 高位（直接或间接寻址）	1
SPL	保存 PREG 低位（直接或间接寻址）	1
SPM	设置乘积移位模式	1
SQRA	平方并累加先前的积（直接或间接寻址）	1
SQRS	平方并减去先前的积（直接或间接寻址）	1

3.2.4 转移指令

转移指令包括分支、调用、返回和中断指令。表 3.6 列出了这类指令的助记符、功能说明、所占字数、周期数和操作码。

表 3.6 转移指令

助 记 符	说 明	周 期
B	无条件分支短立即数加到当前（间接寻址）	4
BACC	分支到 ACC 指定的地址	4
BANZ	当前 AR 非 0 分支（间接寻址）	4/2
BCND	条件转移	4/2
CALA	调用 ACC 指定地址的子程序	4
CALL	调子程序（间接寻址）	4
CC	条件调用	4/2
INTR	软中断	4
NMI	不可屏蔽中断	4
RET	子程序返回	4
RETC	条件返回	4/2
TRAP	软件中断	4

3.2.5 控制指令

控制指令包括位测试，清除控制位，设置控制位，加载、保存状态寄存器指令，进栈、出栈指令，加载数据页指针指令，空操作，空间操作。表 3.7 列出了这类指令的助记符、功能说明、所占字数、周期数和操作码。

表 3.7 控制指令

助 记 符	说 明	周 期
BIT	位测试（直接或间接寻址）	1
BITT	测试 TREG 指定的比特（直接或间接寻址）	1
CLRC	清除 C 位 清除 CNF 位 清除 INTM 位 清除 OVM 位 清除 SXM 位 清除 TC 位 清除 XF 位	1
IDLE	空闲，直至中断	2
LDP	加载数据页面指针（直接或间接寻址） 用短立即数加载数据页面指针	2 2
LST	加载状态寄存器 ST0（直接或间接寻址） 加载状态寄存器 ST1（直接或间接寻址）	2 2
NOP	空操作	1
POP	把栈顶弹到 ACC 的低位	1
POPD	把栈顶弹到数据存储器（直接或间接寻址）	1
PSHD	把数据存储器压入堆栈（直接或间接寻址）	1
PUSH	ACC 的低位压入栈顶	1
RPT	重复下一条指令（直接或间接寻址） 重复下一条指令（短立即数寻址）	1 1
SETC	C 位置 1 CNF 位置 1 INTM 位置 1 OVM 位置 1 SXM 位置 1 TC 位置 1 XF 位置 1	1
SPM	设置乘积移位模式	1
SST	保存状态寄存器 ST0（直接或间接寻址） 保存状态寄存器 ST1（直接或间接寻址）	1

3.2.6　输入/输出和存储器指令

输入/输出和存储指令包括对向端口输入/输出数据的指令，以及对数据存储器、程序存储器中的数据进行读写的指令。表 3.8 列出了这类指令的助记符、功能说明、所占字数、周期数和操作码。

表 3.8　I/O 和存储器指令

助 记 符	说　明	周　期
BLDD	数据存储器到数据存储器的块移动，用长立即数作为源的直接/间接寻址 数据存储器到数据存储器的块移动，用长立即数作为目的的直接/间接寻址	3
BLPD	程序存储器到数据存储器的块移动，用长立即数作为源的直接/间接寻址	3
DMOV	在数据存储器内移动数据（直接或间接寻址）	1
IN	从 I/O 单元输入数据（直接或间接寻址）	2
OUT	从 I/O 单元输入数据（直接或间接寻址）	3
SPLK	长立即数存入数据单元（直接或间接寻址）	2
TBLR	表读（读表格）（直接或间接寻址）	3
TBLW	表写（写表格）（直接或间接寻址）	3

3.3　典型汇编指令介绍

1. ADD　加至累加器

句法：

ADD　dma [, shift]	直接寻址
ADD　dma, 16	左移 16 位直接寻址
ADD　ind [, shift[, ARn]]	间接寻址
ADD　ind, 16[, ARn]	左移 16 位间接寻址
ADD　#k	短立即数寻址
ADD　#lk[, shift]	长立即数寻址

操作数：

dma：数据存储器地址的低 7 位（7LSB）

shift：左移位数 0～15（默认为 0）

n：指示下一个辅助寄存器的值 0～7

k：8 位短立即数值

lk：16 位长立即数值

ind：选择*、*+、*–、*0+、*0–、*BR0+、*BR0–七种选项符号之一

执行：

PC 加 1，然后……

(ACC) + ((数据存储器地址) × 2^{shift})→ACC

(ACC) + ((数据存储器地址) × 2^{16})→ACC

(ACC) + k→ACC

(ACC)+ lk × 2^{shift}→ACC

状态位：

受 SXM 和 OVM 状态位影响；影响 C 和 OV 状态位。

说明：

ADD 指令的功能是将立即数或被寻址数据存储器单元的内容左移后加到累加器中。移位时，低位填零。若 SXM = 1，高位用符号扩展，若 SXM = 0，高位填零，结果存入累加器。使用短立即数寻址时，加法不受 SXM 的影响且不可重复。

若使用间接寻址并更新 ARP，则须指定移位操作数。若不希望移位，则应将该操作数写为 0。

正常情况下，若相加的结果产生进位，则进位位置 1（C = 1）；不产生进位时，进位位被清零（C = 0）。但是，当加法带左移 16 位时，如果相加的结果产生进位，则进位位置 1；若不产生进位，则进位位不受影响。这样，在把 32 位数加到累加器时，可使累加器产生正确的符号进位。

例 3.8 ADD 1, 1 ;DP = 6

		指令执行前			指令执行后
数据存储器 0301H		1H	数据存储器 0301H		1H
ACC	X (C)	2H	ACC	0 (C)	4H

例 3.9 ADD *+, 0, AR0

		指令执行前			指令执行后
ARP		4	ARP		0
AR4		0302H	AR4		0303H
数据存储器 0302H		2H	数据存储器 0302H		2H
ACC	X (C)	2H	ACC	0 (C)	4H

2．SUB 从累加器减

句法：

SUB	dma [, shift]	直接寻址
SUB	dma, 16	左移 16 位直接寻址
SUB	ind [, shift[, ARn]]	间接寻址
SUB	ind, 16[, ARn]	左移 16 位间接寻址
SUB	#k	短立即数寻址
SUB	#lk[, shift]	长立即数寻址

操作数：

dma：数据存储器地址的低 7 位（7LSB）

shift：左移位数 0～15（默认为 0）

n：指示下一个辅助寄存器的值 0～7

k：8 位短立即数值

lk：16 位长立即数值

ind：选择*、*+、*–、*0+、*0–、*BR0+、*BR0–七种选项符号之一

执行：

PC 加 1，然后……

(ACC) – (数据存储器地址) × 2^{shift})→ACC

(ACC) – ((数据存储器地址) × 2^{16})→ACC

(ACC) – k→ACC

(ACC) – lk × 2^{shift}→ACC

状态位：

受 SXM 和 OVM 影响；影响 C 和 OV。

说明：

在直接、间接和长立即寻址中，被寻址的数据存储器单元的内容或 16 位常数被左移后，从累加器中减去。移位时，低位填零；高位在 SXM = 1 时符号扩展，在 SXM = 0 时填零。结果存入累加器。在短立即寻址中，从累加器中减去 8 位正常数。这种情况下，不用指定移位值，减法也不受 SXM 影响，且该指令不可被重复执行。通常，若减法结果产生一借位，则进位位被清 0（C = 0）；若未产生借位，则进位位被置 1（C = 1）。不过，若该减法被声明带 16 位位移，则产生借位时，进位位被清 0，否则其余任何情况都不会影响进位位。

例 3.10 SUB 80 ;DP = 8：地址 0400H～047FH；SXM = 0：抑制符号扩展

	C	指令执行前		C	指令执行后
数据存储器 0450H		11H	数据存储器 0450H		11H
ACC	X	24H	ACC	1	13H

例 3.11 SUB *–, 1, AR0 ;左移 1 位，SXM = 0

	C	指令执行前		C	指令执行后
ARP		7	ARP		0
AR7		0301H	AR7		0300H
数据存储器 0301H		04H	数据存储器 0301H		04H
ACC	X	09H	ACC	1	01H

3．LACC 左移后装入累加器

句法：

LACC dma [, shift]	直接寻址
LACC dma, 16	左移 16 位直接寻址
LACC ind [, shift[, ARn]]	间接寻址
LACC ind, 16[, ARn]	左移 16 位间接寻址
LACC #lk[, shift]	长立即数寻址

操作数：

dma：数据存储器地址的低 7 位（7LSB）

shift：左移位数 0～15（默认为 0）

n：指示下一个辅助寄存器的值 0～7

lk：16 位长立即数值

ind：选择*、*+、*–、*0+、*0–、*BR0+、*BR0–七种选项符号之一

状态位：

该指令受 SXM 影响。

执行：

PC 加 1，然后……

(数据存储器地址) × 2^{shift}→ACC

(数据存储器地址) × 2^{16}→ACC

1k × 2^{shift}→ACC

说明：

指定的数据存储器地址的内容或一个 16 位常量左移后送入累加器。在移位时，低位填零；高位在 SXM = 1 时符号扩展，在 SXM = 0 时填零。

例 3.12　LACC　6, 4　　　;DP = 8：地址 0400H～047FH；SXM = 0

		指令执行前			指令执行后
数据存储器 0406H		01H	数据存储器 0406h		01H
ACC	X C	12345678H	ACC	X C	00000010H

例 3.13　LACC　*, 4　　　;SXM = 0

		指令执行前			指令执行后
ARP		2	ARP		4
AR2		0300H	AR2		0300H
数据存储器 0300H		0FFH	数据存储器 0300h		0FFH
ACC	X C	12345678H	ACC	X C	0FF0H

4. SACL　移位并存储累加器低位

句法：

SACL　dma [, shift2]　　　　直接寻址

SACL　ind [, shift2[, ARn]]　　　间接寻址

操作数：

dma：数据存储器地址的低 7 位（7LSB）

shift2：左移位数 0～7（默认为 0）

n：指示下一个辅助寄存器的值 0～7

ind：选择*、*+、*–、*0+、*0–、*BR0+、*BR0–七种选项符号之一

执行：

PC 加 1，然后……

((ACC) × 2^{shift2})的低 16 位→数据存储器地址

状态位：

该指令不受 SXM 的影响。

说明：

SACL 指令将整个累加器复制到输出移位器中，然后全部 32 位数左移 0～7 位，再将移位后数值的低 16 位复制到数据存储器中。在移位时，低位填零，高位丢失。累加器内容不变。

例 3.14　SACL　11, 1　　　;DP = 4：地址 0200H～027FH；左移 1 位

		指令执行前			指令执行后
ACC	X C	7C638421H	ACC	X C	7C638421H
数据存储器	020BH	05H	数据存储器	020BH	0842H

5．SACH　移位并存储累加器高位

句法：

SACH　dma [, shift2]　　　　　直接寻址

SACH　ind [, shift2[, ARn]]　　　间接寻址

操作数：

dma：数据存储器地址的低 7 位（7LSB）

shift2：左移位数 0～7（默认为 0）

n：指示下一个辅助寄存器的值 0～7

ind：选择*、*+、*–、*0+、*0–、*BR0+、*BR0–七种选项符号之一

执行：

PC 加 1，然后……

$((ACC)\times 2^{shift2})$的高 16 位→数据存储器地址

状态位：

该指令不受 SXM 的影响。

说明：

SACH 指令将整个累加器复制到输出移位器中，然后全部 32 位数左移 0～7 位，再将移位后数值的高 16 位复制到数据存储器。在移位时，低位填零，高位丢失。累加器内容不变。

例 3.15　SACH　10, 1　　　;DP = 4：地址 0200H～027FH；左移 1 位

		指令执行前			指令执行后
ACC	X C	4208001H	ACC	X C	4208001H
数据存储器	020AH	0H	数据存储器	020AH	0841H

6．辅助寄存器不等于零转移

句法：

BANZ　pma[, ind[, ARn]]

操作数：

pma：16 位程序存储器地址

n：数值 0～7，指示下一个辅助寄存器的值

ind：选择*、*+、*–、*0+、*0–、*BR0+、*BR0–七种选项符号之一

执行：

若(当前 AR) ≠ 0

则 pma→PC

否则(PC) + 2→PC

按指令要求的方式修改(当前 AR)和(ARP)

状态位：

无。

说明：

若当前辅助寄存器的内容不为 0，程序控制转到指定的程序存储器地址；否则执行下一指令。对当前 AR 默认的修改方式是减 1。在进入循环前将辅助寄存器（作为循环计数器）初始化为 $N-1$，可执行 N 次循环。pma 可以是符号地址或数值地址。

例 3.16 BANZ PGM0 ;PGM0 是程序地址 0 的标号

	指令执行前		指令执行后
ARP	0	ARP	0
AR0	5H	AR0	4H

由于 AR0 的内容不是 0，程序分支的目的地址加载到程序计数器（PC），程序从这里继续运行。对当前 AR 默认的修改方式是减 1，因此执行后 AR0 的内容是 4h。

或者

	指令执行前		指令执行后
ARP	0	ARP	0
AR0	0H	AR0	0FFFFH

由于 AR0 的内容是 0，所以不执行分支，而是将 PC 加 2，即继续执行 BANZ 后面的指令。对当前 AR 默认的修改方式是减 1，因此执行后 AR0 的内容减 1，变为 FFFFh(–1)。

例 3.17
```
        MAR   *, AR0          ;设置 ARP，使它指向 AR0
        LAR   AR1, #3         ;把 3 装入 AR1
        LAR   AR0, #60H       ;把 60h 装入 AR0
PGM191: ADD   *, +AR1         ;当 AR1 不为 0 时循环
        BANZ  PGM191, AR0     ;将 60H～63H 中的内容与累加器相加。
```

7．MAC 乘且累加

句法：

MAC pma, dma　　直接寻址

MAC pma, ind [, ARn]　　间接寻址

操作数：

dma：数据存储器地址的低 7 位（7LSB）

pma：16 位程序存储器地址

n：数值 0～7，指定下一个辅助寄存器

ind：选择*、*+、*-、*0+、*0-、*BR0+、*BR0-七种选项之一

执行：

PC 加 1，然后……

(PC)→MSTACK

pma→PC

(ACC) + 移位后的(PREG)→ACC

(数据存储器地址)→TREG

(数据存储器地址) × (pma)→PREG

对于间接寻址，按指定方式修改(当前 AR)和(ARP)

(PC) + 1→PC

当（重复计数器）≠0 时：

(ACC)＋ 移位后的(PREG)→ACC

(数据存储器地址)→TREG

(数据存储器地址) × (pma)→PREG

对于间接寻址，按指定方式修改(当前 AR)和(ARP)

(PC)＋1→PC

(重复计数器)－1→重复计数器

(MSTACK)→PC

状态位：

受 PM 和 OVM 影响；影响 C 和 OV。

说明：

MAC 指令完成以下功能：

①按 PM 状态位指定的方式把先前的乘积移位，再与累加器的内容相加，结果送到累加器。若相加的结果有进位，则进位位置 1（C＝1）；若结果没有进位，则进位位清 0（C＝0）。

②把指定的数据存储单元的内容加载到 TREG。

③将数据存储单元的内容（已在 TREG 中）乘以指定的程序存储器地址中的内容。在 TMS320C2xx 上，数据和程序存储单元可以是任意非保留的片内或片外存储单元。如果程序存储器是片内 RAM 块 B0，则 CNF 位必须置 1。

重复 MAC 指令时，每重复一次，包含在 PC 中的程序存储器地址加 1。这样可以访问程序存储器中的一串操作数。如果使用间接寻址指定数据存储器地址，则每次重复时就可能访问新的数据存储器地址。如果使用直接寻址方式，指定的数据存储器地址是常数，重复时不会对其进行修改。MAC 指令对于长的乘加运算非常有用，因为重复时，PRT 流水线一旦启动，它就变成了单周期指令。

例 3.18　MAC　　0FF00h,02h　　;DP＝6，PM＝0，CNF＝1

	指令执行前		指令执行后
数据存储器 0302H	23H	数据存储器 0302H	23H
程序存储器 FF00H	4H	程序存储器 FF00H	4H
TREG	45H		23H
PREG	458972H		8CH
ACC	C: x　723EC41H		C: 0　76975B3H

8．MACD　乘且累加，并带数据移动

句法：

MACD　pma, dma　　　直接寻址

MACD　pma, ind [, ARn]　　　间接寻址

操作数：

dma：数据存储器地址的低 7 位（7LSB）

pma：16 位程序存储器地址

n：数值 0～7，指定下次的辅助寄存器

ind：选择*、*+、*-、*0+、*0-、*BR0+、*BR0-七种选项之一

执行：

PC 加 1，然后……

(PC)→MSTACK

pma→PC

(ACC) + 移位后的(PREG)→ACC

(数据存储器地址)→TREG

(数据存储器地址) × (pma)→PREG

对于间接寻址，按指定方式修改(当前 AR)和(ARP)

(PC) + 1→PC

(数据存储器地址)→数据存储器地址 + 1

当(重复计数器) ≠ 0 时：

(ACC)+移位后的(PREG)→ACC

(数据存储器地址)→TREG

(数据存储器地址) × (pma)→PREG

对于间接寻址，按指定方式修改(当前 AR)和(ARP)

(PC) + 1→PC

(数据存储器地址)→数据存储器地址 + 1

(重复计数器) − 1→重复计数器

(MSTACK)→PC

状态位：

受 PM 和 OVM 影响；影响 C 和 OV。

说明：

MACD 指令完成以下功能：

①按 PM 状态位指定的方式把先前的乘积移位，再与累加器的内容相加，结果送到累加器。若相加结果有进位，则进位位置 1（C = 1）；若结果没有进位，则进位位清 0（C = 0）。

②把指定的数据存储单元的内容加载到 TREG。

③将数据存储单元的内容（已在 TREG 中）乘以指定的程序存储器地址中的内容。

④把指定的数据存储器地址中的内容复制到地址加 1 的数据存储单元。在 TMS 320C2xx 上，数据和程序存储单元可以是任意非保留的片内或片外存储单元。若程序存储器是片内 RAM 块 B0，则 CNF 位必须置 1。若 MACD 指令寻址存储器映射的寄存器或外部存储器作为数据存储单元，则 MACD 指令的效果与 MAC 指令的相同，不进行数据移动操作（见 DMOV 指令的描述）。

重复 MACD 指令时，每重复一次，包含在 PC 中的程序存储器地址加 1。这样，就可以访问程序存储器中的一串操作数。若使用间接寻址指定数据存储器地址，则每次重复时就可能访问新的数据存储器地址。如果使用直接寻址方式，指定的数据存储器地址是常数，重复时不会对其进行修改。MACD 指令的作用类似于 MAC 指令，但对于片内 RAM 块又增加了数据的移动。这使得 MACD 在卷积、横向滤波等工作中非常有

用。与 RPT 一起使用时，PRT 流水线一启动 MACD 就变成了单周期指令。

例 3.19　MACD　0FF00H,08H　　;DP = 6，地址 0300h～037Fh；PM = 0：乘积不移位；
;CNF = 1：RAM B0 配置为程序存储器

	执行指令前		执行指令后
数据存储器 0308h	23h	数据存储器 0308h	23h
数据存储器 0309h	18h	数据存储器 0309h	23h
程序存储器 FF00h	4h	程序存储器 FF00h	4h
TREG	45h	TREG	23h
PREG	458972h	PREG	8Ch
ACC　C: x	723EC41h	ACC　C: 0	76975B3h

9．SQRA　平方并累加前次的乘积

句法：

SQRA　dma　　直接寻址

SQRA　ind[, ARn]　　间接寻址

操作数：

dma：数据存储器地址的低 7 位（7LSB）

n：数值 0～7，指定下次的辅助寄存器

ind：选择*、*+、*-、*0+、*0-、*BR0+、*BR0-七种选项之一

执行：

PC 加 1，然后……

(ACC) + (PREG)移位后的值→ACC

(数据寄存器地址)→TREG

(TREG)× (数据存储器地址)→PREG

状态位：

该指令受 OVM 和 PM 影响；影响 OV 和 C。

说明：

按 PM 位指定的方式把 PREG 的内容移位，移位后的值加到累加器。被寻址的数据存储单元的值加载到 TREG，计算其平方，结果存到 PREG。

例 3.20　SQRA 30　　;DP = 6，地址 0300H～037FH；PM = 0：不移位

	执行指令前		执行指令后
数据存储器 031EH	0FH	数据存储器 031EH	0FH
TREG	3H	TREG	0FH
PREG	12CH	PREG	0E1H
ACC　C: x	1F4H	ACC　C: 0	320H

10．BIT

句法：

BIT　dma, bit code　　直接寻址

BIT ind, bit code [, ARn]] 间接寻址

操作数：

dma：数据存储器地址的低 7 位（7LSB）

bit code 数值 0～15，表示要测试哪一位（见图 3.5）

n：数值 0～7，指示下一个辅助寄存器的值

ind：选择*、*+、*–、*0+、*0–、*BR0+、*BR0–七种选项符号之一

执行：

PC 加 1，然后……

(数据 bit number(15 − (bit code))→TC)

状态位：

指令影响 TC 状态位。

说明：

BIT 指令把数据存储器单元中被指定位的值复制到状态寄存器 ST1 中的 TC 位。BITT、CMPR、LST #1 和 NORM 指令也影响 ST1 中的 TC 位。指令中 bit code 的值与所对应数据存储器数值的 bit number 的关系见图 3.5。

bit code	0	1	2	3	4	5	6	7	8	9	10	11	12	13	14	15
bit number	15	14	13	12	11	10	9	8	7	6	5	4	3	2	1	0
	MSB							数据存储器的值								LSB

图 3.5 bit number 与其在 BIT 指令中对应的 bit code

例 3.21 BIT 0H, 15 ;DP = 6，测试 0300H 单元的 LSB

	执行指令前		执行指令后
数据存储器 0300H	4DC8H	数据存储器 0300h	4DC8H
TC	0	TC	0

11．CLRC 清除控制位

句法：

CLRC control bit

操作数：

control bit：选择以下控制位之一

C 状态寄存器 ST1 中的进位位

CNF 状态寄存器 ST1 中的 RAM 配置控制位

INTM 状态寄存器 ST0 中的中断模式位

OVM 状态寄存器 ST0 中的溢出模式位

SXM 状态寄存器 ST1 中的符号扩展模式位

TC 状态寄存器 ST1 中的测试/控制标志位

XF 状态寄存器 ST1 中的 XF 引脚状态位

执行：

PC 加 1

0→control bit

状态位：

无。

说明：

把指定的控制位清 0。

例 3.22 CLRC TC ;TC 是 ST1 的第 1 位

	执行指令前		执行指令后
ST1	X9XXH	ARP	X1XXH

12．SETC 设置控制位

句法：

SETC control bit

操作数：

control bit：选择以下控制位之一

C 状态寄存器 ST1 中的进位位

CNF 状态寄存器 ST1 中的 RAM 配置控制位

INTM 状态寄存器 ST0 中的中断模式位

OVM 状态寄存器 ST0 中的溢出模式位

SXM 状态寄存器 ST1 中的符号扩展模式位

TC 状态寄存器 ST1 中的测试/控制标志位

XF 状态寄存器 ST1 中的 XF 引脚状态位

执行：

PC 加 1，然后……

1→control bit

状态位：

无。

说明：

把指定的控制位置 1。

例 3.23 SETC TC ;TC 是 ST1 的第 11 位

	执行指令前		执行指令后
ST1	x1xxH	ST1	x9xxH

13．IN 从端口输入数据

句法：

IN dma,PA 直接寻址

IN ind, PA[, **AR**n] 间接寻址

操作数：

dma：数据存储器地址的低 7 位

n：数值 0～7，指示下一个辅助寄存器的值

PA：16 位 I/O 端口或 I/O 映射的寄存器地址

ind：选择*、*+、*–、*0+、*0–、*BR0+、*BR0–七种选项符号之一

执行：

PC 加 2，然后……

PA→地址总线 A15～A0

数据总线 D15～D0→数据存储器地址

(PA)→数据存储器地址

状态位：

无。

说明：

IN 指令从 I/O 单元读入 16 位值，将其送到指定的数据存储单元。$\overline{IS}$线变低，表示进行 I/O 访问。/STRB、/RD 和 READY 的定时关系同对外部数据存储器的读操作。重复指令（RPT）与 IN 指令一起使用，可以连续从 I/O 空间读入字并送到数据空间。

例 3.24 IN *,5H ;从口地址为 5H 的外设读入一个字，并将该字保存到数据
;存储单元，数据存储单元地址由当前辅助寄存器确定。

14．OUT 从端口输出数据

句法：

OUT dma, PA 直接寻址

OUT ind, PA[, ARn] 间接寻址

操作数：

dma：数据存储器地址的低 7 位

n：数值 0～7，指示下一个辅助寄存器的值

PA：16 位 I/O 端口

ind：选择*、*+、*–、*0+、*0–、*BR0+、*BR0–七种选项符号之一

执行：

PC 加 2，然后……

PA→地址总线 A15～A0

(数据存储器地址)→数据总线 D15～D0

(数据存储器地址)→PA

状态位：

无。

说明：

OUT 指令将数据存储单元中的 16 位值写到指定的 I/O 端口。$\overline{IS}$线变低，表示进行 I/O 访问。/STRB./RD 和 READY 的定时关系同外部数据存储器的写操作。重复指令（RPT）与 OUT 指令一起使用，可以从数据存储器向 I/O 空间连续写入。

例 3.25 OUT 0,100H ;DP = 4 把数据存储单元 0200H 中的字写到 I/O
;地址为 100H 的外设

15．SPLK 存储长立即数值至数据存储器

句法：

SPLK #lk, dma 直接寻址

SPLK #lk, ind [, ARn] 间接寻址

操作数：

dma：数据存储器地址的低 7 位（7LSB）

n：数值 0～7，指示下一个辅助寄存器的值

lk：16 位长立即数

ind：选择*、*+、*–、*0+、*0–、*BR0+、*BR0–七种选项符号之一

执行：

PC 加 1，然后……

lk→数据存储器地址

状态位：

无。

说明：

SPLK 指令把 16 位常数写到任意的数据存储单元。

例 3.26 SPLK #7FFFH, 3 ;DP = 6

	执行指令前		执行指令后
数据存储器 0303H	0FF07H	数据存储器 0303H	7FFFH

16．TBLR 表读

句法：

TBLR dma 直接寻址

TBLR ind [, ARn] 间接寻址

操作数：

dma：数据存储器地址的低 7 位（7LSB）

n：数值 0～7，指示下一个辅助寄存器的值

ind：选择*、*+、*–、*0+、*0–、*BR0+、*BR0–七种选项符号之一

执行：

PC 加 1，然后……

(PC)→MSTACK

(ACC(15: 0))→PC

(pma)→数据存储器地址

对于间接寻址，按指令指定的方式修改(当前 AR)和(ARP)

(PC) + 1→PC

当(重复计数器) ≠ 0 时：

(pma)→数据存储器地址

对于间接寻址，按指令指定的方式修改(当前 AR)和(ARP)

(PC) + 1→PC

(重复计数器)– 1→重复计数器

(MSTACK)→PC

状态位：

无。

说明：

TBLR 指令把程序存储单元中的一个字传送到指令指定的数据存储单元。程序存储单元的地址由累加器的低 16 位指定。该指令先从程序存储单元读出，然后写入指定的数据存储单元。当用 RPT 重复时，TBLR 指令就变成了单周期指令，开始时程序计数器加载为(ACC(15: 0))，此后每周期加 1。

例 3.27 TBLR 6 ;DP = 4，地址 0200H～027FH

	指令执行前		指令执行后
ACC	23H	ACC	23H
程序存储器 0023H	306H	程序存储器 0023h	306H
数据存储器 0206H	75H	数据存储器 0206h	306H

17. TBLW 表写

句法：

TBLW dma 直接寻址

TBLW ind [, ARn] 间接寻址

操作数：

dma：数据存储器地址的低 7 位（7LSB）

n：数值 0～7，指示下一个辅助寄存器的值

ind：选择*、*+、*–、*0+、*0–、*BR0+、*BR0–七种选项符号之一

执行：

PC 加 1，然后……

(PC+1)→MSTACK

(ACC(15: 0))→PC + 1

(数据存储器地址)→pma

对于间接寻址，按指令指定的方式修改(当前 AR)和(ARP)

(PC) + 1→PC

当(重复计数器) ≠ 0 时：

(数据存储器地址)→pma

对于间接寻址，按指令指定的方式修改(当前 AR)和(ARP)

(PC) + 1→PC

(重复计数器) – 1→重复计数器

(MSTACK)→PC + 1

状态位：

无。

说明：

TBLW 指令把数据存储单元中的一个字传送到程序存储器。数据存储单元的地址由指令给出，程序存储器地址由累加器的低 16 位确定。该指令先从数据单元读出，然后写入指定的程序存储单元。当用 RPT 重复时，TBLW 指令就变成了单周期指令，开始时程序计数器加载为(ACC(15: 0))，此后每周期加 1。

例 3.28 TBLW 5 ;DP = 32，地址 1000H～107FH

	指令行执前		指令执行后
ACC	257H	ACC	257H
数据存储器 1005H	4339H	数据存储器 1005H	4339H
程序存储器 0257H	306H	程序存储器 0257H	4339H

习题 3

1. 简述 TMS320LF240x 中的几种指令寻址方式并举例说明。
2. 运用汇编语言编程实现，将数据存储器 0060H 中的数据高八位和低八位进行交换，将结果存入 0061H。
3. 运用汇编语言编程实现，将数据存储器单元 0060H～0067H 的内容进行累加，并将结果存入 006EH 起始的数据存储器，先低后高。
4. 运用汇编语言编程实现，将数据存储器 0060H～006FH 的内容传送到第四页的 0070H～007FH 数据存储器中。
5. 如果系统时钟周期是 25ns，试编写在 XF 引脚输出方波的程序段，方波信号的频率为 0.2MHz。（提示：忽略跳转指令周期。）

第 4 章　通用目标文件

4.1　通用目标文件格式

使用汇编器可以将汇编语言源程序或 C 语言源程序编译成目标文件，而使用链接器可将若干目标文件连接成一个可被 TMS320 芯片执行的可执行文件。这些目标文件的格式称为通用目标文件格式（Common Object File Format，COFF）。

通用目标文件格式允许用户在编写汇编语言程序时使用代码块和数据块，这些块被称为段。

4.1.1　段

目标文件的最小单位被称为段，它是在存储器中占有连续空间的代码块或数据块。

COFF 目标文件总是包括 3 个默认的段。

- 文本段：用.text 定义，通常包括可执行代码。
- 数据段：用.data 定义，通常包括已初始化的数据。
- 预留段：用.bss 定义，通常保留用于未初始化变量的空间。

另外，汇编器和链接器允许用户创建、命名和连接命名段，用.usect、.sect 或.asect 伪指令可创建命名段。这些命名段可像.text 和.data 一样被使用，所以 COFF 有两种基本类型的段。

① 已初始化的段：包含数据或代码。用.text 和.data 伪指令定义的段与用.sect 和.asect 伪指令创建的命名段均为已初始化的段。

② 未初始化的段：在内存映射中为未初始化数据保留的空间。.bss 段和用.usect 伪指令创建的命名段是未初始化的段，在目标文件中这些段没有实际内容。

汇编器在汇编过程中建立这些段，链接器把段重定位到目标存储器中，所有的段都是独立的、可定位的，并且相同的段将按先后次序定位在连续的区域内。未初始化段通常被定位到 RAM 内；初始化段可单独定位在 RAM 或 ROM 内，并且在连接时还可引用其他段内定义的符号。

4.1.2　段程序计数器

汇编器为每个段设置了一个独立的程序计数器，这些计数器称为段程序计数器（Section Program Counters，SPC）。SPC 代表代码或数据段内的当前段地址。起始时汇编器把每个 SPC 设置为 0，即每个段地址从 0 开始，当汇编器用代码或数据填充段时，会使相应的 SPC 增加。可以用段程序计数器排列伪指令.align 或.even，强迫 SPC 指向预定的位置。

4.1.3　链接器命令文件和链接器伪指令

链接器通过连接 COFF 目标文件建立可执行文件，目标文件中的段是连接时的重要依据。链接器可把段定位到用户系统已配置的存储器中。链接器命令文件则给出链接器在连接时的有关信息。

TMS320 系列芯片的存储器配置随应用的不同而不同。用链接器伪指令 MEMORY（存储器伪指令）可以确定目标系统的各种内存配置。当 MEMORY 决定了存储器模式后，可以用链接器伪指令 SECTIONS（段伪指令）确定链接器组合输入段的方法和输出段在存储器中的位置。如果不使用这两条伪指令，链接器则用默认存储器的定位方式来组合段，并把它们定位到存储器中。

1. 链接器命令文件

链接器命令文件允许用户把连接信息放置在文件中。命令文件是 ASCII 文件，可以包含下列各项中的某一项：

① 输入文件名。该输入文件可以是目标文件、归档库或其他命令文件。

② 链接器选项。在命令文件中可以用命令行上的链接器选项。

③ MEMORY 和 SECTIONS 链接器伪指令。

④ 注释。用户可以使用/*和*/定界符把注释加到命令文件中。

⑤ 赋值语句。该语句定义并赋值给全局符号。

2. 链接时给符号赋值

链接器赋值语句允许用户在连接时定义外部（全局）符号并给它们赋值。用户可以利用此特性把变量或指针初始化为与定位有关的值。

⑴赋值语句的语法：链接器中赋值语句的语法类似于 C 语言中赋值语句的语法。

```
符号=表达式          ;把表达式的值赋予符号
符号+=表达式         ;把表达式的值加到符号上
符号-=表达式         ;从符号减去表达式的值
符号*=表达式         ;符号乘以表达式
符号/=表达式         ;符号除以表达式
```

⑵把 SPC 赋予符号“.”，用圆点“.”符号表示定位期间 SPC 的当前值。链接器的“.”符号模仿汇编器的$符号，“.”符号仅可用在 SECTIONS 伪指令内的赋值语句中，用来表示段的当前运行地址。

⑶赋值表达式：链接器表达式必须遵循以下规则。

① 表达式可包含全局符号、常数，以及表 4.1 所列的 C 语言运算符。

② 所有数被当做长整数（32 位）处理。

③ 链接器用和汇编器相同的方式识别常数。

④ 表达式中的符号只具有符号的地址值，不进行类型检查。

⑤ 链接器表达式可以是绝对的或可重定位的。

表 4.1　赋值表达式中的运算符

组	运算符	说明
组 1（最高级先级）	!	逻辑“非”
	~	按位“非”
	-	取反
组 2	*	乘
	/	除
	%	取模
组 3	+	加
	-	减
组 4	>>	算数右移
	<<	算数左移

（续表）

组	运 算 符	说　　明
组 5	= =	等于
	!=	不等于
	>	大于
	<	小于
	<=	小于等于
	>=	大于等于
组 6	&	按位“与”
组 7	|	按位“或”
组 8	&&	逻辑“与”
组 9	||	逻辑“或”
组 10（最低优先级）	=	赋值
	+=	如 A += B 等于 A = A + B
	−=	如 A −= B 等于 A = A − B
	*=	如 A *= B 等于 A = A*B
	/=	如 A /= B 等于 A = A/B

3．MEMORY 伪指令

MEMORY 伪指令确定在目标系统中具有物理位置且可被程序使用的存储器范围。

TMS320 器件具有独立的程序存储器、数据存储器和 I/O 存储器空间，这些空间占有相同的地址范围。链接器允许用户使用 MEMORY 伪指令的 PAGE 选项单独配置这些地址空间。

MEMORY 伪指令的一般语句形式为

```
MEMORY
{
PAGE 0: 存储器名 1[（属性）]:   ORIGIN = 常数, LENGTH = 常数
   :
PAGE n: 存储器名 n[（属性）]:   ORIGIN = 常数, LENGTH = 常数
}
```

有关语句中各项的说明如下。

- **PAGE**：定义一个存储器空间，用户可以定义多达 255 页。通常 PAGE 0 定义程序存储器，PAGE 1 定义数据存储器。若用户未使用 PAGE 选项，则链接器把段定位到 PAGE 0。每个 PAGE 代表一个完全独立的地址空间。在 PAGE 0 上已配置的存储器可以和在 PAGE 1 上已配置的存储器重叠。
- **存储器名**：命名存储器范围。存储器名由 1～8 个字符组成，有效的字符包括 A～Z、a～z、$和_。名字对于链接器没有特殊的意义，仅指明存储器的区域。在不同页上存储器范围可以有相同的名字，而在同一页，所有的存储器范围不能有相同的名字，且不能重叠。
- **属性**：对于已命名的范围有 1～4 个属性。属性是可选项，当被使用时，必须用括号括起来。属性把输出段的定位限制在某些存储器范围内。如果用户不使用任何属性，则输出段即可以定位到任何范围内。有效的属性包括：
  - **R**：规定存储器可以被读出。
  - **W**：规定存储器可以被写入。
  - **X**：规定存储器可以包含可执行代码。
  - **I**：规定存储器可以被初始化。
  - **ORIGIN**：指定一个存储器区域的起始地址，也可写成 ORG 或 O。这个值是以字节规定的 16 位常数，也可以是十进制、八进制或十六进制数。
  - **LENGTH**：指定一个存储器的长度，也可写成 LEN 或 L。数值的表示方法与

ORIGIN 的相同。

当用户使用 MEMORY 伪指令时，要确信已指定了所有可用于装载代码的存储器范围。由 MEMORY 伪指令定义的存储器为已配置的，任何未使用 MEMORY 伪指令明确说明的存储器是未配置的，链接器不把程序放到未配置的存储器中。

例 4.1 MEMORY 伪指令举例

```
/ * Sample Command file with MEMORY directive * /
filel.obj     file2.obj
-o   prog.out
MEMORY
{
  PAGE 0: ROM:     ORIGIN = 0h ,LENGTH = 1000h
  PAGE 1: B2:      ORIGIN = 60h, LENGTH = 20h
  B0B 1:           ORIGIN = 200h, LENGTH = 200h
}
```

该例为链接器命令文件，包含文件名选项和 MEMORY 伪指令。在命令文件中的注释是用/*和*/定界的，filel.obj 和 file2.obj 是要连接的两个目标文件，prog.out 是链接器生成的可执行输出文件。

MEMORY 伪指令定义了一个存储器系统：它具有程序存储器中地址为 0h、长度为 4KW 的 ROM，数据存储器中地址为 60h、长度为 32 字的 RAM，数据存储器中地址为 200h、长度为 512 字的 RAM，如图 4.1 所示。

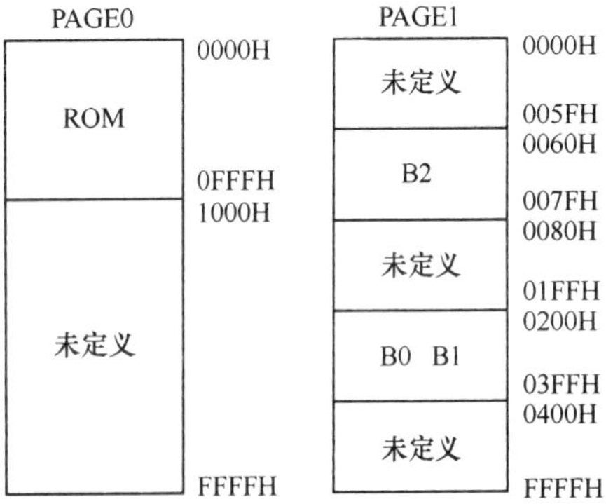

图 4.1 例 4.1 中定义的存储器映射图

4．SECTIONS 伪指令

SECTIONS 伪指令的功能是：

(1)描述输入段怎样被组合到输出段内。

(2)定义在执行程序中的输出段。

(3)规定输出段在存储器中的位置。

(4)允许重新命名输出段。

SECTIONS 伪指令的一般语法形式是

```
SECTIONS
{
    段名 1: [特性 1, 特性 2, …]
    段名 2: [特性 1, 特性 2, …]
}
```

SECTIONS 伪指令中的每行从段名开始定义了一个输出段，输出段是输出文件内的段。在段名之后是特性列表（以逗号隔开），定义段的内容以及它是怎样被分配的。

特性列表的选项（段所具备的特性）有以下几种：

(1)装载地址：规定段将被装载在存储器中的位置。

语法： load = allocation

或 allocation

或 {}> allocation

allocation 是 MEMORY 伪指令所定义的范围内地址，包括 ROM、RAM、实际地址值（16 位常数）等。

(2)运行地址：定义段在存储器内运行的位置。

语法： run = allocation

或　run > allocation

如果在一个段中 load 和 run 的地址相同，则 run 可以省略。

上述两条指令规定输出段的地址。链接器为每个输出段分配两个目标存储器地址：装载地址和运行地址。通常这两个地址是相同的，此时每个段只具有单个地址。但有时用户可能把代码装入存储器的一个区域却在另一个区域运行它。例如，在基于 ROM 的系统中，若有性能要求严格的代码，则必须装入 ROM，但它在 RAM 中运行速度会更快，此时则需要设置两个地址，即用 load 设置它的装载地址，用 run 设置它的运行地址。

⑶调准地址：规定段应在地址边界上开始。调准可以使链接器把输出段放在位于 n 字边界的地址，其中 n 是 2 的幂。

语法： align = n

或　align = (n)

如.text align = 128，即将.text 段定位于页边界。

⑷块地址：规定段必须装在两个地址边界之间，它把段定位在大小为 n 的块内的任何地方，如果段大于块，那么段将从该边界开始。和调准一样，n 必须是 2 的幂。

语法： block = n

或　block(n)

如.bss load = block(0x80)。

定位.bss 段使其包含在单个 128W 的页内或从新页开始。用户可以单独使用调准或块，也可以和装入地址、运行地址结合在一起使用，但调准和块不能一起使用。

⑸输入段：定义组成输出段的输入段。

语法： {input_sections}

输入文件中的段组合起来形成输出段，链接器按照所列出的输入段的次序连接并组合它们。输出段的大小是组成它的输入段的大小之和。

通用类型的段的规格说明中没有输入段，例如

```
SECTIONS
{
    .text
    .data
    .bss
}
```

此时链接器从输入文件取出所有.text 段并把它们组合到.text 输出段内。链接器按照它在输入文件中遇到的次序连接.text 输入段，对.data 和.bss 段的操作与.text 相同。

用户也可以明确规定组成输出段的输入段，每个输入段用它的文件名和段名来标志。

例 4.2

```
SECTIONS
 {
    .text                          /*创建 text 输出段*/
    {
       f1.obj(.text)               /*从 f1.obj 输入文件中连接 text 段*/
       f2.obj(.sec1)               /*从 f2.obj 输入文件中连接 sec1 段*/
       f3.obj                      /*连接 f3.obj 文件中的所有段*/
       f4.obj(.text, sec2)         /*从 f4.obj 输入文件中连接 text 段和 sec2 段*/
    }
```

}

输入段不必相互同名，也不必和输出段同名。如果列举输入文件时不带段，那么它所有的段将被包含在输出段之内。

⑹段类型：定义特殊段类型的标志。

语法：type = COPY

或 type = DSECT

或 type = NOLOAD

用户可以把这三种特殊的类型赋予输出段。用 COPY 和 DSECT 创建的段是一个虚段，它不包括在输出段存储器分配内，也不占据存储器空间，不包括在存储器映象列表中。但在虚段中定义的全局符号可被其他输入段引用，COPY 段可以将段的内容、重定位信息及行号信息放在输出模块中，而 DSECT 段则不放置。

NOLOAD 创建的段不将段的内容、重定位信息及行号信息放在输出模块中，但链接器为其分配空间并包括在存储器映象列表中。

⑺填充值：定义用于填充初始化空位的数值。

语法：file = value

或 name: …{…} = value

当初始化输出段内有空位存在时，链接器必须提供原始数据以填充它。链接器用 16 位数值填充空位，该数值在存储器内复制，直至它填满空位为止。

例 4.3 SETIONS 伪指令的使用

```
filel.obj    file2.obj              /*输入文件*/
-o   prog.out                       /*输出文件*/
SECTIONS
{
    .text:      load = ROM     run = 0800h
    .cons:      load = ROM
    .bss:       load = RAM
    .vectors:   load = 0h
    {
        t1.obj(.intvecl)
        t2.obj(.intvec2)
        endvec = (.vectors)         /*将 vectors 段的最后连接地址赋给 endvec 符号*/
    }
    .data:ahgn=16
}
```

该例由 SECTIONS 伪指令定义了 5 个输出段：.text、.const、.bss、.vector（命名段）和.data。

- .text 段组合了来自 filel.obj 和 file2.obj 目标文件的.text 段。链接器把所有名为.text 的段组合到此段内。应用程序必须重定位此段以便在 0800h 处运行。
- .const 段组合了来自 filel.obj 和 file2.obj 的.const 段。
- .bss 段组合了来自 filel.obj 和 file2.obj 的.bss 段。
- .vectors（命名段）由来自 t1.obj 的.intvecl 段和来自 t2.obj 的.intvec2 段组成。
- 在连接完.intvecl 和.intvec2 后，链接器将当前地址赋给符号 endvec，此地址即为.vectors 段的最后连接地址。
- .data 段组合了来自 filel.obj 和 file2.obj 的.data 段。链接器将把它放置在任何能提供的地方（此例为 RAM 内），并把它调准到 16B 的边界。

4.2 TMS320LF240x DSP 通用目标文件及头文件

4.2.1 头文件 TMS320LF240x.H

```
/* File name: TMS320LF240x.h */
/* TMS320LF240x CPU core registers */

/* Interrupt Mask Register*/
unsigned int *IMR            = (unsigned int *)0x0004;
/* Interrupt Flag Register*/
unsigned int *IFR            = (unsigned int *)0x0006;

/* System configuration and interrupt registers */
/* System Control & Status register 1 */
unsigned int *SCSR1          = (unsigned int *)0x7018;
/* System Control & Status register 2 */
unsigned int *SCSR2          = (unsigned int *)0x7019;
/* Device Identification Number register */
unsigned int *DINR           = (unsigned int *)0x701C;
/* Peripheral Interrupt Vector register   */
unsigned int *PIVR           = (unsigned int *)0x701E;
/* Peripheral Interrupt Request register 0 */
unsigned int *PIRQR0         = (unsigned int *)0x7010;
/* Peripheral Interrupt Request register 1 */
unsigned int *PIRQR1         = (unsigned int *)0x7011;
/* Peripheral Interrupt Request register 2 */
unsigned int *PIRQR2         = (unsigned int *)0x7012;
/* Peripheral Interrupt Acknowledge register 0 */
unsigned int *PIACKR0        = (unsigned int *)0x7014;
/* Peripheral Interrupt Acknowledge register 1 */
unsigned int *PIACKR1        = (unsigned int *)0x7015;
/* Peripheral Interrupt Acknowledge register 2 */
unsigned int *PIACKR2        = (unsigned int *)0x7016;

/* External interrupt configuration registers */
/* External interrupt 1 control register*/
unsigned int *XINT1CR        = (unsigned int *)0x7070;
/* External interrupt 2 control register*/
unsigned int *XINT2CR        = (unsigned int *)0x7071;

/* Digital I/O registers */
/* I/O Mux Control Register A */
unsigned int *MCRA           = (unsigned int *)0x7090;
/* I/O Mux Control Register B */
unsigned int *MCRB           = (unsigned int *)0x7092;
/* I/O Mux Control Register C */
unsigned int *MCRC           = (unsigned int *)0x7094;
/* I/O port A Data & Direction register */
unsigned int *PADATDIR       = (unsigned int *)0x7098;
/* I/O port B Data & Direction register */
unsigned int *PBDATDIR       = (unsigned int *)0x709A;
/* I/O port C Data & Direction register */
unsigned int *PCDATDIR       = (unsigned int *)0x709C;
/* I/O port D Data & Direction register */
unsigned int *PDDATDIR       = (unsigned int *)0x709E;
```

```
/* I/O port E Data & Direction register */
unsigned int *PEDATDIR          =   (unsigned int *)0x7095;
/* I/O port F Data & Direction register */
unsigned int *PFDATDIR          =   (unsigned int *)0x7096;
/* Watchdog (WD) registers */
/* WD Counter register */
unsigned int *WDCNTR            =   (unsigned int *)0x7023;
/* WD Key register */
unsigned int *WDKEY             =   (unsigned int *)0x7025;
/* WD Control register */
unsigned int *WDCR              =   (unsigned int *)0x7029;

/* ADC registers */
/* ADC Control register 1 */
unsigned int *ADCTRL1           =   (unsigned int *)0x70A0;
/* ADC Control register 2 */
unsigned int *ADCTRL2           =   (unsigned int *)0x70A1;
/* Maximum conversion channels register */
unsigned int *MAXCONV           =   (unsigned int *)0x70A2;
/* Channel select Sequencing control register 1 */
unsigned int *CHSELSEQ1         =   (unsigned int *)0x70A3;
/* Channel select Sequencing control register 2 */
unsigned int *CHSELSEQ2         =   (unsigned int *)0x70A4;
/* Channel select Sequencing control register 3 */
unsigned int *CHSELSEQ3         =   (unsigned int *)0x70A5;
/* Channel select Sequencing control register 4 */
unsigned int *CHSELSEQ4         =   (unsigned int *)0x70A6;
/* Auto sequence status register */
unsigned int *AUTO_SEQ_SR       =   (unsigned int *)0x70A7;
/* Conversion result buffer register 0 */
unsigned int *RESULT0           =   (unsigned int *)0x70A8;
/* Conversion result buffer register 1 */
unsigned int *RESULT1           =   (unsigned int *)0x70A9;
/* Conversion result buffer register 2 */
unsigned int *RESULT2           =   (unsigned int *)0x70Aa;
/* Conversion result buffer register 3 */
unsigned int *RESULT3           =   (unsigned int *)0x70Ab;
/* Conversion result buffer register 4 */
unsigned int *RESULT4           =   (unsigned int *)0x70Ac;
/* Conversion result buffer register 5 */
unsigned int *RESULT5           =   (unsigned int *)0x70Ad;
/* Conversion result buffer register 6 */
unsigned int *RESULT6           =   (unsigned int *)0x70Ae;
/* Conversion result buffer register 7 */
unsigned int *RESULT7           =   (unsigned int *)0x70Af;
/* Conversion result buffer register 8 */
unsigned int *RESULT8           =   (unsigned int *)0x70B0;
/* Conversion result buffer register 9 */
unsigned int *RESULT9           =   (unsigned int *)0x70B1;
/* Conversion result buffer register 10 */
unsigned int *RESULT10          =   (unsigned int *)0x70B2;
/* Conversion result buffer register 11 */
unsigned int *RESULT11          =   (unsigned int *)0x70B3;
/* Conversion result buffer register 12 */
unsigned int *RESULT12          =   (unsigned int *)0x70B4;
/* Conversion result buffer register 13 */
unsigned int *RESULT13          =   (unsigned int *)0x70B5;
/* Conversion result buffer register 14 */
unsigned int *RESULT14          =   (unsigned int *)0x70B6;
```

```
/* Conversion result buffer register 15 */
unsigned int *RESULT15          =  (unsigned int *)0x70B7;
/* Calib result, used to correct */
unsigned int *CALIBRATION       =  (unsigned int *)0x70B8;

/* SPI registers */
/* SPI Config Control register */
unsigned int *SPICCR            =  (unsigned int *)0x7040;
/* SPI Operation Control register */
unsigned int *SPICTL            =  (unsigned int *)0x7041;
/* SPI Status register */
unsigned int *SPISTS            =  (unsigned int *)0x7042;
/* SPI Baud rate control register */
unsigned int *SPIBRR            =  (unsigned int *)0x7044;
/* SPI Emulation buffer register */
unsigned int *SPIRXEMU          =  (unsigned int *)0x7046;
/* SPI Serial receive buffer register */
unsigned int *SPIRXBUF          =  (unsigned int *)0x7047;
/* SPI Serial transmit buffer register */
unsigned int *SPITXBUF          =  (unsigned int *)0x7048;
/* SPI Serial data register */
unsigned int *SPIDAT            =  (unsigned int *)0x7049;
/* SPI Priority control register */
unsigned int *SPIPRI            =  (unsigned int *)0x704F;

/* SCI registers */
/* SCI Communication control register */
unsigned int *SCICCR            =  (unsigned int *)0x7050;
/* SCI Control register 1 */
unsigned int *SCICTL1           =  (unsigned int *)0x7051;
/* SCI Baud Rate MS byte registe */
unsigned int *SCIHBAUD          =  (unsigned int *)0x7052;
/* SCI Baud Rate LS byte register */
unsigned int *SCILBAUD          =  (unsigned int *)0x7053;
/* SCI Control register 2 */
unsigned int *SCICTL2           =  (unsigned int *)0x7054;
/* SCI Receiver Status register */
unsigned int *SCIRXST           =  (unsigned int *)0x7055;
/* SCI Emulation Data Buffer register */
unsigned int *SCIRXEMU          =  (unsigned int *)0x7056;
/* SCI Receiver Data buffer register */
unsigned int *SCIRXBUF          =  (unsigned int *)0x7057;
/* SCI Transmit Data buffer register */
unsigned int *SCITXBUF          =  (unsigned int *)0x7059;
/* SCI Priority control register*/
unsigned int *SCIPRI            =  (unsigned int *)0x705F;

/* Event Manager A (EVA) registers*/
/* GP Timer control register A */
unsigned int *GPTCONA           =  (unsigned int *)0x7400;
/* GP Timer 1 counter register */
unsigned int *T1CNT             =  (unsigned int *)0x7401;
/* GP Timer 1 compare register */
unsigned int *T1CMPR            =  (unsigned int *)0x7402;
/* GP Timer 1 period register   */
unsigned int *T1PR              =  (unsigned int *)0x7403;
/* GP Timer 1 control register */
unsigned int *T1CON             =  (unsigned int *)0x7404;
/* GP Timer 2 counter register */
```

```
unsigned int *T2CNT          = (unsigned int *)0x7405;
/* GP Timer 2 compare register */
unsigned int *T2CMPR         = (unsigned int *)0x7406;
/* GP Timer 2 period register */
unsigned int *T2PR           = (unsigned int *)0x7407;
/* GP Timer 2 control register */
unsigned int *T2CON          = (unsigned int *)0x7408;

/* Compare control register A */
unsigned int *COMCONA        = (unsigned int *)0x7411;
/* Full compare Action control register A */
unsigned int *ACTRA          = (unsigned int *)0x7413;
/* Dead band timer control register A */
unsigned int *DBTCONA        = (unsigned int *)0x7415;

/* Full compare unit compare register1 */
unsigned int *CMPR1          = (unsigned int *)0x7417;
/* Full compare unit compare register2 */
unsigned int *CMPR2          = (unsigned int *)0x7418;
/* Full compare unit compare register3 */
unsigned int *CMPR3          = (unsigned int *)0x7419;

/* Capture control register A */
unsigned int *CAPCONA        = (unsigned int *)0x7420;
/* Capture FIFO status register A */
unsigned int *CAPFIFOA       = (unsigned int *)0x7422;

/* Capture Channel 1 FIFO Top */
unsigned int *CAP1FIFO       = (unsigned int *)0x7423;
/* Capture Channel 2 FIFO Top */
unsigned int *CAP2FIFO       = (unsigned int *)0x7424;
/* Capture Channel 3 FIFO Top */
unsigned int *CAP3FIFO       = (unsigned int *)0x7425;

/* Bottom reg. of capture FIFO stack 1*/
unsigned int *CAP1FBOT       = (unsigned int *)0x7427;
/* Bottom reg. of capture FIFO stack 2*/
unsigned int *CAP2FBOT       = (unsigned int *)0x7428;
/* Bottom reg. of capture FIFO stack 3*/
unsigned int *CAP3FBOT       = (unsigned int *)0x7429;
/* Group A Interrupt Mask Register */
unsigned int *EVAIMRA        = (unsigned int *)0x742C;
/* Group B Interrupt Mask Register */
unsigned int *EVAIMRB        = (unsigned int *)0x742D;
/* Group C Interrupt Mask Register */
unsigned int *EVAIMRC        = (unsigned int *)0x742E;

/* Group A Interrupt Flag Register */
unsigned int *EVAIFRA        = (unsigned int *)0x742F;
/* Group B Interrupt Flag Register */
unsigned int *EVAIFRB        = (unsigned int *)0x7430;
/* Group C Interrupt Flag Register */
unsigned int *EVAIFRC        = (unsigned int *)0x7431;

/* Event Manager B (EVB) registers */
/* GP Timer control register B */
unsigned int *GPTCONB        = (unsigned int *)0x7500;
/* GP Timer 3 counter register */
unsigned int *T3CNT          = (unsigned int *)0x7501;
```

```
/* GP Timer 3 compare register */
unsigned int *T3CMPR        =  (unsigned int *)0x7502;
/* GP Timer 3 period register */
unsigned int *T3PR          =  (unsigned int *)0x7503;
/* GP Timer 3 control register */
unsigned int *T3CON         =  (unsigned int *)0x7504;
/* GP Timer 4 counter register */
unsigned int *T4CNT         =  (unsigned int *)0x7505;
/* GP Timer 4 compare register */
unsigned int *T4CMPR        =  (unsigned int *)0x7506;
/* GP Timer 4 period register */
unsigned int *T4PR          =  (unsigned int *)0x7507;
/* GP Timer 4 control register */
unsigned int *T4CON         =  (unsigned int *)0x7508;

/* Compare control register B */
unsigned int *COMCONB       =  (unsigned int *)0x7511;
/* Full compare Action control register B */
unsigned int *ACTRB         =  (unsigned int *)0x7513;
/* Dead band timer control register B */
unsigned int *DBTCONB       =  (unsigned int *)0x7515;
/* Full compare unit compare register4 */
unsigned int *CMPR4         =  (unsigned int *)0x7517;
/* Full compare unit compare register5 */
unsigned int *CMPR5         =  (unsigned int *)0x7518;
/* Full compare unit compare register6 */
unsigned int *CMPR6         =  (unsigned int *)0x7519;

/* Capture control register B */
unsigned int *CAPCONB       =  (unsigned int *)0x7520;
/* Capture FIFO status register B */
unsigned int *CAPFIFOB      =  (unsigned int *)0x7522;
/* Capture Channel 4 FIFO Top */
unsigned int *CAP4FIFO      =  (unsigned int *)0x7523;
/* Capture Channel 5 FIFO Top */
unsigned int *CAP5FIFO      =  (unsigned int *)0x7524;
/* Capture Channel 6 FIFO Top */
unsigned int *CAP6FIFO      =  (unsigned int *)0x7525;

/* Bottom reg. of capture FIFO stack 4 */
unsigned int *CAP4FBOT      =  (unsigned int *)0x7527;
/* Bottom reg. of capture FIFO stack 5 */
unsigned int *CAP5FBOT      =  (unsigned int *)0x7527;
/* Bottom reg. of capture FIFO stack 6 */
unsigned int *CAP6FBOT      =  (unsigned int *)0x7527;

/* Group A Interrupt Mask Register */
unsigned int *EVBIMRA       =  (unsigned int *)0x752C;
/* Group B Interrupt Mask Register */
unsigned int *EVBIMRB       =  (unsigned int *)0x752D;
/* Group C Interrupt Mask Register */
unsigned int *EVBIMRC       =  (unsigned int *)0x752E;
/* Group A Interrupt Flag Register */
unsigned int *EVBIFRA       =  (unsigned int *)0x752F;
/* Group B Interrupt Flag Register */
unsigned int *EVBIFRB       =  (unsigned int *)0x7530;
/* Group C Interrupt Flag Register */
unsigned int *EVBIFRC       =  (unsigned int *)0x7531;
```

```
/* CAN registers */
/* CAN Mailbox Direction/Enable register */
unsigned int *CANMDER        =  (unsigned int *)0x7100;
/* CAN Transmission Control register */
unsigned int *CANTCR         =  (unsigned int *)0x7101;
/* CAN Receive Control register */
unsigned int *CANRCR         =  (unsigned int *)0x7102;
/* CAN Master Control register */
unsigned int *CANMCR         =  (unsigned int *)0x7103;
/* CAN Bit Config register 2 */
int *CANBCR2                 =  (int *)0x7104;
/* CAN Bit Config register 1 */
unsigned int *CANBCR1        =  (unsigned int *)0x7105;
/* CAN Error Status register */
unsigned int *CANESR         =  (unsigned int *)0x7106;
/* CAN Global Status register */
unsigned int *CANGSR         =  (unsigned int *)0x7107;
/* CAN Trans and Rcv Err counters */
unsigned int *CANCEC         =  (unsigned int *)0x7108;
/* CAN Interrupt Flag Register */
unsigned int *CANIFR         =  (unsigned int *)0x7109;
/* CAN Interrupt Mask Register */
unsigned int *CANIMR         =  (unsigned int *)0x710a;
/* CAN Local Acceptance Mask MBX0/1 */
unsigned int *CANLAM0H       =  (unsigned int *)0x710b;
/* CAN Local Acceptance Mask MBX0/1 */
unsigned int *CANLAM0L       =  (unsigned int *)0x710c;
/* CAN Local Acceptance Mask MBX2/3 */
unsigned int *CANLAM1H       =  (unsigned int *)0x710d;
/* CAN Local Acceptance Mask MBX2/3 */
unsigned int *CANLAM1L       =  (unsigned int *)0x710e;

/* CAN Message ID for mailbox 0 (lower 16 bits) */
unsigned int *CANMSGID0L     =  (unsigned int *)0x7200;
/* CAN Message ID for mailbox 0 (upper 16 bits) */
unsigned int *CANMSGID0H     =  (unsigned int *)0x7201;
/* CAN RTR and DLC */
unsigned int *CANMSGCTRL0 =  (unsigned int *)0x7202;
/* CAN 2 of 8 bytes of Mailbox 0 */
unsigned int *CANMBX0A       =  (unsigned int *)0x7204;
/* CAN 2 of 8 bytes of Mailbox 0 */
unsigned int *CANMBX0B       =  (unsigned int *)0x7205;
/* CAN 2 of 8 bytes of Mailbox 0 */
unsigned int *CANMBX0C       =  (unsigned int *)0x7206;
/* CAN 2 of 8 bytes of Mailbox 0 */
unsigned int *CANMBX0D       =  (unsigned int *)0x7207;

/* CAN Message ID for mailbox 1 (lower 16 bits) */
unsigned int *CANMSGID1L     =  (unsigned int *)0x7208;
/* CAN Message ID for mailbox 1 (upper 16 bits) */
unsigned int *CANMSGID1H     =  (unsigned int *)0x7209;
/* CAN RTR and DLC*/
unsigned int *CANMSGCTRL1 =  (unsigned int *)0x720A;
/* CAN 2 of 8 bytes of Mailbox 1 */
unsigned int *CANMBX1A       =  (unsigned int *)0x720C;
/* CAN 2 of 8 bytes of Mailbox 1 */
unsigned int *CANMBX1B       =  (unsigned int *)0x720D;
/* CAN 2 of 8 bytes of Mailbox 1 */
unsigned int *CANMBX1C       =  (unsigned int *)0x720E;
```

```
/* CAN 2 of 8 bytes of Mailbox 1 */
unsigned int *CANMBX1D       =  (unsigned int *)0x720F;

/* CAN Message ID for mailbox 2 (lower 16 bits) */
unsigned int *CANMSGID2L     =  (unsigned int *)0x7210;
/* CAN Message ID for mailbox 2 (upper 16 bits) */
unsigned int *CANMSGID2H     =  (unsigned int *)0x7211;
/* CAN RTR and DLC */
unsigned int *CANMSGCTRL2 =  (unsigned int *)0x7212;
/* CAN 2 of 8 bytes of Mailbox 2 */
unsigned int *CANMBX2A       =  (unsigned int *)0x7214;
/* CAN 2 of 8 bytes of Mailbox 2 */
unsigned int *CANMBX2B       =  (unsigned int *)0x7215;
/* CAN 2 of 8 bytes of Mailbox 2 */
unsigned int *CANMBX2C       =  (unsigned int *)0x7216;
/* CAN 2 of 8 bytes of Mailbox 2 */
unsigned int *CANMBX2D       =  (unsigned int *)0x7217;

/* CAN Message ID for mailbox 3 (lower 16 bits) */
unsigned int *CANMSGID3L     =  (unsigned int *)0x7218;
/* CAN Message ID for mailbox 3 (upper 16 bits) */
unsigned int *CANMSGID3H     =  (unsigned int *)0x7219;
/* CAN RTR and DLC */
unsigned int *CANMSGCTRL3 =  (unsigned int *)0x721A;
/* CAN 2 of 8 bytes of Mailbox 3 */
unsigned int *CANMBX3A       =  (unsigned int *)0x721C;
/* CAN 2 of 8 bytes of Mailbox 3 */
unsigned int *CANMBX3B       =  (unsigned int *)0x721D;
/* CAN 2 of 8 bytes of Mailbox 3 */
unsigned int *CANMBX3C       =  (unsigned int *)0x721E;
/* CAN 2 of 8 bytes of Mailbox 3 */
unsigned int *CANMBX3D       =  (unsigned int *)0x721F;

/* CAN Message ID for mailbox 4 (lower 16 bits) */
unsigned int *CANMSGID4L     =  (unsigned int *)0x7220;
/* CAN Message ID for mailbox 4 (upper 16 bits) */
unsigned int *CANMSGID4H     =  (unsigned int *)0x7221;
/* CAN RTR and DLC */
unsigned int *CANMSGCTRL4 =  (unsigned int *)0x7222;
/* CAN 2 of 8 bytes of Mailbox 4 */
unsigned int *CANMBX4A       =  (unsigned int *)0x7224;
/* CAN 2 of 8 bytes of Mailbox 4 */
unsigned int *CANMBX4B       =  (unsigned int *)0x7225;
/* CAN 2 of 8 bytes of Mailbox 4 */
unsigned int *CANMBX4C       =  (unsigned int *)0x7226;
/* CAN 2 of 8 bytes of Mailbox 4 */
unsigned int *CANMBX4D       =  (unsigned int *)0x7227;

/* CAN Message ID for mailbox 5 (lower 16 bits) */
unsigned int *CANMSGID5L     =  (unsigned int *)0x7228;
/* CAN Message ID for mailbox 5 (upper 16 bits) */
unsigned int *CANMSGID5H     =  (unsigned int *)0x7229;
/* CAN RTR and DLC */
unsigned int *CANMSGCTRL5 =  (unsigned int *)0x722A;
/* CAN 2 of 8 bytes of Mailbox 5 */
unsigned int *CANMBX5A       =  (unsigned int *)0x722C;
/* CAN 2 of 8 bytes of Mailbox 5 */
unsigned int *CANMBX5B       =  (unsigned int *)0x722D;
/* CAN 2 of 8 bytes of Mailbox 5 */
```

```
unsigned int *CANMBX5C        =   (unsigned int *)0x722E;
/* CAN 2 of 8 bytes of Mailbox 5 */
unsigned int *CANMBX5D        =   (unsigned int *)0x722F;


/* I/O space mapped registers */
/* Wait State Generator Control register */
unsigned int *WSGR            =   (unsigned int *)0x0FFFF;
/* Flash control mode register */
unsigned int *FCMR            =   (unsigned int *)0x0FF0F;

/* Bit codes for Test bit instruction (BIT) (15 Loads bit 0 into TC) */
#define BIT15     0x0000; /* Bit Code for 15*/
#define BIT14     0x0001; /* Bit Code for 14*/
#define BIT13     0x0002; /* Bit Code for 13*/
#define BIT12     0x0003; /* Bit Code for 12*/
#define BIT11     0x0004; /* Bit Code for 11*/
#define BIT10     0x0005; /* Bit Code for 10*/
#define BIT9      0x0006; /* Bit Code for 9 */
#define BIT8      0x0007; /* Bit Code for 8 */
#define BIT7      0x0008; /* Bit Code for 7 */
#define BIT6      0x0009; /* Bit Code for 6 */
#define BIT5      0x000A; /* Bit Code for 5 */
#define BIT4      0x000B; /* Bit Code for 4 */
#define BIT3      0x000C; /* Bit Code for 3 */
#define BIT2      0x000D; /* Bit Code for 2 */
#define BIT1      0x000E; /* Bit Code for 1 */
#define BIT0      0x000F; /* Bit Code for 0 */
```

4.2.2 命令文件 CMD

```
/*----------------------------------------------------------------------------------------------------*/
/*   LINKER COMMAND FILE - MEMORY SPECIFICATION for F2407 DSK                                  */
/*   Last update 8 JULY 2001                                                                     */
/*----------------------------------------------------------------------------------------------------*/
MEMORY
{
PAGE0:                                                  /*程序空间*/
     VECS:     ORIGIN=0000H,LENGTH=0040H               /*中断向量存储空间*/
     PVECS:    ORIGIN=0044H,LENGTH=0100H               /*外围中断向量*/
     PM:       ORIGIN=0150H,LENGTH=7EAFH               /*片内 flash 存储空间*/

PAGE1:                                                  /*数据空间*/
       REGS:    ORIGIN=0H,LENGTH=60H                   /*存储器映射的寄存器和保留地址*/
       BLK_B2:  ORIGIN=60H,LENGTH=20H                  /*块 B2*/
       BLK_B0:  ORIGIN=200H,LENGTH=100H                /*块 B0，如果 CNF=0，则分配为片*/
                                                        /*内 ARAM*/
       BLK_B1:  ORIGIN=300H,LENGTH=100H                /*块 B1*/
       SARAM_D: ORIGIN=800H,LENGTH=800H                /*如果正确配置 SCSR2 寄存器，则*/
                                                        /*此为数据空间中的 2K SARAM*/
       PERIPH：ORIGIN=7000H,LENGTH=1000H               /*外围寄存器空间*/
       EX2_DM：ORIGIN=8000H,LENGTH=8000H               /*外围数据 RAM*/
       PAGE2:                                           /*I/O 存储空间*/
       IO_EX:  ORIGIN=0000H,LENGTH=0FFF0H              /*外部的 I/O 映射空间*/
       IO_IN:  ORIGIN=0FFF0H,LENGTH=0FH                /*片内的 I/O 映射空间*/
/*----------------------------------------------------------------------------------------------------*/
/*SECTIONS    ALLOCATION                                                                          */
```

```
/*----------------------------------------------------------------------------------------------------------*/
SECTIONS
{
      .reset:       { }>VECS       PAGE0               /*中断向量表*/
      .vectors:     { }>VECS       PAGE0
      .pvecs:       { }>PVECS      PAGE0
      .text:        { }>PM         PAGE0
      .bss:         { }>BLK_B2     PAGE1
      .data:        { }>BLK_B1     PAGE1
}
```

该命令文件只是一个示例，不一定适合所有的应用程序，用户在调试程序时，应根据各个程序自身的特点，对命令文件进行适当的修改，使之成为能够适合自己应用程序的命令文件。

对.CMD 文件的配置是 DSP 应用程序开发中比较重要的一个步骤，且.CMD 文件必须和.SAM 文件对应，如果不对应，则语法完全正确的汇编程序代码也不会编译通过。在配置.CMD 文件时，用户须对 DSP 的数据存储空间、程序存储空间和汇编伪指令十分熟悉。所有的空间分配都必须建立在 DSP 的物理结构的基础上，用户不能通过.CMD 文件虚拟出 DSP 在物理结构上不存在或不合法的空间。

4.2.3 中断向量表文件

中断矢量 LF240x.ASM 文件，定义了 TMS320LF240x 的各种中断矢量。

```
.ref        _c_int0                           ;编译后的 C 程序入口地址，默认为 main()
.sect       ".vectors"                        ;定义主矢量段
RSVECT        B    _c_int0                    ;复位矢量
INT1          B    GISR1                      ;中断优先级 1
INT2          B    GISR2                      ;中断优先级 2
INT3          B    GISR3                      ;中断优先级 3
INT4          B    GISR4                      ;中断优先级 4
INT5          B    GISR5                      ;中断优先级 5
INT6          B    GISR6                      ;中断优先级 6
RESERVED      B    PHANTOM                    ;保留
SW_INT8       B    PHANTOM                    ;软件中断
SW_INT9       B    PHANTOM                    ;软件中断
SW_INT10      B    PHANTOM                    ;软件中断
SW_INT11      B    PHANTOM                    ;软件中断
SW_INT12      B    PHANTOM                    ;软件中断
SW_INT13      B    PHANTOM                    ;软件中断
SW_INT14      B    PHANTOM                    ;软件中断
SW_INT15      B    PHANTOM                    ;软件中断
SW_INT16      B    PHANTOM                    ;软件中断
TRAP          B    PHANTOM                    ;Trap 中断
NMI           B    NMI                        ;NMI 不可屏蔽中断
EMU_TRAP      B    PHANTOM                    ;仿真 Trap
SW_INT20      B    PHANTOM                    ;软件中断
SW_INT21      B    PHANTOM                    ;软件中断
SW_INT22      B    PHANTOM                    ;软件中断
SW_INT23      B    PHANTOM                    ;软件中断
SW_INT24      B    PHANTOM                    ;软件中断
SW_INT25      B    PHANTOM                    ;软件中断
SW_INT26      B    PHANTOM                    ;软件中断
SW_INT27      B    PHANTOM                    ;软件中断
```

```
SW_INT28      B   PHANTOM         ;软件中断
SW_INT29      B   PHANTOM         ;软件中断
SW_INT30      B   PHANTOM         ;软件中断
SW_INT31      B   PHANTOM         ;软件中断

.sect     ".pvecs"                ;定义子向量段
PVECT         B   PV_ISR          ;假中断地址向量 0000h
XINTl         B   XINTl_ISR       ;外部逻辑中断地址向量 0001h
              B   PHANTOM         ;保留中断地址向量 0002h
              B   PHANTOM         ;保留中断地址向量 0003h
ADCINT        B   ADCISR          ;ADC 中断地址向量 0004h
SPIINT        B   SPI_ISR         ;SPI 中断地址向量 0005h
RXINT         B   RX ISR          ;SCI 接收中断地址向量 0006h
TXINT         B   TX_ISR          ;SCI 发送中断地址向量 0007h
SW_INT28      B   PHANTOM         ;保留中断地址向量 0008h
              B   PHANTOM         ;保留中断向量地址 0008h
         … …                      ;参照表 2.5 "外设中断向量（PIV）一栏①
CANMBINT      B   CANMB_ISR       ;CAN 邮箱中断地址向量 0040h
CANERINT      B   CANER_ISR       ;CAN 错误中断地址向量 0041h②
```

注：① 省略部分是中断向量地址为 0009h～003Fh 的外设中断和保留中断。

② 以上程序可根据用户选择的外设中断来编写。

第 5 章　TMS320LF240x 总线扩展

每个 TMS320LF240x 器件都有三种可独立选择的空间：

⑴64KW 的程序存储器空间，存放要执行的指令及程序执行时使用的数据。

⑵64KW 的局部数据存储器空间，存放指令使用的数据。

⑶64KW 的 I/O 空间，用于与外部的设备接口和片内外设寄存器。

上述 192KW 包括一定数量的片内存储器、外部存储器和 I/O 设备。

片内存储器操作的优点：速度快，功耗小。

外部存储器操作的优点：可以访问更大的地址空间。

TMS320LF240x 的设计以改进的哈佛结构为基础。存储空间可由三组 16 位的并行总线访问：程序地址总线（PAB）、数据读地址总线（DRAB）和数据写地址总线（DWAB）。

由于这三组总线的操作是独立的，因此可以同时访问程序空间和数据空间，即在给定的机器周期里，中央算术逻辑单元（CALU）可执行三种存储器操作。

5.1　程序存储器

程序存储器存放应用程序的代码、表格信息、固定操作数。

TMS320LF240x 器件可寻址的程序存储器地址有 2^{16} = 64KW，可对片内存储器或片外存储器寻址。每个 LF240x 器件都有片内双访问存储器 DARAM 块 B0，B0 可配置为程序存储器和数据存储器，片内其他程序存储器可能是 SARAM、ROM 或闪速存储器。

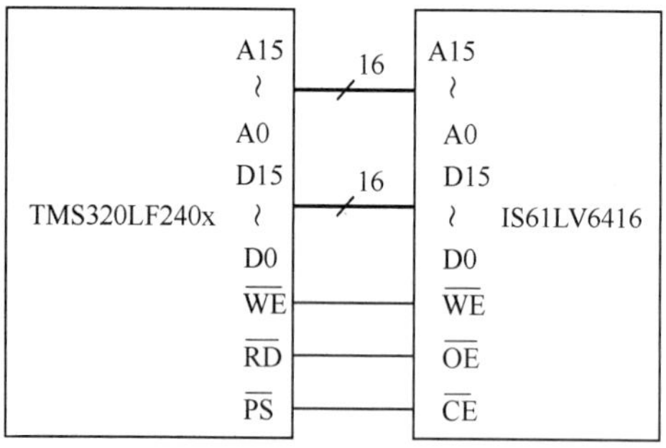

图 5.1　TMS320LF240x 器件与外部程序存储器的接口电路

TMS320LF240x 器件与外部程序存储器的接口电路如图 5.1 所示，图中用一片 IS61LV6416 64K×16 位存储器构成静态存储器与 TMS320LF240x 芯片相连。

当芯片的 CPU 访问片内程序存储器块时，外部存储器信号 $\overline{PS}$ 与 $\overline{STRB}$ 处于高阻状态。仅当 CPU 在映射到外部存储器的地址范围内进行访问时，外部总线才有效。此时，$\overline{PS}=0$，选通外部程序存储器 $\overline{CE}=0$。

为使存储器接口速度快，要选择高速的外部存储器。若选用低速存储器，应使用 READY 信号或片内等待状态产生器形成等待状态。

当存储器与高速 DSP 器件接口时，注意查阅该器件的数据手册以得到所需的时序资料，包括访问时间、延迟时间、保持时间等。

5.2　数据存储器

TMS320LF240x 器件片内都有三个 DARAM 块，即 B0、B1 和 B2。

⑴B0 块有 256W，可配置为数据存储器或程序存储器。

⑵B1 块有 256W，只能作为数据存储器。

⑶B2 块有 32W，只能作为数据存储器。

除了这三块 DARAM 外，有些 TMS320LF240x 器件还有片内 SARAM 块，它们可用做程序和/或数据存储器。针对数据存储器有直接寻址模式和间接寻址模式。使用直接寻址时，将数据存储器按地址分块，每块 128W 为一页（面）。64KW 数据存储器可分为 512 个数据页（面），记为 0～511，如图 5.2 所示。

状态寄存器 ST0 中的低 9 位 D8～D0（DP）的值确定当前数据页 DP，称为页面指针。

当前数据页 128W 中的每个字则由一个 7 位的偏移地址确定；它来自于直接寻址方式的指令。

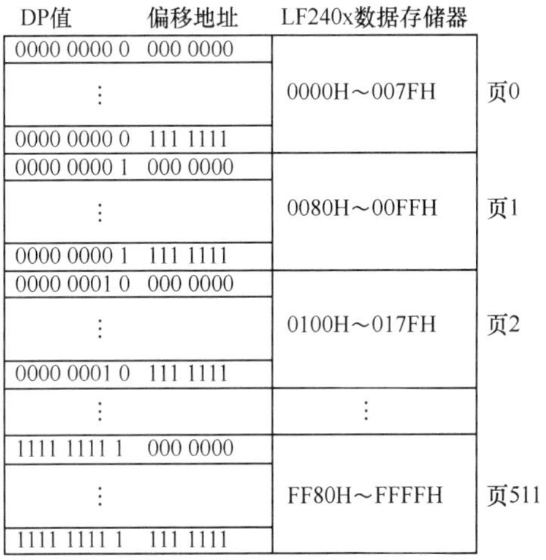

图 5.2　数据存储器的分页

1. 数据存储器第 0 页的地址映射

表 5.1 列出了数据存储器第 0 页（地址 0000H～007FH）的地址映射，其中：

⑴使用 0 等待状态可以访问中断屏蔽寄存器（IMR）和中断标志寄存器（IFR）。

⑵测试/仿真保留区是测试与仿真系统用于传送专用信息的。不能对其进行写操作，因为写测试/仿真保留区可能使器件改变工作模式，进而影响应用程序的运行。

⑶具有 32W 的 DARAM（B2），它能提供活动的存储器而不需要把外部或内部较大的 RAM 分成碎片。该 RAM 块支持双访问操作，并可用任何数据存储器寻址方式对其寻址。

表 5.1　第 0 页数据页地址映射

地　址	名　称	描　述
0000H～0003H	—	保留
0004H	IMR	中断屏蔽寄存器
0005H	—	保留
0006H	IFR	中断标志寄存器
0023H～0027H	—	保留
002BH～002FH	—	保留用做测试和仿真
0060H～007FH	B2	双口 RAM（DARAM B2）

2. TMS320LF240x 器件与外部数据存储器接口

如果将图 5.1 中的 $\overline{PS}$ 改为 $\overline{DS}$，就成为 TMS320LF240x 与 64K×l6 位外部数据存储器接口图，如图 5.3 所示。当 TMS320LF240x 访问片内数据存储器时，外部数据存储器选择引脚 $\overline{DS}$ 和外部选通信号 $\overline{STRB}$ 为高阻状态。仅当 TMS320LF240x 访问外部存储器时，外部总线才被激活。$\overline{DS}$ 有效时表示正在用外部总线访问外部数据存储器。每当外部总线被激活时，TMS320LF240x 就把 $\overline{STRB}$ 信号驱动为低电平。为使存储器接口速度快，最好选用高速存储器。如果选用低速存储器，可使用 READY 信号和/或片内等待状态产生逻辑形成等待状态。

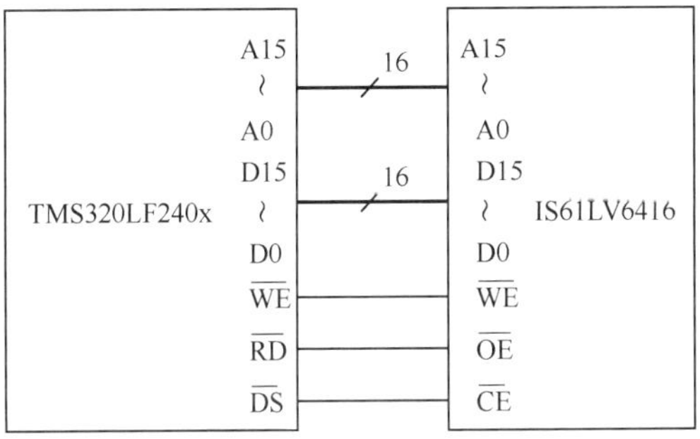

图 5.3　TMS320LF240x 器件与外部数据存储器的接口电路

5.3 I/O 空间

TMS320LF240x 器件支持 64K×16 位字的 I/O 地址空间，I/O 地址空间分为三个主要部分。

(1)地址 0000H～FEFFH，允许对片外外设的访问。

(2)地址 FF00H～FF0FH，被映射到片内 I/O 空间，这些地址是测试用的保留区，不能使用。

(3)地址 FF10H～FFFFH，被映射到片内 I/O 空间，这些地址被其他保留空间和片内 I/O 映射的寄存器占用。

通过 IN 和 OUT 指令可以访问所有 I/O 寄存器（外部 I/O 口和片内 I/O 寄存器）。访问外部并行 I/O 端口与访问程序、数据存储器复用同样的地址总线和数据总线。用 $\overline{\text{IS}}$ 引脚进行选择控制：$\overline{\text{IS}}=0$ 时，访问 I/O 端口；$\overline{\text{IS}}=1$ 时，访问程序和数据存储器。

数据总线为 16 位宽，如果用 8 位外设，可根据情况选择使用高 8 位数据总线或低 8 位数据总线。

图 5.4 给出了一个用于 8 输出的接口电路。图中用 $\overline{\text{WE}}$ 和片选逻辑 Y0 一起形成外部设备的写允许信号。当地址为 0000H 时，选中 74LV273，数据总线上的数据输出到外部设备。

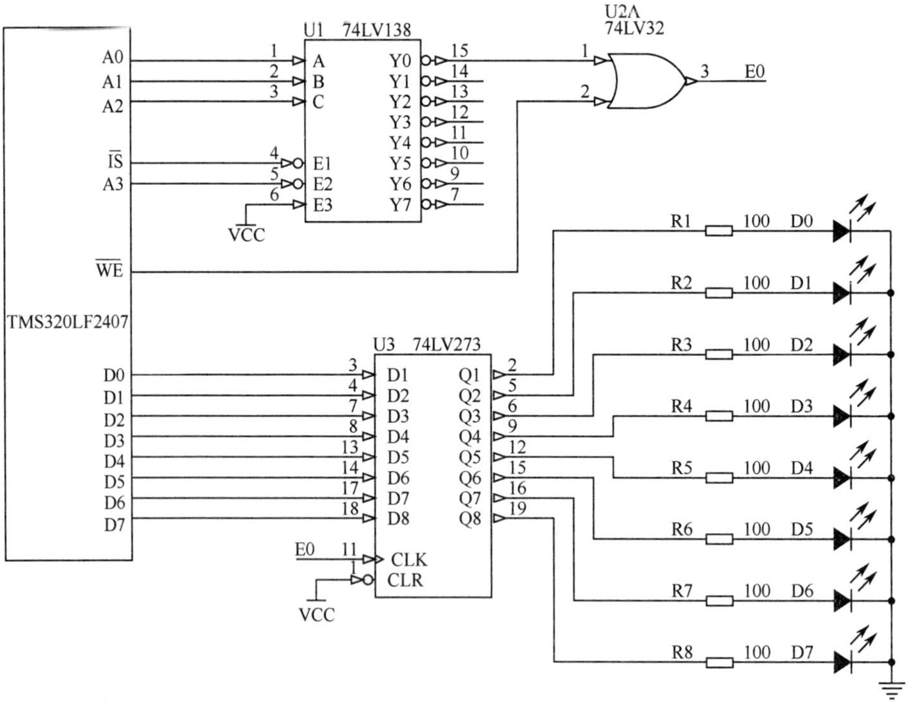

图 5.4 TMS320LF2407 与外部 I/O 接口电路

下面的程序将发光二极管 D1～D8 依次点亮。

1．C 源程序

```
#include "TMS320LF240x.h"                    //引用头文件，参见 4.2.1 节
ioport unsigned int port0000;                //定义由地址总线和数据总线扩展的 I/O 口
unsigned table[]={0x01,0x02,0x04,0x08,0x10,0x20,0x40,0x80};
//延时子程序
void Delay(int nDelay)
```

```
{
int i,j;
        unsigned int k;
        for ( i=0;i<nDelay;i++ )
             for ( j=0;j<64;j++ )
                    k++;
}
//系统初始化子程序
void initial()
{
       asm(" SETC   SXM");                          //符号位扩展有效
       asm(" CLRC   OVM");                          //累加器中结果正常溢出
       asm(" CLRC   CNF");                          //B0 被配置为数据存储空间
       asm(" SETC   INTM");                         //关全局中断
       *SCSR1=0x81FE;                               //CLKIN=10M，CLKOUT=4×CLKIN=40MHz
       *WDCR=0x6F;                                  //关闭看门狗
       *IMR=0x00;                                   //屏蔽所有可屏蔽中断
}
main()
{
   int i;
   initial();                                       //系统初始化子程序
   while (1)
   {
      for(i=0;i<8;i++)
      {
          port0000=table[i];
          Delay(4000);
      }
   }
}
```

2．链接命令文件

```
-l rts2xx.lib
-stack 200                                          //声明软件堆栈长度 200B
MEMORY
{
PAGE 0:
             VECS :o=0,l=40h
             PRCT :o=40h,l=4
             PROG :o=9000h,l=2000h
PAGE 1:
            IDATA1:o=300h,l=100h
            IDATA2:o=0c00h,l=400h
            REG_MEM: o=7000h , l=1000h
            DATA :o=8000h,l=8000h
}
SECTIONS
{
  .vectors         :>VECS          PAGE 0
  .prct            :>PRCT          PAGE 0
  .text            :>PROG          PAGE 0
  .cinit           :>PROG          PAGE 0
  .data            :>PROG          PAGE 0
  .stack           :>IDATA2        PAGE 1
  .bss             :>IDATA2        PAGE 1
  .reg240x         :>REG_MEM       PAGE 1
}
```

习题 5

1. 参照图 5.4，应用 74LV244 扩展 8 个独立式键盘，此时要将 $\overline{\text{WE}}$ 换成 $\overline{\text{RD}}$ 。
2. 在 TMS320LF2407 C 语言中，解释 ioport 关键字的含义，举例说明并对所举出的例子进行简要解释。
3. TMS320LF240x 的设计以改进的（　　）结构为基础；存储空间可由（　　）组（　　）位的并行总线访问，分别是（　　）。
4. 在 TMS320LF2407 中，IN 和 OUT 指令可以访问的空间是（　　）。
   A．程序空间　　B．数据空间　　C．通用 I/O　　D．外扩的 64K I/O 空间
5. 在 TMS320LF2407 中，应用外部总线扩展 I/O 空间时，可应用的 I/O 空间地址范围是（　　）。
   A．0000H～FEFFH　　B．0000H～FFFFH
   C．FF00H～FF0FH　　D．FF10H～FFFFH
6. 已知 IS61LV6416 是 64K×16 低电压 CMOS 静态 RAM，引脚分配如题图 5.1 所示，用 IS61LV6416 分别设计 TMS320LF2407 的 64K×16 的数据存储器和程序存储器。

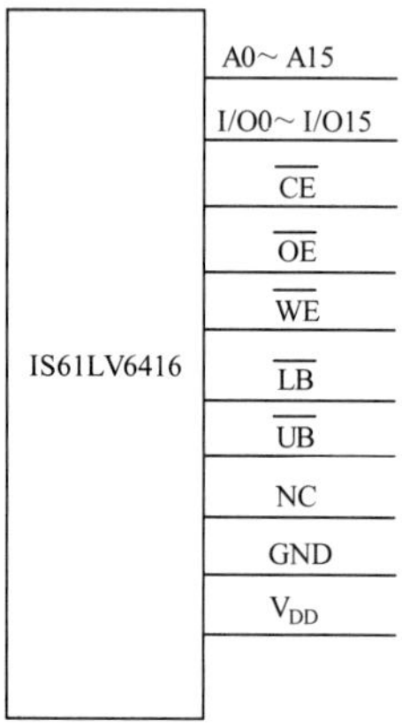

A0～A15	地址总线
I/O0～I/O15	数据总线
$\overline{\text{CE}}$	使能端
$\overline{\text{OE}}$	读使能
$\overline{\text{WE}}$	写使能
$\overline{\text{LB}}$	低字节控制端（I/O0～I/O7）
$\overline{\text{UB}}$	高字节控制端（I/O8～I/O15）
NC	空脚
V_{DD}	电源
GND	电源地

题图 5.1　IS61LV6416 引脚图及引脚说明

第 6 章　看门狗定时器模块

看门狗（WD）定时器模块用来监视软件和硬件操作，在软件进入不正确的循环或 CPU 出现暂时性异常时，WD 定时器溢出以产生一个系统复位。大多数芯片的异常操作和 CPU 非正常工作的情况，都能通过看门狗的功能清除和复位。因此，看门狗的监视功能可增强 CPU 的可靠性，以确保系统运行的安全和稳定。

6.1　看门狗定时器模块的结构

看门狗（WD）定时器模块的结构如图 6.1 所示。

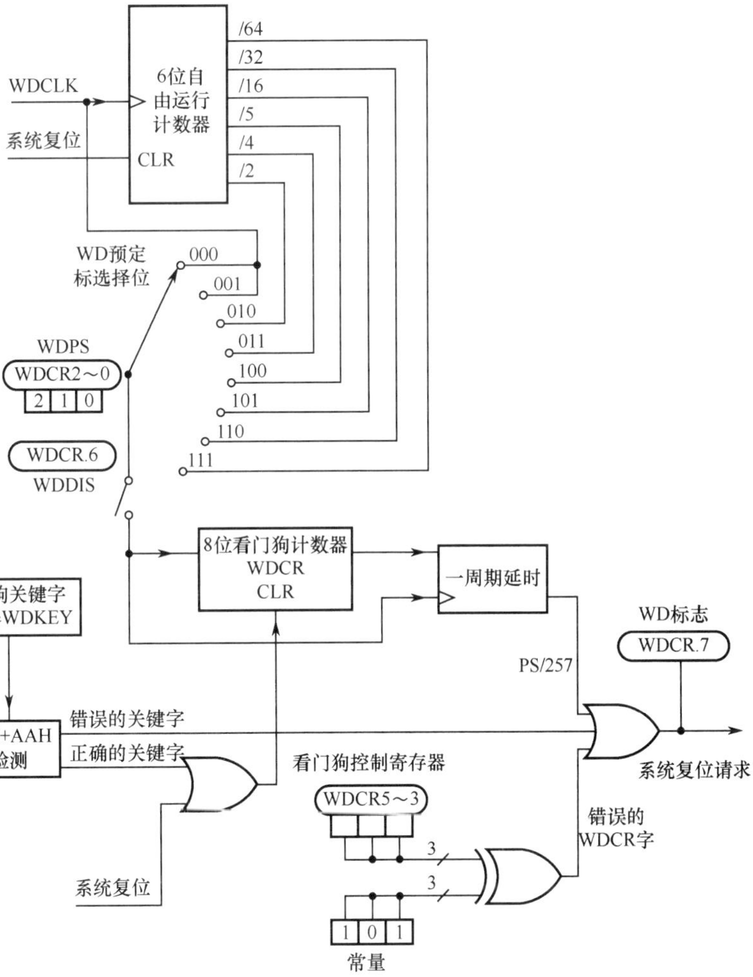

图 6.1　WD 模块结构框图

WD 模块的所有寄存器都是 8 位长，该模块与 CPU 的 16 位外设总线的低 8 位相连。看门狗定时器的时钟（WDCLK）是一个低频时钟，由 CPU 的 CLKOUT 产生。当 CPU 处于低功耗模式 IDLEl 和 IDLE2 时，仍能保证看门狗继续计数。仅当看门狗使能时，WDCLK 才有效。WDCLK 的频率由下式计算：

WDCLK = CLKOUT/512

当 CLKOUT = 40MHz 时，WDCLK = 78125Hz 是一个典型值。

除了 HALT 低功耗模式外，无论片内任一寄存器的状态如何，WDCLK 都将使能 WD 定时器功能。

WD 模块由以下 3 个控制寄存器对其进行控制和管理。

1．WD 计数寄存器（WDCNTR）：7023H

8 位 WD 计数寄存器存放 WD 计数器的当前值 D7～D0。WDCNTR 是一个只读寄存器，复位后为 0，写寄存器无效。由预定标器的输出提供计数时钟。

2．WD 复位关键字寄存器（WDKEY）：7025H

当 55H 及紧接其后的 AAH（复位关键字）写入 WDKEY 时，将清除 WDCNTR，其他任何值的结合写入或写入任何值都不能清除 WDCNTR。

8 位 WDKEY 是一个可读写寄存器，复位后为 0。读该寄存器 WDKEY 并不返回最近的关键字值，而是返回 WDCR 的内容。

3．WD 定时器控制寄存器（WDCR）：7029H

8 位 WDCR 用来存放看门狗配置的控制位。

D7	D6	D5	D4	D3	D2	D1	D0
WDFLAG	WDDIS	WDCHK2	WDCHK1	WDCHK0	WDPS2	WDPS1	WDPS0
RC-x	RWC-0	RW-0	RW-0	RW-0	RW-0	RW-0	RW-0

注：R = 读；W = 写；C = 写 1 则清零；WC = 当系统控制寄存器 SCSR2 的 WD OVERRIDE 位为 1 时可写；“-”后为复位后的值；“x”为不确定值。

D7： WDFLAG——看门狗标志位。该位指出 WD 定时器是否要求了一个系统复位。该位由 WD 产生的复位来置 1，其他任何系统复位对该位无效。

0　WD 定时器没有要求一个复位。

1　WD 定时器要求一个复位。

D6： WDDIS——禁止看门狗位。仅当 SCSR2 中的 WDOVERRDE 位为 1 时，向该位写有效。

0　使能看门狗。

1　禁止看门狗。

D5～D3： WDCHK2～WDCHK0——看门狗检查位。必须向这 3 位写入 101，系统才继续正常工作。否则将要求一个系统复位。读这 3 位总是 000。

D2～D0： WDPS2～WDPS0——看门狗预定标因子选择位。这 3 位选择产生用于 WD 计数器 CLK 的计数器溢出抽头（表 6.1 列出了 WD 溢出时间的选择）。由于 WD 计数器在溢出前计数 257 个时钟，所以给出的时间是溢出的最小值。因为预定标因子未被清除而产生了附加的不精确性，所以最大溢出时间比表 6.1 列出的时间长 1/256。

表 6.1　WD 溢出时间选择

WD 预定标因子选择位			WDCLK 驱动器	WDCLK = 78125Hz（由 40MHz CLOCK 产生）	
WDPS2	WDPS1	WDPS0		溢出频率/Hz	最小溢出时间/ms
0	0	X	1	305.2	3.28
0	1	0	2	152.6	6.6
0	1	1	4	76.3	13.1
1	0	0	8	38.1	26.1
1	0	1	16	19.1	52.4
1	1	0	32	9.5	104.9
1	1	1	64	4.8	209.7

注：“x”为任意值。

6.2 看门狗定时器的操作

看门狗定时器通过提供系统复位来解除系统软件错误和 CPU 故障。复位将使系统返回一个已知点。

看门狗用两种途径产生系统复位请求。

1．WD 计数器（WDCNTR）溢出或向 WD 复位关键字寄存器（WDKEY）写入一个不正确的值

当系统正常工作时，WD 计数器 WDCNTR 以 WD 控制寄存器所选的速率进行增计数，在 WDCNTR 溢出前，只要给复位关键字寄存器 WDKEY 写入一个正确值（先写入 55H，紧接着写入 AAH）就可以使 WDCNTR 清零，即从 0 开始计数而不会产生溢出。

当系统不正常时，也就不能给 WDKEY 写入正确值使 WDCNTR 清零，否则 WDCNTR 将计满溢出，并在一个 WDCLK（或用 WDCLK 除以预定标因子）时钟后发生系统复位操作。

2．使用 WD 检查位

WD 定时器控制寄存器（WDCR）的检查位（WDCHK2～WDCHK0）一直和一个二进制常量 101 相比较。如果 WD 检查位与这个值不匹配，就会产生一个系统复位。所以一旦软件执行了错误的 WDCR 写操作或一个外部激励干扰（如电压尖峰或其他干扰源）破坏了 WDCR 的内容，即除 101 以外的任何值写到 WDCR 的 D5～D3 位都会产生一个系统复位。

注意，向 WDCR 写入值时必须包括写到 D5～D3 的值 101。

当系统上电复位时，看门狗就被使能。WD 定时器被默认为最快的 WD 速率（对于 78125Hz 的 WDCLK，溢出频率为 305.2Hz，溢出时间最小为 3.28ms）。一旦复位由内部释放，CPU 就开始执行程序，同时 WD 定时器就开始计数。因此，为了避免过早发生复位，应在程序刚开始时就对 WD 进行配置。

习题 6

1. 在 C 语言中，看门狗复位关键字寄存器是*WDKEY，写出复位看门狗的 C 语言程序段。
2. 简述看门狗（WD）定时器的工作原理及作用。
3. 在 TMS320LF2407 中，清 WD 的过程是（　　），如果 CLKOUT = 40MHz，则 WD 最小复位时间是（　　）。
4. 看门狗（WD）定时器模块的所有寄存器都是（　　）位的。

第 7 章　数字输入/输出模块

TMS320F2407 有 6 个数字量 I/O 端口（A、B、C、D、E、F），共 40 个 I/O 口，大部分具有双重功能。这些数字 I/O 端口通过 9 个 16 位控制寄存器来设置，而寄存器可分为两类：

⑴I/O 复用控制寄存器 MCRx，该类寄存器控制决定 I/O 口的基本功能性质，即通用 I/O 功能或特殊功能。

⑵数据和方向控制寄存器 PxDATDIR（x = A, B, C, D, E, F），独立地控制各 I/O 引脚作为输入或输出。

7.1　I/O 复用控制寄存器

图 7.1 给出了 F2407 的 I/O 端口复用引脚配置图，从图中可以看出一些寄存器单元的配置与实际 I/O 引脚的内部结构之间的联系。

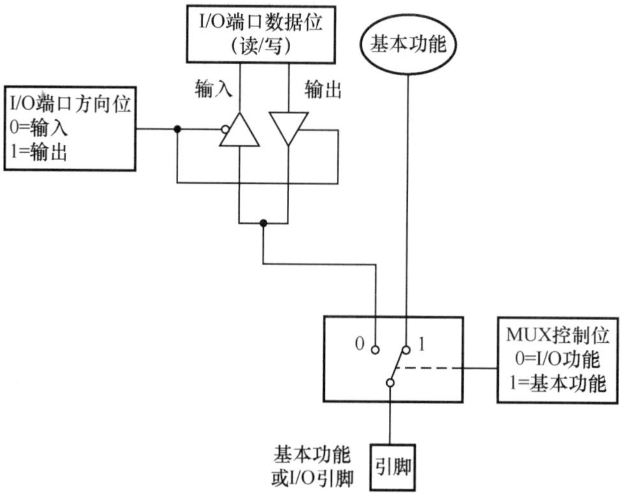

图 7.1　复用引脚配置图

表 7.1 列出了数字量 I/O 模块可用的寄存器单元被映射数据空间，地址从 7090H 到 709FH。

表 7.1　数字量 I/O 控制寄存器地址

地　址	存储寄存器	说　明
7090H	MCRA	I/O 端口复用控制寄存器 A
7092H	MCRB	I/O 端口复用控制寄存器 B
7094H	MCRC	I/O 端口复用控制寄存器 C
7098H	PADATDIR	I/O 端口 A 数据和方向寄存器
709AH	PBDATDIR	I/O 端口 B 数据和方向寄存器
709CH	PCDATDIR	I/O 端口 C 数据和方向寄存器
709EH	PDDATDIR	I/O 端口 D 数据和方向寄存器
7095H	PEDATDIR	I/O 端口 E 数据和方向寄存器
7096H	PFDATDIR	I/O 端口 F 数据和方向寄存器

7.1.1 I/O 端口复用输出控制寄存器

1. I/O 复用控制寄存器 A（MCRA）：7090H

I/O 端口复用控制寄存器 A（MCRA）的配置如表 7.2 所示。

表 7.2 I/O 端口复用控制寄存器 A（MCRA）配置

位	位的名称	引脚功能选择	
		特殊功能（**MCRA.n=1**）	通用 **I/O** 功能（**MCRA.n=0**）
0	MCRA.0	SCITXD	IOPA0
1	MCRA.1	SCIRXD	IOPA1
2	MCRA.2	XINT1	IOPA2
3	MCRA.3	CAP1/QEP1	IOPA3
4	MCRA.4	CAP2/QEP2	IOPA4
5	MCRA.5	CAP3	IOPA5
6	MCRA.6	PWM1	IOPA6
7	MCRA.7	PWM2	IOPA7
8	MCRA.8	PWM3	IOPB0
9	MCRA.9	PWM4	IOPB1
10	MCRA.10	PWM5	IOPB2
11	MCRA.11	PWM6	IOPB3
12	MCRA.12	T1PWM/T1CMP	IOPB4
13	MCRA.13	T2PWM/T2CMP	IOPB5
14	MCRA.14	TDIRA	IOPB6
15	MCRA.15	TCLKINA	IOPB7

2. I/O 复用控制寄存器 B（MCRB）：7092H

I/O 端口复用控制寄存器 B（MCRB）配置如表 7.3 所示。

表 7.3 I/O 端口复用控制寄存器 B（MCRB）配置

位	名称.位	引脚功能选择	
		特殊功能（**MCRB.n=1**）	通用 **I/O** 功能（**MCRB.n=0**）
0	MCRB.0	W/R	IOPC0
1	MCRB.1	BIO	IOPC1
2	MCRB.2	SPISIMO	IOPC2
3	MCRB.3	SPISOMI	IOPC3
4	MCRB.4	SPICLK	IOPC4
5	MCRB.5	SPITE	IOPC5
6	MCRB.6	CANTX	IOPC6
7	MCRB.7	CANRX	IOPC7
8	MCRB.8	XINT2/ADCSOC	IOPD0
9	MCRB.9	*EMU0*	保留位
10	MCRB.10	*EMUI*	保留位
11	MCRB.11	*TCK*	保留位
12	MCRB.12	*TDI*	保留位
13	MCRB.13	*TDO*	保留位
14	MCRB.14	*TMS*	保留位
15	MCRB.15	*TMS2*	保留位

3. I/O 复用控制寄存器 C（MCRC）：7094H

I/O 端口复用控制寄存器 C（MCRC）的配置如表 7.4 所示。

表 7.4 I/O 端口复用控制寄存器 C（MCRC）的配置

位	名称.位	引脚功能选择	
		特殊功能（**MCRC.n=1**）	通用 **I/O** 功能（**MCRC.n=0**）
0	MCRC.0	CLKOUT	IOPE0
1	MCRC.1	PWM7	IOPE1
2	MCRC.2	PWM8	IOPE2
3	MCRC.3	PWM9	IOPE3
4	MCRC.4	PWM10	IOPE4
5	MCRC.5	PWM11	IOPE5

（续表）

位	名称.位	引脚功能选择	
		特殊功能（**MCRC.n=1**）	通用 **I/O** 功能（**MCRC.n=0**）
6	MCRC.6	PWM12	IOPE6
7	MCRC.7	CAP4/QEP3	IOPE7
8	MCRC.8	CAP5/QEP4	IOPF0
9	MCRC.9	CAP6	IOPF1
10	MCRC.10	T3PWM/T3CMP	IOPF2
11	MCRC.11	T4PWM/T4CMP	IOPF3
12	MCRC.12	TDIRB	IOPF4
13	MCRC.13	TCLKINB	IOPF5
14	MCRC.14	IOPF6	IOPF6
15	MCRBC.15	保留位	保留位

7.1.2 数据和方向控制寄存器

TMS320LF407 系列总共有 6 个数据和方向控制寄存器 PxDATDIR，其功能是：高 8 位决定相应的引脚是输入还是输出，低 8 位为输出方式时相应的引脚输出的电平，或输入方式时相应的引脚电平。

1．端口 A 数据和方向控制寄存器（PADATDIR）：7098H

D15	D14	D13	D12	D11	D10	D9	D8
A7DIR	A6DIR	A5DIR	A4DIR	A3DIR	A2DIR	A1DIR	A0DIR
RW-0	RW-0	RW-0	RW-0	RW-0	RW-0	RW-0	RW-0
D7	D6	D5	D4	D3	D2	D1	D0
IOPA7	IOPA6	IOPA5	IOPA4	IOPA3	IOPA2	IOPA1	IOPA0
RW-+	RW-+	RW-+	RW-+	RW-+	RW-+	RW-+	RW-+

注意：-+ = 复位后的值与相应引脚的状态有关，R = 可读，W = 可写，-0 = 复位后的值。

D15～8：

0：配置相应的引脚为输入方式。
1：配置相应的引脚为输出方式。

D7～0：

如果 AnDIR = 0，即为输入方式：
0 读相应引脚的值为低电平。
1 读相应引脚的值为高电平。
如果 AnDIR = 0，即为输出方式：
0 置相应引脚的输出为低电平。
1 置相应引脚的输出为高电平。

由于其他端口的数据和方向控制寄存器的设置方法与 A 口相同，这里不做重复介绍，只列出寄存器单元。

2．端口 B 数据和方向控制寄存器（PBDATDIR）：709AH

D15	D14	D13	D12	D11	D10	D9	D8
B7DIR	B6DIR	B5DIR	B4DIR	B3DIR	B2DIR	B1DIR	B0DIR
RW-0	RW-0	RW-0	RW-0	RW-0	RW-0	RW-0	RW-0

D7	D6	D5	D4	D3	D2	D1	D0
IOPB7	IOPB6	IOPB5	IOPB4	IOPB3	IOPB2	IOPB1	IOPB0
RW-+	RW-+	RW-+	RW-+	RW-+	RW-+	RW-+	RW-+

3．端口 C 数据和方向控制寄存器（PCDATDIR）：709CH

D15	D14	D13	D12	D11	D10	D9	D8
C7DIR	C6DIR	C5DIR	C4DIR	C3DIR	C2DIR	C1DIR	C0DIR
RW-0	RW-0	RW-0	RW-0	RW-0	RW-0	RW-0	RW-0

D7	D6	D5	D4	D3	D2	D1	D0
IOPC7	IOPC6	IOPC5	IOPC4	IOPC3	IOPC2	IOPC1	IOPC0
RW-+	RW-+	RW-+	RW-+	RW-+	RW-+	RW-+	RW-x

注意：-+ = 复位后的值与相应引脚的状态有关，R = 可读，W = 可写，-0 = 复位后的值，-x = 未定义。

4．端口 D 数据和方向控制寄存器（PDDATDIR）：709EH

D15～D9	D8
保留	D0DIR
	RW-0

D7～D0	D0
保留	IOPD0
	RW-+

5．端口 E 数据和方向控制寄存器（PEDATDIR）：7095H

D15	D14	D13	D12	D11	D10	D9	D8
E7DIR	E6DIR	E5DIR	E4DIR	E3DIR	E2DIR	E1DIR	E0DIR
RW-0	RW-0	RW-0	RW-0	RW-0	RW-0	RW-0	RW-0

D7	D6	D5	D4	D3	D2	D1	D0
IOPE7	IOPE6	IOPE5	IOPE4	IOPE3	IOPE2	IOPE1	IOPE0
RW-+	RW-+	RW-+	RW-+	RW-+	RW-+	RW-+	RW-x

6．端口 F 数据和方向控制寄存器（PFDATDIR）：7096H

D15	D14	D13	D12	D11	D10	D9	D8
保留	F6DIR	F5DIR	F4DIR	F3DIR	F2DIR	F1DIR	F0DIR
RW-0	RW-0	RW-0	RW-0	RW-0	RW-0	RW-0	RW-0

D7	D6	D5	D4	D3	D2	D1	D0
保留	IOPF6	IOPF5	IOPF4	IOPF3	IOPF2	IOPF1	IOPF0
RW-+	RW-+	RW-+	RW-+	RW-+	RW-+	RW-+	RW-+

7.2 I/O 端口的应用实例

7.2.1 I/O 口作为输出口应用

下面的程序是 I/O 口作为输出口的应用，通过通用 I/O 口的 IOPF6 输出方波程序，方波的脉宽通过软件延时实现。

1．C 源程序

```
#include "TMS320LF240x.h"          //引用头文件，参见 4.2.1 节
void Delay(int nDelay);             //延时子程序

main()
{
unsigned int uWork;
*WDCR=0x6F;                         //关闭看门狗
*WDKEY=0x5555;
*WDKEY=0xAAAA;

*SCSR1=0x81FE;                      //CLKIN=10M，CLKOUT=4×CLKIN=40MHz
uWork=(*MCRC);                      //将 IOPF6 设置成通用 I/O 口
uWork&=0xBFFF;
(*MCRC)=uWork;
while (1)
{
```

```
        uWork=(*PFDATDIR);                    //IOPF6 的控制寄存器
          uWork|=0x4000;                      //PFDATDIR 与 0x4000 作或运算，保证 IOPF6
                                              //是输出
          uWork^=0x0040;                      //输出状态
          (*PFDATDIR)=uWork;
          Delay(4000);                        //延时片刻
        }
}
//延时程序
void Delay(int nDelay)
{
int i,j;
unsigned int k;
for ( i=0;i<nDelay;i++ )
        for ( j=0;j<64;j++ )
                k++;
}
```

2．链接命令文件

```
-l rts2xx.lib
-stack 200
MEMORY
{
PAGE 0:
            VECS :o=0,l=40h
            PRCT :o=40h,l=4
            PROG :o=9000h,l=2000h
PAGE 1:
           IDATA1:o=300h,l=100h
           IDATA2:o=0c00h,l=400h
           REG_MEM: o=7000h , l=1000h
           DATA :o=8000h,l=8000h
}
SECTIONS
{
.vectors    :>VECS        PAGE 0
.prct       :>PRCT        PAGE 0
.text       :>PROG        PAGE 0
.cinit      :>PROG        PAGE 0
.data       :>PROG        PAGE 0
.stack      :>IDATA2      PAGE 1
.bss        :>IDATA2      PAGE 1
.reg240x    :>REG_MEM     PAGE 1
}
```

7.2.2 I/O 口作为输入/输出口应用

图 7.2 为 I/O 端口作为输入/输出口的应用，它是 TMS320LF2407 与发光二极管、输入按键的接口电路。通过控制 IOPF6 的输出电平可控制发光二极管的亮灭。当 IOPF6 输出为低电平时，发光二极管点亮；当 IOPF6 为高电平时，发光二极管熄灭。通过读取 IOPA2 引脚的状态，判断按键 S0 是否按下。若读入该引脚的状态是“1”（高电平），表明 S0 没有按下；若读入该引脚的状态是“0”（低电平），表明 S0 已经按下。每按下 S0 一次，发光二极管 LED 的状态翻转一次。

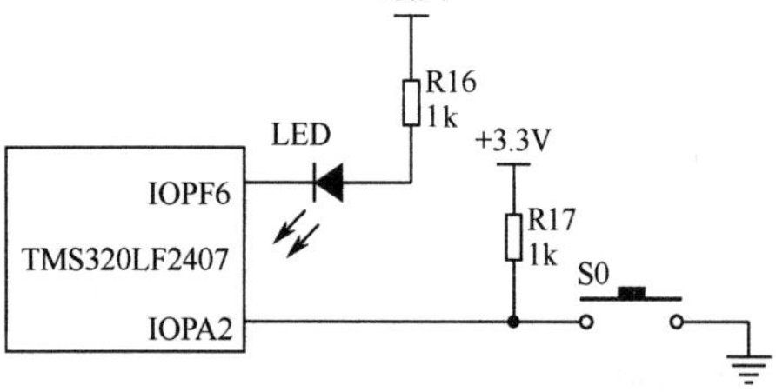

图 7.2　I/O 端口作为输入/输出口应用

1. C 源程序

```
#include "TMS320LF240x.h"           //引用头文件，参见 4.2.1 节
void Delay(int nDelay);             //延时子程序
void KeyDeal(void);                 //按键处理程序
unsigned int uWork;

main()
{
*WDCR=0x6F;
*WDKEY=0x5555;
*WDKEY=0xAAAA;                      //关闭看门狗

*SCSR1=0x81FE;                      //CLKIN=10M，CLKOUT=4×CLKIN=40MHz

uWork=(*MCRA);                      //将 IOPA2 设置成通用 I/O 口
uWork&=0xFFFB;
(*MCRA)=uWork;
*PADATDIR=0xFBFF;                   //将 IOPA2 设置成输入，默认读入高电平

uWork=(*MCRC);                      //将 IOPF6 设置成通用 I/O 口
uWork&=0xBFFF;
 (*MCRC)=uWork;
*PFDATDIR=0x4040;                   //将 IOPF6 设置成输出，默认输出高电平

while (1)
{
      KeyDeal();
      Delay(4000);                  //延时片刻
}
}

void Delay(int nDelay)
{
      int i,j;
      unsigned int k;
      for ( i=0;i<nDelay;i++ )
            for ( j=0;j<64;j++ )
                  k++;
}

void KeyDeal(void)                  //按键处理程序
{
    unsigned key;
    key=*PADATDIR;                  //读入*PADATDIR 的状态
    key&=0x0004;
    if(key==0)
    {
       uWork=(*PFDATDIR);           //IOPF6 的控制寄存器
       uWork|=0x4000;               //PFDATDIR 与 0x4000 作或运算，保证 IOPF6 是输出
       uWork^=0x0040;               //输出状态
       (*PFDATDIR)=uWork;
    }
}
```

2．链接命令文件

```
-l rts2xx.lib
-stack 200
MEMORY
{
PAGE 0:
            VECS :o=0,l=40h
            PRCT :o=40h,l=4
            PROG :o=9000h,l=2000h
PAGE 1:
           IDATA1:o=300h,l=100h
           IDATA2:o=0c00h,l=400h
           REG_MEM: o=7000h , l=1000h
           DATA :o=8000h,l=8000h
}
SECTIONS
{
.vectors    :>VECS        PAGE 0
.prct       :>PRCT        PAGE 0
.text       :>PROG        PAGE 0
.cinit      :>PROG        PAGE 0
.data       :>PROG        PAGE 0
.stack      :>IDATA2      PAGE 1
.bss        :>IDATA2      PAGE 1
.reg240x    :>REG_MEM     PAGE 1
}
```

习题 7

1. 简述通用 I/O 口功能和特殊功能的设置方法。
2. 简述通用 I/O 口配置成输入或输出的方法。
3. 参照图 7.2，运用 GPIO 设计 8 个独立式键盘和 8 个 LED 发光管。
4. 某系统设计中需要应用到串行口通信，外部中断 1，并且 A 口的高五位为输出，初始化之后 A 口的高五位输出为高电平，B 口为输入，初始化之后读入 B 口状态为低电平，根据以上要求编写通用 I/O 口 A 口、B 口的初始化程序。
5. TMS320F2407 有（　　）组数字量 I/O 端口，分别是（　　），共（　　）个 I/O 口。
6. TMS320LF40x 系列 DSP 总共有（　　）个数据和方向控制寄存器 PxDATDIR，其功能是高 8 位决定相应的引脚是（　　），低 8 位为输出方式时相应的引脚输出电平或输入方式相应的引脚电平。

第 8 章　事件管理器模块

TMS320LF240x DSP 包含两个事件管理器 EVA 和 EVB，每个事件管理器都包括通用定时器 GP、比较单元、捕获单元 CAP 及正交编码脉冲电路 QEP。

8.1　事件管理器模块概述

EVA 和 EVB 的通用定时器、比较单元、捕获单元的功能完全相同，只是各自的名称及外设寄存器的名称与地址不同。EVA 的起始地址是 7400H，EVB 的起始地址是 7500H。表 8.1 为事件管理器 EVA 和 EVB 模块及信号名称。

表 8.1　事件管理器 EVA 和 EVB 模块及信号名称

事件管理模块	EVA 模块	信　号	EVB 模块	信　号
通用定时器	Timer1	T1PWM/T1CMP	Timer3	T3PWM/T3CMP
	Timer2	T2PWM/T2CMP	Timer4	T4PWM/T4CMP
比较单元	Compare1	PWM1/2	Compare4	PWM7/8
	Compare2	PWM3/4	Compare5	PWM9/10
	Compare3	PWM5/6	Compare6	PWM11/12
捕获单元	Capture1	CAP1	Capture4	CAP4
	Capture2	CAP2	Capture5	CAP5
	Capture3	CAP3	Capture6	CAP6
正交编码脉冲电路 QEP	QEP1	QEP1	QEP3	QEP3
	QEP2	QEP2	QEP4	QEP4
外部输入	计数方向	TDIRA	计数方向	TDIRB
	外部时钟	TCLKINA	外部时钟	TCLKINB

8.1.1　事件管理器的结构框图

图 8.1 和图 8.2 为事件管理器模块 A 和 B 的结构框图。从图 8.1 中可看出，EVA 含有两个 16 位通用可编程定时器 GPT1、GPT2，3 个全比较单元和与之对应的 6 个脉宽调制电路 PWM1～PWM6，3 个捕获单元 CAP1～CAP3，正交编码脉冲电路 QEP1、QEP2，外部计数时钟 TCLKINA。事件管理器模块的通用定时器可以在编程为外部或内部 CPU 时钟的基础上运行。引脚 TCLKINA 提供了外部时钟输入，引脚 TDIRA 用于当通用定时器处于定向增/减计数方式时规定计数方向。

事件管理器模块中的所有输入都有内部 CPU 协调同步，一次跳变脉冲宽度必须保持到两个 CPU 时钟的上升沿后才能被事件管理器模块所识别。

8.1.2　事件管理器寄存器列表

EVA 通用定时器的寄存器地址表如表 8.2 所示。

EVB 通用定时器的寄存器地址表如表 8.3 所示。

EVA 比较控制寄存器地址表如表 8.4 所示。

EVB 比较控制寄存器地址表如表 8.5 所示。

EVA 捕获控制寄存器地址表如表 8.6 所示。

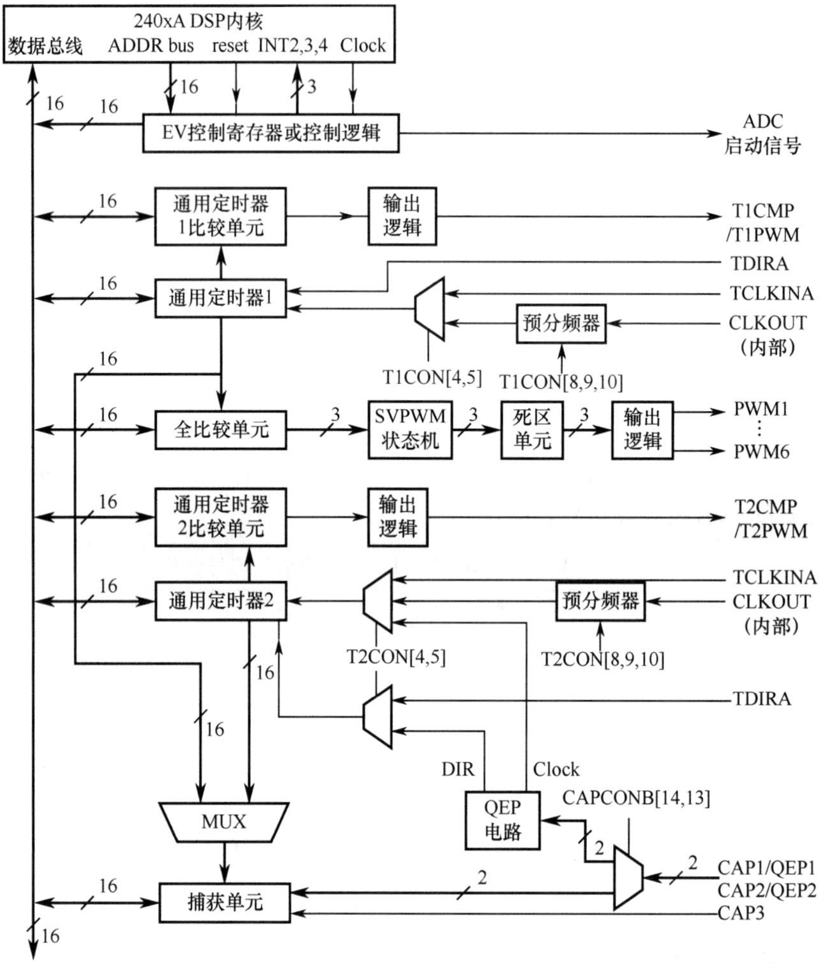

图 8.1　事件管理器模块 A 结构框图

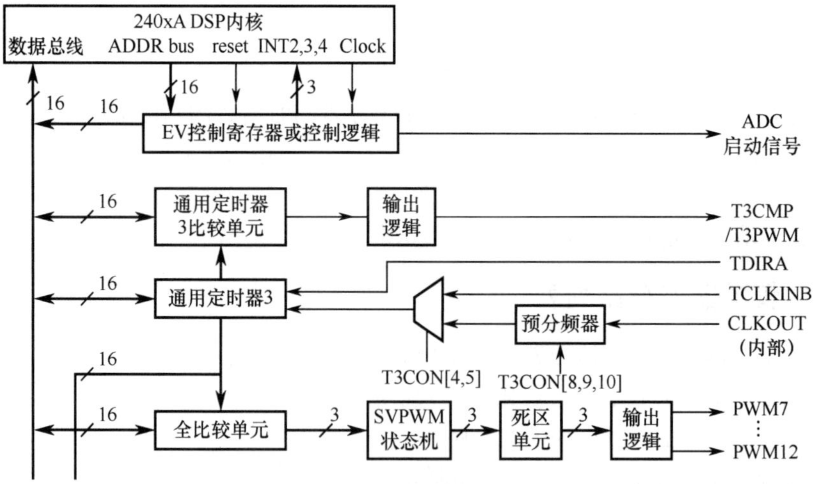

图 8.2　事件管理器模块 B 结构框图

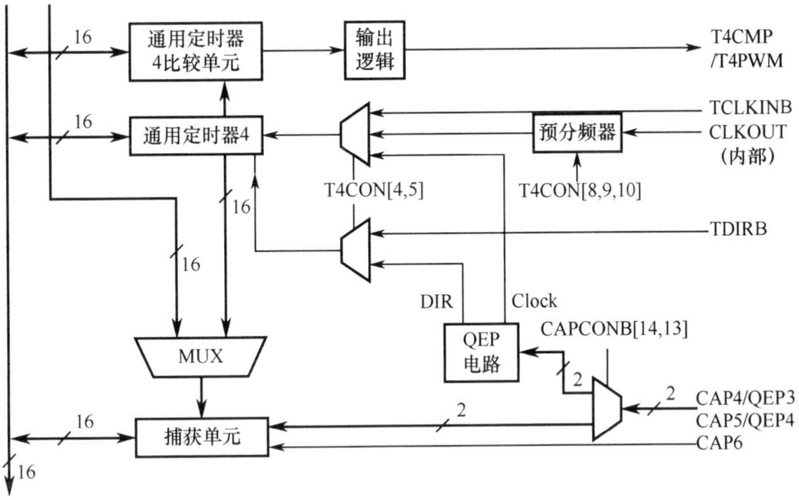

图 8.2　事件管理器模块 B 结构框图（续）

表 8.2　EVA 通用定时器的寄存器地址表

地　址	寄存器	名　称	
7400H	GPTCONA	定时器控制寄存器	
7401H	T1CNT	定时器 1 的计数寄存器	定时器 1
7402H	T1CMPR	定时器 1 的比较寄存器	
7403H	T1PR	定时器 1 的周期寄存器	
7404H	T1CON	定时器 1 的控制寄存器	
7405H	T2CNT	定时器 2 的计数寄存器	定时器 2
7406H	T2CMPR	定时器 2 的比较寄存器	
7407H	T2PR	定时器 2 的周期寄存器	
7408H	T2CON	定时器 2 的控制寄存器	

表 8.3　EVB 通用定时器的寄存器地址表

地　址	寄存器	名　称	
7500H	GPTCONB	定时器控制寄存器	
7501H	T3CNT	定时器 3 的计数寄存器	定时器 3
7502H	T3CMPR	定时器 3 的比较寄存器	
7503H	T3PR	定时器 3 的周期寄存器	
7504H	T3CON	定时器 3 的控制寄存器	
7505H	T4CNT	定时器 4 的计数寄存器	定时器 4
7506H	T4CMPR	定时器 4 的比较寄存器	
7507H	T4PR	定时器 4 的周期寄存器	
7508H	T4CON	定时器 4 的控制寄存器	

表 8.4　EVA 比较控制寄存器地址表

地　址	寄存器	名　称	地　址	寄存器	名　称
7411H	COMCONA	比较控制寄存器	7417H	CMPR1	比较寄存器 1
7413H	ACTRA	比较方式控制寄存器	7418H	CMPR2	比较寄存器 2
7415H	DBTCONA	死区时间控制寄存器	7419H	CMPR3	比较寄存器 3

表 8.5　EVB 比较控制寄存器地址表

地　址	寄存器	名　称	地　址	寄存器	名　称
7511H	COMCONB	比较控制寄存器	7517H	CMPR4	比较寄存器 4
7513H	ACTRB	比较方式控制寄存器	7518H	CMPR5	比较寄存器 5
7515H	DBTCONB	死区时间控制寄存器	7519H	CMPR6	比较寄存器 6

表 8.6 EVA 捕获控制寄存器地址表

地址	寄存器	名称
7420H	CAPCONA	捕获控制寄存器
7422H	CAPFIFOA	捕获 FIFO 状态寄存器 A
7423H	CAP1FIFO	两级深度的捕获 FIFO 堆栈 1
7424H	CAP2FIFO	两级深度的捕获 FIFO 堆栈 2
7425H	CAP3FIFO	两级深度的捕获 FIFO 堆栈 3
7427H	CAP1FBOT	FIFO 堆栈的栈底寄存器，允许读最近的 CAPTURE 值
7428H	CAP2FBOT	
7429H	CAP3FBOT	

EVB 捕获控制寄存器地址表如表 8.7 所示。

表 8.7 EVB 捕获控制寄存器地址表

地址	寄存器	名称
7520H	CAPCONB	捕获控制寄存器
7522H	CAPFIFOB	捕获 FIFO 状态寄存器 B
7523H	CAP4FIFO	两级深度的捕获 FIFO 堆栈 4
7524H	CAP5FIFO	两级深度的捕获 FIFO 堆栈 5
7525H	CAP6FIFO	两级深度的捕获 FIFO 堆栈 6
7527H	CAP4FBOT	FIFO 堆栈的栈底寄存器，允许读最近的 CAPTURE 值
7528H	CAP5FBOT	
7529H	CAP6FBOT	

EVA 中断控制寄存器地址表如表 8.8 所示。

表 8.8 EVA 中断控制寄存器地址表

地址	寄存器	名称	地址	寄存器	名称
742CH	EVAIMRA	中断屏蔽寄存器 A	742FH	EVAIFRA	中断标志寄存器 A
742DH	EVAIMRB	中断屏蔽寄存器 B	7430H	EVAIFRB	中断标志寄存器 B
742EH	EVAIMRC	中断屏蔽寄存器 C	7431H	EVAIFRC	中断标志寄存器 C

EVB 中断控制寄存器地址表如表 8.9 所示。

表 8.9 EVB 中断控制寄存器地址表

地址	寄存器	名称	地址	寄存器	名称
752CH	EVBIMRA	中断屏蔽寄存器 A	752FH	EVBIFRA	中断标志寄存器 A
752DH	EVBIMRB	中断屏蔽寄存器 B	7530H	EVBIFRB	中断标志寄存器 B
752EH	EVBIMRC	中断屏蔽寄存器 C	7531H	EVBIFRC	中断标志寄存器 C

8.1.3 事件管理器中断

1．中断组

TMS320LF240x 内部的中断请求 INT1～INT6，由中断寄存器来管理。TMS320LF240x DSP 有 46 个外设中断，由外设中断寄存器来管理。事件管理器中断事件分为 3 组：事件管理器中断组 A、B 和 C。每个组都有各自不同的中断标志、中断使能寄存器和一些外设中断请求。表 8.10、表 8.11 分别列出了 EVA 和 EVB 模块相关的中断、中断优先级和 EV 中断组。

2．中断产生

事件管理器模块中产生一个中断事件时，其中一个事件管理器中断标志寄存器的相应标志位就被置 1。如果标志位局部未被屏蔽，如 EVAIMRx 的相应位为 1，则外设中断扩展控制器 PIE 就产生一个外设中断请求。

表 8.10 EVA 中断表

中断组	中断	优先级	中断向量（ID）	中断源	INT
	$\overline{\text{PDPINTA}}$	1（最高）	0020H	功率驱动保护中断 A	1
A	CMP1INT	2	0021H	比较单元 1 比较中断	2
	CMP2INT	3	0022H	比较单元 2 比较中断	
	CMP3INT	4	0023H	比较单元 3 比较中断	
	T1PINT	5	0027H	通用定时器 1 周期中断	
	T1CINT	6	0028H	通用定时器 1 比较中断	
	T1UFINT	7	0029H	通用定时器 1 下溢中断	
	T1OFINT	8（最低）	002AH	通用定时器 1 上溢中断	
B	T2PINT	1（最高）	002BH	通用定时器 2 周期中断	3
	T2CINT	2	002CH	通用定时器 2 比较中断	
	T2UFINT	3	002DH	通用定时器 2 下溢中断	
	T2OFINT	4	002EH	通用定时器 2 上溢中断	
C	CAP1INT	1（最高）	0033H	比较单元 1 中断	4
	CAP2INT	2	0034H	比较单元 2 中断	
	CAP3INT	3	0035H	比较单元 3 中断	

表 8.11 EVB 中断表

中断组	中断	优先级	中断向量（ID）	中断源	INT
	$\overline{\text{PDPINTB}}$	1（最高）	0019H	功率驱动保护中断 B	1
A	CMP4INT	2	0024H	比较单元 4 比较中断	2
	CMP5INT	3	0025H	比较单元 5 比较中断	
	CMP6INT	4	0026H	比较单元 6 比较中断	
	T3PINT	5	002FH	通用定时器 3 周期中断	
	T3CINT	6	0030H	通用定时器 3 比较中断	
	T3UFINT	7	0031H	通用定时器 3 下溢中断	
	T3OFINT	8（最低）	0032H	通用定时器 3 上溢中断	
B	T4PINT	1（最高）	0039H	通用定时器 4 周期中断	3
	T4CINT	2	003AH	通用定时器 4 比较中断	
	T4UFINT	3	003BH	通用定时器 4 下溢中断	
	T4OFINT	4	003CH	通用定时器 4 上溢中断	
C	CAP4INT	1（最高）	0036H	比较单元 4 中断	4
	CAP5INT	2	0037H	比较单元 5 中断	
	CAP6INT	3	0038H	比较单元 6 中断	

3. 中断向量

当中断请求被 CPU 所接受时，已置位的中断标志中具有最高优先级的中断标志的相应中断向量被装载到累加器中，在中断服务程序中读取中断向量，中断标志位须在中断服务程序中用软件清除。

4. 中断处理

当事件管理器中断请求被接受后，外设中断向量寄存器（PIVR）读入累加器并左移一位或几位，然后将偏移地址与累加器相加，形成中断服务程序的入口地址。使程序跳到相应的中断服务程序。中断处理过程中的典型时钟延迟为 20 个 CPU 时钟周期。在实际应用中，如果需要最小的保护现场数据，中断延迟为 25 个 CPU 时钟周期。若一个中断组只有一个中断源产生中断，则中断延迟为 8 个 CPU 时钟周期。如不考虑存储器空间，中断延迟为 16 个 CPU 时钟周期。

5. 事件管理器标志寄存器

(1)事件管理器 A 中断标志寄存器 EVAIFR A 和中断屏蔽寄存器 EVAIMRx

① 事件管理器 A 中断标志寄存器 A（EVAIFRA）：742FH

D15～D11	D10	D9	D8	D7
保留	T1OFINT FLAG	T1UFINT FLAG	T1CINT FLAG	T1PINT FLAG
R-0	RW1C-0	RW1C-0	RW1C-0	RW1C-0

D6～D4	D3	D2	D1	D0
保留	CMP3INT FLAG	CMP2INT FLAG	CMP1INT FLAG	PDPINTA FLAG
RW1C-0	RW1C-0	RW1C-0	RW1C-0	RW1C-0

注：R＝ 读，W1C＝ 写 1 清 0，-0＝ 复位值

D10： T1OFINT FLAG　通用定时器 1 上溢中断标志位。
读 0　标志被复位
　1　标志被置位
写 0　无影响
　1　复位标志位

D9： T1UFINT FLAG　通用定时器 1 下溢中断标志位。
读 0　标志被复位
　1　标志被置位
写 0　无影响
　1　复位标志位

D8： T1CINT FLAG　通用定时器 1 比较中断标志位。
读 0　标志被复位
　1　标志被置位
写 0　无影响
　1　复位标志位

D7： T1PINT FLAG　通用定时器 1 周期中断标志位。
读 0　标志被复位
　1　标志被置位
写 0　无影响
　1　复位标志位

D3： CMP3INT FLAG　比较单元 3 中断标志位。
读 0　标志被复位
　1　标志被置位
写 0　无影响
　1　复位标志位

D2： CMP2INT FLAG　比较单元 2 中断标志位。
读 0　标志被复位
　1　标志被置位
写 0　无影响
　1　复位标志位

D1： CMP1INT FLAG　比较单元 1 中断标志位。
读 0　标志被复位
　1　标志被置位
写 0　无影响
　1　复位标志位

D0： PDPINTA FLAG　功率保护驱动中断标志位。
读 0　标志被复位
　1　标志被置位
写 0　无影响
　1　复位标志位

某位为 1 时，表示对应的 INT 级的中断挂起。当响应该中断时，相应的位被清 0。此时，相应的外设控制寄存器的标志位不会被清 0，若要清 0，需要用户在中断服务程序中对该位写 1。

② 事件管理器 A 中断标志寄存器 B（EVAIFRB）：7430H

D15～D4	D3	D2	D1	D0
保留	T2OFINT FLAG	T2UFINT FLAG	T2CINT FLAG	T2PINT FLAG
R-0	RW1C-0	RW1C-0	RW1C-0	RW1C-0

D3： T2OFINT FLAG　通用定时器 2 上溢中断标志位。

读 0 标志被复位
1 标志被置位
写 0 无影响
1 复位标志位

D2: T2UFINT FLAG 通用定时器 2 下溢中断标志位。
读 0 标志被复位
1 标志被置位
写 0 无影响
1 复位标志位

D1: T2CINT FLAG 通用定时器 2 比较中断标志位。
读 0 标志被复位
1 标志被置位
写 0 无影响
1 复位标志位

D0: T2PINT FLAG 通用定时器 2 周期中断标志位。
读 0 标志被复位
1 标志被置位
写 0 无影响
1 复位标志位

③ 事件管理器 A 中断标志寄存器 C（EVAIFRC）：7431H

D15 ～D3	D2	D1	D0
保留	CAP3INT FLAG	CAP2INT FLAG	CAP1INT FLAG
R-0	RW1C-0	RW1C-0	RW1C-0

D2: CAP3INT FLAG 捕获单元 3 中断标志位。
读 0 标志被复位
1 标志被置位
写 0 无影响
1 复位标志位

D1: CAP2INT FLAG 捕获单元 2 中断标志位。
读 0 标志被复位
1 标志被置位
写 0 无影响
1 复位标志位

D0: CAP1INT FLAG 捕获单元 1 中断标志位。
读 0 标志被复位
1 标志被置位
写 0 无影响
1 复位标志位

④ 事件管理器 A 中断屏蔽寄存器 A（EVAIMRA）：742CH

D15～D11	D10	D9	D8	D7
保留	T1OFINT ENABLE	T1UFINT NABLE	T1CINT ENABLE	T1PINT NABLE
R-0	RW-0	RW-0	RW-0	RW-0

D6～D4	D3	D2	D1	D0
保留	CMP3INT ENABLE	CMP2INT ENABLE	CMP1INT ENABLE	PDPINTA NABLE
R-0	RW-0	RW-0	RW-0	RW-0

D10: T1OFINT ENABLE 通用定时器 1 上溢中断使能位。
0 禁止 1 使能

D9: T1UFINT ENABLE 通用定时器 1 下溢中断使能位。
0 禁止 1 使能

D8: T1CINT ENABLE 通用定时器 1 比较中断使能位。
0 禁止 1 使能

D7: T1PINT ENABLE 通用定时器 1 周期中断使能位。
0 禁止 1 使能

D3: CMP3INT ENABLE 比较单元 3 中断使能位。
0 禁止 1 使能

D2: CMP2INT ENABLE 比较单元 2 中断使能位。
0 禁止 1 使能

D1: CMP1INT ENABLE 比较单元 1 中断使能位。
0 禁止 1 使能

D0: PDPINTA ENABLE 功率保护驱动中断使能位。
0 禁止 1 使能

⑤ 事件管理器 A 中断屏蔽寄存器 B（EVAIMRB）：742DH

D15～D4	D3	D2	D1	D0
保留	T2OFINT ENABLE	T2UFINT NABLE	T2CINT ENABLE	T2PINT ENABLE
R-0	RW-0	RW-0	RW-0	RW-0

D3: T2OFINT ENABLE 通用定时器 2 上溢中断使能位。
0 禁止 1 使能

D2: T2UFINT ENABLE 通用定时器 2 下溢中断使能位。
0 禁止 1 使能

D1: T2CINT ENABLE 通用定时器 2 比较中断使能位。
0 禁止 1 使能

D0: T2PINT ENABLE 通用定时器 2 周期中断使能位。
0 禁止 1 使能

⑥ 事件管理器 A 中断屏蔽寄存器 C（EVAIMRC）：742EH

D15～D3	D2	D1	D0
保留	CAP3INT ENABLE	CAP2INT ENABLE	CAP1INT ENABLE
R-0	RW-0	RW-0	RW-0

D2: CAP3INT ENABLE 捕获单元 3 中断使能位。
0 禁止 1 使能

D1: CAP2INT ENABLE 捕获单元 2 中断使能位。
0 禁止 1 使能

D0: CAP1INT ENABLE 捕获单元 1 中断使能位。
0 禁止 1 使能

⑵事件管理器 B 中断标志寄存器 EVBIFRx 和中断屏蔽寄存器 EVBIMRx

① 事件管理器 B 中断标志寄存器 A（EVBIFRA）：752FH

D15～D11	D10	D9	D8	D7
保留	T3OFINT FLAG	T3UFINT FLAG	T3CINT FLAG	T3PINT FLAG
R-0	RW1C-0	RW1C-0	RW1C-0	RW1C-0

D6～D4	D3	D2	D1	D0
保留	CMP6INT FLAG	CMP5INT FLAG	CMP4INT FLAG	PDPINTB FLAG
R-0	RW1C-0	RW1C-0	RW1C-0	RW1C-0

D10: T3OFINT FLAG 通用定时器 3 上溢中断标志位。
读 0 标志被复位
1 标志被置位
写 0 无影响
1 复位标志位

D9: T3UFINT FLAG 通用定时器 3 下溢中断标志位。
读 0 标志被复位
1 标志被置位
写 0 无影响
1 复位标志位

D8:　T1CINT FLAG　通用定时器 3 比较中断标志位。
读 0　标志被复位
　1　标志被置位
写 0　无影响
　1　复位标志位

D7:　T1PINT FLAG　通用定时器 3 周期中断标志位。
读 0　标志被复位
　1　标志被置位
写 0　无影响
　1　复位标志位

D3:　CMP6INT FLAG　比较单元 6 中断标志位。
读 0　标志被复位
　1　标志被置位
写 0　无影响
　1　复位标志位

D2:　CMP5INT FLAG　比较单元 5 中断标志位。
读 0　标志被复位
　1　标志被置位
写 0　无影响
　1　复位标志位

D1:　CMP4INT FLAG　比较单元 4 中断标志位。
读 0　标志被复位
　1　标志被置位
写 0　无影响
　1　复位标志位

D0:　PDPINTB FLAG　功率保护驱动中断标志位。
读 0　标志被复位
　1　标志被置位
写 0　无影响
　1　复位标志位

② 事件管理器 B 中断标志寄存器 B（EVBIFRB）：7530H

D15～D4	D3	D2	D1	D0
保留	T4OFINT FLAG	T4UFINT FLAG	T4CINT FLAG	T4PINT FLAG
R-0	RW1C-0	RW1C-0	RW1C-0	RW1C-0

D3:　T4OFINT FLAG　通用定时器 4 上溢中断标志位。
读 0　标志被复位
　1　标志被置位
写 0　无影响
　1　复位标志位

D2:　T4UFINT FLAG　通用定时器 4 下溢中断标志位。
读 0　标志被复位
　1　标志被置位
写 0　无影响
　1　复位标志位

D1:　T4CINT FLAG　通用定时器 4 比较中断标志位。
读 0　标志被复位
　1　标志被置位
写 0　无影响
　1　复位标志位

D0:　T4PINT FLAG　通用定时器 4 周期中断标志位。
读 0　标志被复位

1 标志被置位
写 0 无影响
1 复位标志位

③ 事件管理器 B 中断标志寄存器 C（EVAIFRC）：7531H

D15 ～D3	D2	D1	D0
保留	CAP6INT FLAG	CAP5INT FLAG	CAP4INT FLAG
R-0	RW1C-0	RW1C-0	RW1C-0

D2： CAP6INT FLAG 捕获单元 6 中断标志位。
读 0 标志被复位
1 标志被置位
写 0 无影响
1 复位标志位

D1： CAP5INT FLAG 捕获单元 5 中断标志位。
读 0 标志被复位
1 标志被置位
写 0 无影响
1 复位标志位

D0： CAP4INT FLAG 捕获单元 4 中断标志位。
读 0 标志被复位
1 标志被置位
写 0 无影响
1 复位标志位

④ 事件管理器 B 中断屏蔽寄存器 A（EVBIMRA）：742CH

D15～D11	D10	D9	D8	D7
保留	T1OFINT ENABLE	T3UFINT NABLE	T3CINT ENABLE	T3PINT NABLE
R-0	RW-0	RW-0	RW-0	RW-0

D6～D4	D3	D2	D1	D0
保留	CMP6INT ENABLE	CMP5INT ENABLE	CMP4INT ENABLE	PDPINTB NABLE
R-0	RW-0	RW-0	RW-0	RW-0

D10： T3OFINT ENABLE 通用定时器 3 上溢中断使能位。
0 禁止 1 使能

D9： T3UFINT ENABLE 通用定时器 3 下溢中断使能位。
0 禁止 1 使能

D8： T3CINT ENABLE 通用定时器 3 比较中断使能位。
0 禁止 1 使能

D7： T3PINT ENABLE 通用定时器 3 周期中断使能位。
0 禁止 1 使能

D3： CMP6INT ENABLE 比较单元 6 中断使能位。
0 禁止 1 使能

D2： CMP5INT ENABLE 比较单元 5 中断使能位。
0 禁止 1 使能

D1： CMP4INT ENABLE 比较单元 4 中断使能位。
0 禁止 1 使能

D0： PDPINTA ENABLE 功率保护驱动中断使能位。
0 禁止 1 使能

⑤ 事件管理器 B 中断屏蔽寄存器 B（EVBIMRB）：742DH

D15～D4	D3	D2	D1	D0
保留	T4OFINT ENABLE	T4UFINT NABLE	T4CINT ENABLE	T4PINT ENABLE
R-0	RW-0	RW-0	RW-0	RW-0

D3： T4OFINT ENABLE 通用定时器 4 上溢中断使能位。

0　禁止　　　1　使能

D2:　T4UFINT ENABLE　通用定时器 4 下溢中断使能位。

0　禁止　　　1　使能

D1:　T4CINT ENABLE　通用定时器 4 比较中断使能位。

0　禁止　　　1　使能

D0:　T4PINT ENABLE　通用定时器 4 周期中断使能位。

0　禁止　　　1　使能

⑥ 事件管理器 B 中断屏蔽寄存器 C（EVBIMRC）：742EH

D15～D3	D2	D1	D0
保留	CAP6INT ENABLE	CAP5INT ENABLE	CAP4INT ENABLE
R-0	RW-0	RW-0	RW-0

D2:　CAP6INT ENABLE　捕获单元 6 中断使能位。

0　禁止　　　1　使能

D1:　CAP5INT ENABLE　捕获单元 5 中断使能位。

0　禁止　　　1　使能

D0:　CAP4INT ENABLE　捕获单元 4 中断使能位。

0　禁止　　　1　使能

8.2　通用定时器

8.2.1　TMS320LF240x DSP 通用定时器概述

TMS320LF240x DSP 的每个事件管理器都有两个通用可编程定时器（GP），即定时器 x（对于 EVA，x = 1, 2；对于 EVB，x = 3, 4）。图 8.3 所示为 TMS320LF240x DSP 的通用定时器框图。从图中可以看出，每个定时器包含以下单元：

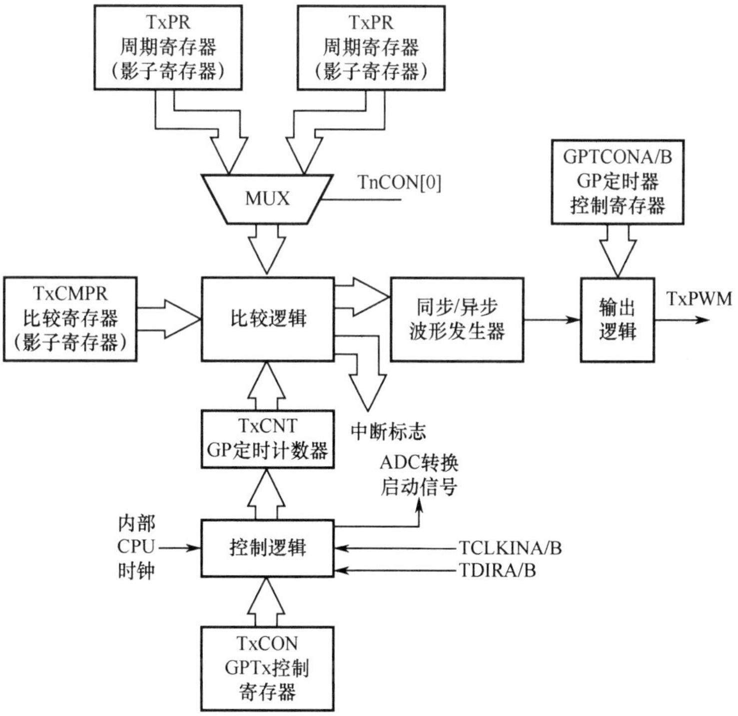

图 8.3　通用定时器框图

⑴一个可读写的 16 位定时增/减计数器 TxCNT；
⑵一个可读写的 16 位定时器比较寄存器（双缓冲，带影子寄存器）TxCMPR；
⑶一个可读写的 16 位定时器周期寄存器（双缓冲，带影子寄存器）TxPR；
⑷一个可读写的 16 位定时器控制寄存器 TxCON；
⑸可选择内部或外部输入时钟；
⑹用于内部或外部时钟输入的可编程预定标器；
⑺用于 4 个可屏蔽的中断——下溢、上溢、定时器比较和周期中断逻辑；
⑻可选择计数方向的输入引脚 TDIRx（用于双向计数方式时，用来选择向上或向下计数）。

8.2.2 通用定时器功能模块

各个 GP 定时器之间可以独立工作或相互同步工作。每个 GP 定时器的比较寄存器可用做比较功能或 PWM 波形发生器。每个 GP 定时器在增减计数方式中，有三种连续工作方式。GP 定时器可为事件管理器提供时基。GP 定时器的输入时钟可以是外部或 CPU 内部时钟，内部时钟输入可通过可编程的定标器预分频，从而改变定时器的定时时间。

1．通用定时器的输入

⑴内部 CPU 时钟；
⑵外部时钟 TCLKINA/B，最大频率是 CPU 时钟频率的 1/4；
⑶方向输入 TDIRA/B，控制定时器增/减计数；
⑷复位信号 RESET。

2．通用定时器输出

⑴通用定时器的比较输出 TxCMP，x = 1, 2, 3, 4；
⑵至 ADC 模块的模数转换启动信号；
⑶比较逻辑和比较单元的下溢、上溢、比较匹配与周期匹配信号；
⑷计数方向指示位。

3．通用定时器控制寄存器

通用定时器控制寄存器 TxCON（x = 1, 2, 3, 4）用来控制定时器的工作方式，确定各组定时器的工作方式，包括计数模式、是采用内部时钟还是采用外部时钟、输入时钟预定标因子、通用定时器及其比较操作是否使能、比较寄存器的重载条件、通用定时器 2/4 使用什么周期寄存器等信息。

定时器 x 控制寄存器（TxCON，x = 1, 2, 3, 4）：地址 7404H（T1CON）、7408H（T2CON）、7504H（T3CON）、7508H（T4CON）

D15	D14	D13	D12	D11	D10	D9	D8	D7
Free	Soft	保留	TMODE1	TMODE0	TPS2	TPS1	TPS0	T2SWT1/T4SWT1
RW-0	RW-0	RW-0	RW-0	RW-0	RW-0	RW-0	RW-0	RW-0

D6	D5	D4	D3	D2	D1	D0
TENABEL	TCLKS1	TCLKS0	TCLD1	TCLD0	TECMPR	SELT1PR/SELT3PR
RW-0	RW-0	RW-0	RW-0	RW-0	RW-0	RW-0

注：R = 可读，W = 可写，-0 = 复位值

D15～D14： Free/Soft 仿真控制位。
00 仿真悬挂时立即停止
01 仿真悬挂时在当前定时器周期结束后停止
1x 操作不受仿真悬挂的影响

D12～D11： TMODE 计数模式选择。

00 停止/保持
01 连续增/减计数模式
10 连续增计数模式
11 定向增/减计数模式

D10～D8: TPS 输入时钟预定标系数。

000	fosc/1	001	fosc/2
010	fosc/4	011	fosc/8
100	fosc/16	101	fosc/32
110	fosc/64	111	fosc/128

D7: T2SWT1、T4SWT1 通用定时器 2、4 周期寄存器选择位。
0 通用定时器 2⑷使用自己的周期寄存器
1 使用通用定时器 1⑶的周期寄存器使能位禁止相应的操作

D6: TENABEL 通用定时器使能。
0 禁止定时器操作
1 使能定时器操作

D5～D4: TCLKS 时钟源选择。
00 内部
01 外部
10 保留
11 由正交编码电路提供通用定时器 2/4 的时钟，在定时器 1 和 3 中保留，这种操作只在 SELT1PR = 0 时有效。

D3～D2: TCLD 定时器比较寄存器的重载条件。
00 数值为 0 时
01 计数值为 0 或等于周期寄存器值时
10 立即重载
11 保留

D1: TECMP 定时器比较使能。
0 禁止
1 使能

D0: SELT1PR/SELT3PR 周期寄存器选择，在定时器 2、4 中有效，定时器 1、3 中保留
0 使用自身的
1 忽略自身的

4．全局通用定时器控制寄存器

全局通用定时器控制寄存器用于控制定时器的增减计数状态、允许模数转换启动模式、比较输出使能、比较输出极性等。

⑴全局通用定时器控制寄存器 A（GPTCONA）：7400H

D15	D14	D13	D12～D11	D10～D9
保留	T2STAT	T1STAT	保留	T2TOADC
RW-0	R-1	R-1	RW-0	RW-0

D8～D7	D6	D5～D4	D3～D2	D1～D0
T1TOADC	TCOMPOE	保留	T2PIN	T1PIN
RW-0	RW-0	RW-0	RW-0	RW-0

D14: T2STAT 通用定时器 2 状态，只读。
0 减计数
1 增计数

D13: T1STAT 通用定时器 1 状态，只读。
0 减计数
1 增计数

D10～D9: T2TOADC 通用定时器 2 启动模数转换事件。
00 不启动模数转换
01 下溢中断标志启动

10 周期中断标志启动
11 比较中断标志启动

D8～D7: T1TOADC 通用定时器 1 启动模数转换事件。
00 不启动模数转换
01 下溢中断标志启动
10 周期中断标志启动
11 比较中断标志启动

D6: TCOMPOE 比较输出允许。
0 禁止
1 使能

D3～D2: T2PIN 通用定时器 2 比较输出极性。
00 强制为低电平
01 低电平有效
10 高电平有效
11 强制为高电平

D1～D0: T1PIN 通用定时器 1 比较输出极性。
00 强制为低电平
01 低电平有效
10 高电平有效
11 强制为高电平

⑵全局通用定时器控制寄存器 B（GPTCONB）：7500H

D15	D14	D13	D12～D11	D10～D9
保留	T4STAT	T3STAT	保留	T4TOADC
RW-0	R-1	R-1	RW-0	RW-0

D8～D7	D6	D5～D4	D3～D2	D1～D0
T3TOADC	TCOMPOE	保留	T4PIN	T3PIN
RW-0	RW-0	RW-0	RW-0	RW-0

5．通用定时器的比较寄存器

通用定时器/计数器 TxCNT 用于存放当前计数值。比较寄存器 TxCMPR（x = 1, 2, 3, 4）用于存放与 TxCNT 进行比较的值。通过控制寄存器的状态设置可控制比较操作，比较的结果可输出相应的信号。如比较匹配时，将产生以下事件：

⑴根据 GPTCONA/B 的设置，相关的输出发生跳变，或启动 A/D 转换器；

⑵相应的中断标志被置位；

⑶如果中断允许将产生中断请求。

通用定时器比较寄存器的地址分别为 7402H（T1CMPR）、7406H（T2CMPR）、7502H（T3CMPR）、7506H（T4CMPR）。

6．通用定时器的周期寄存器

周期寄存器 TxPR 用于存放定时器周期值。周期寄存器值决定了定时器的周期，当定时器的计数值与周期寄存器的值相等时产生周期匹配，通用定时器停止操作并保持当前计数值，然后根据计数器的计数方式执行复位操作或递减计数。

周期寄存器 TxPR（x = 1, 2, 3, 4）的地址分别为 7403H、7407H、7503H、7507H。

7．通用定时器的比较和周期寄存器的两级缓存

通用定时器的比较寄存器 TxCMPR 和周期寄存器 TxPR 带有影子寄存器。该寄存器的值可在任意时刻修改。

对比较寄存器来说，仅当由 TxCON 寄存器所规定的某一个特定定时事件发生时，影子寄存器的内容才加载到工作的比较寄存器中。加载情况如下：

⑴在写信息到影子寄存器后立即加载；

⑵下溢——定时计数器的值达到 0 时；

⑶下溢或周期匹配时，计数器的值与周期寄存器的值相等。

对周期寄存器来说，仅当计数寄存器 TxCNT 为 0 时，工作的周期寄存器才重新加载其影子寄存器的值。

利用通用定时器的比较和周期寄存器的两级缓存的特点，可在一个周期的任何时候更新比较和周期寄存器，从而改变下个周期的定时器周期和 PWM 脉冲宽度。对于 PWM 发生器，定时器周期寄存器高速变化时，载波频率也高速变化。

8．通用定时器的比较输出

通用定时器的比较输出可根据 GPTCONA/B 中的 D3～D2、D1～D0 的位，规定为高有效、低有效、强制高或强制低。高有效或低有效时，在第一次比较匹配发生时，比较输出由低至高或由高至低。通用定时器工作在增、减计数模式时，在第二次比较匹配时，比较输出从高至低或从低至高。通用定时器工作在增计数模式时，在周期匹配时，比较输出从高至低或从低至高。在比较输出规定为强制高/低时，输出比较会立即变为高/低。

9．通用定时器数方向

通用定时器的计数方向由寄存器 GPTCONA/B 相应的 D14、D13 位（TxSTAT）来反映。

⑴1 代表增计数方向；

⑵0 代表减计数方向。

当通用定时器工作在增/减计数模式时，输入引脚 TDIRA/B 决定计数方向。

⑴输入引脚 TDIRA/B 高电平——增计数；

⑵输入引脚 TDIRA/B 低电平——减计数。

10．通用定时器时钟

通用定时器的时钟源可采用内部 CPU 时钟或外部时钟输入。外部时钟的频率必须小于等于 CPU 时钟频率的 1/4。

在定向增/减计数器模式下，通用定时器 2（EVA 模块）和通用定时器 4（EVB 模块）可用于正交编码脉冲（QEP）电路。这时，正交编码脉冲电路既为定时器提供时钟又提供输入方向。

11．基于正交编码脉的时钟输入

⑴正交编码脉冲（QEP）电路可为定向增/减计数模式下的通用定时器 2 和通用定时器 4 提供输入时钟和计数方向。

⑵该输入时钟的频率不能由通用定时器的预定标电路改变比例（也就是说，如果正交编码电路被选做时钟源，那么选中的通用定时器的预定标因子的值总是 1）。

⑶正交编码脉冲电路产生的时钟频率是每个正交编码脉冲输入通道频率的 4 倍。

⑷正交编码脉冲输入的频率必须小于等于内部 CPU 时钟频率的 1/4。

12．通用定时器的同步

通过正确地配置 T2CON 和 T4CON 寄存器，通用定时器 2 可与通用定时器 1 实现同步（EVA 模块），通用定时器 4 可与通用定时器 3 实现同步（EVB 模块）。实现同步的步骤如下。

⑴EVA 模块

① 置 T1CON 寄存器中的 TENABLE 位为 1，且置 T2CON 寄存器中的 T2SWTl 位为 1。此

时，将同时启动两个定时器的计数器。

② 在启动同步操作前，将通用定时器 1 和 2 的定时计数器初始化成不同的值。

③ 置 T2CON 寄存器中的 SELT1PR 位为 1，使通用定时器 2 将通用定时器 1 的周期寄存器作为它自己的周期寄存器（忽略它自身的周期寄存器）使用。

⑵EVB 模块

同样配置相应的 T3CON 和 T4CON 即可。

这就允许了通用定时器事件之间的有效同步。因为每个通用定时器从它的计数寄存器中的当前值开始计数操作，所以一个通用定时器被编程为其他通用定时器启动之后延时一段已知的时间再启动。

13．通用定时器事件启动 A/D 转换

GPTCONA/B 寄存器的 D10～D9、D8～D7 位，可以规定 A/D 转换器的启动信号由通用定时器的哪些事件来产生，如下溢、比较匹配或周期匹配。这种特点允许在没有 CPU 干涉的情况下，为通用定时器事件和 A/D 转换之间的启动提供同步。

14．仿真悬挂期间的通用定时器

通用定时器控制寄存器 TxCON 的 D15～D14 位，定义了仿真悬挂期间的通用定时器操作。当仿真中断发生时，这些位被设置成允许通用定时器持续运行；也就可以实现在线仿真。当仿真中断出现时，这些位也可被设置为规定的通用定时器立即停止操作，或是在当前计数周期完成后停止操作。

当内部 CPU 时钟被仿真器中止时，例如当仿真遇到一个断点时，仿真悬挂产生。

15．通用定时器的中断

通用定时器在 EVAIFRA、EVAIFRB、EVBIFRA 和 EVBIFRB 中有 12 个中断标志。每个通用定时器可根据以下事件产生 4 个中断：

⑴上溢——TxOFINF（x = 1, 2, 3, 4）；

定时计数器的值达到 FFFFH 时，产生上溢事件中断。

⑵下溢——TxUFINF（x = 1, 2, 3, 4）；

定时计数器的值达到 0000 时，产生下溢事件中断。

⑶比较匹配——TxCINT（x = 1, 2, 3, 4）；

当通用定时计数器的值与比较寄存器的值相等时，产生定时器比较匹配事件中断。此时标志寄存器中的 TxCINT 位（x = 1, 2, 3, 4）置 1。

⑷周期匹配——TxPINT（x = 1, 2, 3, 4）。

当通用定时计数器的值与周期寄存器的值相等时，产生定时器周期匹配事件中断，此时标志寄存器中的 TxPINT（x = 1, 2, 3, 4）置 1。

8.2.3 通用定时器的计数操作

通用定时器控制寄存器 TxCON 的 D12、D11 位定义了每个通用定时器的 4 种操作模式，分别为停止/保持模式、连续增计数模式、定向增/减计数模式、连续增/减计数模式。如果 TxCON 的 D6 位为 1 即允许定时器操作，则计数器按上述模式之一开始计数。

1．停止/保持模式

在此模式下，通用定时器的操作停止，定时器的计数器、比较输出和预定标计数器均保持当前状态。

2．连续增计数模式

(1)基本功能

在此模式下，通用定时器在定标的输入时钟的上升沿从初值开始进行加 1 工作，当计数器值与周期值相等时，下一个脉冲输入后复位并进行新的计数。除了第一个周期外，定时器周期的时间为 TxPR + 1 个定标的时钟周期。定时器的初值范围为 0000～FFFFH。如果设定计数器的初值大于周期寄存器的值，则计数器进行加 1 计数到 FFFFH 后，重新装入周期寄存器的值，从 0 开始加计数。如果设定计数器的初值小于周期寄存器的值，则计数器从初值开始进行加 1 计数，与周期值相等后置中断标志并连续工作。

(2)中断

在定时器与周期寄存器匹配的 2 个 CPU 时钟周期中，周期中断被置位。如果外部中断设置为允许，中断标志被置位，将产生外设中断，可在中断服务程序中完成所要完成的功能。如果在 GPTCONA/B 中的 D10～D9（D8～D7）为 10，在中断标志被置位的同时将启动 A/D 转换器工作。

(3)初始化编程

设置通用定时器 1 在连续增计数下工作，其计数器初始值为 0，周期寄存器值为 3。

定时器周期的时间为 TxPR + 1 个定标的时钟周期。即定时器周期的时间为 4 个定标的时钟周期。如果时钟频率为 40MHz，则定时器周期的时间为 128×25ns×4 = 12.8μs。图 8.4 给出了通用定时器连续增计数模式波形图。

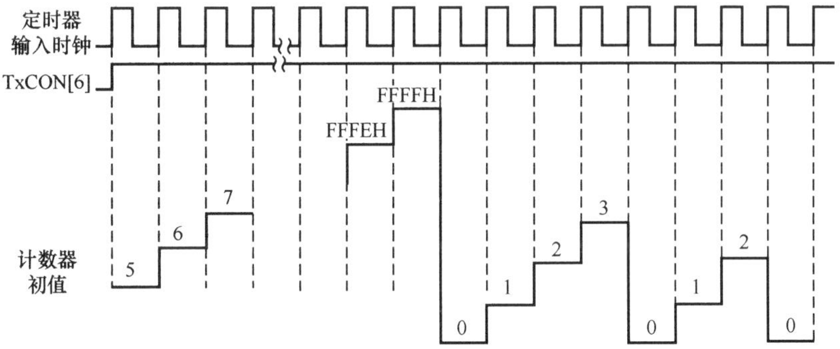

图 8.4 通用定时器连续增计数模式

C 语言程序如下：

```
*GPTCONA=0x41;          //TCOMPOE = 1 允许定时器比较输出
*T1PR=0x03;             //设置周期寄存器
*T1CNT=0x0;             //设置计数寄存器
*T1CON=0x174E;          //TMODE = 10 连续增计数模式，TPS = 111
                        //预分频为 128，TENABLE = 1 定时器计数
                        //使能，TCLKS = 00 内部时钟，TECMPR = 1
                        //定时器 1 比较使能
```

3．定向增/减计数模式

(1)基本功能

在此模式下，通用定时器在定标的输入时钟上升沿开始计数，计数方向由输入引脚 TDIRA/B 确定，引脚为高时，进行增计数，增计数与连续增计数模式完全相同；引脚为低时，进行减计数。

从初值开始减计数直到计数值为 0，此时如 TDIRA/B 引脚为低，则定时计数器重新装入周期寄存器的值。GPTCONA/B 寄存器中的 D14、D13 位监测定时器的计数方向，该位为 1 时增计数，该位为 0 时减计数。输入时钟可以是外部时钟和内部 CPU 时钟。定时器的初值范围为 0000～FFFFH，当定时器的初值大于周期寄存器的值时，若 TDIRA/B 引脚为高，计数器进行加 1 计数到 FFFFH 后，再从 0 开始进行加计数。若 TDIRA/B 引脚为低，计数器进行减 1 计数到周期寄存器的值后，再减计数直到 0。此后重新装入周期寄存器的值，再进行减计数并与周期寄存器的值比较。

(2)中断

在此模式下，定时器周期、上溢和下溢中断标志位、中断和相关的事件，都由各自的匹配产生，其产生方式与连续增计数模式相同。

(3)初始化编程

设置通用定时器 1 在定向增/减计数模式下工作。图 8.5 给出了通用定时器定向增/减计数模式的波形图。

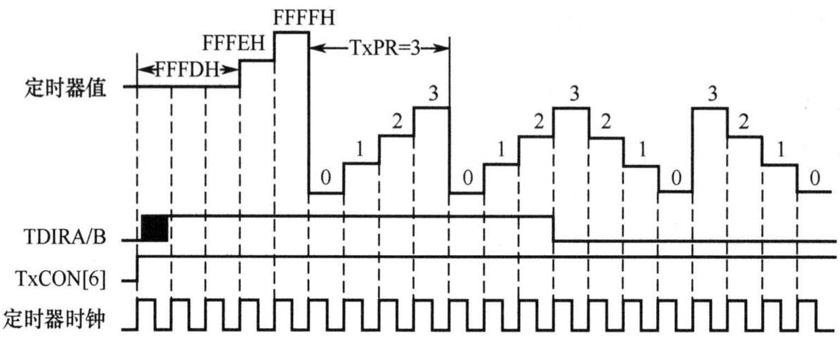

图 8.5　通用定时器定向增/减计数模式的波形图

C 语言程序如下：

```
*GPTCONA=0x41;          //TCOMPOE = 1  允许定时器比较输出
*T1PR=0x03;             //设置周期寄存器
*T1CNT=0x0;             //设置计数寄存器
*T1CON=0x1F4E;          //TMODE = 11 定向增/减计数模式，TPS = 111
                        //预分频为 128，TENABLE = 1  定时器计数
                        //使能，TCLKS = 00  内部时钟，TECMPR = 1
                        //定时器 1 比较使能
```

在定向增/减计数器模式下，EVA 模块中的通用定时器 2 和 EVB 中的通用定时器 4 可用于正交编码脉冲（QEP）电路，此时正交编码脉冲电路不仅为定时器 2/4 提供时钟，而且还提供输入计数方向。这种方式可用于交流伺服电动机控制、电力电子设备中的外部事件定时等。

4．连续增/减计数模式

(1)基本功能

该模式与定向增/减计数模式基本相同，主要区别是：计数方向不受引脚 TDIRA 的状态影响，而是在计数值达到周期寄存器的值或 FFFFH（初值大于周期寄存器的值）时，才从增计数变为减计数；在计数值为 0 时，从减计数变为增计数，即计数器的计数方向仅在计数器的值为 0 时，才从减变为加。

GPTCONA/B 寄存器中的 D14、D13 位监测定时器的计数方向，该位为 1 时增计数，该位为 0 时减计数。输入时钟可以是外部时钟和内部 CPU 时钟。

除了第一个周期外，定时器周期的时间为 2×TxPR 个定标的时钟周期。

定时器的初值范围为 0000～FFFFH。当计数器初值与周期计数器不同时，其第一个周期的计数方向和周期不同。当定时器的初值大于周期寄存器值时，定时器计数器进行加 1 计数到 FFFF 后，再从 0 开始加计数。当计数器初值与周期计数器相同时，定时器计数器进行减 1 计数到 0 后，重新装入周期寄存器的值，从 0 开始加计数。当定时器的初值在 0 和周期寄存器值之间时，定时器计数器进行加 1 计数达到周期计数器值后，定时器计数器进行减 1 计数。图 8.6 给出了通用定时器连续增/减计数模式的波形图，这种方式适用于产生对称的 PWM 波形。

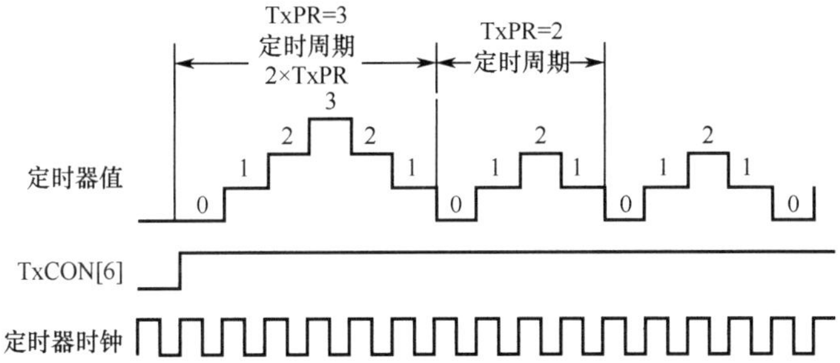

图 8.6　通用定时器连续增/减计数模式的波形图

⑵中断

在此模式下，定时器周期、上溢和下溢中断标志位、中断和相关的事件，都由各自的匹配产生，其产生方式与连续增计数模式相同。

⑶初始化编程

连续增/减计数模式的初始化编程。设置通用定时器 1 在该模式下工作，其计数器初始值为 0，周期寄存器值为 3。若时钟频率为 40MHz，则定时器周期的时间为 128×25ns×3×2 = 25.6μs。

C 语言程序如下：

```
*GPTCONA=0x41;                 //TCOMPOE = 1 允许定时器比较输出
*T1PR=0x03;                    //设置周期寄存器
*T1CNT=0x0;                    //设置计数寄存器
*T1CON=0x0F4E;                 //TMODE = 01 连续增/减计数模式，TPS = 111
                               //预分频为 128，TENABLE = 1 定时器计数
                               //使能，TCLKS = 00 内部时钟，TECMPR = 1
                               //定时器 1 比较使能
```

8.2.4　通用定时器的比较操作

通用定时器有一个与之相关的比较寄存器 TxCMPR 和一个 PWM 输出引脚 TxPWM。其值总是与相关的比较寄存器的值进行比较，当定时计数器的值与比较寄存器的值相等时，就产生比较匹配。可通过置 TxCON 的 1 位为 1 来使能比较操作。产生比较匹配时，将发生下列事件：

⑴定时器的比较中断寄存器标志位在匹配后的 1 个 CPU 时钟周期后被置位；

⑵在匹配后的 1 个 CPU 时钟周期后，根据 GPTCONA/B 寄存器相应位的配置情况，相关的 PWM 输出将发生跳变；

⑶如果比较中断标志位已通过设置 GPTCONA/B 寄存器中的相应位去启动 A/D 转换器，则在比较中断标志位被置位的同时，也将产生 A/D 转换的启动信号。

⑷如果比较中断未被屏蔽，则将产生一个外设中断请求。

1．PWM 输出跳变

PWM 输出跳变由非对称和对称波形发生器及相关的输出逻辑来控制，并取决于以下条件：

⑴GPTCONA/B 寄存器中相应位的定义；

⑵定时器所处的计数模式；

⑶在连续增/减计数模式下的计数方向。

2．非对称和对称波形发生器

非对称和对称波形发生器在通用定时器所处计数模式的基础上，产生一个非对称和对称的PWM 波形输出。

3．非对称波形发生

当通用定时器处于连续增计数模式时，产生非对称波形，如图 8.7 所示。在此模式下，波形发生器的输出在以下情况的基础上有所变化：

⑴计数操作开始时为 0；

⑵保持不变直到比较匹配发生；

⑶比较匹配时，产生触发；

⑷如果下一周期的新比较值不是 0，则发生周期匹配的周期结束后复位为 0。

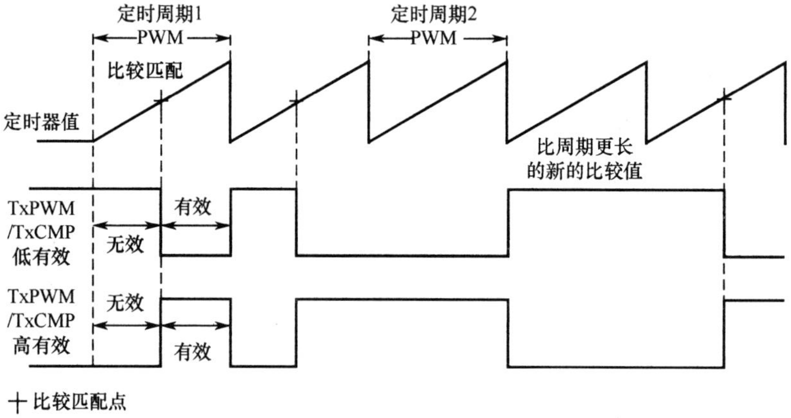

图 8.7　连续增计数模式下的通用定时器比较输出

若一个周期开始时的比较值为 0，则在整个周期输出将是 1，若下一周期的新比较值也是 0，则输出将不复位为 0。这一点非常重要，因为它允许产生占空比从 0%～100%的无故障 PWM 脉冲。若比较值大于周期寄存器中的值，则整个周期输出为 0，若比较值等于周期寄存器的值，则输出为 1，将保持一个定标后的时钟输入周期。

比较寄存器值的改变只影响 PWM 脉冲的单边，这是非对称 PWM 波形的一个特点。

4．对称波形发生

当通用定时器处于连续增/减计数模式时，产生对称波形，如图 8.8 所示。在这种模式下，波形发生器的输出状态由以下情况决定：

⑴计数操作开始前为 0；

⑵保持不变直到第一次比较匹配；

⑶第一次比较匹配时，产生触发；

⑷保持不变直到第二次比较匹配；

⑸第二次比较匹配时，产生触发；

⑹保持不变直到周期结束；

⑺若没有第二次匹配且下一周期的新比较值不为 0，则在周期结束后复位为 0。

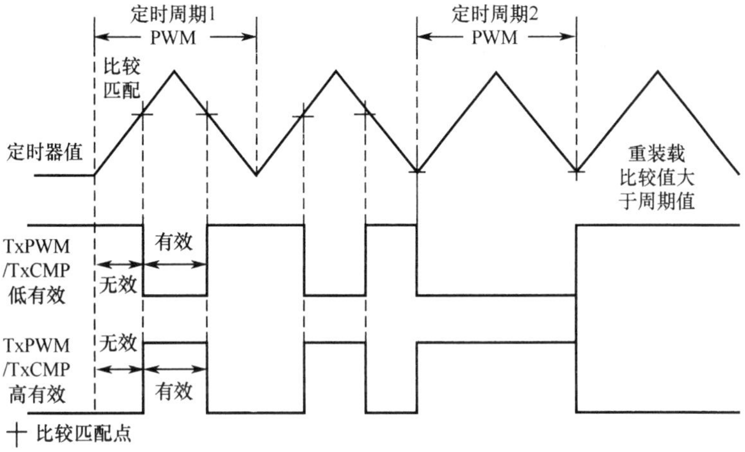

图 8.8　连续增/减计数模式下的通用定时器比较输出

若比较值在周期开始时为 0，则周期开始时将输出为 1，并且保持 1 不变，直到第二次较匹配发生。若比较值在周期的后半部分是 0，则输出将保持为 1 直到周期结束。此时，若新比较值仍为 0，输出将不会复位为 0。这会重复出现，以保证占空比为 0%～100%的 PWM 脉冲产生。若前半周期中的比较值大于等于周期寄存器的值，则第一次跳变将不会发生。不过，当后半周期发生比较匹配时，输出仍将跳变。这种输出错误的跳变通常由应用程序计算不正确引起，它将在周期结束时被纠正，因为除非下一周期的比较值为 0，输出才被复位为 0；否则输出将保持为 1，这将把波形发生器的输出重新置为正确的状态。

5. 输出逻辑

输出逻辑可以调整波形发生器的输出，以生成不同类型功率设备所需的 PWM 波形。PWM 输出可以通过配置 GPTCONA/B 寄存器中的相应位来规定高有效、低有效、强制高或强制低。

PWM 输出规定为高有效时，其极性与相关非对称和对称波形发生器的输出极性相同。

PWM 输出规定为低有效时，其极性与相关非对称和对称波形发生器的输出极性相反。

GPTCONA/B 寄存器中的相应位规定 PWM 输出为强制高/低后，PWM 输出就立即被置成 1/0。

总的来说，在正常的计数模式下，若比较已被使能，则通用定时器的 PWM 输出发生变化，如表 8.12（连续增计数模式）和表 8.13（连续增/减计数模式）所列。

表 8.12　连续增计数模式下通用定时器的比较输出

在一个周期的时间	比较输出的状态
比较匹配之前	不变
比较匹配时	置位有效
周期匹配时	置位无效

表 8.13　连续增/减计数模式下通用定时器的比较输出

在一个周期的时间	比较输出的状态
第一次比较匹配之前	不变
第一次比较匹配时	置位有效
第二次比较匹配时	置位无效
第二次比较匹配之后	不变

置位有效是指：当高有效时，则输出高电平；当低有效时，则输出低电平。置位无效则与上述相反。

基于定时器计数模式和输出逻辑的非对称和对称波形发生器，同样适用于比较单元。出现下列任何一种情况时，所有的通用定时器 PWM 输出都置为高阻态：

⑴软件将 GPTCONA/B[6]置为 0；

⑵PDPINTA/B 引脚上的电平被拉低且未被屏蔽；

⑶任何一个复位事件发生；

⑷软件将 TxCON[1]置为 0。

6．有效/无效时间计算

⑴对于连续增计数模式，有效/无效时间是指比较寄存器中的值从计数周期开始到发生第一次比较匹配之间经过的时间，也就是无效相位的长度。这段时间等于定标的输入时钟周期乘以 TxCMPR 寄存器的值。因此，有效相位长度，即输出脉冲宽度 T_a 为

$$T_a = \mathrm{TxPR} - \mathrm{TxCMPR} + 1$$

⑵对于连续增/减计数模式，比较寄存器在增计数和减计数模式下可以有不同的值。

对于连续增/减计数模式下的有效相位长度，即输出脉冲宽度 T_a，有

$$T_a = \mathrm{TxPR} - \mathrm{TxCMPR}_{up} + \mathrm{TxPR} - \mathrm{TxCMPR}_{dn}$$

式中，TxCMPR_{up} 是增计数模式下的比较值，TxCMPR_{dn} 是减计数模式下的比较值。

当定时器处于连续增计数模式时，若 TxCMPR 中的值为 0，则通用定时器的比较输出将在整个周期中有效。对于连续增/减计数模式，若 TxCMPR_{up} 中的值为 0，那么比较输出在周期开始时有效；若 TxCMPR_{dn} 也为 0，那么输出将保持有效，直到周期结束。

对于连续增计数模式，当 TxCMPR 中的值大于 TxPR 的值时，有效相位长度，即输出脉冲宽度为 0。对于连续增/减计数模式，当 TxCMPR_{dn} 大于等于 TxPR 时，第一次跳变将不会发生；同样，当 TxCMPRa 大干等于 TxPR 时，第二次跳变也不会发生；若 TxCMPR_{up} 和 TxCMPR_{dn} 都大于等于 TxPR，则通用定时器的比较输出在整个周期中都无效。

8.2.5　通用定时器的 PWM 输出

每个通用定时器都可以独立地用于提供一个 PWM 输出通道，因此通用定时器最多可提供 4 个 PWM 输出。

可选用连续增或连续增/减计数模式来产生 PWM 输出。选用连续增计数模式时，可产生边沿触发或非对称 PWM 波形；选用连续增/减计数模式时，可产生对称 PWM 波形。可按以下方法来设置通用定时器的 PWM 输出操作：

⑴根据所需的 PWM（载波）周期设置 TxPR；

⑵设置 TxCON 寄存器以确定计数模式和时钟源并启动 PWM 输出操作；

⑶将相应 PWM 脉冲的在线计算宽度（占空比）的值加载到 TxCMPR 寄存器中。

选用连续增计数模式来产生非对称的 PWM 波形时，通过将所需的 PWM 周期除以通用定时器输入时钟的周期，并减 1 以获得定时器的周期；选用连续增/减计数模式来产生对称的 PWM 波形时，通过将所需的 PWM 周期除以两倍通用定时器输入时钟的周期，以获得定时器的周期。

要产生占空比不同的波形时，只需在线计算出相对于占空比的宽度的值，并加载到比较寄存器 TxCMPR 中。

8.2.6　通用定时器复位

任何复位事件发生时，将产生以下情况：

⑴GPTCONA/B 寄存器中除计数方向指示位外的所有与通用定时器相关的位，都被复位为 0，因此所有通用定时器的操作都被禁止，计数方向指示位都置为 1；

⑵所有的定时器中断标志位都被复位为 0；

⑶所有的定时器中断屏蔽位都被复位为 0，因此所有通用定时器的中断都被屏蔽；

⑷所有通用定时器的比较输出都被置成高阻态。

8.2.7　通用定时器的周期性中断实例

下例运用通用定时器 1 的周期性中断，在 IOPF6 口上输出周期为 100ms 的方波。TMS320LF2407 的外部输入时钟为 10MHz，经内部锁相环 4 倍频之后为 40MHz，通用定时器 1 预分频因子为 1，计算出定时 0.1ms 的周期寄存器值为 4000，软件计数 500 次，则定时为 50ms。

1．C 源程序

```
#include "TMS320LF240x.h"                    //引用头文件，参见 4.2.1 节
void interrupt gptime1(void);                //中断服务程序
void gp_init(void);                          //定时器初始化

unsigned int uWork,nCount;

main()
{
     *WDCR=0x6F;                             //关闭看门狗
     *WDKEY=0x5555;
     *WDKEY=0xAAAA;

     *SCSR1=0x81FE;                          //CLKIN=10M，CLKOUT=4×CLKIN=40MHz
     asm(" SETC INTM");                      //关全局中断
     uWork=*MCRC;                            //将 IOPF6 设置成通用 I/O 口
     uWork&=0xBFFF;
     *MCRC=uWork;

     gp_init();                              //初始化定时器

     *IMR=0x2;                               //使能 TMS320LF240x DSP 的一级中断 INT2
     *IFR=0xFFFF;                            //清除中断标志

     asm(" CLRC INTM");                      //开全局中断
     for(;;)
;
}

//INT2 中断服务程序
void interrupt gptime1(void)                 //中断服务程序声明，必须使用 interrupt 声明
{
   uWork=(*PIVR);                            //读外设中断向量寄存器
   switch(uWork)
   {
     case 0x27:                              //0x27 为定时器 1 的周期性中断的向量值
     {
          *EVAIFRA=0x80;                     //清除中断标志
```

```
            nCount++;
            if ( nCount>=500 )                      //软件计数值 500，0.1ms×500=50ms
             {
              uWork=(*PFDATDIR);                    //设置指示灯状态翻转一次
              uWork|=0x4000;                        //*PFDATDIR 与 0x4000 作或运算，保证 IOPF6
                                                    //是输出

              uWork^=0x0040;
              *PFDATDIR=uWork;
              nCount=0;
                  }
             break;
             }
    }
}

void gp_init(void)
{
     *EVAIMRA = 0x80;                               //使能 EVA 通用定时器 1 周期中断
     *EVAIFRA = 0xFFFF;                             //清除中断标志
     *GPTCONA = 0x0000;
     *T1PR = 40000;                                 //设置周期寄存器值为 40000
     *T1CNT = 0;                                    //设置计数初值为 0
     *T1CON = 0x1040;                               //启动计数器
}
```

2．中断向量表

```
                .ref _gptime1,_c_int0
                    .sect ".vectors"
RSVECT          B   _c_int0             ; Reset Vector
INT1            B   PHANTOM             ; Interrupt Level 1
INT2            B   _gptime1            ; Interrupt Level 2
INT3            B   GISR3               ; Interrupt Level 3
INT4            B   GISR4               ; Interrupt Level 4
INT5            B   GISR5               ; Interrupt Level 5
INT6            B   GISR6               ; Interrupt Level 6
RESERVED        B   PHANTOM             ; Reserved
SW_INT8         B   PHANTOM             ; Software Interrupt
SW_INT9         B   PHANTOM             ; Software Interrupt
SW_INT10        B   PHANTOM             ; Software Interrupt
SW_INT11        B   PHANTOM             ; Software Interrupt
SW_INT12        B   PHANTOM             ; Software Interrupt
SW_INT13        B   PHANTOM             ; Software Interrupt
SW_INT14        B   PHANTOM             ; Software Interrupt
SW_INT15        B   PHANTOM             ; Software Interrupt
SW_INT16        B   PHANTOM             ; Software Interrupt
TRAP            B   PHANTOM             ; Trap vector
NMI             B   NMI                 ; Nonmaskable Interrupt
EMU_TRAP        B   PHANTOM             ; Emulator Trap
SW_INT20        B   PHANTOM             ; Software Interrupt
SW_INT21        B   PHANTOM             ; Software Interrupt
SW_INT22        B   PHANTOM             ; Software Interrupt
SW_INT23        B   PHANTOM             ; Software Interrupt
SW_INT24        B   PHANTOM             ; Software Interrupt
SW_INT25        B   PHANTOM             ; Software Interrupt
SW_INT26        B   PHANTOM             ; Software Interrupt
SW_INT27        B   PHANTOM             ; Software Interrupt
SW_INT28        B   PHANTOM             ; Software Interrupt
SW_INT29        B   PHANTOM             ; Software Interrupt
```

```
SW_INT30      B   PHANTOM          ; Software Interrupt
SW_INT31      B   PHANTOM          ; Software Interrupt
GISR1
GISR2
GISR3
GISR4
GISR5
GISR6
PHANTOM
```

3．链接命令文件

```
-l rts2xx.lib
-stack 400                              //声明软件堆栈长度 400B
MEMORY
{
      PAGE 0:
            VECS :o=0,l=40h
            PRCT :o=40h,l=4
            PROG :o=9000h,l=2000h
      PAGE 1:
           IDATA1 :o=300h,l=100h
           IDATA2 :o=0c00h,l=400h
           REG_MEM :o=7000h,l=1000h
           DATA :o=8000h,l=8000h
      }
SECTIONS
{
      .vectors          :>VECS        PAGE 0
      .prct             :>PRCT        PAGE 0
      .text             :>PROG        PAGE 0
      .cinit            :>PROG        PAGE 0
      .data             :>PROG        PAGE 0
      .stack            :>DATA        PAGE 1
      .bss              :>IDATA2      PAGE 1
      .reg240x          :>REG_MEM     PAGE 1
}
```

8.2.8　通用定时器的比较输出实例

本例用于测试通用定时器 TIMER1 的比较输出功能，它通过比较输出模块在 IOPB4 引脚上输出一个非对称 PWM 波形，并通过改变比较值“*T1CMPR”来改变输出电平的脉宽。

1．C 源程序

```
#include  "TMS320LF240x.h"              //引用头文件，参见 4.2.1 节
//系统初始化子程序
void initial(void)
{
      asm(" setc     INTM");                  //关全局中断
      asm(" setc  SXM");                //抑制符号位扩展
      asm(" clrc  OVM");                //累加器中结果正常溢出
      asm(" clrc  CNF");                //B0 被配置为数据存储空间
      *SCSR1=0x81FE;                    //CLKIN=10MHz，CLKOUT=4*CLKIN=40MHz
      *WDCR=0x0E8;                      //关闭看门狗
      *IMR=0x0;                         //屏蔽所有可屏蔽中断
      *IFR=0x0FFFF;                     //清除全部中断标志，“写 1 清 0”
}
```

```
//定时器 1 初始化子程序，使其比较单元输出一个 PWM 波形
void timer1int(void)
{
      *MCRA|=0x1000;                        //配置 IOPB4 口为定时器 1 的比较输出
      *GPTCONA|=0x0042;
      *T1CNT=0x00;                          //定时器 1 的计数器初值为 0
      *T1CMPR=0x7F;                         //给定时器 1 的比较寄存器赋值
      *T1PR=0x1FE;                          //给定时器 1 的周期寄存器赋值
      *T1CON=0x1442;                        //允许 TIMER1 比较输出，并且 TIMER1 为连续
                                            //增计数模式，立即启动
}
//主程序
main()
{
 initial();                                 //系统初始化
 timer1int();                               //定时器 1 初始化
while(1)
 {
        ;
    }
}
```

2．链接命令文件

```
-l rts2xx.lib
-stack 150                                  //声明软件堆栈长度 150 个字
MEMORY
{
PAGE 0 :
      VECS:     origin = 00000h,length = 00040h
      LOW:      origin = 00050h,length = 07FAFh
PAGE 1:
      B0:       origin = 00200h,length = 0100h
      B1:       origin = 00300h,length = 00100h
      B2:       origin = 00060h,length = 00020h
      SARAM:    origin = 00800h,length = 00800h
      EXSRAM:   origin = 070a8h,length = 010h
}
SECTIONS
{
.vectors          :> VECS        PAGE 0
      .text       :> LOW         PAGE 0
.cinit            :> LOW         PAGE 0
.switch           :> LOW         PAGE 0
.stack            :> B0          PAGE 1
.const            :> B0          PAGE 1
.usect            :> B1          PAGE 1
.sysmem           :> B1          PAGE 1
.data             :> SARAM       PAGE 1
.bss              :> SARAM       PAGE 1
.ad               :> EXSRAM      PAGE 1
}
```

8.3　比较单元

在事件管理器 EVA 模块中有三个全比较单元，分别为 CMPR1、CMPR2、CMPR3。同样，

在 EVB 中也有三个全比较单元，分别为 CMPR4、CMPR5、CMPR6。每个比较单元有两个相关的 PWM 输出。每个比较单元的时间基准由通用定时器 1（EVA 模块）和通用定时器 2（EVB 模块）提供。

1．比较单元结构

每个模块的比较单元包括：

⑴三个 16 位比较寄存器（EVA 模块为 CMPR1～CMPR3；EVB 模块为 CMPR4～CMPR6），各自带一个影子寄存器，地址分别为 7417H～7419H 和 7517H～7519H；

⑵一个比较控制寄存器 COMCONA/B（EVA 模块为 COMCONA；EVB 模块为 COMCONB），用于控制比较单元工作情况；

⑶一个比较方式控制寄存器 ACTRA/ACTRB（EVA 模块为 ACTRA；EVB 模块为 ACTRB），各自带一个影子寄存器；

⑷六个比较 PWM（三态）输出引脚（EVA 模块为 $PWM_{y,\,y+1}$= 1, 2, 3, 4, 5, 6，EVB 模块为 $PWM_{z,\,z+1}$= 7, 8, 9, 10, 11, 12）；

⑸控制和中断逻辑。

比较单元结构框图如图 8.9 所示，图中对于 EVA 模块 x = 1, 2, 3，y = 1, 3, 5，z = 1；对于 EVB 模块 x = 4, 5, 6，y = 7, 9, 11，z = 3。比较单元的时间基准由通用定时器 1（EVA 模块）和通用定时器 2（EVB 模块）提供。无论工作在哪种计数模式，只要比较使能，比较输出将发生跳变。

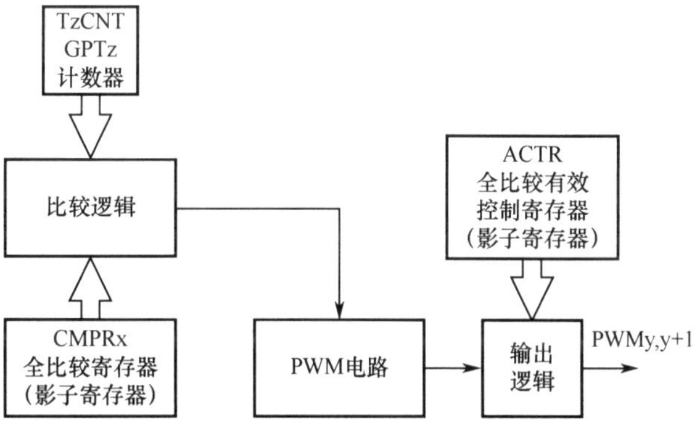

图 8.9　比较单元结构框图

2．比较单元的输入/输出

比较单元的输入信号包括：

⑴控制寄存器的控制信号；

⑵通用定时器 1 和 3 及其下溢的周期匹配信号；

⑶复位信号。

比较单元的输出信号为比较匹配信号，该比较匹配信号可产生中断并使相应的引脚输出发生跳变。

3．比较操作模式

比较操作模式由控制寄存器 COMCONA/B 决定以下设置：

⑴比较操作使能；

⑵比较输出使能；

⑶比较影子寄存器值的更新条件；

⑷空间矢量 PWM 输出模式是否被使能。

EVA 模块比较操作工作原理如下（EVB 模块运用通用定时器 3 和 ACTRB）：

通用寄存器 1 的计数器不断与比较器的值比较，当发生匹配时，比较单元的两个输出将根据方式控制寄存器 ACTRA 中的位跳变（高/低有效触发）。如果比较使能，比较单元的比较中断标志（在 EVAIFRA/B 中）将被置位；如果中断开放，则产生外设中断请求信号。

输出跳变的时序、中断标志位设置和中断请求的产生与通用定时器比较操作相同。输出逻辑、死区单元和空间矢量 PWM 单元可改变比较单元在比较模式下的输出。

4．比较单元操作的寄存器配置

比较单元操作前必须先对以下寄存器进行配置：

⑴设置通用定时器的周期寄存器 TlPR/T3PR；

⑵设置比较方式控制寄存器 ACTRA/ACTRB；

⑶初始化比较寄存器 COMPRx；

⑷设置比较控制寄存器 COMCONA/COMCONB；

⑸设置定时器控制寄存器 T1CON/T3CON。

5．比较单元的中断和复位

每个比较单元都有一个可屏蔽中断标志使能位。如果比较操作被使能，比较匹配后的 1 个时钟周期后，比较单元的中断标志将置位，若中断允许将产生中断请求。

当任何复位事件发生时，所有与比较单元相关的寄存器都复位为 0，所有的比较输出引脚置成高阻态。

6．比较单元寄存器

比较操作由控制寄存器 COMCONA/B 控制，若比较使能（COMCONA/B 的 Dl5 位为 1），当发生匹配时，比较单元的两个输出将根据方式控制寄存器 ACTRA/B 中的位跳变。下面介绍一下比较单元各寄存器的功能。

⑴比较控制寄存器 A（COMCONA）：7411H

D15	D14	D13	D12	D11	D10	D9	D8	D7～D0
CENABLE	CLD1	CLD0	SVENABLE	ACTRLD1	ACTRLD0	FCOMPOE	$\overline{\text{PDPINTA}}$ STATUS	保留
RW-0	RW-0	RW-0	RW-0	RW-0	RW-0	RW-0	RW-0	R-0

D15： CENABLE　比较使能控制位。
0　禁止比较
1　比较使能

D14～D13： CLD1/ CLD0　比较寄存器 CMPRx 重载条件。
00　T1CNT = 0（下溢）
01　T1CNT = 0（下溢）或 T1CNT = T1PRx（周期匹配）
10　立即
11　保留

D12： SVENABLE　空间矢量 PWM 模式矢量位。
0　禁止空间矢量 PWM 模式
1　使能空间矢量 PWM 模式

D11～D10： ACTRLD1/ACTRLD0　方式控制寄存器重载条件。
00　T1CNT = 0（下溢）
01　T1CNT = 0（下溢）或 T1CNT = T1PRx（周期匹配）

10　立即
11　保留

D9：　FCOMPOE　输出比较使能位。
0　PWM 输出引脚高阻，禁止
1　PWM 输出引脚使能

D8：　$\overline{\text{PDPINTA}}$ STATUS　该位反映了当前 $\overline{\text{PDPINTA}}$ 引脚的状态。

D7～D0：　保留。

⑵比较方式控制寄存器 A（ACTRA）：7413H

D15	D14	D13	D12	D11	D10	D9	D8
SVRDIR	D2	D1	D0	CMP6ACT1	CMP6ACT0	CMP5ACT1	CMP5ACT0
RW-0	RW-0	RW-0	RW-0	RW-0	RW-0	RW-0	RW-0

D7	D6	D5	D4	D3	D2	D1	D0
CMP4ACT1	CMP4ACT0	CMP3ACT1	CMP3ACT0	CMP2ACT1	CMP2ACT0	CMP1ACT1	CMP1ACT0
RW-0	RW-0	RW-0	RW-0	RW-0	RW-0	RW-0	RW-0

D15：　SVRDIR　空间矢量 PWM 旋转方向。
0　正向　　1　反向

D14～D12：　D2～D0　基本的空间矢量位，仅用于空间矢量 PWM 输出的产生。

D11～D10：　CMP6ACT1/0。引脚 PWM6/IOPB3 上的比较输出选择位。
00　强制低　　01　低有效　　10　高有效　　11　强制高

D9～D8：　CMP5ACT1/0。引脚 PWM5/IOPB2 上的比较输出选择位。
00　强制低　　01　低有效　　10　高有效　　11　强制高

D7～D6：　CMP4ACT1/0。引脚 PWM4/IOPB1 上的比较输出选择位。
00　强制低　　01　低有效　　10　高有效　　11　强制高

D5～D4：　CMP3ACT1/0。引脚 PWM3/IOPB0 上的比较输出选择位。
00　强制低　　01　低有效　　10　高有效　　11　强制高

D3～D2：　CMP2ACT1/0。引脚 PWM2/IOPA7 上的比较输出选择位。
00　强制低　　01　低有效　　10　高有效　　11　强制高

D1～D0：　CMP1ACT1/0。引脚 PWM1/IOPA6 上的比较输出选择位。
00　强制低　　01　低有效　　10　高有效　　11　强制高

⑶比较控制寄存器 B（COMCONB）：7511H

15	14	13	12	11	10	9	8	7～0
CENABLE	CLD1	CLD0	SVENABLE	ACTRLD1	ACTRLD0	FCOMPOE	$\overline{\text{PDPINTB}}$ STATUS	保留
RW-0	RW-0	RW-0	RW-0	RW-0	RW-0	RW-0	RW-0	R-0

⑷比较方式控制寄存器 B（ACTRB）：7513H

D15	D14	D13	D12	D11	D10	D9	D8	D7
SVRDIR	D2	D1	D0	CMP12ACT1	CMP12ACT0	CMP11ACT1	CMP11ACT0	CMP10ACT1
RW-0	RW-0	RW-0	RW-0	RW-0	RW-0	RW-0	RW-0	RW-0

D6	D5	D4	D3	D2	D1	D0
CMP10ACT0	CMP9ACT1	CMP9ACT0	CMP8ACT1	CMP8ACT0	CMP7ACT1	CMP7ACT0
RW-0	RW-0	RW-0	RW-0	RW-0	RW-0	RW-0

8.4　脉宽调制电路 PWM

TMS320LF2407F DSP 的事件管理器可同时产生多达 8 路的 PWM 波形输出，它由三个带可编程死区控制的比较单元产生独立的 3 对输出信号（即 6 个输出），以及由通用定时器比较产生的两个独立的 PWM 输出组成。

PWM 的特性如下：

⑴有从 0～16μs 的可编程死区发生器控制的 PWM 输出对；
⑵最小死区时间为 1 个时钟周期；
⑶通用定时器周期匹配可产生固定 PWM 周期，通过比较匹配产生不同的 PWM 脉宽；
⑷脉冲形式的发生电路为可编程的对称、非对称及 4 个空间矢量 PWM 波形产生；
⑸比较和周期寄存器可自动重装栽；
⑹可屏蔽的功率驱动保护中断。

8.4.1 与比较单元相关 PWM 电路

事件管理器 A（EVA）模块的 PWM 电路结构框图如图 8.10 所示，PWM 电路包括以下功能单元：

⑴可编程的死区单元（DBU）；
⑵非对称/对称波形发生器；
⑶输出逻辑；
⑷空间 PWM 状态机。

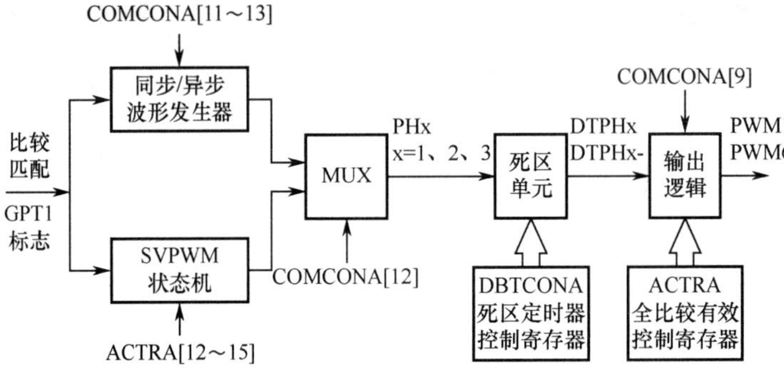

图 8.10　PWM 电路结构框图

PWM 电路中 PWM 波形的产生由以下寄存器控制：通用定时器计数器 TlPR/T3PR，比较控制寄存器 COMCONA/B，比较方式控制寄存器 ACTRA/B，死区控制寄存器 DBTCONA/B。

EVB 模块的 PWM 电路结构框图与 EVA 模块的一样，只是改变相关寄存器的配置。

1．可编程的死区单元

EVA 和 EVB 模块都有它们各自的可编程死区单元 DBTCONA 和 DBTCONB，可编程死区单元具有以下特点：

⑴一个可读/写的 16 位死区控制寄存器 DBTCONx，该控制寄存器可设定死区操作方式；
⑵一个输入时钟预分频器：x/1、x/2、x/4、x/8、x/l 6 和 x/32，x 为内部 CPU 时钟输入；
⑶三个 4 位减计数定时器；
⑷控制逻辑。

①死区控制寄存器 A（DBTCONA）：7415H

D15～D12	D11	D10	D9	D8
保留位	DBT3	DBT2	DBT1	DBT0
R-0	RW-0	RW-0	RW-0	RW-0

D7	D6	D5	D4	D3	D2	D1～D0
EDBT3	EDBT2	EDBT1	DBTPS2	DBTPS1	DBTPS0	保留位
RW-0	RW-0	RW-0	RW-0	RW-0	RW-0	R-0

D11～D8： DBT3～DBT0　死区定时器周期，这些位规定了 3 个 4 位死区定时器的周期值。

D7： EDBT3　死区定时器 3 使能位（对比较单元 3 的引脚 PWM5 和 PWM6）。
0　禁止
1　使能

D6： EDBT2　死区定时器 2 使能位（对比较单元 2 的引脚 PWM3 和 PWM4）。
0　禁止
1　使能

D5： EDBT1　死区定时器 1 使能位（对比较单元 1 的引脚 PWM1 和 PWM2）。
0　禁止
1　使能

D4～D2： DBTPS2～DBTPS0　死区定时器的预分频器。

000	x/1	001	x/2
010	x/4	011	x/8
100	x /l16	101	x/32
110	x/32	111	x/32

由于 EVB 模块的死区控制寄存器 DBTCONB 的内容与 DBTCONA 的一样，故只给出它的单元地址。

②死区控制寄存器 B（DBTCONB）：7515H

D15～D12	D11	D10	D9	D8	D7
保留位	DBT3	DBT2	DBT1	DBT0	EDBT3
R-0	RW-0	RW-0	RW-0	RW-0	RW-0

D6	D5	D4	D3	D2	D1～D0
EDBT2	EDBT1	DBTPS2	DBTPS1	DBTPS0	保留位
RW-0	RW-0	RW-0	RW-0	RW-0	R-0

2．死区单元的输入和输出

⑴死区单元的输入

死区单元的输入是 PH1、PH2、PH3，它们分别由比较单元 1、2 和 3 的非对称/对称波形发生器产生。

⑵死区单元的输出

死区单元的输出是 DTPH1、DTPH1-、DTPH2，DTPH2-、DTPH3、DTPH3-，它们分别对应于 PH1、PH2 和 PH3。

3．死区时间的产生

死区产生波形图如图 8.11 所示。对应于每个死区输入信号 PHx，产生两个输出信号 DTPHx 和 DTPHx-。当比较单元和相关的死区未被使能时，这两个输出信号完全相同；当比较单元的死区单元使能时，这两个信号的跳变沿被一段称为死区的时间间隔分开。

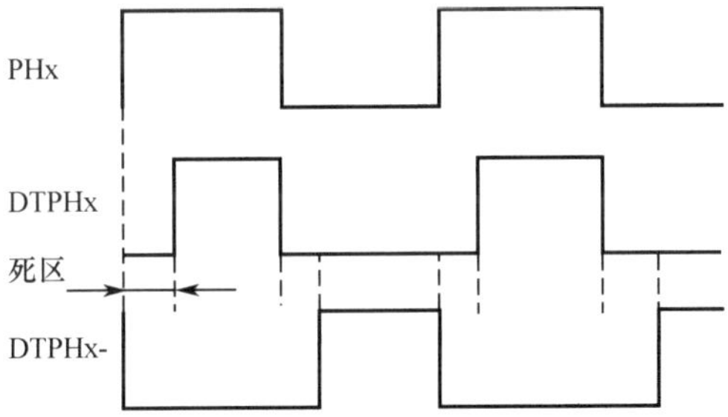

图 8.11　死区产生波形图

4．死区单元的作用

死区单元用于保证在任何情况下，每个比较单元相关的 2 路 PWM 输出，控制一对正向导通和负向导通设备时没有重叠，即在一个器件未完全关断时，另一个器件不导通。

5．输出逻辑

输出逻辑电路决定了比较发生匹配时，输出引脚 PWMx（x = 1, 2, …, 12）上的输出极性和方式。每个比较单元相关的输出方式可分为低有效、高有效、强制低和强制高。比较单元的 PWM 输出极性和方式通过 ACTRx 寄存器中的相应位来配置。发生以下任何一种情况时，所有的 PWM

输出引脚都置成高阻态。

(1)软件清 COMCONx[9]位；

(2)当 PDPINTx 未被屏蔽时，由硬件将 PDPINTx 引脚上的电平拉低；

(3)发生任何复位事件；

(4)来自死区单元的 DTPH1、DTPHl-、DTPH2、DTPH2-、DTPH3、DTPH3-及比较匹配信号；

(5)ACTRx 寄存器中的控制位。

比较单元的辅出逻辑的输出如下：

(1)PWMx，x = 1,2, …, 6（EVA 模块）

(2)PWMy，y = 7, 8, …, 12（EVB 模块）

PWM 输出逻辑结构框图如图 8.12 所示，图中 x = 1, 2, 3；对于 EVA 模块，y = 1, 2, …, 6，对于 EVB 模块，y = 7, 8, …, 12。

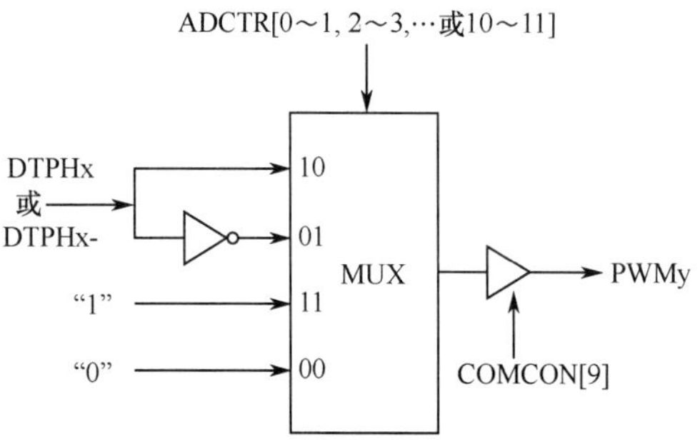

图 8.12　PWM 输出逻辑结构框图

8.4.2　比较单元和 PWM 电路中的 PWM 波形产生

一个 PWM 信号是一串宽度变化的脉冲序列，这些脉冲平均分布在一段定长的周期中，从而每个周期之中有一个脉冲。该定长周期被称为 PWM（载波）周期，它的倒数被称为 PWM（载波）频率。

1．产生 PWM 的寄存器设置

比较单元和相关电路的所有三种 PWM 波形的产生，需要对相同的事件管理寄存器进行配置。通常产生 PWM 输出的设置步骤如下：

(1)设置和装载 ACTRx 寄存器；

(2)如果使能死区，则设置和装载 DBTCONx 寄存器；

(3)设置和装载 T1PR 或 T3PR 寄存器，即规定 PWM 波形的周期；

(4)初始化 CMPRx 寄存器；

(5)设置和装载 COMCONx 寄存器；

(6)设置和装载 T1CON 或 T3CON 寄存器，来启动比较操作；

(7)更新 CMPRx 寄存器的值，使输出 PWM 波形的占空比发生变化。

2．非对称 PWM 波形的产生

边沿触发或非对称 PWM 信号，由 PWM 周期中心非对称的调制脉冲规定。图 8.13 给出了 EVA 模块下比较单元和 PWM 电路中的非对称 PWM 波形图。每个脉冲的宽度只能从脉冲的一边开始。图中 x = 1, 3, 5，EVB 模块同样如此。

为了产生非对称的 PWM 信号，需要将通用定时器 1 设置为连续增计数模式。通用定时器 1 的周期寄存器中装入了所需 PWM 载波周期的值。COMCONA 寄存器中的相应位用来设置比较操作使能，再将选中的输出引脚置成 PWM 输出并且使能这些输出。如果死区被使能，则通过软件将所需的死区值写入 DBTCONA[11～8]，并将它作为 4 位死区定时器的周期。一个死区值将用于所有的 PWM 输出通道。

用软件对 ACTRA 寄存器进行正确的配置后，与比较单元相关的一个 PWM 输出引脚上将产生一路正常的 PWM 信号；与此同时，另一个输出引脚可在 PWM 周期的开始、中间和末尾处保持低电平（关闭）或高电平（开启），这种可用软件灵活控制的 PWM 输出尤其适合开关磁阻电动机控制。

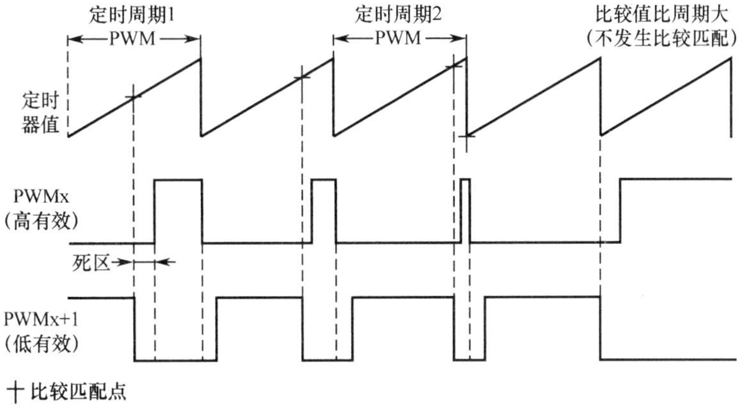

图 8.13　比较单元和 PWM 电路产生的非对称 PWM 波形

在每个 PWM 周期的任何时刻，都可将新的比较值、周期值写入比较寄存器 CMPRx、周期寄存器 TlPR（T2PR），以改变 PWM 输出的宽度和周期，也可重置比较方式控制寄存器（ACTRA/B），以改变 PWM 的输出方式。更新的值在下一个 PWM 周期内实现。

3．对称 PWM 波形的产生

将通用定时器 1 或 3 设置为连续增/减计数模式，即可产生对称 PWM 波形。

在对称 PWM 波形发生的一个周期内有两次比较匹配。一次在周期匹配前的增计数期间，另一次是在周期匹配后的减计数期间。更新比较寄存器的值，可提前或推迟 PWM 脉冲的第二个边沿的到来。这种修改 PWM 波形特性的方法，可以弥补由交流电机控制中的死区所导致的电流误差，使用对称 PWM 波形可减小在使用正弦波调整时，交流电机和直流无刷电机的相电流的谐波失真。图 8.14 给出了 EVA 模块下比较单元和 PWM 电路产生的对称 PWM 波形。

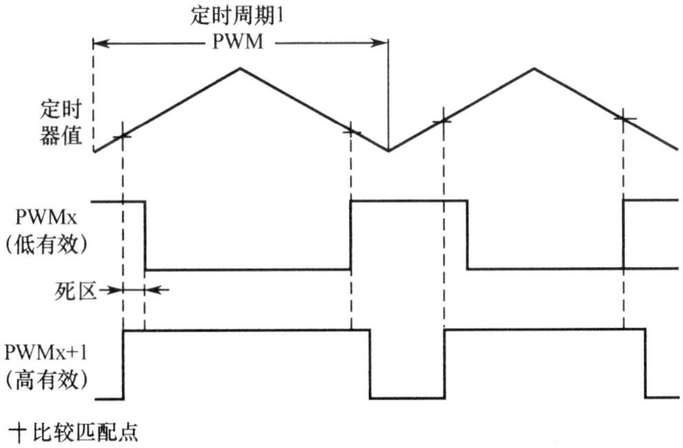

图 8.14　比较单元和 PWM 电路产生的对称 PWM 波形

产生对称 PWM 波形的设置与产生非对称 PWM 波形设置方法，除技术模式外其他均相同。

8.4.3　空间矢量 PWM 波形产生

空间矢量 PWM 是指三相功率转换器的 6 个功率管的特殊转换机制，它可以使三相交流电机绕组中的电流斜波失真最小。它比用正弦调制法能更有效地利用电源电压。

1．产生空间矢量 PWM 波形的寄存器设置

每个 EV 模块都具有极大简化对称空间矢量 PWM 波形产生的内置硬件电路。为了输出空间矢量 PWM 波形，用户需要设置以下寄存器：

⑴设置 ACTRx 寄存器用来定义比较输出引脚的输出极性；

⑵设置 COMCONx 寄存器来使能比较操作和空间矢量 PWM 模式，且把 CMPRx 的重装入条件设置为下溢；

⑶将通用定时器 1 或 3 设置成连续增/减计数模式，并启动定时器；

⑷用户须确定在二维 $d\sim q$ 坐标系下输入电机的电压 U_{out} 并分解 U_{out}，以确定每个 PWM 周期的以下参数：

① 两个相邻向量 U_x 和 U_x+60；

② 参数 T_1、T_2 和 T_0。

⑸将相应于 U_x 的开启方式写入 ACTRx.14～12，并将 1 写入 ACTRx.15，或将 U_x+60 的开启方式写入 ACTRx.14～12，并将 0 写入 ACTRx.15。

⑹将 $T_1/2$ 的值写入 CMPR1 寄存器，将$(T_1+T_2)/2$ 的值写入 CMPR2 寄存器。

2．空间矢量 PWM 的硬件

为完成一个空间矢量 PWM 周期，每个 EV 模块的空间矢量 PWM 硬件工作如下：

⑴在每个周期的开始，将 PWM 输出置成由 ACTRx.14～12 设置的新方式 U_y。

⑵在增计数期间，当 CMPRl 和通用定时器 1 或 3 发生第一次匹配时，若 ACTRx.15 为 0，则 PWM 将输出方式 U_{y+60}；若 ACTRx.15 为 l，则将 PWM 输出方式 U_y（$U_{0-60}=U_{300}$，$U_{360+60}=U_{60}$）。

⑶在增计数期间，当 CMPR2 和通用定时器 1 或 3 发生第一次匹配时，即计数器达到$(T_1+T_2)/2$ 时，PWM 将输出开关方式 000 或 111。它们与第二类输出方式之间只有 1 位的差别。

⑷在减计数期间，当 CMPR2 和通用定时器 1 或 3 发生第二次匹配时，将 PWM 输出置回到第二类输出方式。

⑸在减计数期间，当 CMPRl 和通用定时器 1 或 3 发生第二次匹配时，将 PWM 输出置回到第一类输出方式。

3．未用到的比较寄存器

在产生空间矢量 PWM 输出时，只用到了比较寄存器 CMPR1 和 CMPR2。然而，CMPR3 寄存器也一直在和通用定时器 1 进行比较。发生一次比较匹配时，若相应的比较中断未被屏蔽，则相应的比较标志位将置位并发出中断请求信号。因此，没有用于空间矢量 PWM 输出的 CMPR3 寄存器仍可应用于其他定时事件的发生。同样，由于状态机引入了附加延时，在空间矢量 PWM 模式中，比较输出跳变被延时 1 个 CPU 时钟周期。

4．空间矢量 PWM 的边界条件

在空间矢量 PWM 模式中，当两个比较寄存器 CMPRl 和 CMPR2 的装入值都是 0 时，3 个比较输出全都变成无效。因此，在使用空间矢量 PWM 时，应满足如下关系式：

$$\text{CMPRl}\leqslant\text{CMPR2}\leqslant\text{T1PR}$$

否则将导致不可预测的状况。

5．空间矢量 PWM 波形

生成的空间矢量 PWM 波形关于每个 PWM 周期中心对称，因此被称为对称空间矢量 PWM 生成法。图 8.15 给出了空间矢量 PWM 波形的示例。

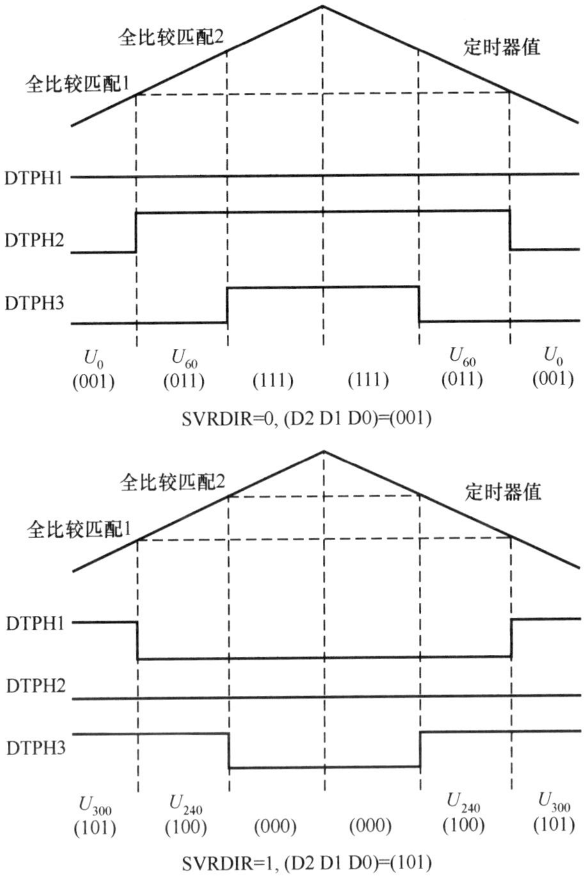

图 8.15　对称空间矢量 PWM 波形

8.4.4　PWM 波形产生实例

以下程序利用 EVA 模块的 PWM1～PWM2 引脚产生不同占空比的方波程序，在程序中通过改变*CMPR1 和*CPMR2 的值来改变输出波形的占空比。

1．C 源程序

```
#include "TMS320LF240x.h"                //引用头文件，参见 4.2.1 节
int uWork;
main()
{
    asm(" SETC   INTM");                 //关全局中断
    asm(" SETC   SXM");                  //符号位扩展有效
    asm(" CLRC   OVM");                  //累加器中结果正常溢出
    asm(" CLRC   CNF");                  //B0 被配置为数据存储空间

    *WDCR=0x6F;                          //关闭看门狗
    *WDKEY=0x5555;
    *WDKEY=0xAAAA;

    *SCSR1=0x81FE;                       //CLKIN=10M，CLKOUT=4×CLKIN=40MHz
    *IMR=0;                              //屏蔽所有可屏蔽中断
    *IFR=0x0FFFF;                        //清除所有的中断标志
```

```
        uWork=*WSGR;                    //I/O 引脚 0 等待
        uWork&=0x0FE3F;
        *WSGR=uWork;
        *MCRA=*MCRA|0x0C0;              //IOPA6-7 被配置为基本功能方式，PWM1-2
        *ACTRA=0x06;                    //PWM2 低有效，PWM1 高有效
        *DBTCONA=0x00;                  //不使能死区控制
        *CMPR1=0x1000;                  //比较单元 1 设置
        *T1PR=0x6000;                   //设置定时器 1 的周期寄存器，确定输出占空比
        *COMCONA=0x8200;                //使能比较操作
        *T1CON=0x1000;                  //定时器 1 为连续增计数模式

        *T1CON=*T1CON|0x0040;           //启动定时器 1
        while (1)
        {
          ;
}
        }
```

2．链接命令文件

```
-l rts2xx.lib
MEMORY
{
PAGE 0:
     VECS :o=0h,length=040h
     PROG :o=40h,length=0FFC0h

PAGE 1:
MMRS: o=0h,l=060h
     B2 :o=0060h,l=020h
     B0 :o=0200h,l=0100h
     B1 :o=0300h,l=0100h
     DATA :o=8000h,l=8000h
}
SECTIONS
{
.vectors      : { } > VECS      PAGE 0
.reset        : { } > VECS      PAGE 0
.star         : { } > PROG      PAGE 0
.text         : { } > PROG      PAGE 0
.data         : { } > PROG      PAGE 0
.mmrs         : { } > MMRS      PAGE 1
.bss          : { } > DATA      PAGE 1
.blk0         : { } > B0        PAGE 1
.blk1         : { } > B1        PAGE 1
.blk2         : { } > B2        PAGE 1
.blk3         : { } > DATA      PAGE 1
}
```

8.5 捕获单元

8.5.1 捕获单元概述

捕获单元用于捕获输入引脚上电平的变化并记录变化发生的时间。事件管理器 EV 共有 6 个捕获单元，每个捕获单元都有一个与之对应的捕获输入引脚，即 EVA 模块的捕获单元 1、2

和 3 对应于捕获输入引脚 CAPl、CAP2 和 CAP3，EVB 模块的捕获单元 4、5 和 6 对应于捕获输入引脚 CAP4、CAP5 和 CAP6。

捕获单元的结构特征。EVA 模块中的捕获单元与 EVB 的相似，只是所用的通用定时器和寄存器及设置不同，如图 8.16 所示。捕获单元的结构特征如下：

⑴一个 16 位捕获控制寄存器 CAPCONx（可读/写）；

⑵一个捕获 FIFO 状态寄存器 CAPFIFOx；

⑶通用定时器 1/2（EVA）或 3/4（EVB）作为时基；

⑷六个 16 位 2 级深的 FIFO 栈（CAPxFIFO），每个捕获单元一个；

⑸三个施密特触发器输入引脚（对于 EVA，为 CAP1、CAP2 和 CAP3；对于 EVB，为 CAP4、CAP5 和 CAP6），每个捕获单元一个输入引脚；

⑹输入当前电平必须保持两个时钟周期；

⑺用户可设置跳变检测的方式（上升沿、下降沿或上升下降沿）；

⑻CAP1 和 CAP2、CAP4 和 CAP5 正交编码脉冲电路中的输入引脚；

⑼六个可屏蔽的中断标志位，每个捕获单元一个。

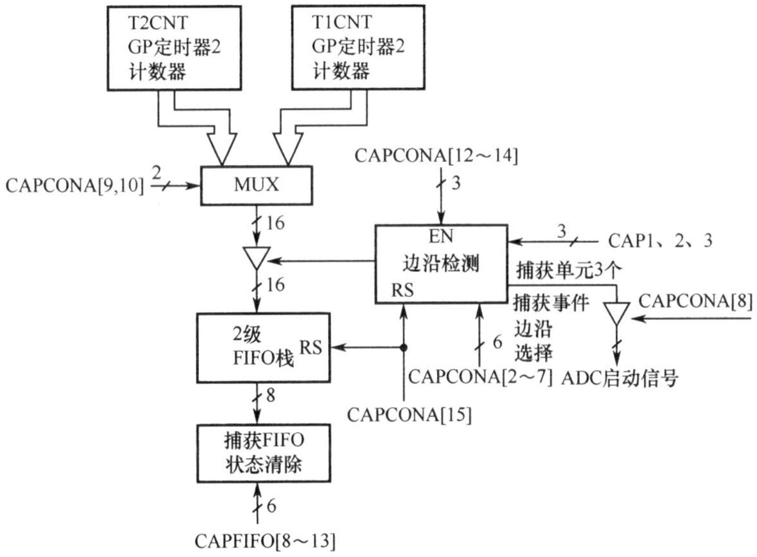

图 8.16 EVA 模块中捕获单元的结构框图

8.5.2 捕获单元的操作

1．捕获单元的工作原理

捕获单元使能后，当输入引脚 CAPx 上有一个跳变（由 CAPCONA/B 指定是上沿还是下沿）时，就将所选通用定时器的当前计数值装入相应的 FIFO 栈；同时，相应的中断标志被置位，如果该中断标志未被屏蔽，就产生一个外部中断请求。整个过程称为发生了捕获事件。每发生一次捕获事件，新计数值就将存入 FIFO 队列，CAPFIFO 寄存器中相应的状态位可自动调整，以反映 FIFO 队列的新状态。从 CAPx 输入引脚上有跳变到选通定时器的计数值被锁存的时间需要两个 CPU 时钟周期。

用户可用两种方法检测捕获事件和读取捕获事件发生时定时器的计数值：

⑴中断方式：捕获事件发生所产生的外部中断请求使 CPU 进入中断服务程序，在中断服务程序中从相应捕获单元的 FIFO 栈内读取捕获到的计数值。

⑵查询方式：通过查询中断标志位和 FIFO 栈的状态来确定是否发生了捕获事件。若已发生，则可从相应捕获单元的 FIFO 栈内读取捕获到的计数值。

捕获单元的操作不影响任何通用定时器和与通用定时器相关的比较/PWM 操作。

2．捕获单元的时基

⑴CAP1 和 CAP2 共用定时器 1 或 2；

⑵CAP3 单独使用定时器 1 或 2；

⑶CAP4 和 CAP5 共用定时器 4 或 3；

⑷CAP6 单独使用定时器 3 或 4。

3．捕获单元的设置

⑴初始化 CAPFIFOx，清除适当的状态位；

⑵初始化 TxCON，选用通用寄存器的操作模式；

⑶若使用比较和周期中断，设置 TxCMP 比较寄存器和 TxPR 周期寄存器（x = 1, 2 或 3, 4）；

⑷设置捕获控制寄存器 CAPCONx。

4．捕获单元的寄存器

捕获单元的操作由 4 个 16 位的寄存器 CAPCONA/B 和 CAPFIFOA/B 控制。由于使用了通用定时器 1～4 为捕获单元提供时基，因此也用到了寄存器 TxCON。寄存器 CAPCONA/B 也可用于正交编码脉冲电路的检测。

⑴捕获控制寄存器 A（CAPCONA）：7420H

D15	D14～D13	D12	D11	D10	D9
CAPRES	CAPQEPN	CAP3EN	保留位	CAP3TSEL	CAP12TSEL
RW-0	RW-0	RW-0	RW-0	RW-0	RW-0

D8	D7～D6	D5～D4	D3～D2	D1～D0
CAP3TOADC	CAP1EDGE	CAP2EDGE	CAP3EDGE	保留位
RW-0	RW-0	RW-0	RW-0	RW-0

D15： CAPRES　捕获复位，该位只能进行写访问，读访问总为 0。使用捕获功能时，不需要向该位写入 1。

0　将所有捕获单元和正交编码脉冲电路的寄存器清 0

1　无操作

D14～D13： CAPQEPN　表示捕获单元 1 和 2 的控制位。

00　禁止捕获单元 1 和 2，FIFO 内容不变

01　使能捕获单元 1 和 2

10　保留

11　保留

D12： CAP3EN　表示捕获单元 3 的控制位。

0　禁止捕获单元 3，FIFO 内容不变

1　使能捕获单元 3

D11： 保留。

D10： CAP3SEL　捕获单元 3 的通用定时器选择位。

0　通用定时器 2

1　通用定时器 1

D9： CAP12SEL　捕获单元 1 和 2 通用定时器选择位。

0　通用定时器 2

1　通用定时器 1

D8:　CAP3TOADC　捕获单元 3 事件启动模数转换位。
0　无操作
1　当 CAP3INT 标志置位时，启动 AD 转换

D7～D6:　CAP1DEG　捕获单元 1 的边沿检测位。
00　无检测　　01　检测上升沿
10　检测下升沿　　11　两个边沿

D5～D4:　CAP2DEG　捕获单元 2 的边沿检测位。
00　无检测　　01　检测上升沿
10　检测下升沿　　11　检测两个边沿

D3～D2:　CAP3DEG　捕获单元 3 的边沿检测位。
00　无检测　　01　检测上升沿
10　检测下升沿　　11　检测两个边沿

⑵捕获 FIFO 状态寄存器 A（CAPFIFOA）：7422H

D15～D14	D13～D12	D11～D10	D9～D8	D7～D0
保留位	CAP3FIFO	CAP2FIFO	CAP1FIFO	保留位
R-0	RW-0	RW-0	RW-0	R-0

D13～D12:　表示捕获单元 3 的 FIFO 状态位。
00　空
01　已有一个值压入堆栈
10　已有两个值压入堆栈
11　已有 2 个，丢弃先压入的

D11～D10:　表示捕获单元 2 的 FIFO 状态。
00　空
01　已有一个值压入堆栈
10　已有两个值压入堆栈
11　已有 2 个，丢弃先压入的

D9～D8:　表示捕获单元 1 的 FIFO 状态。
00　空
01　已有一个值压入堆栈
10　已有两个值压入堆栈
11　已有 2 个，丢弃先压入的

⑶捕获控制寄存器 B（CAPCONB）：7520H

D15	D14～D13	D12	D11	D10	D9
CAPRES	CAPQEPN	CAP6EN	保留位	CAP6TSEL	CAP45TSEL
RW-0	RW-0	RW-0	RW-0	RW-0	RW-0

D8	D7～D6	D5～D4	D3～D2	D1～D0
CAP6TOADC	CAP4EDGE	CAP5EDGE	CAP6EDGE	保留位
RW-0	RW-0	RW-0	RW-0	RW-0

⑷捕获 FIFO 状态寄存器 B（CAPFIFOB）：7522H

D15～D14	D13～D12	D11～D10	D9～D8	D7～D0
保留位	CAP6FIFO	CAP5FIFO	CAP4FIFO	保留位
R-0	RW-0	RW-0	RW-0	R-0

5. 捕获单元的 FIFO 栈

每个捕获单元都有一个专用的 16 位的 2 级 FIFO 栈，称为顶层栈和底层栈。

顶层栈是一个只读寄存器。对于 EVA 模块，顶层 FIFO 寄存器有 CAPlFIFO、CAP2FIFO 和 CAP3FIFO(映射地址为 7423H～7425H)；对于 EVB 模块，有 CAP4FIFO、CAP5FIFO 和 CAP6FIFO（对应映射地址为 7523H～7525H)；底层栈包括 CAPxFBOT（对于 EVA 模块：x = 1, 2, 3，映射地址为 7427H～7429H；对于 EVB 模块：x = 4, 5, 6，映射地址为 7527H～7529H)。如果需要底

层寄存器的值，也可被读出。

顶层 FIFO 寄存器总是存放对应捕获单元捕获到的旧计数值。如果是空栈，则第一次捕获到的计数值将存放在顶层寄存器，同时 CAPFIFOx 寄存器的相应状态位被置为 01；如果在前次捕获值未读取前发生了第二次捕获，则新的捕获值将送到底层寄存器，同时 CAPFIFOx 寄存器的相应状态位被置成 10；如果第三次捕获发生时，FIFO 栈已满，则栈顶层寄存器的旧计数值将被弹出栈并丢弃，底层寄存器的计数值将压入顶层寄存器，新捕获到的计数值被送到底层寄存器，CAPFOFIx 状态位置为 11。

6．捕获单元的中断

当进行捕获时，捕获 FIFO 栈中至少有一个捕获到的计数值时，则相应的中断标志被置位。若该中断未被屏蔽，则会产生一个外设中断请求信号。若使用了捕获中断，则可以从中断服务程序中读取捕获到的计数值；若未使用中断，也可通过查询中断标志位和 FIFO 栈的状态位来确定是否发生了捕获事件，若已发生捕获事件，则可从相应捕获单元的 FIFO 栈中读取捕获到的计数值。

8.5.3 捕获单元应用注意事项

使用捕获单元时要注意以下几点：

⑴不知道捕获对象宽度时，应尽量使定时器定时最长，如不倍频或 128 预分频；

⑵如超过 DSP 的最大捕获时间，则用定时器溢出的方法再加软件计数；

⑶TMS320F2407 为 3.3V 供电，因此捕获引脚输入电平应不超过 3.3V。

8.5.4 捕获单元应用实例

该程序用于测试 TMS320LF2407 DSP 的捕获单元模块，由函数信号发生器从 CAP3 引脚输入幅度为 3.3V 的 TTL 波形，通过程序控制 CAP3 捕捉该波形的 4 次上升沿后，停止捕捉，并把 4 次捕捉值存于数组 result[4]中。

1．C 源程序

```
#include  "TMS320LF240x.h"                //引用头文件，参见 4.2.1 节
void  interrupt  capint(void);
unsigned int uWork;
unsigned  result[4];                      //定义一个存储结果的数组
unsigned  k=0;                            //定义的中断次数值
//系统初始化子程序
void initial(void)
{
asm(" SETC   INTM");                      //关全局中断
      asm(" SETC    SXM");                //抑制符号位扩展
      asm(" CLRC    OVM");                //累加器中结果正常溢出
      asm(" CLRC    CNF");                //B0 被配置为数据存储空间
*SCSR1=0x81FE;                            //CLKIN=10MHz，CLKOUT=4*CLKIN=40MHz
*WDCR=0x6F;                               //关闭看门狗
*MCRA|=0x0020;                            //配置 IOPA5 口为捕捉功能
*IMR=0x8;                                 //允许 INT4 中断
*IFR=0x0FFFF;                             //清除全部中断标志，"写 1 清 0"
}
//捕获单元 4 初始化子程序
void CAP2INT(void)
```

```
{
 *T2PR=0xFFFF;                          //通用定时器 2 的周期寄存器为 0XFFFF
*T2CON=0x1400;                          //通用定时器 2 为连续增计数模式
       *T2CNT=0x00;                     //计数器初值为 0
       *CAPCONA=0x5004;                 //设置捕获单元 3 为检测上升沿，且选择
                                        //TIMER2 为时钟
*T2CON=*T2CON|0x0040;                   //启动定时器 2
asm(" CLRC   INTM");                    //开全局中断
*EVAIMRC=0x0004;                        //允许 CAPTURE3 中断
*EVAIFRC=0xFFFF;
}
//主程序
main()
{
initial();                              //系统初始化
       CAP2INT();                       //捕获单元 2 初始化
      while(1)
 {
        if(k>=4)
        {
         asm(" SETC   INTM");           //捕获达到设定的次数，关全局中断
    }
   }
}
//若是由于干扰引起其他中断，则执行此子程序
void   interrupt nothing()
{
return;
}
//捕捉中断服务程序
void   interrupt   capint(void)
{
  uWork=*PIVR;                          //读外设中断向量寄存器
  switch(uWork)
    {
     case 0x35:                         //0x35 为输入捕获 3 的中断向量值
     {
           *EVAIFRC|=0x04;              //清除中断标志 T1PINT
           result[k++]=*CAP3FIFO;       //读取捕捉值，存于相应的数组
       if(k>=4)
           {
             asm(" SETC   INTM");       //关全局中断
        }
      }
    }
}
```

2．中断向量表

```
                .ref _capint,_c_int0
                     .sect ".vectors"
RSVECT          B    _c_int0          ; Reset Vector
INT1            B    GISR1            ; Interrupt Level 1
INT2            B    GISR2            ; Interrupt Level 2
INT3            B    GISR3            ; Interrupt Level 3
INT4            B    _capint          ; Interrupt Level 4
INT5            B    GISR5            ; Interrupt Level 5
INT6            B    GISR6            ; Interrupt Level 6
```

```
RESERVED     B   PHANTOM     ; Reserved
SW_INT8      B   PHANTOM     ; Software Interrupt
SW_INT9      B   PHANTOM     ; Software Interrupt
SW_INT10     B   PHANTOM     ; Software Interrupt
SW_INT11     B   PHANTOM     ; Software Interrupt
SW_INT12     B   PHANTOM     ; Software Interrupt
SW_INT13     B   PHANTOM     ; Software Interrupt
SW_INT14     B   PHANTOM     ; Software Interrupt
SW_INT15     B   PHANTOM     ; Software Interrupt
SW_INT16     B   PHANTOM     ; Software Interrupt
TRAP         B   PHANTOM     ; Trap vector
NMI          B   NMI         ; Nonmaskable Interrupt
EMU_TRAP     B   PHANTOM     ; Emulator Trap
SW_INT20     B   PHANTOM     ; Software Interrupt
SW_INT21     B   PHANTOM     ; Software Interrupt
SW_INT22     B   PHANTOM     ; Software Interrupt
SW_INT23     B   PHANTOM     ; Software Interrupt
SW_INT24     B   PHANTOM     ; Software Interrupt
SW_INT25     B   PHANTOM     ; Software Interrupt
SW_INT26     B   PHANTOM     ; Software Interrupt
SW_INT27     B   PHANTOM     ; Software Interrupt
SW_INT28     B   PHANTOM     ; Software Interrupt
SW_INT29     B   PHANTOM     ; Software Interrupt
SW_INT30     B   PHANTOM     ; Software Interrupt
SW_INT31     B   PHANTOM     ; Software Interrupt
GISR1
GISR2
GISR3
GISR4
GISR5
GISR6
PHANTOM
```

3．链接命令文件

```
-l rts2xx.lib
-stack 400                          //声明软件堆栈长度 400 个字
MEMORY
{
     PAGE 0:
          VECS :o=0,l=40h
          PRCT :o=40h,l=4
          PROG :o=9000h,l=2000h
     PAGE 1:
         IDATA1 :o=300h,l=100h
         IDATA2 :o=0c00h,l=400h
         REG_MEM :o=7000h,l=1000h
         DATA :o=8000h,l=8000h
     }
SECTIONS
{
     .vectors        :>VECS       PAGE 0
     .prct           :>PRCT       PAGE 0
     .text           :>PROG       PAGE 0
     .cinit          :>PROG       PAGE 0
     .data           :>PROG       PAGE 0
     .stack          :>DATA       PAGE 1
     .bss            :>IDATA2     PAGE 1
     .reg240x        :>REG_MEM    PAGE 1
}
```

8.6　正交编码脉冲（QEP）电路

8.6.1　正交编码脉冲电路概述

每个 EV 模块都有一个正交编码脉冲电路，该电路被使能后，可在编码和计数引脚 CAPl/QEPl 与 CAP2/QEP2（对于 EVA 模块）或 CAP4/QEP3 与 CAP5/QEP4（对于 EVB 模块）上输入正交编码脉冲。正交编码脉冲电路可用于连接光电编码器，以获得旋转机械的位置和速率等信息。若使能了正交编码脉冲电路，则相应引脚上的捕获功能将被禁止。

1．正交编码脉冲电路的引脚

两个 QEP 输入引脚与捕获单元 1 和 2(EVB 模块为 3 和 4)共享，因此须正确设置 CAPCONx 寄存器中相应的位，以使能正交编码脉冲电路，并禁止捕获功能，从而将相关的输入引脚分配给正交编码脉冲电路。

2．正交编码脉冲电路的时基

正交编码脉冲电路的时基可由通用定时器 2（EVB 模块为通用定时器 4）提供。通用定时器须设置成定向增/减计数模式，并以正交编码脉冲电路作为时钟源。图 8.17 给出了 EVA 模块中正交编码脉冲电路的结构框图，EVB 模块的相应框与此类似。

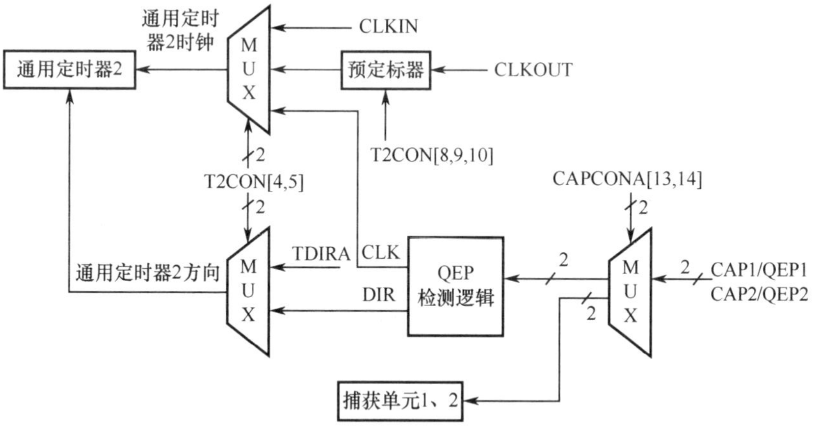

图 8.17　EVA 模块中正交编码脉冲电路的结构框图

8.6.2　正交编码脉冲电路的编码操作

正交编码脉冲是两个频率变化且正交（即相位相差 90°）的脉冲。当它由电机轴上的光电编码器产生时，电机的旋转方向可通过检测两个脉冲序列中先到达的列来确定，角位置和转速可由脉冲数和脉冲频率（即齿脉冲和圈脉冲）来确定。

1．正交编码脉冲电路

每个 EV 模块中的正交编码脉冲电路的方向检测逻辑，决定两个序列中的哪一个是先导序列，接着它产生方向信号作为通用定时器 2 或 4 的计数方向输入。若 CAPl/QEPl（EVB 模块为 CAP4/QEP3）输入是先导序列，则通用定时器进行增计数；若 CAP2/QEP2（EVB 模块为 CAP5/QEP4）输入是先导序列，则通用定时器进行减计数。

两列正交输入脉冲的两个边沿都被正交编码脉冲电路计数，因此产生的时钟频率是每个输入序列的 4 倍，并把这个时钟作为通用定时器 2 或 4 的输入时钟。

图 8.18 给出了正交编码脉冲、增/减计数方向及其时钟的波形。

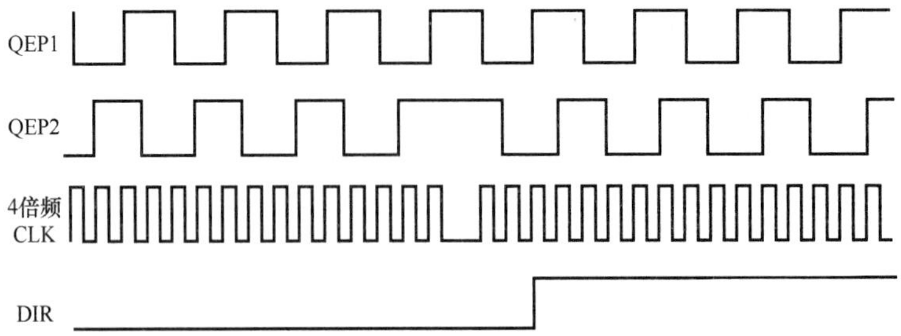

图 8.18　正交编码脉冲和编码定时器时钟及方向波形

2．正交编码脉冲电路的计数

通用定时器 2 或 4 总是从计数器中的当前值开始计数，因此可以在使能正交编码脉冲电路前，将所需的值装载到所选通用定时器的计数器中。当正交编码脉冲电路的时钟作为通用定时器的时钟源时，选定的通用定时器将忽略输入引脚 TDIRA/B 和 TCLKINA/B（定时器方向和时钟）。

用正交编码脉冲电路作为时钟输入的通用定时器的周期、下溢、上溢和比较中断标志，将产生于各自的匹配发生时。若中断未被屏蔽，则产生外设中断请求信号。

3．正交编码脉冲电路寄存器的设置

正交编码脉冲电路启动设置如下。

对于 EVA 模块：

若有必要，将所需的值装载到通用定时器 2 的计数器、周期和比较寄存器中。

⑴设置 T2CON 寄存器，将通用定时器 2 设置成定向增/减计数模式，以正交编码脉冲电路作为时钟源并使能通用定时器 2；

⑵设置 CAPCONA 寄存器以使能正交编码脉冲电路。

对于 EVB 模块：

若有必要，将所需的值装载到通用定时器 4 的计数器、周期和比较寄存器中。

⑴设置 T4CON 寄存器，将通用定时器 4 设置成定向增/减计数模式，以正交编码脉冲电路作为时钟源并使能通用定时器 4；

⑵设置 CAPCONB 寄存器以使能正交编码脉冲电路。

8.6.3　正交编码脉冲电路应用实例

下面的程序为正交编码电路的简单应用。为了调试方便，通过 TMS320LF2407 的 IOPA6 和 IOPA7 引脚模拟输出一个正交编码脉冲，改变软件延时的时间就可以改变 QEP 输出脉冲的频率。将 IOPA6 和 IOPA7 引脚分别与 CAP1/QEP1 和 CAP2/QEP2 引脚相连。启动程序运行，在程序中的“asm(" NOP");”语句处设置断点，观察通用定时器 2 的计数值的变化；或者在 CCS 3.x 软件中添加观察变量 QepCount，然后全速运行，在某一时刻停止程序运行，观察 QepCount 值的变化。该程序用于测试 TMS320LF2407 的 EVA 模块的正交编码脉冲（QEP）电路。

1．C 源程序

```
#include    "TMS320LF240x.h"                    //引用头文件，参见 4.2.1 节
unsigned QepCount;
```

```
//初始化子程序
void initial(void)
{
      asm(" SETC    INTM");                    //关闭全局中断
      asm(" SETC       SXM");                  //抑制符号位扩展
      asm(" CLRC       OVM");                  //累加器中结果正常溢出
      asm(" CLRC       CNF");                  //B0 被配置为数据存储空间
      *SCSR1=0x81FE;                           //CLKIN=10MHz，CLKOUT=4*CLKIN=40MHz
      *WDCR=0x6F;                              //关闭看门狗
      *IMR=0x0000;                             //禁止所有可屏蔽中断
      *IFR=0x0FFFF;                            //清除全部中断标志，"写 1 清 0"
}
//QEP 电路初始化子程序
void QepIni(void)
{
      *T2PR=0x0FFFF;                           //通用定时器 2 的周期寄存器为 0XFFFF
      *T2CON=0x1870;                           //通用定时器 2 为定向增减计数模式，并且以正
                                               //交编码脉冲电路作为时钟源
      *T2CNT=0x00;                             //计数器初值为 0
      *CAPCONA=0xE000;                         //使能 EVA 的 QEP 电路
}
//I/O 端口初始化子程序
void IoIni(void)
{
      *MCRA|=0x0018;                           //设置相应的通用引脚的 I/O 功能
*PADATDIR|=0xC0C0;                             //设置 IOPA6、IOPA7 为输出引脚且都为高电平
}
//延时子程序
void Delay(void)
{
    int k;
    for(k=0;k<10000;k++)
    {
          ;
      }
}
//主程序
main()
{
      initial();                               //系统初始化
      IoIni();                                 //I/O 端口初始化
      QepIni();                                //QEP 电路初始化
while(1)
{
      *PADATDIR&=0xFFBF;                       //使 IOPA6 引脚变低
      Delay();                                 //延时子程序
      *PADATDIR&=0xFF7F;                       //使 IOPA7 引脚变低
      Delay();                                 //延时子程序
      *PADATDIR|=0x0040;                       //使 IOPA6 引脚变高
      Delay();                                 //延时子程序
      *PADATDIR|=0x0080;                       //使 IOPA7 引脚变高
      Delay();                                 //延时子程序

      QepCount=*T2CNT;                         //读取通用定时器 2 的计数器值
```

```
        asm(" NOP");                    //在此处设置断点，观察 QepCount 值发生变化
      }
}
```

2．链接命令文件

```
-l rts2xx.lib
-stack 400                              //声明软件堆栈长度 400 个字
MEMORY
{
      PAGE 0:
            VECS :o=0,l=40h
            PRCT :o=40h,l=4
            PROG :o=9000h,l=2000h
      PAGE 1:
           IDATA1 :o=300h,l=100h
           IDATA2 :o=0c00h,l=400h
           REG_MEM :o=7000h,l=1000h
           DATA :o=8000h,l=8000h
      }
SECTIONS
{
      .vectors        :>VECS          PAGE 0
      .prct           :>PRCT          PAGE 0
      .text           :>PROG          PAGE 0
      .cinit          :>PROG          PAGE 0
      .data           :>PROG          PAGE 0
      .stack          :>DATA          PAGE 1
      .bss            :>IDATA2        PAGE 1
      .reg240x        :>REG_MEM       PAGE 1
}
```

习题 8

1. 在 TMS320LF2407 中，输入正交编码脉冲电路的两路相位相差 90 度的方波脉冲，是如何实现四倍频计数的？
2. 简述在 TMS320LF2407 中，通用定时器连续增减计数模式与定向增减计数模式的区别。
3. 简述在 TMS320LF2407 中，PWM 中死区单元的作用。
4. 简述通用定时器产生的中断有哪几种。
5. 例举 TMS320LF240x 系列 DSP 事件管理器所包含的模块。
6. TMS320LF240x 系列 DSP 事件管理器中断组分为几组？
7. TMS320LF240x 系列 DSP 的通用定时器有几种工作模式？
8. 在 TMS320LF240x 系列 DSP 中，应用捕获单元应注意哪些？
9. 已知通用定时器 1 工作在连续增减计数模式下，预分频系数为 128，定时器使能，比较使能，采用内部时钟源，定时器的周期寄存器值为 4000H，比较寄存器值为 1000H，计数器初值为 0。请按照以上要求运用 C 语言编写定时器 1 的初始化程序。
10. 已知 TMS320LF2407 的外部输入时钟为 10MHz，经内部锁相环 4 倍频之后为 40MHz。运用通用定时器 2 周期性中断，在 IOPA0 口上输出周期为 10ms 的方波。
11. 在 TMS320LF240x 系列 DSP 中，通用定时器工作在哪种模式下可以产生对称的脉宽调制波形？在哪种模式下可以产生非对称的脉宽调制波形？
12. 运用 TMS320LF240x 系列 DSP 的 PWM 单元可以产生哪种脉宽调制波形？

13. 在 TMS320LF240x 系列 DSP 中，PWM 单元的可编程死区时间是（　　）微秒。
14. 在 TMS320LF240x 系列 DSP 中，PWM 单元最小死区时间为（　　）个时钟周期。
15. 在 TMS320LF240x 系列 DSP 中，每个捕获单元都有一个专用的（　　）位的（　　）级 FIFO 栈，称为（　　）和（　　）。
16. 在 TMS320LF240x 系列 DSP 中，正交编码脉冲电路的时基可由通用定时器（　　）提供，通用定时器必须工作在（　　）模式下。
17. 在 TMS320LF240x 系列 DSP 中，捕获单元可定义的跳变检测方式有（　　）、（　　），或（　　）。
18. 在 TMS320LF240x 系列 DSP 中，每个事件管理器都有一个 QEP 电路，QEP 电路的外部输入引脚与（　　）共享，在使能 QEP 功能时，必须禁止（　　）功能。对于 EVA，使用的是通用定时器（　　），对于 EVB，使用的是通用定时器（　　），且通用定时器必须工作在（　　）模式下，并以（　　）作为时钟输入源。
19. TMS320LF240x 系列 DSP 具有（　　）个通用定时器，都采用（　　）位计数器，计数范围是（　　）个脉冲。
20. TMS320LF240x 系列 DSP 的 PWM 单元的死区单元是（　　）个（　　）位减计数定时器。
21. 在 TMS320LF240x 系列 DSP 中，外部时钟从 TCLKINA/B 引脚输入，最大频率是 CPU 时钟频率的（　　）。
22. 在 TMS320LF240x 系列 DSP 中，事件管理器 EV 共有（　　）个捕获单元，每个捕获单元都有一个与之相对应的捕获输入引脚，即 EVA 模块的捕获单元（　　）对应于捕获输入引脚（　　）；EVB 模块的捕获单元（　　）对应捕获输入引脚（　　）。
23. 在 TMS320LF240x 系列 DSP 中，捕获单元有（　　）个（　　）位（　　）级深的 FIFO 栈（CAPxFIFO），每个捕获单元（　　）个；输入电平必须保持（　　）时钟周期才能被捕获。

第 9 章　串行通信接口模块

9.1　串行通信接口概述

TMS320LF240x 的串行通信接口（SCI）模块是一个标准的通用异步接收/发送（UART）可编程串行通信接口。SCI 模块结构图如图 9.1 所示，该模块的主要特性如下。

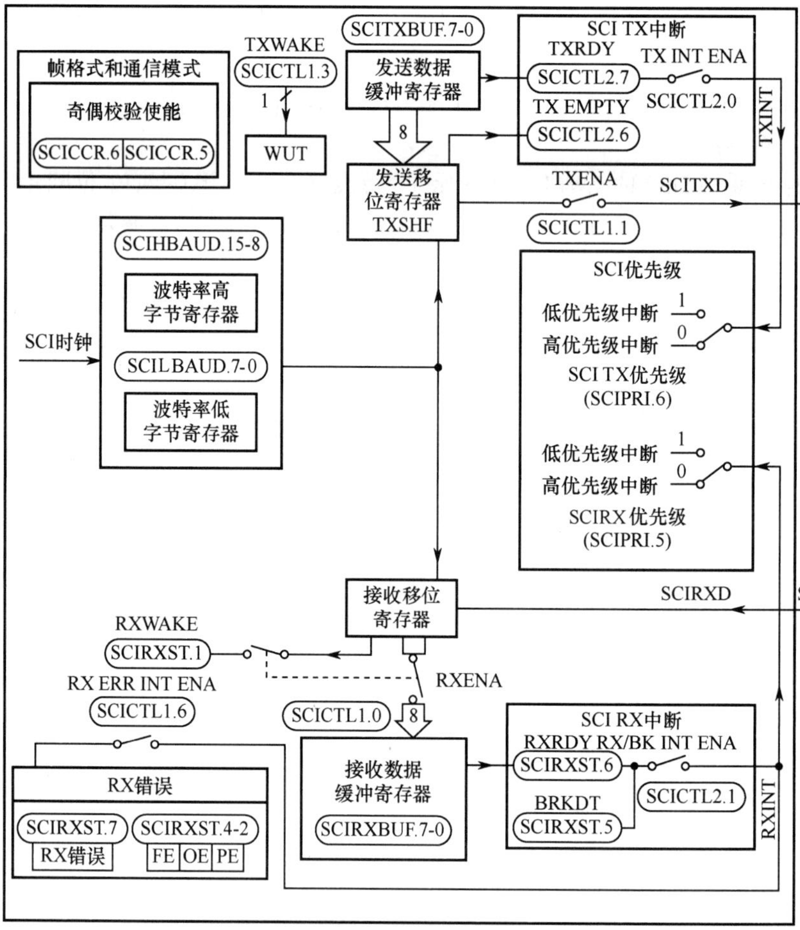

图 9.1　SCI 模块结构图

⑴有两个输入/输出引脚：SCIRXD（SCI 接收数据引脚）和 SCITXD（SCI 发送数据引脚），不使用时，这两个引脚可用做通用 I/O 口；

⑵通过一个 16 位的波特率选择寄存器，可编程选择 64k 种不同速率的波特率。在 40MHz 的 CPU 时钟频率下，波特率的范围为 60bps～2.5Mbps；

⑶四个故障检测标志：奇偶错误、超限错误、帧错误和间断检测错误；

⑷两种多处理器方式：空闲线和地址位两种多处理器通信方式；

⑸支持半双工和全双工操作，发送器和接收器的操作可通过中断或查询状态标志来完成；

⑹双缓冲的接收和发送功能；

⑺数据接收、发送都采用 NRZ（非返回零）格式；

⑻数据格式：1 个起始位，有 1～8 位的可编程数据长度，1～2 位的可编程停止位，可选择的奇/偶/无校验位；

⑼所有 SCI 寄存器都是 8 位寄存器，与 16 位外设总线连接时对应低 8 位，高 8 位字节读出为 0，写操作无效；

⑽发送器和接收器的中断可独立使能（除 BRKDT 外）；

⑾内部产生的串行时钟。

9.2　串行通信接口的多处理器通信

9.2.1　串行通信接口可编程的数据格式

TMS320LF240x 的 SCI 有两个多处理器通信协议：空闲线多处理器模式和地址位多处理器模式。两种协议均保证多处理器之间进行有效的数据传送。

数据发送特征如下。

SCI 数据无论是接收还是发送都采用 NRZ（非返回零）格式，NRZ 数据格式为：

⑴1 个起始位；

⑵1～8 个数据位；

⑶1 个奇/偶校验位（或没有）；

⑷1 或 2 个停止位；

⑸1 个用于区分数据址的额外位（在地址位模式下）。

如图 9.2 所示，用户可通过设置 SCI 通信控制寄存器（SCRCCR）来编程选择以上两种通信模式和格式。

图 9.2　典型的串行通信接口数据格式

9.2.2　串行接口的多处理器通信

多处理器通信模式允许一个处理器能有效地在同条连接线上将数据传送到其他处理器。在同一时刻，一条串行线上只能有一个处理器发送的数据，该处理器发送的数据块的第一个字节是一个地址字节，它被所有的处理器读取，但只有与该地址相等的处理器才能接收跟在地址字节后的数据。

所有串行连接的处理器其 SCI 控制寄存器 SCICTL1 中的 SLEEP 位（休眠位）在初始化时均置为 1，当处理器检测到一个数据块的开始地址字节时，SCI 被唤醒并请求中断，用户在中断服务程序中将读取的地址与本处理器的地址进行比较，如果相符，就用软件将 SLEEP 位清 0，以使得 SCI 在接收到每个数据字节时产生一个中断；如果不相符，则 SLEEP 位仍保持为 1，以使得在检测到下一个块的开始前，CPU 继续执行它的主程序而不被 SCI 中断。

多处理器的模式可通过 SCICCR 寄存器的 ADDR/IDILE MODE 位来设置。两种模式都使 SCLCTLl 寄存器的发送唤醒标志位 TXWAKE、SCIRXST 寄存器的接收唤醒标志位 RXWAKE、SCICTLl 寄存器的休眠标志位 SLEEP 来控制 SCI 发送器和接收器的工作状态。

1．空闲线多处理器模式

空闲线多处理器协议中，每帧之间及每块之间均用空闲周期隔开。数据块间的空周期为 10 个以上高电平位，数据帧之间的空闲周期则小于 10 个高电平位，而数据块的第一帧是地址，该帧与后面的数据帧之间的空闲周期则小于 10 位，如图 9.3 所示。

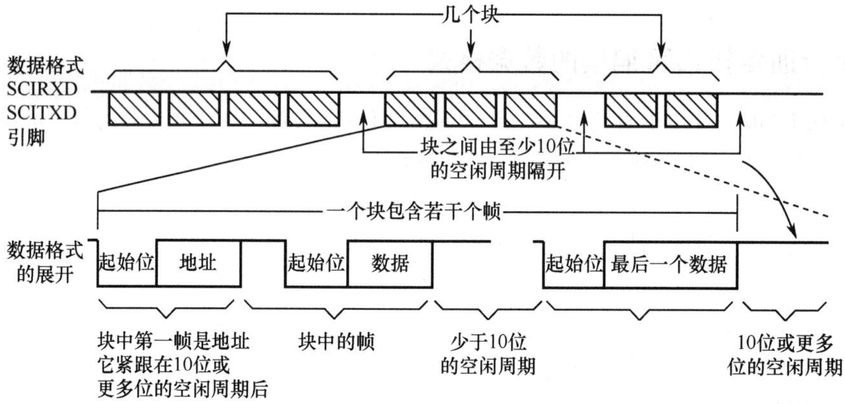

图 9.3　空闲线多处理器的通信格式

⑴空闲线模式接收数据的步骤

① 设置 SCICTLl 寄存器和 SCICTL2 寄存器。

设置 SCICTLl 寄存器的 RXENA 为 1，使能接收器接收数据；

设置 SCICTL2 寄存器的 RX/BK INT ENA 为 1，使能 SCI 接收中断；

设置 SCICTLl 寄存器中的 SLEEP 位为 1。

② 数据到达 SCIRXD 接收引脚后，检测起始值。SCI 接收块启动信号（一个地址字节）后被唤醒并产生一个中断请求。SCI 接收状态寄存器 SCIRXST 的标志位 RXRDY 变为 1，表示已收到一个新字符。

③ 在中断服务程序中程序读 SCIRXBUF 寄存器，标志位 RXRDY 自动变为 0。

④ 将接收到的地址与应用软件设置的本处理器的地址进行比较，若相符，则软件清除 SLEEP 位，并接收数据块中剩余的数据（执行步骤⑤）；若不相符，则保持 SLEEP 为 1，退出中断服务程序去执行主程序。

⑤ 数据的下一字节到达 SCIRXD 引脚，重复步骤②和③。

⑵空闲线模式发送数据的步骤

① 设置 SCICTLl 寄存器和 SCICTL2 寄存器。

设置发送唤醒位（SCICTLl 寄存器的 TXWAKE 位）为 1；

设置 TXENA 位为 1，以使能发送器发送数据；

若使能发送中断，则将 SCICTL2 寄存器的 TXINT ENA 位置 1。

② 向发送数据缓冲器 SCITXBUF 写入一个数据字（内容不重要），作为传送一个块的开始信号。因为 TXWAKE 被置 1，所以向 SCITXBUF 寄存器写入一个数据是为了产生 11 个数据位的空闲周期。

③ 将要发送的数据块的地址字节写入 SCITXBUF 寄存器。

空闲线模式处理多字节（10 个以上）的数据块比地址位模式更有效，该模式常用于典型的非多处理器的 SCI 通信。

2．地址位多处理器模式

地址位多处理器协议的帧格式中有一个紧跟在最后一个数据后面的地址位。在数据块的第一帧中地址位被置为 1，在其他帧中被置为 0。数据块中各帧间用空闲周期隔开，如图 9.4 所示。

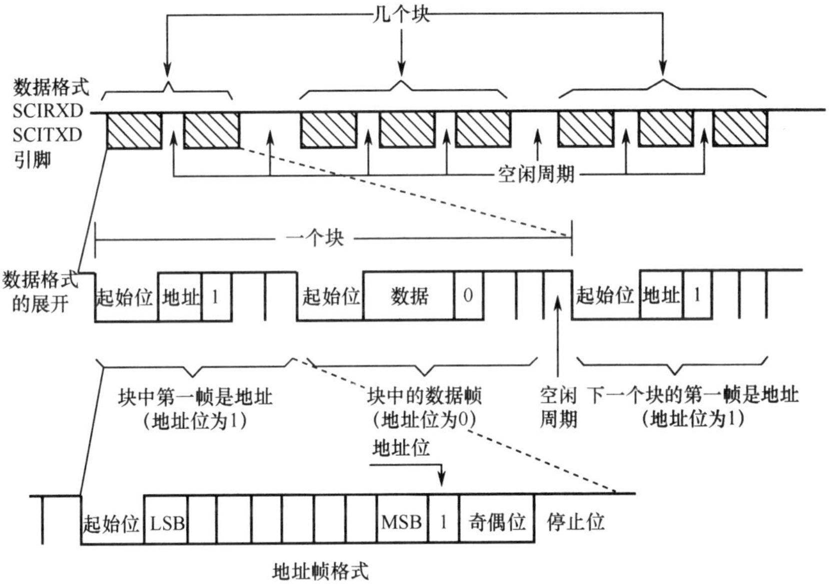

图 9.4　地址位多处理器的通信格式

⑴地址位接收数据的步骤

地址位接收数据的步骤与空闲线相同。

⑵地址位发送数据的步骤

① 设置 SCICTLl 寄存器和 SCICTL2 寄存器。

设置 TXWAKE 位为 1；

设置 TXENA 位为 1 以使能发送器发送数据；

若使能发送中断，则将 SCICTL2 寄存器的 TXINT ENA 位置 1。

② 将一个地址值写入发送数据缓冲器 SCITXBUF。当该值被装入发送移位寄存器 TXSHF 后又被移出时，它的地址位被置为 1。从而向串行线上的其他处理器发标志使其读取地址。

③ 将 TXWAKE 位置 0，向 SCITXBUF 写入要发送的数据。

地址位多处理器通信模式常用于多个小数据块的传输中。

9.3　串行通信接口通信格式

异步串行通信接口 SCI 可使用半双工或全双工通信。在异步传输过程中，每个位周期占用 8 个 SCICLK 周期，SCI 异步通信格式如图 9.5 所示。

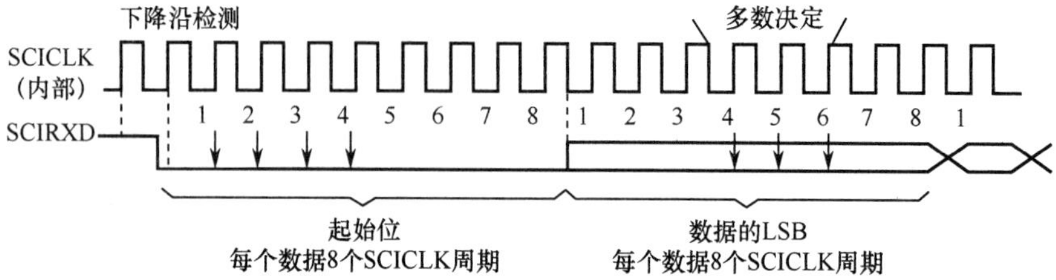

图 9.5　SCI 异步通信格式

接收器在收到有效的起始位后开始进行如下操作：

⑴接收器利用每个接收时钟 SCICLK 的上升沿对输入数据进行采样。当检测到有 4 个连续的低电平时，就确定它为起始位。

⑵以此为时间基准（每位的中点），每隔 8 个 SCICLK 脉冲进行采样，连续采样 3 次，将其中两次相同的值作为该位的数值（多数决定）。利用这种方法可减少读数错误，有利于抗干扰和提高异步串行通信的可靠性。

因为接收器本身能够按帧进行同步，所以发送器和接收器的时钟不必同步。可使用各自的内部时钟。

9.4　串行通信接口中断

SCI 的接收器和发送器可由中断来控制。接收器和发送器都有各自的中断使能位和独立的外设中断矢量。外设中断请求通过编程选择高优先级或低优先级（设置 SCIPRI 寄存器）。当接收和发送都设置为相同的优先级时，接收中断往往比发送中断的优先级高，这是为了减少接收超时错误。

1．接收中断的产生

如果 SCI 控制寄存器 SCICTL2 的 RX/BK INT ENA（使能接收缓冲器/间断中断）位置 1，则下述两种情况之一都能产生一次接收中断：

⑴SCI 接收到一次完整的帧，并将接收移位寄存器 RXSHF 中的数据传送到接收数据缓冲寄存器 SCIRXBUF 中，该操作置位 SCICTL2 中的 RXRDY 标志位，并初始化中断。

⑵一个间断检测事件发生（紧跟在一个停止位后 SCIRXD 引脚保持 10 个位周期的低电平）。该操作置位 BRKDY 标志位，并初始化中断。

2．发送中断的产生

如果 SCICTL2 寄存器中的 TX INT ENA 发送中断使能位置 1，则当 SCITXBUF 寄存器中的数据传送到 TXSHF 寄存器时产生一个发送中断，以指示 CPU 可以向 SCITXBUF 寄存器写入数据。该操作置位 SCICTL2 中的 TXRDY 标志位，并初始化中断。

接收器和发送器的中断使能位为 0（即中断屏蔽）时，将不产生中断，但上述标志位仍然置位，所以可以用查询方式检测发送或接收的状态。

9.5　串行通信接口波特率计算

由器件时钟频率 CLKOUT 和波特率选择寄存器决定 SCI 的串行时钟。SCI 利用波特率选择寄存器的 16 位值（两个 8 位的寄存器），在一个给定的器件时钟下，可选择 64k 种不同的串行时钟值。

常用的波特率值和 SCI 的波特率选择寄存器的值（BRR）如表 9.1 所示。SCI 波特率选择高字节寄存器（SCIHBAUD），SCI 波特率选择低字节寄存器（SCILBAUD），地址为 7052H、7053H。SCIHBAUD（存放高字节）和 SCILBAUD（存放低字节）连接在一起形成 16 位波特率值。

表 9.1　波特率值和 SCI 的波特率选择寄存器的值（BRR）

时钟频率 40MHz			
理想波特率	BRR	实际波特率	误差/%
2400	2082（822H）	2400	0
4800	1040（411H）	4803	0.06
9600	520（208H）	9597	–0.03
19200	259（103H）	19231	0.16
38400	129（81H）	38462	0.16

注：240xA 器件的最大 CLKOUT 频率为 40MHz。

SCI 波特率计算如下：

$$\text{SCI异步波特率} = \frac{\text{CLKOUT}}{(\text{BRR}+1)\times 8}$$

由此可得

$$\text{BRR} = \frac{\text{CLKOUT}}{\text{SCI异步波特率}\times 8}$$

式中，BRR 为两个波特率选择寄存器 SCIHBAUD 和 SCILBAUD 的 16 位值。上式适合于 $1 < \text{BRR} < 65535$ 的情况。如果 $\text{BRR} = 0$，则

$$\text{SCI异步波特率} = \frac{\text{CLKOUT}}{16}$$

例如，时钟频率 SYSCLK = 40MHz，定义波特率为 9600bps，则选择 BRR 值为

$$\text{BRR} = \frac{\text{CLKOUT}}{\text{SCI异步波特率}\times 8} - 1 = \frac{40\times 1000000}{9600\times 8} - 1 = 519.8\text{，即 208H}$$

9.6　串行通信接口控制寄存器

SCI 的功能可由软件配置。通过对通信控制寄存器 SCICCR 进行设置，可以初始化所需 SCI 的字符格式、协议和通信模式；设置控制寄存器 SCICTL1 和 SCICTL2 的可使能接收器和发送器的各种功能；波特率选择寄存器 SCIHBAUD 和 SCILBAUD 用来选择 16 位的波特率参数；接收状态寄存器 SCIRXST 用来反映接收缓冲器在接收数据时的状态；发送数据寄存器 SCITXBUF 存放要发送的数据；接收数据缓冲寄存器 SCIRXBUF 和 SCIRXEUM 用来接收数据；优先级控制寄存器 SCIPRI 用来选择发送和接收中断的优先级。以下将对 SCI 寄存器进行分别介绍。

1．串行通信接口通信控制寄存器（SCICCR）：7050H

D7	D6	D5	D4	D3	D2～D0
STOP BITS	EWEN/ODD PARITY	PARITY ENABEL	LOOP BACK ENA	ADDR/IDLE MODE	SCICHAR2～SCICHAR0
RW-0	RW-0	RW-0	RW-0	RW-0	RW-0

注：R＝ 可读，W＝ 可写，-0＝ 复位值。

D7： STOP BITS　SCI 停止位的数目。规定停止位个数。
0　一个停止位
1　两个停止位

D6： EWEN/ODD PARITY　SCI 奇/偶校验选择位。
判定发送和接收的字符中 1 的个数是奇数还是偶数。
0　奇校验
1　偶校验

D5： PARITY ENABLE　SCI 奇/偶校验使能位。
0　禁止奇/偶校验
1　使能奇偶校验

D4： LOOP BACK ENA　自测模式使能位。
如果该位被使能，则发送引脚与接收引脚在系统内部连接在一起。
0　禁止自测模式
1　使能自测模式

D3： ADDR/IDLE MODE　SCI 多处理器模式选择位。
0　选择空闲线多处理器模式
1　选择地址位多处理器模式

D2～D0： SCICHAR2～SCICHAR0　SCI 字符长度选择位。字符长度选择如表 9.2 所示。

表 9.2　SCICHAR2～SCICHAR0 SCI 字符长度选择

SCI CHAR2	SCI CHAR2	SCI CHAR2	字符长度（位）
0	0	0	1
0	0	1	2
0	1	0	3
0	1	1	4
1	0	0	5
1	0	1	6
1	1	0	7
1	1	1	8

2．串行通信接口控制寄存器 1（SCICTLl）：7051H

D7	D6	D5	D4	D3	D2	D1	D0
保留位	RX ERR INT ENA	SW RESET	保留位	TX WAKE	SLEEP	TXENA	RXENA
R-0	RW-0	RW-0	R-0	RS-0	RW-0	RW-0	RW-0

注：R＝ 可读，W＝ 可写，S＝ 只可被置位，-0＝ 复位值。

D6： RX ERR INT ENA　SCI 接收错误中断使能位。
0　禁止接收错误中断
1　使能接收错误中断

D5： SW RESET　SCI 软件复位位（低有效）。
①向该位写 0 将初始化 SCI 状态和操作标志（SCICTL2 和 SCIRXST 寄存器）为复位状态，SW RESET 位不影响其他配置位。
②向该位写 1 将使能 SCI。
③当接收间断检测（BRKDT 标志位）发生后，将使该位为 0。
④该位影响 SCI 的操作标志，不影响配置位，表 9.3 给出了受影响的标志位。

D3： TXWAKE　SCI 发生器唤醒方法选择位。
0　发送特征没有选定
1　发送特征取决于空闲线模式或地址位模式

在空闲线模式下：写 1 到 TXWAKE 后，将数据写入 SCITXBUF 寄存器，用以产生一个 11 个数据位的空闲周期。
在地址位模式下：写 1 到 TXWAKE 后，将数据写入 SCITXBUF 寄存器，使该帧的地址位为 1。

表 9.3 受 SW RESET 位影响的标志位

SCI 标志	寄存器位	SW 复位后的值
TXRDY	SCICTL2.7	1
TX EMPTY	SCICTL2.6	1
RXWAKE	SCIRXST.1	0
PE	SCIRXST.2	0
OE	SCIRXST.3	0
FE	SCIRXST.4	0
BRKDT	SCIRXST.5	0
RXRDY	SCIRXST.6	0
RX ERROR	SCIRXST.7	0

D2: SLEEP SCI 休眠位。
0 禁止休眠方式
1 使能休眠方式

Dl: TXENA SCI 发送器使能位。
0 禁止发送
1 使能发送

D0: RXENA SCI 接收器使能位。从 SCIRXD 引脚上接收到数据，送到接收移位寄存器，然后再送到接收 SCIRXBUF 和 SCIRXEMU 缓冲器。
0 禁止传送
1 允许传送

3．串行通信接口控制寄存器 2（SCICTL2）：7054 H

D7	D6	D5～D2	D1	D0
TXRDY	TX EMPTY	保留	RX/BK INT ENA	TX INT ENA
R-1	R-1	R-0	RW-0	RW-0

D7: TXRDY 发送缓冲寄存器准备好标志位。
0 SCITXBUF 满
1 SCITXBUF 空，准备接收下一个字符

D6: TX EMPTY 发送器空标志位。
0 SCITXBUF 寄存器或 TXSHF 寄存器或两者都装入了数据
1 SCITXBUF 寄存器和 TXSHF 寄存器都空

Dl: RX/BK INT ENA 接收缓冲器/间断中断使能位。该位控制由 RXRDY 或 BRKDT 标志位置位引起的中断请求。但 RX/BK INT ENA 并不阻止这些标志位复位。
0 禁止 RXRDY/BRKDT 中断
1 使能 RXRDY/BRKDT 中断

D0: TX INT ENA 发送缓冲器（SCITXBUF）中断使能位。该位控制 TXRDY 标志位引起的中断，但并不阻止 TXRDY 标志位的置位。
0 禁止 TKRDY 中断
1 使能 TXRDY 中断

4．串行通信接口接收状态寄存器（SCIRXST）：7055H

D7	D6	D5	D4	D3	D2	D1	D0
RX ERROR	RXRDY	BRKDT	FE	OE	PE	RXWAKE	保留
R-0	RW-0	RW-0	R-0	RS-0	RW-0	RW-0	RW-0

D7: RX ERROR SCI 接收器错误标志位。
0 无错误标志被置位
1 有错误标志被置位

D6: RXRDY SCI 接收器准备好标志位。

0 SCIRXBUF 中无新数据
1 SCIRXBUF 中新数据已准备好，可以读取

D5: BRKDT SCI 间断检测标志位。
0 不满足间断条件
1 满足间断条件

D4: FE SCI 帧错误标志位。
0 未检测到帧错误
1 检测到帧错误

D3: OE SCI 超时错误标志位。
0 未检测到超时错误
1 检测到超时错误

D2: PE SCI 奇/偶校验错误标志位。
0 未检测到奇偶校验错误
1 检测到奇/偶校验错误

D1: RXWAKE SCI 接收器唤醒检测标志位。该位为 1 表明检测到接收器唤醒条件，在多处理器模式，RXWAKE 反映了保存 SCIRXBUF 寄存器中数据的地址位的值。在空闲线多处理器模式，如果检测到 SCIRXD 数据线空闲，就置位 RXWAKE。
DIRKWAKE 是一个只读标志位，可通过下列方式之一清除：
① 在地址字节送至 SCIRXBUF 后传送第 1 个字节。
② 读 SCIRXBUF 寄存器。
③ SWRESET 位有效。
④ 系统复位。
利用该位的状态可采用查询方式实现接收数据。

5．串行通信接口接收数据缓冲寄存器（SCIRXBUM）：7056H

D7	D6	D5	D4	D3	D2	D1	D0
ERXDT7	ERXDT6	ERXDT5	ERXDT4	ERXDT3	ERXDT2	ERXDT1	ERXDT0
R-0	R-0	R-0	R-0	R-0	R-0	R-0	R-0

6．串行通信接口接收数据缓冲寄存器（SCIRXBUF）：7057H

D7	D6	D5	D4	D3	D2	D1	D0
RXDT7	RXDT6	RXDT5	RXDT4	RXDT3	RXDT2	RXDT1	RXDT0
R-0	R-0	R-0	R-0	R-0	R-0	R-0	R-0

来自接收引脚的数据从接收移位寄存器 RXSHF 传送到接收缓冲寄存器 SCIRXBUF 中，当传送操作完成后，RXRDY 标志位置 1，表明接收到的数据已经准备好，可以执行读取操作。SCIRXBUF 和 SCIRXEMU 存放相同的数，这两个寄存器在物理上是同一个寄存器，它的区别仅在于两者具有不同的地址。对 SCIRXEMU 执行读操作时，不能清除 RXRDY 标志位，而对 SCIRXBUF 执行读操作可以清除 RKRDY 标志位。

7．串行通信接口发送数据缓冲寄存器（SCITXBUF）：7059H

D7	D6	D5	D4	D3	D2	D1	D0
TXDT7	TXDT6	TXDT5	TXDT4	TXDT3	TXDT2	TXDT1	TXDT0
RW-0	RW-0	RW-0	RW-0	RW-0	RW-0	RW-0	RW-0

8．串行通信接口通信优先级控制寄存器（SCIPRI）：705FH

D7	D6	D5	D4	D3	D2～D0
保留	SCI TX PRIORITY	SCI RX PRIORITY	SCI SOFT	SCI FREE	保留
R-0	RW-0	RW-0	RW-0	RW-0	R-0

D6: SCITX PRIORITY SCI 发送中断优先级选择位。
0 高优先级中断请求
1 低优先级中断请求

D5: SCIRX PRIORITY SCI 接收中断优先级选择位。

　　　　0　高优先级中断请求
　　　　1　低优先级中断请求

D4～D3：　SCI SOFT 和 FREE　SCI 仿真挂起选择位。
　　　　00　一旦仿真挂起，立即停止
　　　　10　一旦仿真挂起，在完成当前的接收/发送操作后停止
　　　　01　操作不受仿真挂起影响
　　　　11　操作不受仿真挂起影响

选择发送和接收中断的优先级。正常的 SCI 数据接收操作是读 SCIRXBUP 寄存器的数据，SCIRXEMU 用做仿真时的操作。SCIRXEMU 可以被系统复位清 0。

9.7 SCI 应用实例

TMS320LF2407 与 MAX232 接口电路如图 9.6 所示，程序中设置 TMS320LF2407 的串口波特率为 9600bps，通过串口中断发送数据和接收数据。

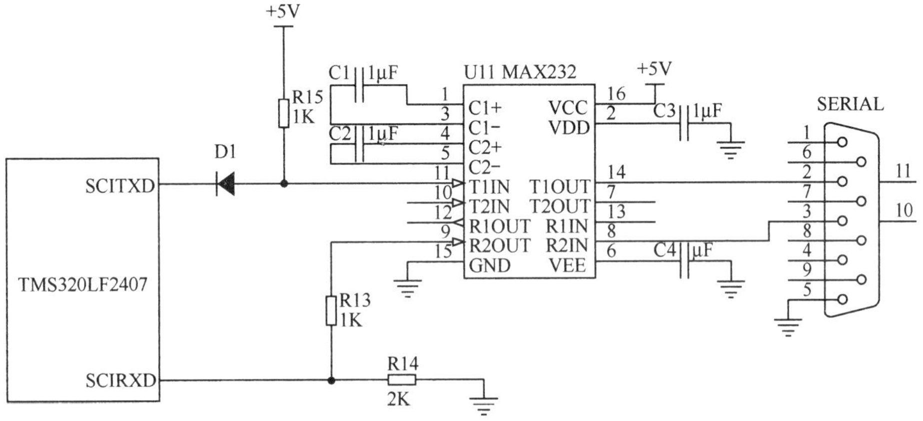

图 9.6　TMS320LF2407 与 MAX232 接口电路

数据发送：程序运行后，TMS320LF2407 通过串口发送十六进制数 51H，如果将 UartSent( ) 函数中“//*SCITXBUF=0x51;”语句前面的“//”去掉，程序将连续发送 51H。

数据接收：在 UartRec()函数中的“*IFR= 0x0010;”语句处设置断点，通过串口调试助手向 TMS320LF2407 发送十六进制数据，能够观察到 TMS320LF2407 接收的十六进制数据。

1．C 源程序

```
#include "TMS320LF240x.h"                    //引用头文件，参见 4.2.1 节
void interrupt   uarttr(void);               //中断服务程序
void sciini(void);
void inline disable()                         //屏蔽中断子程序
{
      asm(" setc INTM");                      //关全局中断
}
void inline enable()                          //使能中断子程序
{
      asm(" clrc INTM");                      //开全局中断
}
main( )
{
```

```
disable();                          //禁止所有中断
*IFR=0xFFFF;                        //清除中断标志
*SCSR1=0x81FE;                      //CLKIN=10M，CLKOUT=4×CLKIN=40MHz
*WDCR=0x6F;                         //关闭看门狗
sciini();
enable();                           //使能全局中断
*SCITXBUF=0x51;
while(1)
      ;
}
void    UartSent( )                 //发送服务程序
{
  //*SCITXBUF=0x51;                 //将此语句的“//”去掉，程序将连续发送 51H
  *IFR=0x0010;                      //清除 IFR 中相应的中断标志
  enable();                         //开总中断
}
void UartRec()                      //接收服务程序
{
   unsigned   receive;
   receive=*SCIRXBUF;               //依次接收字符
   *IFR= 0x0010;                    //清除 IFR 中相应的中断标志
   enable();                        //开全局中断
}
void   interrupt   uarttr(void)     //中断服务程序
{
switch (*PIVR)                      //根据 PIVR 的值区别是接收还是发送中断
{
  case 6: UartRec( );               //如果 PIVR=6，则发生了接收中断
  case 7: UartSent( );              //如果 PIVR=7，则发生了发送中断
}
}
void sciini(void)                   //串口初始化子程序
{
*SCICCR=0x7;                        //1 个停止位，不使能奇偶校验，空闲线多
//处理器模式，8 位字符
*SCICTL1=0x13;                      //0013H 使能接收和发送，SLEEP=0 禁止
//休眠方式，禁止接收错误中断
*SCICTL2=0x3;                       //使能接收和发送中断
*SCIHBAUD=0x02;
*SCILBAUD=0x08;                     //波特率为 9600bps
*SCICTL1|=0x20;                     //使 SCI 脱离复位状态
*SCIPRI=0x60;                       //SCI 中断（接收和发送）为低优先级中断
*MCRA=0x3;                          //配置 IOPA0 和 IOPA1 为 SCI 的发送和接收引脚
*IMR=0x10;                          //使能 TMS320LF2407 的一级中断 INT5
}
//当由于干扰而引起其他中断时，中断进入此程序直接返回主程序
void   interrupt   nothing()
{
  return;
}
```

2．中断向量表

```
              .ref _uarttr,_c_int0
              .sect       ".vectors"
```

```
RSVECT      B   _c_int0     ; Reset Vector
INT1        B   GISR1       ; Interrupt Level 1
INT2        B   GISR2       ; Interrupt Level 2
INT3        B   GISR3       ; Interrupt Level 3
INT4        B   GISR4       ; Interrupt Level 4
INT5        B   _uarttr     ; Interrupt Level 5
INT6        B   GISR6       ; Interrupt Level 6
RESERVED    B   PHANTOM     ; Reserved
SW_INT8     B   PHANTOM     ; Software Interrupt
SW_INT9     B   PHANTOM     ; Software Interrupt
SW_INT10    B   PHANTOM     ; Software Interrupt
SW_INT11    B   PHANTOM     ; Software Interrupt
SW_INT12    B   PHANTOM     ; Software Interrupt
SW_INT13    B   PHANTOM     ; Software Interrupt
SW_INT14    B   PHANTOM     ; Software Interrupt
SW_INT15    B   PHANTOM     ; Software Interrupt
SW_INT16    B   PHANTOM     ; Software Interrupt
TRAP        B   PHANTOM     ; Trap vector
NMI         B   NMI         ; Nonmaskable Interrupt
EMU_TRAP    B   PHANTOM     ; Emulator Trap
SW_INT20    B   PHANTOM     ; Software Interrupt
SW_INT21    B   PHANTOM     ; Software Interrupt
SW_INT22    B   PHANTOM     ; Software Interrupt
SW_INT23    B   PHANTOM     ; Software Interrupt
SW_INT24    B   PHANTOM     ; Software Interrupt
SW_INT25    B   PHANTOM     ; Software Interrupt
SW_INT26    B   PHANTOM     ; Software Interrupt
SW_INT27    B   PHANTOM     ; Software Interrupt
SW_INT28    B   PHANTOM     ; Software Interrupt
SW_INT29    B   PHANTOM     ; Software Interrupt
SW_INT30    B   PHANTOM     ; Software Interrupt
SW_INT31    B   PHANTOM     ; Software Interrupt
GISR1
GISR2
GISR3
GISR4
GISR5
GISR6
PHANTOM
```

3．链接命令文件

```
-l rts2xx.lib
-stack 100
MEMORY
{
    PAGE 0:
        VECS :o=0000,l=40h
        PRCT :o=0040h,l=4
        PROG :o=0070h,l=2000h
    PAGE 1:
        IDATA1:o=300h,l=100h
        IDATA2:o=0c00h,l=400h
        REG_MEM: o=7000h , l=1000h
        DATA :o=8000h,l=8000h

}
```

```
SECTIONS
{
    .vectors      :>VECS       PAGE 0
    .prct         :>PRCT       PAGE 0
    .text         :>PROG       PAGE 0
    .cinit        :>PROG       PAGE 0
    .data         :>PROG       PAGE 0
    .stack        :>IDATA2     PAGE 1
    .bss          :>IDATA2     PAGE 1
    .const        :>IDATA2     PAGE 1
    .reg240x      :>REG_MEM    PAGE 1
}
```

习题 9

1. 简述 TMS320LF240x 系列 DSP 的 SCI 通信接口的特点。
2. 简述 SCI 总线空闲线多处理器模式与地址位多处理器模式的区别。
3. 已知 TMS320LF2407 的时钟频率是 40MHz，串口通信波特率是 115200bps，使能发送和接收中断，写出串口初始化子程序。
4. 在 TMS320LF240x 系列 DSP 中，SCI 具有两种通信模式，分别是（　　）或（　　）模式通信。
5. 在 TMS320LF240x 系列 DSP 中，CLKOUT = 40MHz，则 DSP 的串口波特率理论上最高值为（　　）。
6. 在 TMS320LF240x 系列 DSP 中，SCI 有两个多处理器通信协议，它们是（　　）和（　　）。
7. 在 TMS320LF240x 系列 DSP 中，SCI 发送和接收操作均可通过（　　）或（　　）进行。
8. 在 TMS320LF240x 系列 DSP 中，SCI 有四个故障检测标志，即（　　）、（　　）、（　　）和（　　）。
9. 在 TMS320LF2407 中，SCI 具有（　　）中断。

   A．接收　　B．发送　　C．发送和接收　　D．没有

第 10 章　A/D 转换模块

10.1　A/D 转换器概述

在 LF2407 的内部含有 10 位 A/D 转换器，其主要具有以下特性：

⑴带内置采样/保持的 10 位 16 通道模数转换器；

⑵自动排序的能力，每次可执行最多 16 个通道的自动转换，每次转换的通道可由程序控制；

⑶可单独访问的 16 个结果寄存器用来存储转换结果；

⑷多个触发源可以启动 A/D 转换；

软件：软件立即启动

EVA：有多个事件源可启动 A/D 转换

EVB：有多个事件源可启动 A/D 转换

外部引脚：ADC SOC 引脚

⑸EVA 和 EVB 可各自独立地触发 SEQ1 和 SEQ2（仅用于双排序器模式）；

⑹灵活的中断控制；

⑺采样/保持获取时间窗口有单独的预定标控制；

⑻排序器可工作在启动/停止模式，允许多个按时间排序的触发源同步转换；

⑼内置校验模式；

⑽内置自测试模式。

10.2　自动排序器的工作原理

ADC 模块中有两种工作方式：一是两个独立的最多可选择 8 个模拟转换通道的排序器（SEQl 和 SEQ2）可以独立工作在双排序器模式，图 10.1 所示为双排序器工作模式下 ADC 自动排序的结构图；另一种是级联排序器模式，级联排序器模式为最多可选择 16 个模拟转换通道的排序器模式，图 10.2 所示为级联排序器工作模式下 ADC 自动排序的结构图。

图中的 ADCIN00～ADCINl5 为 16 个模拟输入引脚，经排序器排序，由多路选择器选择出要转换的通道，送入 A/D 转换部分进行转换，转换结果保存在结果寄存器（RESULTn）中。双排序时，SEQl 的结果寄存器为 RESULT0～RESULT7，SEQ2 的结果寄存器为 RESULT8～RESULTl5；级联排序时，SEQ 的结果寄存器为 RESULT0～RESULTl5。

启动 A/D 转换有三种方式：软件启动（设置 ADCTRL2 寄存器中的 SOC SEQn 位）、EVA 和 EVB 中的匹配事件启动，以及外部引脚 ADCSOC 启动。

在一个排序中，A/D 通道转换的个数由最大转换通道寄存器 MAX CONVn 中的一个 3 位域或 4 位域决定，该值在自动排序开始时被装载到自动状态寄存器 AUTO-SEQ-SR 的排序器计数状态位域 SEQ CNTR3～SEQ CNTR0 中。当排序器从 CONV00 指定的通道开始按序转换时，SEQ CNTRn 位域的值从装载值开始递减计数直到 0。

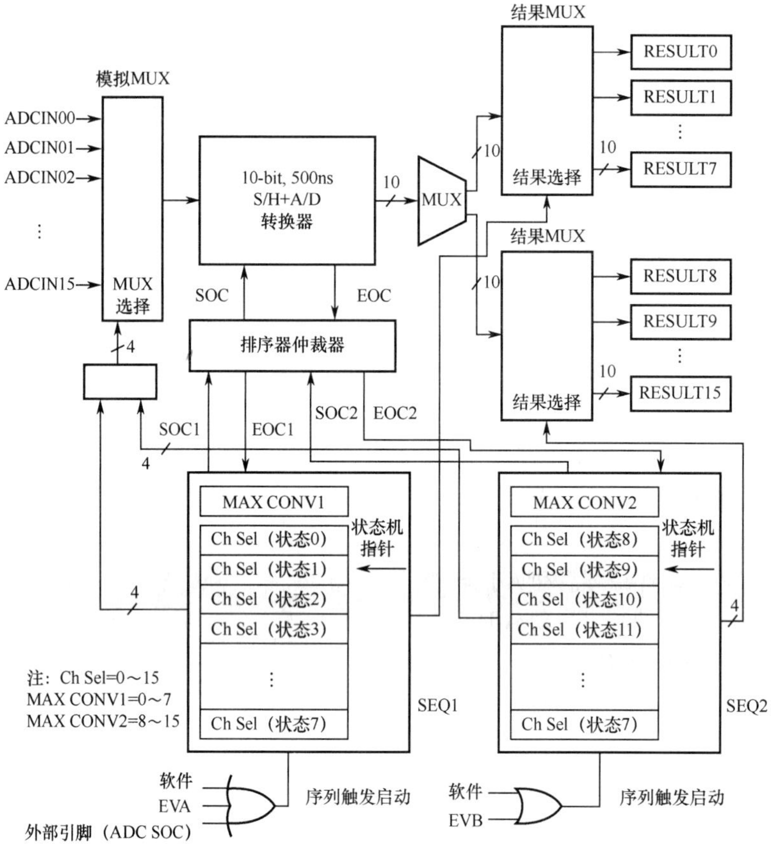

图 10.1 双排序器工作模式下 ADC 自动排序的结构图

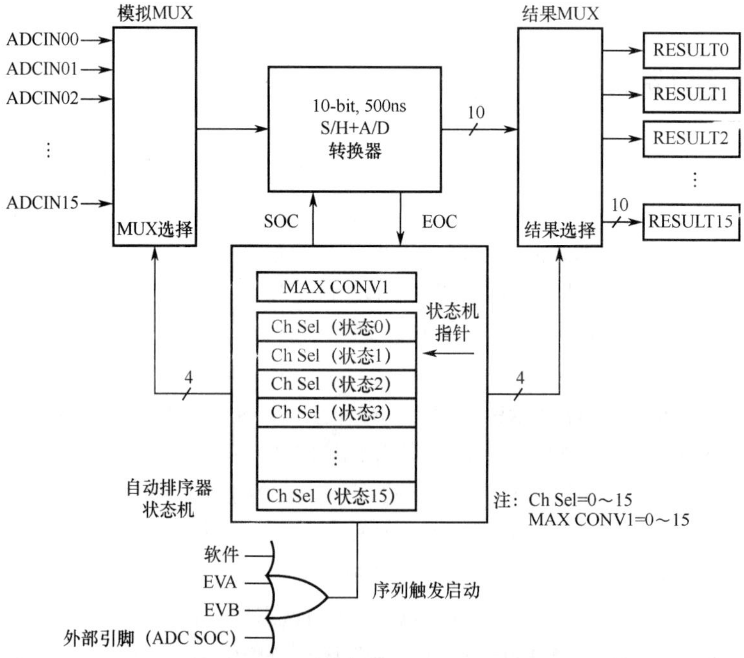

图 10.2 级联排序器工作模式下 ADC 自动排序的结构图

排序器在排序转换过程中不能被停止或中断，除非转换结束或对排序器进行复位。复位将使排序器立即返回到起始状态：SEQl 和级联的排序器指针指向 CONV00，SEQ2 的排序器指针指向 CONV08。

排序器 SEQl、SEQ2 和级联后的 SEQ 都可工作在连续自动排序模式下或启动/停止模式下。一次自动排序完成的转换通道数为 MAX CONVn + 1。

最多可选择 8 个自动转换通道的双排序器工作模式，与最多可选择 16 个自动转换通道的级联排序器工作模式的操作大致相同，表 10.1 给出了双排序器和单排序器的工作比较。

表 10.1　双排序器和单排序器工作比较

特征参数	单 8 通道排序器 1（SEQ1）	单 8 通道排序器 2（SEQ2）	16 通道排序器（SEQ）
开始转换触发方式	EVA、软件和外部引脚	EVB 和软件	EVA、EVB、软件和外部引脚
最大自动转换通道数	8	8	16
序列转换完成后自动停止（EOS）	是	是	是
触发优先权	高	低	不适用
ADC 转换结果寄存器	0～7	8～15	0～15
排序控制寄存器位与域分配（CHSELSEQn）	CONV00～CONV07	CONV8～CONV15	CONV00～CONV15

10.2.1　连续自动排序模式

连续自动排序模式下的 A/D 转换程序流程图如图 10.3 所示。

例 10.1　在双排序器模式下用 SEQ1 进行 A/D 转换

假设需要用 SEQ1 来完成 7 个通道的转换，通道 2、3、2、3、6、7 和 12 需要自动排序转换，则 MAX CONV1 的值应设置为 6 且 CHSELSEQn 寄存器中应填入如表 10.2 所列的数值。

表 10.2　例 10.1 中 CHSELSEQn 寄存器填入值

地址	D15～D12	D11～D8	D7～D4	D3～D0	寄存器
70A3H	3	2	3	2	CHSELSEQ1
70A4H	×	12	7	6	CHSELSEQ2
70A5H	×	×	×	×	CHSELSEQ3
70A6H	×	×	×	×	CHSELSEQ4

注：表中数值为十进制，×为无须关心的值。

在 SEQCNTR 为 0 后，如果连续转换位 CONT RUN 为 1，则转换启自动重新开始（即 SEQ CNTRn 装入最初的 MAX CONV1 的值，并且 SEQ1 的通道指针指向 CONV00），在这种情况下，用户必须保证下一个转换序列开始之前，读取结果寄存器的值。在 ADC 模块企图向结果寄存器写入数据而用户却企图从结果寄存器中读取数据时，ADC 模块的仲裁逻辑保证在发生这种冲突时不会崩溃。

在 SEQ CNTR 为 0 后；如果连续转换位 CONT RUN 为 0，则排序器指针停留在最后状态。例如，在例 10.1 中指向 CONV06，且 SEQ CNTRn 保持为 0。

由于在 SEQ CNTRn 每次到达 0 时，中断标志位都被设置为 1，所以如果需要，用户可以中断服务子程序，用 ADCTRL2 寄存器中的 RST SEQn 位将排序器手动复位。复位之后，在下一个

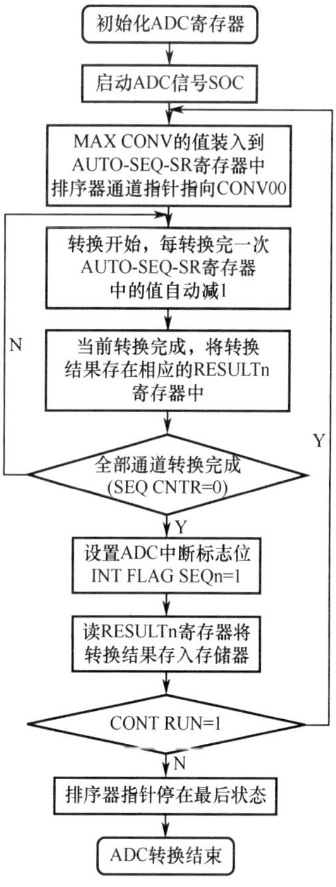

图 10.3　连续自动排序模式下的 A/D 转换程序流程图

A/D 启动信号来到时，SEQ CNTR 装入 MAXCONVn 中的原始值，且 SEQ1 指针指向 CONV00，此特点在启动/停止操作模式中非常有用，上述例子也适用于 SEQ2 和 SEQ。

10.2.2 排序器的启动/停止模式

除了连续的自动排序模式外，SEQ1、SEQ2 和 SEQ 中的任何两个排序器都可工作在启动/停止模式。该模式与例 10.1 相同，可实现在时间上单独与多个启动信号触发源同步的功能。所不同的是，排序器完成第一个转换序列后，在中断服务程序中不需要被复位，即排序器初始指针不需要指到 CONV00 就可以被重新触发。因此一个转换序列之后，排序器指针指到当前的通道。在这种方式下 CONT RUN 位必须被设置为 0。

例 10.2 排序器工作在启动/停止方式

要求：触发源 1（定时器下溢）启动 3 个自动转换（I1、I2 和 I3），触发源 2（定时器周期）启动 4 个自动转换（V1、V2、V3 和 V4）。触发源 1 和触发源 2 在时间上是分开的，即间隔 25μs。

该例仅用 SEQ1 即可实现，操作步骤如下。

⑴初始化 ADC 寄存器。

设置 ADC 输入通道选择排序控制寄存器 CHSELSEQn，如表 10.3 所示。

表 10.3 例 10.2 中 CHSELSEQn 寄存器填入值

地　址	D15～D12	D11～D8	D7～D4	D3～D0	寄 存 器
70A3H	V1	I3	I2	I1	CHSELSEQ1
70A4H	×	V4	V3	V2	CHSELSEQ2
70A5H	×	×	×	×	CHSELSEQ3
70A6H	×	×	×	×	CHSELSEQ4

设置最大转换通道寄存器 MAXCONVl 的值为 2，设置其他相关寄存器如 ADCTRLl、ADCTRL2 等。

⑵排序器 SEQl 等待触发源的到来。当第一个触发源到来后，ADC 模块对 I1、I2 和 I3 通道进行序列转换。转换结束后改变 MAXCONVl 的值为 3，通道指针为 V1。SEQl 等待另一个触发源的到来。

⑶当第二个触发源到来后，ADC 模块开始对 V1、V2、V3 和 V4 通道进行序列转换，转换结束后，SEQl 在当前状态保持等待状态，直到另一个触发源再一次到来。

⑷在第二个转换序列完成后，ADC 模块的结果寄存器 RESULT0～RESULTl5 得到如表 10.4 所示的值。

表 10.4 例 10.2 中 ADC 模块的结果寄存器所得值

ADC 模块的结果寄存器	A/D 转换值
RESULT0	I1 通道的 A/D 转换结果值
RESULT1	I2 通道的 A/D 转换结果值
RESULT2	I3 通道的 A/D 转换结果值
RESULT3	V1 通道的 A/D 转换结果值
RESULT4	V2 通道的 A/D 转换结果值
RESULT5	V3 通道的 A/D 转换结果值
RESULT6	V4 通道的 A/D 转换结果值
RESULT7～RESULT15	任意值

此后用户可以通过软件复位 SEQ1（置 ADCTRL2 中的 RET SEQl 为 1）将排序器指针指向 CONV00，并重复步骤⑵和⑶的操作，使上述两个序列受同样触发源的启动，进行多次转换。

10.2.3 输入触发源

每个排序器都有一组能被使用和禁止（有 ADCTRL2 控制）的触发源。如表 10.5 所示，排序器 SEQl、SEQ2 和级联排序器 SEQ 的 A/D 转换可以由多个触发源启动。其中：

⑴软件触发：通过向 ADCTRL2 的 SOC SEQn 位写入“1”实现。

⑵事件管理器 A/B 触发：利用 EVA/EVB 中的多个事件源，如定时器上溢、下溢、周期中断和比较中断事件的发生来启动 A/D 转换。

⑶外部引脚触发：引脚 XINT2/ADCSOC 作为 A/D 转换的触发源，信号边沿启动转换开始，边沿极性可编程。

表 10.5 排序器有效触发源

排序器 1（SEQ1）	排序器 2（SEQ2）	级联排序器（SEQ）
软件触发	软件触发	软件触发
事件管理器 A（EVA SOC）触发	事件管理器 B（EVB SOC）触发	事件管理器 A（EVA SOC）触发
外部引脚（ADC SOC）触发		事件管理器 B（EVB SOC）触发
		外部引脚（ADC SOC）触发

当一个触发源到来时，可能有如下三种情况发生：

⑴排序器处于空闲状态且 ADCTRL2 中的 SOC SEQn 位被清 0 时，触发源的到来使排序器立即启动（在判优仲裁控制下），并使 SOC SEQn 位为 1，转换开始时该位立即被清 0，以允许下一个触发源被挂起。空闲状态是指在接收到一个触发源之前，排序器指针指向 CONV00，或者排序器完成一个转换序列后，即 SEQ CNTR = 0 时。只要排序器处于空闲状态，触发源的到来就可以启动一个自动转换序列。

⑵排序器处于忙状态（正在进行转换）且 ADCTRL2 寄存器中的 SOC SEQn 位为 0 时，新的触发源到来将使 SOC SEQn 为 1，表示一个触发源请求被挂起（若此时又有一个触发源到来，则其将被忽略），排序器完成序列转换后再启动这个新的转换序列。此时 SOC SEQn 被立即清 0。

⑶当排序器 1（SEQ1）和排序器 2（SEQ2）工作在级联方式时，到 SEQ2 的触发源被忽略，而到 SEQl 的触发源仍然有效，所以级联方式可视为 SEQl 有最多 16 个 A/D 转换通道，而不是 8 个 A/D 转换通道。

10.2.4 排序转换时的中断操作

排序器可以工作在两种中断模式下：模式 1 和模式 2。由 ADCTRL2 寄存器中的中断模式控制位（D11～D10 和 D3～D2）决定。

⑴中断模式 1：每当转换结束时（EOS 到来时）产生中断请求；一般用于连续自动排序模式或启动/停止模式时，两个序列的采样通道个数不相等的情况。

在连续自动排序模式时，可在相应的中断服务程序中从 ADC 结果寄存器读取转换值；然后排序器自动将转换指针指向 CONV000。

在启动/停止模式时，第一个序列转换结束产生中断请求，可在第一个中断服务程序中修改最大转换通道寄存器 MAXCONV 的值（为第二个转换序列的通道个数减 1）。当第二个触发源到来，进行的序列转换结束后，产生第二次中断请求，在第二个中断服务程序中，将完成修改 MAXCONV 的值（为第一个转换序列的通道个数减 1）；从 ADC 结果寄存器依次读出两个序列的转换值；复位排序器的操作。然后再等待第一个触发源的到来，进行重复转换操作。

⑵中断模式 2：每隔一次转换结束（第二次 EOS 信号到来）时产生中断请求。一般适用于

启动/停止模式时两个序列的采样个数相等的情况。

当第一个序列转换结束时，仅将 ADC 中断标志位置 1（而中断请求被屏蔽），只有当第二个序列各通道转换结束才产生中断请求，在中断服务程序中完成读取两个序列转换值和排序器复位的操作。

10.3 ADC 时钟预定标

可调整 240xA 器件 ADC 的采样/保持模块来适应输入信号阻抗的变化，这可以通过改变 ADCTRl 寄存器中的 ACQ PS3～ACQ PS0 位段域和 CPS 位来实现。A/D 转换可被分成两个时间段，如图 10.4 所示。

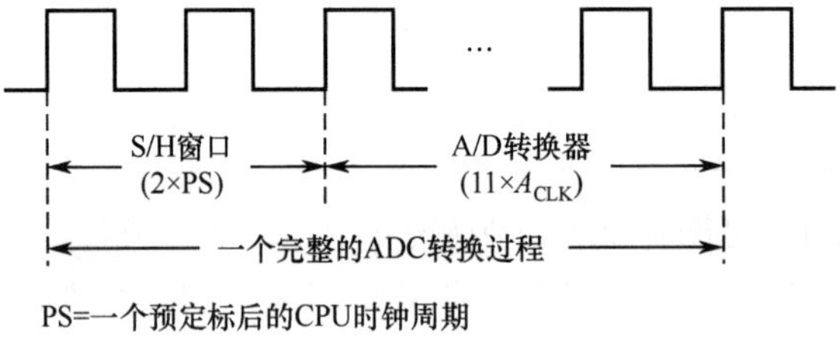

图 10.4 A/D 转换时间

如果 ACQ PS3～ACQ PS0 位段域的值全为 0，即预定标器的值为 1，且 CPS 为 0 时，PS 时钟将和 CPU 时钟一样。对于预定标器的任何其他值，PS 都会被放大（即增加了采样/保持窗口的时间）。PS 具体的放大倍数见表 10.7 对 ACQ PS3～ACQ PS0 位段域的描述。如果 CPS 为 1，则 S/H 窗口长度为原来的 2 倍。被扩大为原来的 S/H 窗口再加上被预定标器拉长的倍数，才是最后的 PS。图 10.5 表明了各个预定标位的作用。

注意，在 CPS 为 0 时，PS 和 ACLK 将和 CPU 时钟相等。

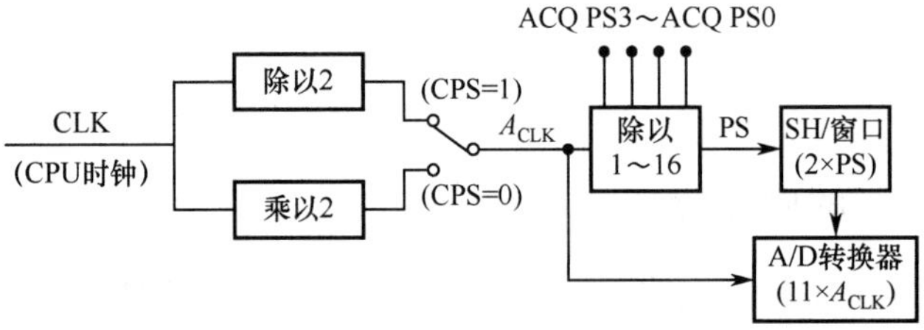

图 10.5 ADC 模块时钟预定标

10.4 校准模式

在校准模式下，ADC 模块由 ADCTRL1 寄存器的 D2～D1 位选择对参考电压高电平输入端 V_{REFHI}、低电平输入端 V_{REFLO} 或它们的中间值进行转换，并将转换结果保存在校准寄存器 CALIBRATION 中；校准转换结束后，ADCTRL2 的 INT_FLAG_SEQ1 位被置 1，若中断被使能将产生中断。

在正常转换模式下，ADC 对输入引脚 ADCINn 上的模拟量进行转换，转换结果值自动加上校准寄存器中的值后，再保存到结果寄存器中。

根据上述校准特性，用户可用以下步骤进行校准：

⑴设置 ADCTRL1 寄存器的 D3～Dl 位，使能校准模式，确定参考电压值。

⑵启动校准转换方式（向 ADCTRL2 寄存器的 Dl4 写 1）。

⑶校准转换结束产生中断，用户可以在中断服务程序中读取校准寄存器的值，以判断该位与理想值偏差（可进行两次以上的校准转换，得到一个综合偏移误差，或用一种算法计算出一个偏移值），然后再将这个偏差值写到校准寄存器中。

⑷结束校准操作，进行正常的 A/D 转换。ADC 的每次转换结果与校准寄存器中的误差值自动相加后，存入结果寄存器。

例 10.3 若选择 V_{REFHI} 作为校准电压，则希望转换的结果是 10 位的满刻度值 3FFH。

如果从校准寄存器中读出的值是 3FDH，则可知相差 002H，用户应在结束校准模式前将 002H 写到校准寄存器中，以后正常 A/D 转换结果值将加 002H 后才存入结果寄存器。

用户也可以根据需要向校准寄存器写入任意值。

10.5 自测模式

自测模式用来检测 ADC 引脚的短路/开路。在这种情况下，采样周期为正常模式的两倍。

在采样周期的前半部分，除了用户提供的模拟输入信号外，V_{REFHI} 或 V_{REFLO} 被接到 ADC 转换器的输入；在采样周期的后半部分，只有用户提供的信号被接到 ADC 转换器的输入。

假设使用 V_{REFHI} 做自测，且 ADC 引脚为开路，则结果寄存器中只包含表示 V_{REPHI} 的数字值。

自测试模式只能用来检测短路或开路，在正常工作模式下不能使用，而且正常模式和自测模式不能同时使用。

10.6 ADC 模块的寄存器

表 10.6 为 ADC 模块中的寄存器，共计 25 个。两个 ADC 控制寄存器 ADCTRL1、ADCTRL2 的设置实现不同方式的 A/D 转换。ADCTRL1 定义 ADC 模块的工作方式，包括采样时间窗口预定标、转换时钟预定标、ADC 中断请求优先权、级联排序器工作方式、偏差校准使能、在校准模式中决定参考电压、参考电压 V_{REFHI} 和 V_{REFLO} 选择、自测模式使能等。ADCTRL2 定义 ADC 模块的工作方式。

表 10.6 ADC 模块中的寄存器

地　址	寄 存 器	名　称
70A0H～70A1H	ADCTRL1/2	ADC 控制寄存器
70A2H	MAXCONV	最大转换通道寄存器
70A3H～70A6H	CHSELSEQ1/2/3/4	输入通道排序控制寄存器
70A7H	AUTO_SEQ_SR	自动排序爱寄存器
70A8H～70B7H	RESULTx (x = 0～15)	ADC 转换结果缓冲寄存器
70B8H	CALIBRATION	校准寄存器

1. ADC 控制寄存器 1（ADCTRL1）：70A0H

D15	D14	D13	D12	D11	D10	D9	D8
保留位	RESET	SOFT	FREE	ACQ PS3	ACQ PS2	ACQ PS1	ACQ PS0
	RW-0	RW-0	RW-0	RW-0	RW-0	RW-0	RW-0

D7	D6	D5	D4	D3	D2	D1	D0
CPS	CONT RUN	INT PRI	SEQ CASC	CAL ENA	BRG ENA	HI/LO	STEST ENA
RW-0	RW-0	RW-0	RW-0	RW-0	RW-0	RW-0	RW-0

注：R＝ 可读，W＝ 可写，-0＝ 复位值。

D13～D12： 仿真和自由运行位。
00 当仿真挂起时，ADC 模块立即停止
01 当仿真挂起时，ADC 模块完成转换后停止
1x 自由运行，不受仿真挂起影响

D11～D8： ACQ PS3～ACQ PS0 采样时间窗口预定标位，如表 10.7 所示。

D7： CPS 位 转换时钟预定标位。
0 F_{CLK}＝ 时钟频率/1
1 F_{CLK}＝ 时钟频率/2
其中 CLK 为 CPU 时钟

D6： CONT RUN 连续转换位。
0 启动/停止模式
1 连续转换模式

D5： INT PRI ADC 中断请求优先权。
0 高级
1 低级

D4： SEQ CASC 级联排序器工作方式位。
0 双排序器模式，最多可选 8 个转换通道
1 级联模式，最多可选 16 个转换通道

D3： CAL ENA 偏差校准使能位。
0 禁止校准模式
1 使能校准模式

D2： BRG ENA 桥使能位，在校准模式中决定参考电压，见表 10.8。
0 全参考电压被接到 ADC 输入端
1 ADC 输入端接到参考电压的中点

D1： HI/LO V_{REFHI} 和 V_{REFLO} 选择位。
0 在 ADC 输入端用 V_{REFLO} 作为基值
1 在 ADC 输入端用 V_{REFHI} 作为基值

D0： SEEST ENA 自测模式使能位。
0 禁止自测模式
1 使能自测模式

表 10.7 A/D 模块的预定标系数

CPU 时钟为 30MHz 时 ADC 模块的预定标系数								
#	ACQ PS3	ACQ PS2	ACQ PS1	ACQ PS0	预定标因子（除以）	采样窗口时间	信号源阻抗 Z (CPS＝0)/Ω	信号源阻抗 Z (CPS＝1)/Ω
0	0	0	0	0	1	$2T_{CLK}$	67	385
1	0	0	0	1	2	$4T_{CLK}$	385	1020
2	0	0	1	0	3	$6T_{CLK}$	702	1655
3	0	0	1	1	4	$8T_{CLK}$	1020	2290
4	0	1	0	0	5	$10T_{CLK}$	1337	2925
5	0	1	0	1	6	$12T_{CLK}$	1655	3560
6	0	1	1	0	7	$14T_{CLK}$	1972	4194
7	0	1	1	1	8	$16T_{CLK}$	2290	4829
8	1	0	0	0	9	$18T_{CLK}$	2607	5464
9	1	0	0	1	10	$20T_{CLK}$	2925	6099
A	1	0	1	0	11	$22T_{CLK}$	3242	6734
B	1	0	1	1	12	$24T_{CLK}$	3560	7369
C	1	1	0	0	13	$26T_{CLK}$	3877	8004
D	1	1	0	1	14	$28T_{CLK}$	4194	8639
E	1	1	1	0	15	$30T_{CLK}$	4512	9274
F	1	1	1	1	16	$32T_{CLK}$	4829	9909

（续表）

CPU 时钟为 40MHz 时 ADC 模块的预定标系数								
#	ACQ PS3	ACQ PS2	ACQ PS1	ACQ PS0	预定标因子（除以）	采样窗口时间	信号源阻抗 Z (CPS = 0)/Ω	信号源阻抗 Z (CPS = 1)/Ω
0	0	0	0	0	1	$2T_{CLK}$	53	291
1	0	0	0	1	2	$4T_{CLK}$	291	767
2	0	0	1	0	3	$6T_{CLK}$	529	1244
3	0	0	1	1	4	$8T_{CLK}$	767	1720
4	0	1	0	0	5	$10T_{CLK}$	1005	2196
5	0	1	0	1	6	$12T_{CLK}$	1244	2672
6	0	1	1	0	7	$14T_{CLK}$	1482	3148
7	0	1	1	1	8	$16T_{CLK}$	1720	3625
8	1	0	0	0	9	$18T_{CLK}$	1958	4101
9	1	0	0	1	10	$20T_{CLK}$	2196	4577
A	1	0	1	0	11	$22T_{CLK}$	2434	5053
B	1	0	1	1	12	$24T_{CLK}$	2672	5529
C	1	1	0	0	13	$26T_{CLK}$	2910	6005
D	1	1	0	1	14	$28T_{CLK}$	3148	6482
E	1	1	1	0	15	$30T_{CLK}$	3386	6958
F	1	1	1	1	16	$32T_{CLK}$	3625	7434

注：① T_{CLK} 取决于转换时钟预定标因子（D7）。例如，CPS = 0：T_{CLK} = 1/CLK（对于 CLK = 40MHz，T_{CLK} = 25ns）；CPS = 1：T_{CLK} = 2(1/CLK)（对于 CLK = 40MHz，T_{CLK} = 50ns）。② 信号源阻抗 Z 仅为估计。

表 10.8　参考电压选择定义

BRG ENA	HI/LO	CAL ENA = 1 参考电压/V	STEST ENA = 1 参考电压/V
0	0	V_{REFLO}	V_{REFLO}
0	1	V_{REFHI}	V_{REFHI}
1	0	$\|(V_{REFHI} - V_{REFLO})/2\|$	V_{REFLO}
1	1	$\|(V_{REFLO} - V_{REFHI})/2\|$	V_{REFHI}

2．ADC 控制寄存器 2（ADCTRL2）：70A1H

D15	D14	D13	D12	D11	D10	D9	D8
EVB SOC SEQ	RSTSEQ1/ STRT CAL	SOC SEQ1	SEQ1 BSY	INT ENA SEQ1（模式 1）	INT ENA SEQ1（模式 0）	INT FLAG SEQ1	EVA SOC SEQ1
RW-0	RS-0	RW-0	R-0	RW-0	RW-0	RC-0	RW-0

D7	D6	D5	D4	D3	D2	D1	D0
EXT SOC SEQ1	RSTSEQ2	SOC SEQ2	SEQ2 BSY	INT ENA SEQ2（模式 1）	INT ENA SEQ2（模式 0）	INT FLAG SEQ2	EVB SOC SEQ2
RW-0	RS-0	RW-0	R-0	RW-0	RW-0	RC-0	RW-0

注：R = 可读，W = 可写，S = 仅为设置，C = 清除，-0 = 复位值。

D15:　EVB SOC SEQ　EVB 的 SCO 信号使能位。

0　不起作用

1　允许级联排序器 SEQ 被 EVB 的信号启动

D14:　RST SEQ1/STRT CAL　复位排序器 1/启动校准转换方式位。

在校准转换方式禁止的情况下：

0　不起作用

1　立即复位排序器 1 使排序器指针指向 CONV00

在校准转换方式使能的情况下：

0　不起作用

1　启动校准转换方式

D13:　SOC SEQ1　启动 SEQ1 转换位。

0　不起作用

1　软件触发启动 SEQl

D12： SEQl BSY　SEQl 忙状态位。
0　SEQl 处于空闲状态
1　SEQl 处于忙状态，一个转换序列正在进行

D11～D10： INT ENA SEQ1　对 SEQ1 的中断模式使能控制位。
00　中断禁止
01　中断模式 1：当中断标志位（INT FLAG SEQ1）置 1 时立即申请中断
10　中断模式 2：仅当 INT FLAG SEQ1 标志已经置 1 时申请中断。若有两个序列申请中断，则最后完成的序列先被响应，INT FLAC 位被置 1 且中断请求被屏蔽
11　保留

D9： INT FLAG SEQ1　ADC 模块 SEQ1 的中断标志位。
0　无中断事件发生
1　发生过中断事件

D8： EVA SOC SEQl　事件管理器 A 对 SEQl 产生 SOC 信号的屏蔽位。
0　SEQ1 不能被 EVA 的触发源启动
1　允许 SEQ1 或 SEQ 被 EVA 的触发源启动

D7： EXTSOC SEQ1　外部信号对 SEQ1 的启动转换位。
0　不起作用
1　允许一个来自 ADCSOC 引脚上的信号启动 ADC 自动转换序列

D6： RST SEQ2　复位排序器 2。
0　不起作用
1　立即复位 SEQ2，使排序指针指导 CONV00

D5： SOC SEQ2　启动 SEQ2 转换位（仅适用于双排序器模式）。
0　清除一个悬挂的 SOC 请求
1　软件出发启动 SEQ1

D4： SEQ2 BSY　SEQ2 忙状态位。
0　SEQ2 处于空闲状态
1　SEQ2 处于忙状态，一个转换序列正在进行

D3～D2： INT ENA SEQ2　对 SEQ2 的中断方式使能控制位。
00　中断禁止
01　中断模式 1：在中断标志位（INT FLAG SEQ2）置 1 时立即申请中断
10　中断模式 2：仅当 INT FLAG SEQ2 标志已经置 1 时，申请中断。若有两个序列申请中断，则最后完成的序列先被响应，INT FLAG SEQ2 被置 1 且中断请求被屏蔽（模式 2 允许其他排序结束产生中断申请）
11　保留

D1： INT FLAG SEQ2　ADC 模块 SEQ2 的中断标志位。
0　没有中断事件发生
1　一个中断事件已经发生

D0： EVB SOC SEQ2　事件管理器 B 对 SEQ2 产生 SOC 信号屏蔽位。
0　EVB 的触发源不能启动 SEQ2
1　允许 EVB 的触发源启动 SEQ2

3．最大转换通道寄存器（MAXCONV）：70A2H

D15～D7	D6	D5	D4	D3	D2	D1	D0
保留	MAX CONV2-2	MAX CONV2-1	MAX CONV2-0	MAX CONV1-3	MAX CONV1-2	MAX CONV1-1	MAX CONV1-0
R-x	RW-0	RW-0	RW-0	RW-0	RW-0	RW-0	RW-0

D6～D0： MAX CONVn 位域，该位域定义了一次自动转换时最多转换的通道数，该位域的值与排序器的工作模式有关。

例 10.4　对 MAX CONV 寄存器位编程

如果需要进行 5 个通道的转换，则 MAX CONV 设置为 4；在单排序器模式下使用 SEQ1 或在级联模式下使用 SEQ 时，排序器指针依次从 CONV00 指到 CONV04，并且这 5 个转换结果依

次被存放在转换结果寄存器 00～04 中。在双排序器下使用 SEQ2 时，排序器指针依次从 CONV08 指到 CONV12，并且这个转换结果依次被存放在转换结果寄存器 08～12 中。表 10.9 给出了 MAX CONVn 的位定义和转换个数之间的关系。

若 SEQl 工作在双排序器模式下，当写入 MOX CONV1 中的值超过 7 时，则 SEQ CNTn 超过 7 后继续计数，使得排序指针重新指到 CONV00 并继续转换。

表 10.9　MAX CONVn 的位定义和转换个数之间的关系

MAX CONV1 –[3～0]（SEQ）	转换个数	MAX CONV1 –[2～0]（SEQ1）	转换个数	MAX CONV2 –[2～0]（SEQ2）	转换个数
0000	1	0000	1	0000	1
0001	2	0001	2	0001	2
0010	3	0010	3	0010	3
0011	4	0011	4	0011	4
0100	5	0100	5	0100	5
0101	6	0101	6	0101	6
0110	7	0110	7	0110	7
0111	8	0111	8	0111	8
1000	9	—	—	—	—
1001	10	—	—	—	—
1010	11	—	—	—	—
1011	12	—	—	—	—
1100	13	—	—	—	—
1101	14	—	—	—	—
1110	15	—	—	—	—
1111	16	—	—	—	—

对 SEQ1 操作，使用位域 MAX CONV1-[2～0]；对 SEQ2 操作，使用位域 MAX CONV2-[2～0]；对 SEQ 操作，使用位域 MAX CONV1-[3～0]。

4．自动排序状态寄存器（AUTO_SEQ_SR）：70A2H

D15～D12	D11	D10	D9	D8
保留	SEQ-CNTR3	SEQ-CNTR2	SEQ-CNTR1	SEQ-CNTR0
R-x	R-0	R-0	R-0	R-0

D7	D6	D5	D4	D3	D2	D1	D0
保留	SEQ2-State2	SEQ2-State1	SEQ2-State2	SEQ1-State3	SEQ1-State2	SEQ1-State1	SEQ1-State0
R-x	R-0	R-0	R-0	R-0	R-0	R-0	R-0

D11～D8：　SEQ CNTR3～SEQ CNTR0　排序器计数状态位如表 10.10 所示。
当一个自动序列转开始时，最大转换通道数装入这 4 位。当序列转换时，每转换一个通道，SEQ CNTR～SEQ CNTR0 的值就减 1，当序列中的通道转换结束时，该计数状态值为 0。

D6～D4：　SEQ-state2～SEQ-state0　SEQ2 排序器指针的状态。

D3～D0：　SEQ-state3～SEQ-state0　SEQ1 排序器指针的状态。

如果需要，用户可以根据排序器指针状态值，在结束转换 EOS 信号到来之前读取中间结果。

表 10.10　SEQ CNTRn 位定义

SEQ CNTRn（只读）	剩余转换个数	SEQ CNTRn（只读）	剩余转换个数
0000	1	1000	9
0001	2	1001	10
0010	3	1010	11
0011	4	1011	12
0100	5	1100	13
0101	6	1101	14
0110	7	1110	15
0111	8	1111	16

5．ADC 输入通道选择排序控制寄存器（CHSELSEQl～CHSELSEQ4）：70A3H～70A6H

D15～D12	D11～D8	D7～D4	D3～D0	
CONV03	CONV02	CONV02	CONV01	CHSELSEQ1
RW-x	RW-0	RW-0	RW-0	

D15～D12	D11～D8	D7～D4	D3～D0	
CONV07	CONV06	CONV05	CONV01	CHSELSEQ2
RW-x	RW-0	RW-0	RW-0	

D15～D12	D11～D8	D7～D4	D3～D0	
CONV11	CONV010	CONV09	CONV08	CHSELSEQ3
RW-x	RW-0	RW-0	RW-0	

D15～D12	D11～D8	D7～D4	D3～D0	
CONV15	CONV14	CONV13	CONV12	CHSELSEQ4
RW-x	RW-0	RW-0	RW-0	

6．ADC 转换结果缓存器（RESULTn）：70A8H～70B7H

D15	D14	D13	D12	D11	D10	D9	D8	D7	D6	D5	D4	D3	D2	D1	D0
D9	D8	D7	D6	D5	D4	D3	D2	D1	D0	0	0	0	0	0	0

注：① 缓存区地址为 70A8H～70B7H（16 个寄存器）；
② 10 位转换结果 D9～D0 按左对齐存放在每个结果寄存器的高 10 位中（D15～D6）。

7．校准寄存器（CALIBRATION）：70B8H

D15	D14	D13	D12	D11	D10	D9	D8	D7	D6	D5	D4	D3	D2	D1	D0
D9	D8	D7	D6	D5	D4	D3	D2	D1	D0	0	0	0	0	0	0

校准寄存器 CALIBRATION 是一个 16 位的可读/写寄存器，10 位校准值按照左对齐的方式，存放在高 10 位（D15～D6）中。

10.7 ADC 转换时钟周期

转换时间与一个给定序列中的转换个数有关。转换周期被分为 5 各阶段，如表 10.11 所示。

(1)启动时序同步（SOS 同步）；

(2)采样时间（ACQ）；

(3)转换时间（CONV）；

(4)结束转换时间（EOC）；

(5)序列转换完成后设置标志位时间（EOS）。

表 10.11 ADC 转换各个阶段需要的 CLKOUT 时钟周期

序号	转 换 阶 段	CLKOUT 时钟周期（CPS = 0）	CLKOUT 时钟周期（CPS = 1）	说 明
1	启动 SOS 时序同步	2	2 或 3^{+}	只在一个转换序列的第一个通道转换时需要
2	采样时间（ACQ）	2^{++}	4^{++}	在每个转换时都需要
3	转换时间（CONV）	10	20	在每个转换时都需要
4	结束转换时间（EOC）	1	2	在每个转换时都需要
5	序列转换完成后设置标志位时间（EOS）	1	1	仅在一个转换序列的最后一个通道转换时间需要

注：$^{+}$ 当 CPS = 1 时，启动时序根据软件设置的触发方式使用相应的 CLKOUT 时钟周期同步 ADC 的时钟周期（ADCCLK）。
$^{++}$ 采样时间与 ACQ PSn 上的位有关。采样时间在 ACQ PS = 1, 2 和 3 的值列于表 10.12，从表中可以推断其他 ACQ PSn 值所对应的采样时间（ACQ）。

表 10.12 ACQ PSn = 1, 2 和 3 时 ACQ 的值

ACQ PS	CPS = 0	CPS = 1	ACQ PS	CPS = 0	CPS = 1
1	ACQ = 4	ACQ = 8	3	ACQ = 8	ACQ = 16
2	ACQ = 6	ACQ = 12			

10.8 ADC 转换应用实例

下面运用 TMS320LF2407 的 16 路 A/D 进行数据采集，通过定时器 1 周期性中断启动通道 ADCIN0 和 ADCIN1 的 A/D 转换，完成对外部模拟信号进行采集，采集结果存储到 nADCIn0[ADCNUMBER]和 nADCIn1[ADCNUMBER]中，在语句“nADCount=0;”处设置断点，运用 CCS 3.x 软件中的图像功能，重现采集的模拟信号。

1．C 源程序

```
#include "TMS320LF240x.h"                    //引用头文件，参见 4.2.1 节
#define ADCNUMBER 256

void interrupt gptime1(void);                //定时器中断服务程序
void ADInit(void);                           //初始化 A/D 转换模块和通用定时器 1

unsigned int uWork,uWork1,nADCount,*pResult1,*pResult2;
unsigned int nNewConvert;                    //AD 转换标志
unsigned int nADCIn0[ADCNUMBER];             //存储区 1，保存通道 ADCIN0 的转
                                             //换结果，循环保存
unsigned int nADCIn1[ADCNUMBER];             //存储区 2，保存通道 ADCIN1 的转
                                             //换结果，循环保存

main()
{
asm(" CLRC   SXM");
asm(" CLRC   OVM");
asm(" CLRC   CNF");

pResult1=RESULT0;
pResult2=RESULT1;
nNewConvert=0;

*WDCR=0x6F;                          //关闭看门狗
*WDKEY=0x5555;
*WDKEY=0xAAAA;
*SCSR1=0x81FE;                       //CLKIN=10M
                                     //CLKOUT=4×CLKIN=40MHz
uWork=*WSGR;                         //设置 I/O 等待状态为 0
uWork&=0xFE3F;
*WSGR=uWork;
asm(" SETC INTM");                   //关全局中断
ADInit();                            //初始化 A/D 和通用定时器 1

*IMR=3;                              //使能定时器中断
*IFR=0xFFFF;                         //清所有中断标志
asm(" CLRC INTM");                   //开全局中断
while (1)
{
  if ( nNewConvert )                 //保存标志置位，开始转换和保存转换结果
```

```
        {
        nNewConvert=0;                        //清保存标志
        uWork=*pResult1;                      //取 ADCINT0 通道转换结果
        uWork>>=6;                            //移位去掉低 6 位
        nADCIn0[nADCount]=uWork;              //保存结果

        uWork=*pResult2;                      //取 ADCINT1 通道转换结果
        uWork>>=6;                            //移位去掉低 6 位
        nADCIn1[nADCount]=uWork;              //保存结果

        nADCount++;
        if ( nADCount>=ADCNUMBER )            //缓冲区满后设置指示灯闪烁
        {
        nADCount=0;                           //设置中断位置
        }
      }
}
}
//初始化设置
void ADInit(void)
{
int i;
for ( i=0;i<ADCNUMBER;i++ )                   //缓冲区清 0
      nADCIn0[i]=nADCIn1[i]=0;
nADCount=0;
//设置 AD 转换模块参数
*ADCTRL1= 0x2F40;                             //设置连续转换模式
*MAXCONV = 0x1;                               //每次完成转换两个通道
*CHSELSEQ1=0xC4;                              //转换次序，先 ADCIN0，再 ADCIN1
*ADCTRL2= 0x2000;                             //启动转换

//设置通用定时器参数
*EVAIMRA = 0x80;                              //使能通用定时器 1
*EVAIFRA = 0xFFFF;                            //清中断标志
*GPTCONA = 0x0100;
*T1PR = 2000;                                 //设置 AD 转换结果保存周期
*T1CNT = 0;                                   //定时器初值设置为 0
*T1CON = 0x1040;                              //连续增计数方式，启动定时器
}
//定时器 1 中断服程序
void interrupt gptime1(void)
{
    uWork1=*PIVR;
    switch ( uWork1 )
    {
        case 0x27:
         {
         nNewConvert=1;                       //设置保存标志
         *EVAIFRA=0x80;                       //清中断标志位
            break;
         }
    }
}
//若是其他中断则直接返回子程序
void interrupt nothing()
```

```
{
    return;
}
```

2. 链接命令文件

```
-l rts2xx.lib
MEMORY
{
PAGE 0:
      VECS :o=0,l=40h
      PRCT :o=40h,l=4
      PROG :o=44h,l=2000h
PAGE 1:
      IDATA1 :o=300h,l=100h
      IDATA2 :o=0c00h,l=400h
      REG_MEM :o=7000h,l=1000h
      DATA :o=8000h,l=8000h

}
SECTIONS
{
.vectors        :>VECS         PAGE 0
.prct           :>PRCT         PAGE 0
.text           :>PROG         PAGE 0
.cinit          :>PROG         PAGE 0
.data           :>PROG         PAGE 0
.stack          :> PROG        PAGE 0
.bss            :>IDATA2       PAGE 1
.reg240x        :> REG_MEM     PAGE 1
}
```

3. 中断向量表

```
                .ref _gptime1,_c_int0
                .sect  ".vectors"
RSVECT          B   _c_int0        ; Reset Vector
INT1            B   PHANTOM        ; Interrupt Level 1
INT2            B   _gptime1       ; Interrupt Level 2
INT3            B   GISR3          ; Interrupt Level 3
INT4            B   GISR4          ; Interrupt Level 4
INT5            B   GISR5          ; Interrupt Level 5
INT6            B   GISR6          ; Interrupt Level 6
RESERVED        B   PHANTOM        ; Reserved
SW_INT8         B   PHANTOM        ; Software Interrupt
SW_INT9         B   PHANTOM        ; Software Interrupt
SW_INT10        B   PHANTOM        ; Software Interrupt
SW_INT11        B   PHANTOM        ; Software Interrupt
SW_INT12        B   PHANTOM        ; Software Interrupt
SW_INT13        B   PHANTOM        ; Software Interrupt
SW_INT14        B   PHANTOM        ; Software Interrupt
SW_INT15        B   PHANTOM        ; Software Interrupt
SW_INT16        B   PHANTOM        ; Software Interrupt
TRAP            B   PHANTOM        ; Trap vector
NMI             B   NMI            ; Nonmaskable Interrupt
EMU_TRAP        B   PHANTOM        ; Emulator Trap
SW_INT20        B   PHANTOM        ; Software Interrupt
SW_INT21        B   PHANTOM        ; Software Interrupt
SW_INT22        B   PHANTOM        ; Software Interrupt
SW_INT23        B   PHANTOM        ; Software Interrupt
SW_INT24        B   PHANTOM        ; Software Interrupt
```

```
SW_INT25    B    PHANTOM        ; Software Interrupt
SW_INT26    B    PHANTOM        ; Software Interrupt
SW_INT27    B    PHANTOM        ; Software Interrupt
SW_INT28    B    PHANTOM        ; Software Interrupt
SW_INT29    B    PHANTOM        ; Software Interrupt
SW_INT30    B    PHANTOM        ; Software Interrupt
SW_INT31    B    PHANTOM        ; Software Interrupt
GISR1
GISR2
GISR3
GISR4
GISR5
GISR6
PHANTOM
```

习题 10

1. 在 TMS320LF240x 系列 DSP 中，ADC 模块中排序器 1 和排序器 2 各有几种触发方式？
2. 在 TMS320LF240x 系列 DSP 中，A/D 转换分为几个阶段？
3. 简述排序器两种中断模式的区别。
4. 简述 ADC 校准模式的工作原理。
5. 简述 TMS320LF240x 系列 DSP 的 A/D 转换分为哪几个阶段。
6. 如何理解 TMS320LF2407 中 ADC 模块的自测试模式？
7. 简述 TMS320LF240x 系列 DSP 排序器 SEQ1 与 SEQ2 工作在单排序模式和双单排序器模式下的工作原理。
8. TMS320LF240x 系列 DSP 的模数转换模块（ADC）带有采样保持功能的（　　）个通道的（　　）位 ADC 电路。
9. 模数转换模块（ADC）具有（　　）个独立的（　　）通道的排序器（　　）和（　　），可以独立工作在（　　）模式，也可工作在（　　）模式。

第 11 章　串行外设接口模块

11.1　串行外设接口概述

TMS320LF2407 器件包括带有 4 个引脚的串行外设接口（SPI）模块。SPI 是一个高速、同步串行 I/O 口，它允许长度可编程的串行位流（1～16 位）以可编程的位传输速度移入或移出器件。通常 SPI 用于 DSP 处理器和外部外设及其他处理器之间的通信。典型的应用包括通过诸如移位寄存器、显示驱动器、DAC 及日历时钟等器件所进行的外部 I/O 或器件的扩展。SPI 的主/从操作支持多处理器通信。SPI 模块的结构框图如图 11.1 所示。

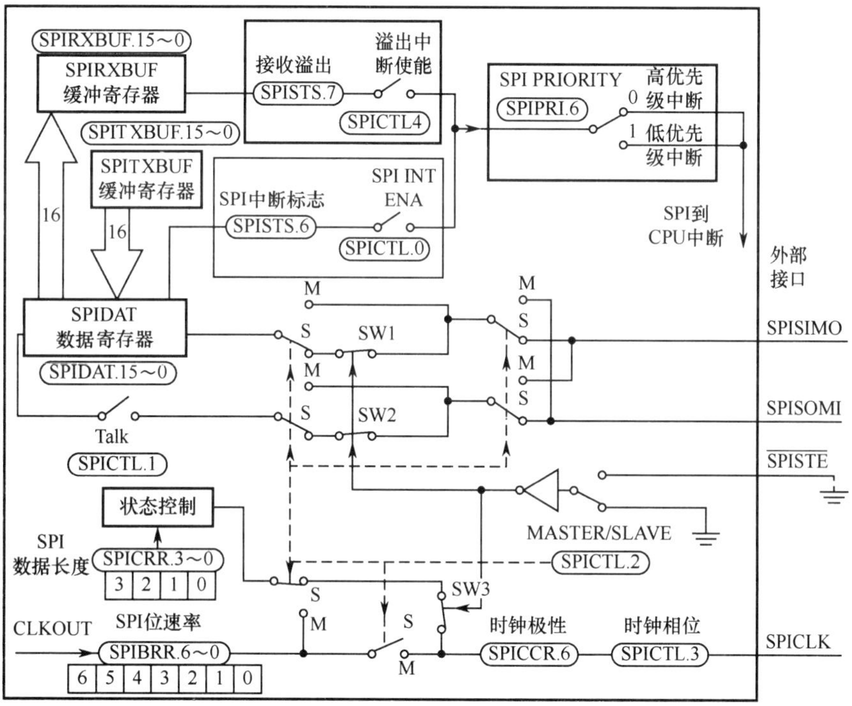

注：① 图中给出的是从模式下的连接情况。
② 图中 SPISTE 引脚从外部接地，表示该模式可接收和发送数据。这种配置中开关 SWl、SW2 和 SW3 是关闭的。

图 11.1　SPI 模块的结构框图

SPI 模块的特性包含以下几个部分。

1. 四个外部引脚

(1)SPISOMI：SPI 从动输出/主动输入引脚；

(2)SPISIMO：SPI 从动输入/主动输出引脚；

(3)SPISTE：SPI 从动发送使能引脚；

(4)SPICLK：SPI 串行时钟引脚。

2．两种工作方式

主动或从动工作方式。

3．波特率

125 种可编程的波特率，在 40MHz CPU 时钟方式下达 10Mbps。

4．数据字长

1～16 个数据位。

5．四种时钟方案

四种时钟方案（由时钟极性和时钟相位控制）包括：

⑴无延时的下降沿：串行外设接口在 SPICLK 信号下降沿发送数据，而在 SPICLK 信号上升沿接收数据；

⑵有延时的下降沿：串行外设接口在 SPICLK 信号下降沿之前的半个周期时发送数据，而在 SPICLK 信号下降沿接收数据；

⑶无延时的上升沿：串行外设接口在 SPICLK 信号上升沿发送数据，而在 SPICLK 信号下降沿接收数据；

⑷有延时的上升沿：串行外设接口在 SPICLK 信号上升沿之前的半个周期时发送数据，而在 SPICLK 信号上升沿接收数据。

6．发送和接收操作

发送和接收操作可通过中断或查询方法来完成。

11.2 串行外设接口操作

11.2.1 操作介绍

SPI 可以工作在主方式或从方式下。图 11.2 是由两个 DSP 器件的串行外设接口 SPI 组成的主控制器和从控制器之间的串行通信连接图。两个控制器可同时发送和接收数据。主控制器可通过输出 SPICLK 信号来启动数据传送。有三种可能的数据发送方法：

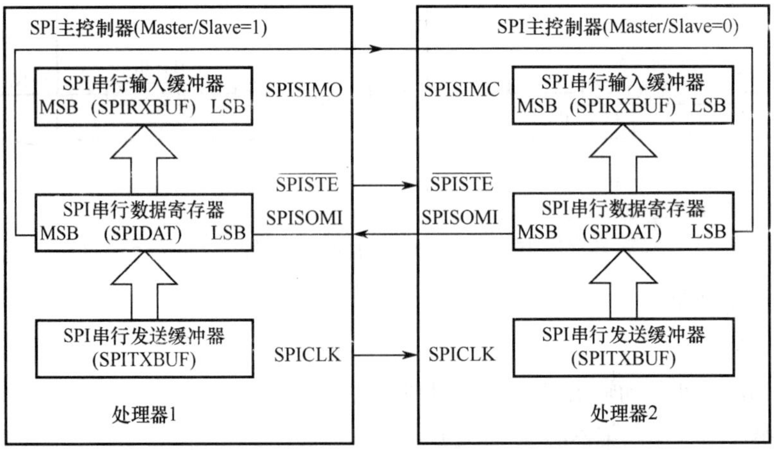

图 11.2　串行外设接口 SPI 组成的主控制器/从控制器连接

⑴主控制器发送数据，从控制器发送伪数据；

⑵主控制器发送数据，从控制器发送数据；

⑶主控制器发送伪数据，从控制器发送数据。

由于硬件不支持少于 16 位的数据进行传送，所以发送的数据必须以左对齐格式写入，而接收的数据必须以右对齐格式读取。向 SPI DAF 写入伪数据就是用以启动接收的排序功能的。

11.2.2　串行外设接口的主动模式和从动模式

1．主动模式

当 SPI 操作控制寄存器 SPICTL 的 MASTER/SLAVE 位为 1 时，SPI 工作于主动模式下。此时，主 SPI 通过引脚 SPICLK 提供整个串行通信网络的串行时钟。数据从 SPISIMO 引脚输出，并在 SPISOMI 引脚输入。SPI 波特率设置寄存器 SPIBRR 决定发送和接收的位传输速率，通过 SPIBRR 可选择 125 种不同的波特率。

发送数据时，主控制器先送出 SPICLK 信号（频率应不超过器件系统时钟的 1/4），然后向 SPIDAT 或 SPITXBUF 寄存器写数据，即可启动 SPISIMO 引脚上的数据发送（先发送最高有效位）；同时从控制器通过引脚 SPISOMI 将接收到的数据移入 SPIDAT 的最低位。当选定数量的位发送完时，则整个数据发送完毕，数据按照右对齐格式存放在 SPIRXBUF 中，以备 CPU 读取。

当指定数量的数据位发送完之后，将发生下列事件：

⑴SPIDAT 中的内容传送到 SPIRXBUF 寄存器中；

⑵SPI INT FLAG 位置位；

⑶若 SPITXBUF 寄存器中还有有效的数据，或 TXBUF FULL 标志位为 1，则此数据将传送至 SPIDAT 寄存器中，否则把已接收到的数据移出 SPIDAT 寄存器，SPICLK 时钟停止；

⑷若 SPI 中断使能位 SPI INT ENA = 1，则产生中断。

在典型应用中，SPISTE 引脚作为 SPI 从控制器的片选信号，在接收主控制器的数据前，把 SPISTE 引脚置低，接收完数据后再置为高。

2．从动模式

当 SPICTL 寄存器的 MASTER/SLAVE = 0 时，SPI 工作在从模式下，数据从 SPISOMI 引脚输出，由 SPISIMO 引脚输入。SPICLK 引脚作为串行移位时钟的输入，该时钟由 SPI 网络主控制器提供。传输速率由该时钟决定，SPICLK 的输入时钟频率不超过器件系统时钟频率的 1/4。

SPI 的从控制器接收数据时，首先等待网络主控制器送出 SPICLK 信号，然后将 SPISIMO 引脚上的数据传送到 SPIDAT 寄存器。当接收到 SPICLK 信号时，写入 SPIDAT 或 SPITXBUF 的数据就被传送到网络。如果从控制器同时也发送数据，则须在 SPICLK 信号到来之前将数据写入 SPIDAT 或 SPITXBUF 寄存器。当 SPIDAT 中的所有位被全部移出后，SPITXBUF 的数据才能传送到 SPIDAT 中；若当前不是正在发送数据，则写入 SPITXBUF 的数据将立即传送到 SPIDAT 中。

当寄存器 SPICTL 的位 TALK = 0 时，禁止数据传送，从控制器输出引脚 SPISOMI 被置成高阻态（但正在发送的数据仍将全部发送完毕）。

当 $\overline{\text{SPISTE}}$ 引脚作为从控制器片选信号时，$\overline{\text{SPISTE}}$ 为低选中从控制器，可进行数据传输。而 $\overline{\text{SPISTE}}$ 为高将禁止数据传送且 SPISOMI 为高阻态，从而使得一个网络可以有多个从器件，并保证在同一时刻只能有一个从器件起作用。

11.2.3　串行外设接口 SPI 的中断

串行外设接口（SPI）有 5 个控制位和标志位用于 SPI 的中断：

⑴SPI 中断使能位 SPI INT ENA（SPICTL 寄存器的 D0 位）；

⑵SPI 中断标志位 SPI INT FLAG（SPISTS 寄存器的 D6 位）；

⑶SPI 超时中断标志位 RECEIVER OVERRUN FLAG（SPISTS 寄存器的 D7 位）；

⑷SPI 超时中断使能位 OVERRUN INT ENA（SPICTL 寄存器的 D4 位）；

⑸SPI 中断优先级选择位 SPI PRIORITY（SPIPRI 寄存器的 D6 位）。

在 SPI 中断使能的情况下，当数据被移入或移出 SPIDAT 寄存器时，中断标志被置位，并产生中断请求。中断标志位保持置位，直到以下情况发生时才被清除：

发生以下情况之一时，可以使 SPI 中断标志位清 0：

⑴中断被响应；

⑵CPU 读取 SPIRXBUF 寄存器（读取 SPIRXEMU 并不清除中断标志位）；

⑶用一条 IDLE 指令使器件进入 IDIE2 低功耗模式或 HALT 待机模式；

⑷写 0 到 SPI SW RESET 位（SPICCR 寄存器的 D7 位）；

⑸系统复位。

SPI 中断发生时，接收的数据已存放在 SPIRXBUF 寄存器之中并等待 CPU 读取。如果 CPU 在下一个字符已经接收完毕时，还未读取 SPIRXBUF 寄存器之中的数据，则新的数据将被写入 SPIRXBUF 寄存器，覆盖旧数据，并置 SPI 超时中断标志位为 1。

11.2.4　串行外设接口的数据格式

SPICCR.3～0 这 4 位确定了数据的位数（1～16 位），该信息指导状态控制逻辑计算接收和发送的位数，从而决定何时处理完一个数据。下列情况适用于少于 16 位的数据：

⑴当数据写入 SPIDAT 或 SPITXBUF 寄存器时必须左对齐；

⑵数据从 SPIRXBUF 寄存器读取出时必须右对齐；

⑶SPIRXBUF 中存放最新接收到的数据位（右对齐），再加上那些已移位到左边的前次留下的位。

当发送字符长度为 1，SPIDAT 的当前值为 737BH 时，则主模式下发送前后 SPIDAT 和 SPIRXBUF 寄存器的数据格式如图 11.3 所示。

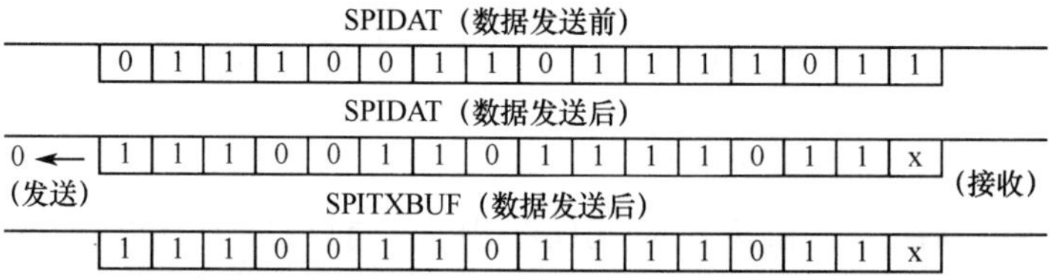

图 11.3　主模式下发送前后 SPIDAT 和 SPIRXBUF 寄存器的数据格式

注意：若 SPISOMI 引脚上的电平为高，则 x = 1；若 SPISOMI 引脚上的电平为低，则 x = 0。

11.2.5　串行外设接口波特率设置和时钟方式

串行外设接口支持 125 种不同的波特率和 4 种不同的时钟方式。根据串行外设接口是处于从动工作方式还是处于主动工作方式，引脚 SPICLK 可分别接收一个外部的 SPI 时钟信号或由

DSP 提供 SPI 时钟信号。

⑴在从动工作方式中，DSP 串行外设接口时钟由 SPI 外部的 SPI 时钟信号提供，并且该时钟信号的频率不能大于 CPU 时钟的 1/4；

⑵在主动工作方式中，串行外设接口时钟由 DSP 串行外设接口产生并由 SPICLK 引脚输出。

1．波特率的计算

⑴SPIBRR = 3～127 时，

$$\text{SPI 波特率} = \text{SYSCLK}/(\text{SPIBRR} + 1)$$

$$\text{SPIBRR} = (\text{SYSCLK}/\text{SPI 波特率}) - 1$$

⑵SPIBRR = 0, 1, 2 时，

$$\text{SPI 波特率} = \text{SYSCLK}/4$$

式中，SYSCLK 为系统时钟频率，SPIBRR 为主串行外设接口器件中 SPIBRR 寄存器的内容

例 11.1　已知系统时钟频率 SYSCLK = 40MHz，现要将 SPI 的波特率设置为 5Mbps，试确定 SPI 特率寄存器的值即 SPIBRR。

根据上面计算 SPIBRR 的公式可知

$$\text{SPIBRR} = 40\times10^6/(5\times10^6) - 1 = 8 - 1 = 7\text{H}$$

所以 SPI 波特率寄存器设置为 SPIBRR = 7H。

2．串行外设接口的时钟方式

时钟极性位 CLOCK POLARITY（SPICCR.6）和时钟相位位 CLOCK PHASE（SPICTL.3）控制着引脚 SPICLK 上的 4 种不同的时钟方式。时钟极性位选择时钟有效沿是上升沿还是下降沿；时钟相位位则选择时钟的 1/2 周期延时。4 种不同的时钟方式如下：

⑴无延时的下降沿：串行外设接口在 SPICLK 信号下降沿发送数据，而在 SPICLK 信号上升沿接收数据；

⑵有延时的下降沿：串行外设接口在 SPICLK 信号下降沿之前的半个周期时发送数据，而在 SPICLK 信号下降沿接收数据；

⑶无延时的上升沿：串行外设接口在 SPICLK 信号上升沿发送数据，而在 SPICLK 信号下降沿接收数据；

⑷有延时的上升沿：串行外设接口在 SPICLK 信号上升沿之前的半个周期时发送数据，而在 SPICLK 信号上升沿接收数据。

串行外设接口的时钟方式选择如表 11.1 所示。

表 11.1　串行外设接口时钟方式选择

SPICLK 方式	时钟极性（SPICCR.6）	时钟相位（SPICCR.3）
无延时的上升沿	0	0
有延时的上升沿	0	1
无延时的下降沿	1	0
有延时的下降沿	1	1

11.2.6　串行外设接口的初始化

当系统复位时，将迫使 SPI 外设模块进入下列默认配置：

⑴该单元被配置成从动模式（MASTER/SLAVE = 0）；

⑵禁止发送功能（TALK = 0）；

⑶在 SPICLK 信号的下降沿输入数据被锁存；

⑷字符长度为 1 位；
⑸禁止串行外设接口中断；
⑹SPIDAT 寄存器中的数据被复位为 0000H；
⑺SPI 的 4 个引脚被配置成一般的 I/O 功能。
为了改变串行外设接口在系统复位后的配置，应进行如下操作：
⑴将 SPI SW RESET 位清 0，强制 SPI 进入复位状态；
⑵初始化串行外设接口的配置、数据格式、波特率和所需引脚的功能；
⑶将 SPI SW RESET 位置为 1，使 SPI 进入工作状态；
⑷写数据到 SPIDAT 或 SPITXBUF 寄存器中（这就启动了主方式下的通信过程）；
⑸在数据传送完成后，即 SPISTS.6 = 1 时，读取 SPIRXBUF 寄存器中的数据。

11.3 串行外设接口模块控制寄存器

设置 SPI 模块的各个寄存器，可以控制 SPI 模块的操作。以下介绍 SPI 寄存器各位的功能。

1．串行外设接口（SPI）配置控制寄存器（SPICCR）：7040H

D7	D 6	D5～D4	D3	D2	D1	D0
SPI SW RESET	CLOCK POLARITY	保留	SPI CHAR3	SPI CHAR2	SPI CHAR1	SPI CHAR0
RW-0	RW-0	R-0	RW-0	RW-0	RW-0	RW-0

D7： SPI SW RESET　SPI 软件复位位，当改变配置时，用户应在改变前把该位清 0，并在恢复操作前把该位置 1。
0　初始化 SPI 操作标志位为复位状态
1　SPI 准备发送或接收下一个字符

D6： CLOCK POLARITY　移位时钟极性。
该位和 SPICTL 寄存器中的 CLOCK PHASE (D3)一起控制 SPICLK 引脚上的 4 种时钟设计方式，具体如表 11.1 所示

D3～D0： SPI CHAR3～SPI CHAR0　数据长度控制位，具体如表 11.2 所示。

表 11.2　数据长度选择对应表

SPI CHAR3	SPI CHAR2	SPI CHAR1	SPI CHAR0	字 符 长 度
0	0	0	0	1
0	0	0	1	2
0	0	1	0	3
0	0	1	1	4
0	1	0	0	5
0	1	0	1	6
0	1	1	0	7
0	1	1	1	8
1	0	0	0	9
1	0	0	1	10
1	0	1	0	11
1	0	1	1	12
1	1	0		13
1	1	0	1	14
1	1	1	0	15
1	1	1	1	16

2．串行外设接口（SPI）操作控制寄存器（SPICTL）：7041H

D7～D5	D4	D3	D2	D1	D0
保留位	OVERRUN INT ENA	CLOCK PHASE	MASTER /SLAVE	TALK	SPI INT ENA
R-0	RW-0	RW-0	RW-0	RW-0	RW-0

D4： OVERRUN INT ENA　超时中断使能位。

0　禁止 RECEIWER OVER RUN 标志位（SPISTS.7）中断

1　使能超时中断。当 RECEIWER OVERRUN 标志位（SPISTS.7）被硬件置为 1 时，可产生一个中断

D3： CLOCK PHASE　SPI 时钟相位选择位，该位控制 SPICLK 信号的相位，如表 11.1 所示。

0　正常的 SPI 时钟方式，取决于 CLOCK POLARITY 位（SPICCR.6）

1　延迟半个周期的 SPLCLK 信号，其极性由 CLOCK POLARITY 位决定

D2： MASTER/SLAVE　SPI 主从模式选择位。

0　SPI 配置为从网络

1　SPI 配置为主网络

D1： TALK　主/从发送允许位。

0　禁止发送

在从工作模式下，若引脚 SPISOMI 未被配置为通用 I/O 功能，则将其置成高阻态

在主工作模式下，若引脚 SPISIMO 未被配置为通用 I/O 功能，则将其置成高阻态

1　允许发送

D0： SPI INT ENA　SPI 中断使能位。

0　禁止中断

1　使能中断

3．串行外设接口（SPI）状态寄存器（SPISTS）：7042H

D7	D6	D5	D4～D0
RECEIVER OVERRUN FLAG①②	SPI INT FLAG②	TX BUF FULL FLAG②	保留
RC-0	RC-0	RC-0	R-0

注意：R＝ 可读，C＝ 清 0，-0＝ 复位值。

① RECEIVER OVERRUN FLAG 接收超时标志位与 SPI INT FLAG 共用一个中断矢量。

② 向 5、6、7 位写入 0 不会影响这些位的值。

D7： RECEIVER OVERRUN FLAG　SPI 接收超时标志位。该位是一个只读/清除标志。当前一个数据从缓冲器中读出之前又完成了下一个数据的接收或发送操作时，硬件将该位置 1，表示接收到的最后一个数据被覆盖写入而丢失。若 OVERRUN INT ENA 位（SPICTL.4）已被置 1，则该位每次置位时 SPI 就发生一次中断请求。向该位写 1，向 SPI SW RESET 位写 0，系统复位都将清除该位。

0　无中断请求

1 有中断请求

D6： SPI INT FLAG　中断标志位。当 SPI 发送或接收完最后一位数据时该位置 1，同时收到的字符被放置在接收缓冲器中。如果 SPI INT ENA 位已被置位，则该标志将引起中断请求。通过读取 SPIRXBUF、将 1 写入 SPI SW RESET（SPICCR.7），系统复位都将清除该位。

0　无中断请求

1　有中断请求

D5： TX BUF FULL FLAG　SPI 发送缓冲器满标志位。

0　空

1　发送缓冲器中有数据

4．串行外设接口（SPI）波特率设置寄存器（SPIBRR）：7044H

D7	D6	D5	D4	D3	D2	D1	D0
保留位	SPI BIT RATE6	SPI BIT RATE5	SPI BIT RATE4	SPI BIT RATE3	SPI BIT RATE2	SPI BIT RATE1	SPI BIT RATE0
R-0	RW-0	RW-0	RW-0	RW-0	RW-0	RW-0	RW-0

D6～D0： SPIBIT RATE6～SPI BIT RATE0　SPI 波特率设置位，见 11.2.5 节。

5．串行外设接口（SPI）仿真接收缓冲寄存器（SPIRXEMU）：7046H

D15	D14	D13	D12	D11	D10	D9	D8
ERXBI5	ERXBI4	ERXBI3	ERXBI2	ERXBI1	ERXBI0	ERXB9	ERXB8
R-0	R-0	R-0	R-0	R-0	R-0	R-0	R-0

D7	D6	D5	D4	D3	D2	D1	D0
ERXB7	ERXB6	ERXB5	ERXB4	ERXB3	ERXB2	ERXB1	ERXB0
R-0	R-0	R-0	R-0	R-0	R-0	R-0	R-0

D15～D0：　ERXB15～ERXB　仿真缓冲器接收的数据。

SPIRXEMU 寄存器的功能与 SPIRXBUF 的基本相同，区别为读 SPIRXEMU 时不会清除 SPI INT FLAG 标志位，而读 SPIRXBUF 时将清除该标志位。一旦 SPIDAT 接收到完整的数据，就把该数据传送到 SPIRXEMU 和 SPIRXBUF 寄存器。创建 SPIRXEMU 镜像寄存器是为了支持仿真，SPIRXEMU 寄存器允许仿真器更准确地模拟 SPI 的真实操作，建议在正常的仿真器工作方式下读取 SPIRXEMU 寄存器中的值。

6. 串行外设接口（SPI）接收缓冲寄存器（SPIRXBUF）：7047H

D15	D14	D13	D12	D11	D10	D9	D8
RXB15	RXB14	RXB13	RXB12	RXB11	RXB10	RXB9	RXB8
R-0	R-0	R-0	R-0	R-0	R-0	R-0	R-0

D7	D6	D5	D4	D3	D2	D1	D0
RXB7	RXB6	RXB5	RXB4	RXB3	RXB2	RXB1	RXB0
R-0	R-0	R-0	R-0	R-0	R-0	R-0	R-0

D15～D0：　RXB15～RXB0　接收到的数据。

SPIDAT 接收到完整的字符后，就将其传送到 SPIRXBUF 寄存器，CPU 读取 SPIRXBUF 时，SPI INT FLAG 标志将自动清除。由于数据先被移到 SPI 的最高有效位中，所以在 SPIRXBUF 寄存器中数据采用右对齐方式存储。

7. 串行外设接口（SPI）发送缓冲寄存器（SPITXBUF）：7048H

D15	D14	D13	D12	D11	D10	D9	D8
TXB15	TXB14	TXB13	TXB12	TXB11	TXB10	TXB9	TXB8
RW-0	RW-0	RW-0	RW-0	RW-0	RW-0	RW-0	RW-0

D7	D6	D5	D4	D3	D2	D1	D0
TXB7	TXB6	TXB5	TXB4	TXB3	TXB2	TXB1	TXB0
RW-0	RW-0	RW-0	RW-0	RW-0	RW-0	RW-0	RW-0

D15～D0：　TXB15～TXB0　下一个要发送的数据。

SPITXBUF 存放下一个要发送的数据，向该寄存器写入会把 TX BUF FLAG 标志位置 1，在当前数据发送完成之后，该寄存器中的内容会自动装入 SPIDAT，然后自动清除 TX BUF FLAG 标志位。若没有正在进行的发送，则数据将直接装入 SPIDAT，TX BUF FLAG 标志位将不会被置 1。

在主模式下，如果当前没有正在进行的发送，则往 SPITXBUF 寄存器中的写入将启动一个发送过程，这种发送过程与向 SPIDAT 寄存器写入启动的发送过程相同。

8. 串行外设接口（SPI）发送/接收缓冲寄存器（SPIDAT）：7049H

D15	D14	D13	D12	D11	D10	D9	D8
SDAT15	SDAT14	SDAT13	SDAT12	SDAT11	SDAT10	SDAT9	SDAT8
RW-0	RW-0	RW-0	RW-0	RW-0	RW-0	RW-0	RW-0

D7	D6	D5	D4	D3	D2	D1	D0
SDAT7	SDAT6	SDAT5	SDAT4	SDAT3	SDAT2	SDAT1	SDAT0
RW-0	RW-0	RW-0	RW-0	RW-0	RW-0	RW-0	RW-0

D15～D0：　SDAT15～SDAT0　串行数据。

写入 SPIDAT 的操作可以执行两种功能：

⑴如果 TALK 位（SPICTL.1）被置位，则该寄存器提供了输出到串行输出引脚的数据；

⑵当 SPI 工作于主动模式时，数据开始发送。发送数据的时钟方式取决于 CLOCKPOLARITY 位和 LOCK PHASE 位的设置。

9. 串行外设接口（SPI）中断优先级控制寄存器（SPLPRI）：704FH

SPIPRI 主要用于仿真器仿真中，当程序被挂起（例如碰到断点）时，用来选择 SPI 的中断优先级和控制 SPI 操作。

D7	D6	D5	D4	D3～D0
保留	SPI PRIORITY	SPI SUSP SOFT	SPI SUSP FREE	保留
R-0	RW-0	RW-0	RW-0	R-0

D6:　SPI PRIORITY　SPI 中断优先级选择位。

0　高优先级中断请求

1　低优先级中断请求

D5～D4:　SPI SUSP SOFT，SPI SUSP FREE　SPI 仿真挂起时的操作控制位。

这些位决定出现仿真挂起（例如碰到断点）时 SPI 的工作模式。在自由运行模式下，SPI 可以继续正在进行的任何操作；在停止模式下，可以立即停止操作或在当前的操作完成之后再停止。

00　仿真挂起时，立即停止

01　仿真挂起时，在当前的接收或发送完成之后停止

1x　SPI 操作与仿真挂起无关

11.4　串行外设接口应用实例

1. TLC5615 概述

TLC5615 是一个串行 10 位 DAC 芯片，只需要通过三根串行总线就可以完成 10 位数据的串行输入，易于与工业标准的微处理器或微控制器（单片机）接口，适用于电池供电的测试仪表、移动电话，也适用于数字失调与增益调整及工业控制场合。其主要特点如下：

(1)单 5V 电源工作；

(2)三线串行接口；

(3)高阻抗基准输入端；

(4)DAC 输出的最大电压为 2 倍基准输入电压；

(5)上电时内部自动复位；

(6)微功耗，最大功耗为 1.75mW；

(7)转换速率快，更新率为 1.2MHz。

TLC5615 的引脚如图 11.4 所示，各引脚功能如表 11.3 所示。

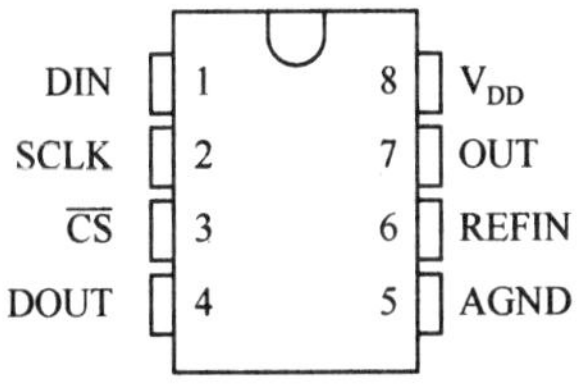

图 11.4　TLC5615 引脚图

表 11.3　TLC5615 引脚功能

引　脚　号	引 脚 名 称	功 能 说 明
1	DIN	数据输入端
2	SCLK	时钟输入端
3	$\overline{CS}$	片选端
4	DOUT	用于级联的串行数据输出端
5	V_{DD}	电源
6	OUT	DAC 模拟电压输出端
7	REFIN	参考电压输入端
8	AGND	电源地

TLC5615 工作时序如图 11.5 所示。从中可以看出，只有当片选 $\overline{CS}$ 为低电平时，串行输入数据才能被移入 16 位移位寄存器。当 $\overline{CS}$ 为低电平时，在每个 SCLK 时钟的上升沿将 DIN 的一位数据移入 16 位移寄存器。注意，二进制最高有效位被导前移入；接着，在 $\overline{CS}$ 的上升沿将 16 位移位寄存器的 10 位有效数据锁存于 10 位 DAC 寄存器，供 DAC 电路进行转换；当片选 $\overline{CS}$ 为高电平时，串行输入数据不能被移入 16 位移位寄存器。

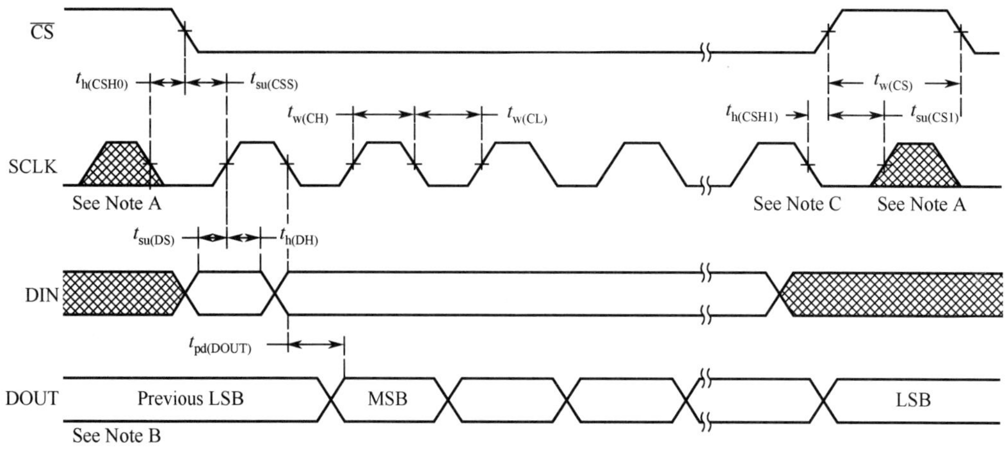

图 11.5　TLC5615 工作时序

TLC5615 输出电压为

$$V_{OUT} = V_{REFIN} \times N/1024$$

式中，V_{REFIN} 是参考电压，N 是输入的二进制数据。

TLC5615 的 12 位数据串行移入顺序图如图 11.6 所示。

12 位数据		
10 位有效数据	×	×
MSB　　　　　　　　LSB	额外的数据	

图 11.6　12 位数据串行移入顺序图

2．硬件电路设计

在图 11.7 中 TMS320LF2407 作为 SPI 的主机，TLC5615 作为从机，即 TLC5615 只接收来自主机的数据，然后进行 D/A 转换从 OUT 引脚输出模拟电压信号。

3．软件程序设计

该程序利用 TMS320LF2407 的 SPI 模块向 TLC5615 芯片发送数据用于 D/A 转换，TLC5615 的模拟输出端输出一个锯齿波。

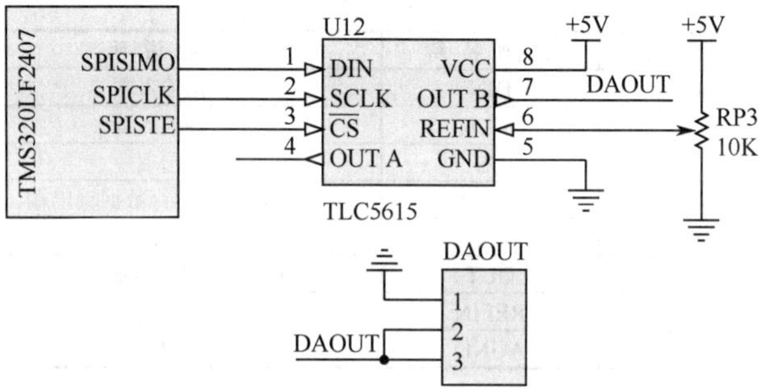

图 11.7　TMS320LF2407 与 TLC5615 接口电路

1．C 源文件

```
#include "TMS320LF240x.h"                    //引用头文件，参见 4.2.1 节
//系统初始化子程序
void initial(void)
```

```
{
asm(" SETC SXM");                    //符号位扩展有效
asm(" CLRC OVM");                    //累加器中结果正常溢出
asm(" CLRC CNF");                    //B0 被配置为数据存储空间
asm(" SETC INTM");                   //关中断
*SCSR1=0x81FE;                       //CLKIN = 10M，CLKOUT = 4×CLKIN = 40MHz
*WDCR=0x6F;                          //关闭看门狗
*IMR=0x00;                           //屏蔽所有可屏蔽中断
}
//SPI 总线初始化子程序
void SpiIni(void)
{
*MCRB=0x0014;                        //设置通用引脚为 SPI 功能的引脚，且 IOPC3
//为一般 I/O 口
*SPICCR=0x004B;                      //12 位数据，在 SPICLK 下降沿发送数据
*SPICTL=0x0006;                      //使能主动模式，一般的时钟方式，使能 TALK
*SPIBRR=0x0027;                      //SPI 的波特率为 5Mbps，CLKOUT = 40MHz

*SPICCR|=0x0080;                     //使 SPI 退出复位状态
*PCDATDIR=0x2020;                    //IOPC5 作为片选信号，高电平
}
//SPI 的发送数据子程序
void SendData(unsigned data)
{
unsigned flag;
data=data<<6;                        //发送数据左对齐，左移 6 位
*SPITXBUF=data;                      //向 SPI 的发送缓冲器写一个发送数据
while(1)
{
 flag=*SPISTS&0x40;                  //读取 SPI 的中断标志
 if(flag==0x40)
    break;                           //SPI 中断标志为 1，SPI 发送成功，停止等待
 }
*SPIRXBUF=*SPIRXBUF;                 //虚读*SPIRXBUF，清楚 SPI 中断标志
}

main()
{
 unsigned i,DAData;
 initial();                          //系统初始化
 SpiIni();                           //SPI 总线初始化
 while (1)
 {
  for(i=0;i<1024;i++)
  {
   *PCDATDIR&=0x2000;                //IOPC5 作为片选信号，置成低电平
   SendData(i);
   *PCDATDIR|=0x2020;                //IOPC5 作为片选信号，高电平
   }
  }
}
```

2．链接命令文件

```
-l rts2xx.lib
-stack 200
MEMORY
```

```
{
PAGE 0:
    VECS :o=0,l=40h
    PRCT :o=40h,l=4
    PROG :o=9000h,l=2000h
PAGE 1:
    IDATA1:o=300h,l=100h
    IDATA2:o=0c00h,l=400h
    REG_MEM: o=7000h , l=1000h
    DATA :o=8000h,l=8000h
}
SECTIONS
{
.vectors        :>VECS        PAGE 0
.prct           :>PRCT        PAGE 0
.text           :>PROG        PAGE 0
.cinit          :>PROG        PAGE 0
.data           :>PROG        PAGE 0
.stack          :>IDATA2      PAGE 1
.bss            :>IDATA2      PAGE 1
.reg240x        :>REG_MEM     PAGE 1
}
```

习题 11

1. 简述 TMS320F240x 系列 DSP 的 SPI 通信接口的特点。
2. 简述 SPI 总线的两种工作方式并阐述其区别。
3. 简述 SPI 总线的 4 种时钟方案。
4. 简述 SPI 总线三种可能的数据发送方法。
5. SPI 串行外设接口有（　　）个控制位和标志位用于 SPI 的中断，分别是（　　）、（　　）、（　　）、（　　）和（　　）。
6. SPI 模块支持（　　）种不同的波特率和（　　）种不同的时钟模式，SPI 时钟信号的频率不能大于 CPU 时钟的（　　）。
7. SPI 总线的发送和接收操作可通过（　　）或（　　）方法来完成。
8. SPI 总线中，写入 SPIDAT 或 SPITXBUF 寄存器时必须（　　）对齐；数据从 SPIRXBUF 寄存器读取出时必须（　　）对齐。

第 12 章　CAN 控制器模块

12.1　TMS320LF240x 系列 CAN 控制器概述

TMS320LF2407 系列的 CAN 控制器模块是一个 16 位外设模块，具有以下特性：

⑴完全支持 2.0 版的 CAN 协议，包括标准及扩展的标识符，数据及远程帧。

⑵具有 0～8 个字节数据长度的 6 个对象邮箱，包括两个接收邮箱（MBOX0, 1）、两个发送邮箱（MBOX4, 5）及两个可配置的发送接收邮箱（MBOX2, 3）。

⑶对邮箱 0、1、2、3 具有局域屏蔽功能的寄存器（LAMn）。

⑷数据传输波特率可编程。

⑸可编程的中断方案。

⑹可编程的总线激活唤醒功能。

⑺对远程请求的自动应答。

⑻当出现发送错误和仲裁丢失时，可自动重发。

⑼总线错误自诊断。

⑽自测模式功能，即 CAN 接口以闭环模式操作，接收自身发送的信息并产生自应答信号。

⑾两个引脚的通信操作，即 CAN 使用 CANTX 和 CANRX 引脚通信，这两个引脚通过 CAN 的收发芯片连接到 CAN 总线上。

CAN 模块的结构框图如图 12.1 所示，CAN 控制器须通过 CAN 驱动芯片才能与其他 CAN 控制器进行通信。

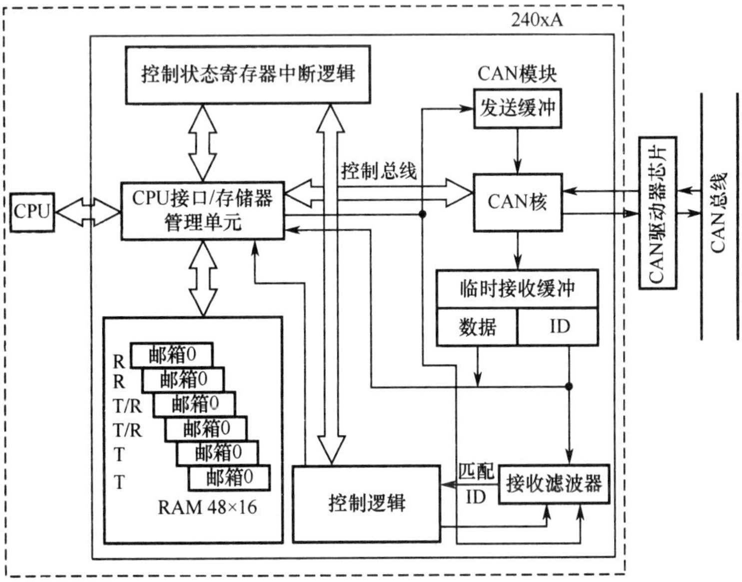

图 12.1　CAN 模块的结构框图

CAN 控制器模块是一个 16 位外设，对它的访问分成控制/状态寄存器的访问和邮箱的 RAM 访问。

邮箱在 CAN 模块中位于 48×16 的 RAM 中，它们可以由用户的 CPU 或 CAN 来访问，包括读和写操作。CPU 的读及 CAN 的读写访问需要一个时钟周期，而 CPU 对邮箱的写操作需要两个时钟周期，因为 CAN 控制器执行一个“读→修改→写”的过程，因此对 CPU 来讲，需要插入一个等待状态。

CAN 模块在存储器中的数据空间的映射如图 12.2 所示。

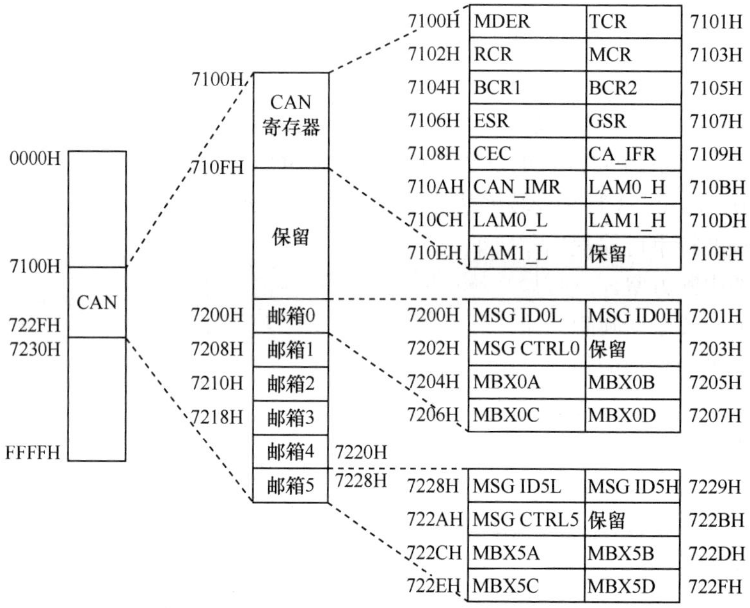

图 12.2 CAN 控制器内存空间分配图

12.2 CAN 的邮箱

CAN 的每个邮箱由标识符寄存器、控制寄存器及 4 个 16 位的存储器组成，每个存储器可以存储 8 位的数据，这些存储器用于存储即将发送或已经接收到的数据帧。当然，这些存储空间也可不用做邮箱存储空间，而作为一般的 RAM 空间供 CPU 使用。

CAN 的数据帧由帧起始、仲裁域、控制域、数据域、检验域、应答域及帧结束标识等组成。CAN 支持两种不同的帧格式，即标准格式和扩展的帧格式，二者的主要区别在于仲裁格式不同，标准帧仲裁域由 11 位标识符和用于远程发送请求的位 RTR 组成；扩展帧仲裁域由 29 位标识符和替代远程请求 SRR 位、标志位及远程发送请求位 RTR 组成。CAN 的帧格式如图 12.3 所示。

以上两种不同的 CAN 数据帧格式中，帧内各数据域分别如下：

⑴SOF：起始帧，表示帧的起始。

⑵标识符：作为报文的名称，在仲裁期间，标示符先被送到 CAN 总线。它包含报文优先级（确定连在总线上两个以上的报文的优先级）和报文过滤（确定 CAN 模块是否接收一个发送过来的报文）。

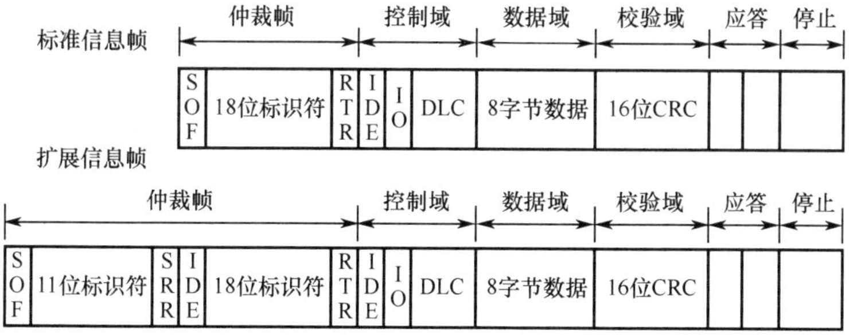

图 12.3　CAN 的数据帧格式

⑶RTR：远程发送请求位，区分一个帧是数据帧（为 0）还是远程帧（为 1）。

⑷SRR：替代一个远程请求位，该位占有与标准帧中的 RTR 相同的位置。

⑸IDE：标识符扩展位，区分标准帧和扩展帧格式。

⑹r0，r1：保留位。

⑺DLC：数据长度代码，表示帧中的字节数（0～8）。

⑻CRC：循环冗余校验码，包含 16 位的校验和，用于错误检测。

⑼ACK：数据应答。

⑽EOF：帧结束位。

在 CAN 的 6 个邮箱中，每个邮箱都有自身的信息标识符，该标识符存放在两个 16 位的寄存器中。以下分别给出了 6 个邮箱的高位和低位分布及其定义。

12.3　CAN 控制寄存器

CAN 控制器总共有 15 个 16 位的控制寄存器，这些寄存器控制着 CAN 的位定时器、邮箱的发送或接收使能、错误状态及 CAN 的中断等。

1．邮箱方向/使能寄存器（MDER）：7100H

邮箱方向/使能控制寄存器（MDER），它决定邮箱的使能位（ME）及邮箱 2 和邮箱 3 的方向，即是配置为发送邮箱还是接收邮箱。

D15～D8	D7	D6	D5	D4	D3	D2	D1	D0
保留	MD3	MD2	ME5	ME4	ME3	ME2	ME1	ME0
	RW-0	RW-0	RW-0	RW-0	RW-0	RW-0	RW-0	RW-0

D7～D6：　MD3～MD2　邮箱 3 和邮箱 2 的方向控制，上电复位位 0。
0　配置成发送邮箱
1　配置成接收邮箱

D5～D0：　ME5～ME0　邮箱使能。
1　使能邮箱
0　禁止邮箱

2．邮箱发送控制寄存器（TCR）：7101H

发送控制寄存器控制邮箱的发送及状态，对发送请求的设置和复位位可进行独立的写操作。该寄存器对发送邮箱有效，即邮箱 4 和邮箱 5 及被配置为发送方式的邮箱 2 和邮箱 3。寄存器中的 TA5、AA5、TRS5 和 TRR5 为邮箱 5 的发送控制位，其他的类似。上电后该寄存器的全部位清 0。

D15	D14	D13	D12	D11	D10	D9	D8
TA5	TA4	TA3	TA2	AA5	AA4	AA3	AA2
RC-0	RC-0	RC-0	RC-0	RC-0	RC-0	RC-0	RC-0

D7	D6	D5	D4	D3	D2	D1	D0
TRS5	TRS4	TRS3	TRS2	TRR5	TRR4	TRR3	TRR2
RS-0	RS-0	RS-0	RS-0	RS-0	RS-0	RS-0	RS-0

注意：R = 可读，S = 只可复位，C = 清 0，-0 = 复位值。

D15～D12： TA 第 n（5～2）个邮箱的发送应答位（发送状态标志位）。
若第 n 个邮箱中的信息已被成功发送，则 TAn 位被置位，且置邮箱的中断标志位（MIFx）。若中断被使能，则产生中断。CPU 的写 1 操作可清除该中断请求。对该位写 0 无影响。

D11～D8： AAn 邮箱 2～5 的异常中止应答位（发送异常中止状态标志位）。
若邮箱信息的发送被异常中止，则该位被置位且 CAN_IFR 寄存器中的中断标志位 AAIF 位会被置位。在相应的中断被使能时，AAIF 位会产生一个邮箱出错中断请求。CPU 的写 1 操作可以清除该中断请求。对该位写 0 无影响。

D7～D4： TRSn 邮箱 2～5 的发送请求设置位。当 TRSn 位被置位为 1 时，CAN 控制器将发送相应的邮箱信息帧。
当 TRSn 被置位时，对邮箱的写操作无影响，在中断被使能时，写操作将会产生 WDIF（写拒绝）中断。在使能的情况下，成功的发送操作将引起一个邮箱中断。
当发送成功或发送被忽略时，就自动复位该位。

D3～D0： TRRn 邮箱 2～5 的发送请求复位位（发送请求复位控制）。
用户程序可设置该位，中断逻辑将清除该位，用户程序向该位写 1 将设置该位，写 0 无影响。当 TRRn 位被置为 1 时，对邮箱 n 进行写操作无效，且会产生写拒绝中断；当成功发送后，产生邮箱中断（在相应中断使能的条件下）。如果 TRR 置位时由 TRS 请求的发送还未开始，则该 TRS 将被取消。反之，如果该发送正在进行，则当报文成功发送、发送忽略丢失数据和检查到 CAN 总线错误时，将复位该位。当 TRSn 处于复位时，该位不起作用，因为当 TRSn 复位，TRRn 也立即复位

3. 接收控制寄存器（RCR）：7102H

D15	D14	D13	D12	D11	D10	D9	D8
RFP3	RFP2	RFP1	RFP0	RML3	RML2	RML1	RML0
RC-0	RC-0	RC-0	RC-0	R-0	R-0	R-0	R-0

D7	D6	D5	D4	D3	D2	D1	D0
RMP3	RMP2	RMP1	RMP0	OPC3	OPC2	OPC1	OPC0
RC-0	RC-0	RC-0	RC-0	RW-0	RW-0	RW-0	RW-0

注意：R = 可读，W = 可写，C = 清 0，-0 = 复位值。

D15～D12： RFP3～RFP0 邮箱 0～3 的远程请求待机位。
无论何时 CAN 接收到远程帧请求，都将把相应接收邮箱 n 的 RFPn 置位。如果用户程序要清除该位，同时 CAN 要设置该位，则该位被清除；如果 MSGIDnH 寄存器中的 AAM 位未被置位（即不具有自动发送应答信号的功能），则用户程序须在远程请求悬挂事件发生后清除该位。
如果信息被成功发送，则 CAN 清除该位。CPU 不能终止一个正在进行的发送。

D11～D8： RMLn 邮箱 0～3 接收到的报文丢失标志位。
接收邮箱 n 的旧报文被新接收到的报文覆盖时，该位将置位。若覆盖保护控制位 OPCn 为 1，则不发生信息覆盖，但新的报文将丢失，且不给任何提示。
该位只能由用户程序复位，且由内部逻辑置位。当写 1 到 RMPn 位时，将清除该位。如果用户程序要清除该位，同时 CAN 要置位该位，则该位被置位。
如果一个或多个 RMLn 位被置位，同时将置位 CAN 中断标志寄存器（CAN_IFR）中的 RM_LIF 标志位，若 CAN 中断屏蔽寄存器（CAN_IMR）中的 RMLIM 使能，则产生中断。

D7～D4： RMPn 邮箱 0～3 的接收报文待机位。
如果被接收的报文存储到接收邮箱 n 中，将把 RMPn 置位。
该位只能由用户程序复位，且由中断逻辑置位。写 1 到 RMPn 位时，将清除 RMPn

和 RMLn 位。若用户程序要清除该位，同时 CAN 要设置该位，则该位被置位。
若 OPCn 位为 0，新报文将覆盖旧报文，且相应的 RMLn 位被置位，若此时 CAN 中断使能且相应的中断未被屏蔽，将产生中断。

D3～D0： OPCn 邮箱 0～3 的覆盖保护控制位。
1 邮箱 n 中的旧报文被保护，不能被新报文覆盖
0 邮箱 n 中的旧报文被新报文覆盖

4．主控制寄存器（MCR）：7103H

D15～D14	D13	D12	D11	D10	D9	D8
保留	SUSP	CCR	PDR	DBO	WUBA	CDR
	RW-0	RW-1	RW-0	RW-0	RW-0	RW-0

D7	D6	D5～D2	D1～D0
ABO	STM	保留	MBNR[1:0]
RW-0	RW-0		R-0

D13： SUSP 仿真悬挂操作选择位，该位的数值对接收邮箱无影响。
0 软件模式，前发送操作完成以，关闭 CAN 接口
1 自由模式，CAN 外设接口连续运行在仿真悬挂模式

D12： CCR 改变配置请求位。
该位用于 BCRn 配置寄存器修改用。置 1 后，修改配置寄存器，再清零，测试 CCE。
0 CPU 请求正常操作
1 CPU 请求对应位配置寄存器 BCRn 写访问，寄存器 CCE 中的标志位 CCE 表明是否允许写访问

D11： PDR 低功耗模式请求位。在 CPU 进入 IDLE 模式前，须通过写 1 到 PDR 位来请求 CAN 低功耗模式。然后，CPU 须将 GSR 中的 PDA 置 1，只有当 PDA 被置位时才能进入 IDLE 工作模式。
0 正常操作模式
1 请求低功耗模式

D10： DBO 数据字节次序。
0 在接收或发送的数据字节排序为 3, 2, 1, 0, 7, 6, 5, 4
1 在接收或发送的数据字节排序为 0, 1, 2, 3, 4, 5, 6, 7

D9： WUBA 总线唤醒位。
0 仅当用户写 0 而清除 PDR 位时，CAN 总线模块才退出低功耗操作模式
1 当 CAN 模块检测到总线上任何有信息时，CAN 模块退出低功耗操作模式

D8： CDR 改变数据域请求。
此位只对邮箱 2 和邮箱 3 有用，且仅在如下情况下才发生作用：两个邮箱中的任意一个或两个都配置为发送；或相应的 AAM 位被置位。
0 请求正常的操作
1 数据域改变请求使能

D7： ABO 自动恢复总线位。
0 在 CCR 位被复位且在总线上产生了连续的 128×11 个隐性位后，CAN 恢复总线状态
1 在总线关状态且在连续的 128×11 个隐性位后，CAN 恢复总线开状态

D6： STM 自测试模式使能位。
0 CAN 处于正常操作模式
1 CAN 处于自测试模式。在此模式下，CAN 模块产生自己的应答信号。因此，它使能不与总线连接操作。信息帧未发送出去，却返回并存储在相应的邮箱中。在此模式下，不能进行远程帧的应答处理，接收信息的标识符也不能存储到接收邮箱中

D1～D0： MBNR 邮箱 2 和邮箱 3 的选择位。
CPU 请求对该号邮箱的数据域进行写访问，并配置为远程帧的处理。对邮箱 0、邮箱 1、邮箱 4、邮箱 5 无影响。
10 选择邮箱 2
11 选择邮箱 3
0x 无效

5．位配置寄存器 1（BCR1）：7104H

两个位配置寄存器（BCRl 与 BCR2）用于配置所有不同网络 CAN 节点的时钟参数。BCRl 和 BCR2 寄存器必须在 CAN 模块使用之前编程，并仅在配置模式下是可写的。所以 MCR 寄存器中的 CCR 位须首先置位，以便使 CAN 模块进入配置模式。

为避免不可预见的行为，BCRl 和 BCR2 绝对不能使用 CAN 协议不允许的值写入。

1 位数据在总线上占用时间的长度由时间段 1（TSEGl）、时间段 2（TSEG2）及波特率预定标值（BRP）决定。CAN 总线上所有控制器的波特率必须相同。采用各自独立时钟的控制器，其波特率须使用给定的参数进行调整。

D7～D0	D15～D8
BRP[7～0]	保留
RW-0	

D7～D0:　　BRP7～BRP0 波特率预定标因子。

该数据大小决定了 CAN 模块中基本时间片 TQ 的大小。若用 f_{CLK} 表示 CAN 模块系统时钟的频率，即 CLKOUT，则 TQ 定义为

$$TQ = \frac{BRP+1}{f_{CLK}}$$

6．位配置寄存器 2（BCR2）：7105H

D15～D11	D10	D9　D8	D7	D6～D3	D1～D0
保留	SBG	SJW[1～0]	SAM	TSEG1[3～0]	TSEG2[2～0]
	RW-0	RW-0	RW-0	RW-0	RW-0

D10:　SBG　边沿再同步方式选择位。为抵消总线上不同 CAN 模块之间的时钟相位偏移，各相关 CAN 模块的总线控制器须在信号边沿与收到的数据流再同步。

0　CAN 模块只在下降沿同步

1　CAN 模块在上升和下降沿同步

D8～D9:　SJW[1～0]　同步跳转宽度选择位。

该位数据表明了当需要与在 CAN 总线上所接收的数据进行同步操作时所允许加长或缩短的 TQ 数。该位可编程为 1～4。

D7:　SAM　采样点（次数）设置。

0　CAN 模块只采样一次

1　CAN 模块采样三次，并以多数为准

D6～D3:　TESG1[3～0]　时间段 1。

该参数指定时间段 TQ 中的 TSEG1 的大小。其中，TESG1 是由传播时间延时时段（PROGSEG）和相位延时时段 1（PHASE SEG1）两部分组成的。TSEG1 的大小可以编程位 3～16 个 TQ 值，并且要大于等于 TSEG2 的值，典型值为 14。

D2～D0:　TSEG2[2～0]　时间段 2。

该位的值决定相位延时时段 2（PHASE SEG2）的长度。当在下降沿发生重新同步（即 SBG＝0）时，最小的 TESG2 的计算如下：

$$TSEG2_{min} = 1 + SJW$$

TSEG2 的值可定义在 2～8 之间，且满足如下条件：

$$(SJW + SBG + 1) \leqslant TSEG2 \leqslant 8$$

CAN 的波特率计算方法如下：

$$波特率 = \frac{f_{CLK}}{(BRP+1)\times BitTime}$$

其中，BitTime 为每位的 TQ 数。

$$BitTime = (TSEG1+1) + (TSEG2+1) + 1$$

f_{CLK} 等于 CAN 模块的系统时钟频率，也就是 CLKOUT; BRP 为波特率预定标因子; TSEG1 和 TSEG2 是用户写入寄存器 BCR1 中的值。

7. 错误状态寄存器（ESR）：7106H

该寄存器用来标识操作过程中出现的错误，只有第一次错误被存储，后续的错误不会改变寄存器状态。除了 SA1 位由总线上任何接收位清除外，其他位都可通过向该位写 1 来清除。

D15～D9	D8	D7	D6	D5	D4	D3	D2	D1	D0
保留	RML0	BEF	SA1	CRCE	SER	ACKE	BO	EP	EW
	RC-0	RC-0	RC-1	RC-0	RC-0	RC-0	R-0	R-0	R-0

D8: FER 格式错误标志。
0 CAN 模块可以正确发送和接收
1 总线上存在一种格式错误，即固定格式的位中出现 1 位或多位非法位时，就产生一个格式错误

D7: BEF 位错误标志。
0 CAN 模块可以正确发送和接收
1 在仲裁域外接收到的位和发送的位不匹配，或在发送仲裁域期间一个显性位被发送，但接到的是一个隐性位

D6: SA1 显性保留错误。
0 CAN 模块检测到一个隐性位
1 CAN 模块未检测到一个隐性位。硬件或软件复位及总线处于关断时，该位为 1

D5: CRC CRC 错误位。
0 CAN 模块未接收到错误的 CRC
1 CAN 接收到了错误的 CRC

D4: SER 填充位错误。
0 无填充位错误发生
1 违反了填充规则

D3: ACKE 应答错误。
0 CAN 模块接收到了应答信号
1 CAN 模块未接收到应答信号

D2: BO 总线关闭状态。
0 正常状态
1 在 CAN 总线上出现了非正常的错误速率，且当错误计数器 TEC 的计数器达到 256 的极限时，出现总线关断状态。在此状态下，信息既不能发送也不能接收。清除控寄存器 MCR 中的 CRR 位或设置 ABO 位将恢复总线。一旦总线恢复，错误计数器被清 0

D1: EP 被动错误模状态。
0 CAN 模块不处于被动错误模式
1 CAN 模块处于被动错误模式

D0: EW 警告状态位。
0 两个错误计数器的值都小于 96
1 至少有一个错误计数器的值达到 96（96 为警告界线）

8. 全局状态寄存器（GSR）：7107H

D15～D8	D7～D6	D5	D4	D3	D2	D1	D0
保留	保留	SMA	CCE	PDA	保留	RM	TM
		R-0	R-1	R-0		R-0	R-0

D5: SMA 暂停模式位。
0 CAN 模块未处于暂停模式
1 CAN 模块处于暂停模式

D4: CCE 改变配置使能位
0 禁止写访问配置寄存器

1 当 CCR 位（MCR.12）被置位，CPU 写访问配置寄存器 BCR，当复位或 CAN 模块达到空闲模式时，允许访问

D3: PDA 低功耗操作模式应答位。
在 CPU 进入 IDLE 操作模式前，须通过写 MCR 寄存器中的 PDR 位来请求 CAN 低功耗操作模式，然后 CPU 查询 PDA 位，且在 PDA 被置位的情况下 CPU 才能进入 IDLE 模式。
0 正常操作模式
1 CAN 接口已进入低功耗操作模式

D1: RM CAN 模式处于接收模式。此位反映 CAN 控制器的实际操作与邮箱配置无关。
0 CAN 模块未接收报文
1 CAN 模块正在接收报文

D0: TM CAN 模块处于发送模式。此位反映 CAN 控制器的实际操作与邮箱配置无关。
0 CAN 模块未发送报文
1 CAN 模块正在发送报文

9．邮箱错误计数寄存器（CEC）：7108H

CAN 总线包含两个错误计数器：接收错误计数器 REC）和发送错误计数器（TEC）。数值可通过 CEC 读取。

D15～D8	D7～D0
TEC[7～0]	REC[7～0]
R-0	R-0

CAN 模块包含两个错误计数器：接收错误计数器（REC）和发送错误计数器（TEC），这两个计数器的值大小可通过计数寄存器 CEC 读取。

当超过错误限（128）时，REC 不会再增加。当一个正确的信息被成功接收时，计数器的数值将再一次被设置为 119～127 之间的一个数值。处于总线关的状态时，TEC 的数值是不确定的，相反，REC 被清 0 之后 REC 的功能将被改变。在总线上连续出现 11 个隐性总线位后，REC 的数值将加 1。这 11 位对应总线上两个报文之间的间隔。如果接收错误计数器的数值达到 128，在 MCR 寄存器中的 ABO 位被置 1 的情况之下，CAN 模块将自动返回到总线开状态。否则，当 MCR 寄存器中的 CCR 位被复位，且经过连续的 128 个 11 位总线空闲信号后，CAN 控制器将恢复总线。在 CAN 总线恢复以后，CAN 模块内的全部标志位被清 0。配置寄存器保持原来的数值不变。

在进入低功耗模式后，错误计数器的数值保持不变，在进入配置模式时清 0。

12.4 CAN 的邮箱寄存器

CAN 模块提供 6 个邮箱 MBOX0～MBOX5，地址列表如表 12.1 所示，每个邮箱包含 4×16 位的邮箱 RAM、报文标识符寄存器（MSGIDnH，MSGIDnL）和报文控制域寄存器（MSGCTRLn）（n = 0～5）。邮箱 0 和邮箱 1 专用于接收，邮箱 2 和邮箱 3 可配置成接收或发送，邮箱 4 和邮箱 5 专用于发送。邮箱 0 和邮箱 1 共享一个接收屏蔽，邮箱 2 和邮箱 3 共享另一个屏蔽字。

表 12.1 邮箱寄存器地址列表

寄 存 器	邮 箱					
	MBOX0	**MBOX1**	**MBOX2**	**MBOX3**	**MBOX4**	**MBOX5**
MSGINDnL	7200H	7208H	7210H	7218H	7220H	7228H
MSGIDnH	7201H	7209H	7211H	7219H	7221H	7229H
MSGCTRLn	7202H	720AH	7212H	721AH	7222H	722AH
保 留 位						
MBXnA	7204H	720CH	7214HH	7214H	7224H	722CH

（序表）

保 留 位						
MBXnB	7205H	720DH	7215H	7215H	7225H	722DH
MBXnC	7206H	720EH	7216H	7216H	7226H	722EH
MBXnD	7207H	720FH	7217H	7217H	7227H	722FH

未使用的邮箱可以作为正常的存储器使用，因此，必须确保未使用 CAN 邮箱功能才能使用 RAM，实现这一目的方法通常是禁止相应的邮箱或禁止 CAN 功能。

1．邮箱 RAM

邮箱 RAM 用于存储待发送或接收到的 CAN 数据帧。每个邮箱都有 4 个 16 位的寄存器（MBXnA, B, C, D），最大可存储 8 字节的数据。

2．报文标识符

每个邮箱在接收或发送报文时都有各自的报文标识符，存储在两个 16 位的报文标识符寄存器（MSGIDnH 和 MSGIDnL）中。

⑴报文标示符高位字（MSGIDnH，n = 0～5）

D15	D14	D13	D12～D0
IDE	AME	AAM	IDH[28～16]
RW	RW	RW	RW

注：R = 读，W = 写。

D15:　IDE　标识符扩展位。
- 0　接收的报文或待发送的报文只有一个标准标识符（11 位）
- 1　接收的报文或待发送的报文带有扩展标识符（29 位）

D14:　AME　接收屏蔽使能位。
- 0　不使用接收屏蔽。接收到的报文标识符的每一位都须和接收邮箱中的报文标识符的每一位相同，以便存储接收的报文
- 1　启动接收屏蔽。接收时不影响这一位。该位只和接收邮箱有关，与发送邮箱无关。即与 MBOX0、MBOXl 或 MBOX2、MBOX3 配置成接收邮箱时有关，而与 MBOX4、MBOX5 无关

D13:　AAM　自动应答模式位。
- 0　发送邮箱不自动答复远程请求，不保存收到的匹配标识符
- 1　发送邮箱如果收到了匹配的远程请求，将把邮箱中的报文发走作为回答。该位仅用于配置为发送邮箱的 MBOX2 和 MBOX3，对接收邮箱没有影响

D12～D0:　IDH[28～16]　扩展标识符的高 13 位。其高 11 位即 IDH[28～18]存储标准标识符。

⑵报文标识符的低位字（MSGIDnL, n = 0～5）

D15～D0
IDL[15～0]
RW

D15～D0:　IDL[15～0]　扩展标识符的低 16 位。

3．报文控制域

每个邮箱都有自己的“报文控制域”，用以定义数据帧的形式和长度。

报文控制域（MSGCTRLn）

D15～D5	D4	D15～D0
保留	RTR	DLC[3～0]
	RW	RW

D4:　RTR　远程发送请求位。
- 0　数据帧
- 1　远程帧

D3～D0：DLC[3～0]　数据长度编码。其值决定了数据传输的字节数。这个域将按照收到的数据帧进行，即把收到的数据帧的 DLC 值复制到报文控制域。

0001	1 字节	0010	2 字节
0011	3 字节	0100	4 字节
0101	5 字节	0110	6 字节
0111	7 字节	1000	8 字节

4．对邮箱 RAM 的写访问

有两种方式可以实现对邮箱 RAM 的写访问：

⑴对报文标识符的写访问。仅在邮箱被禁止时（MDER 寄存器的 MEn = 0）才可写标识符。

⑵对数据域或控制域的写访问。

当对数据域或控制域访问时，最重要的是在 CAN 模块读数据时，数据不能改变。因此，对于接收邮箱，对数据和控制域的写访问是被禁止的。对于发送邮箱，当发送控制寄存器（TCR）中的邮箱发送请求位 TRS 位或 TRR 位被置位时，写访问将被拒绝。在上述情况下将发生一个“写拒绝”中断。对邮箱 2 和邮箱 3，可在访问邮箱数据之前，将主控制寄存器（MCR）中的改变数据域请求位 CDR 置位。

CPU 的访问结束后，须清除 CDR 标志。在读邮箱之前和之后，CAN 将检查这个标志。

当发现 CDR 标志位被置位时，CAN 就不发送报文，而是继续等待其他的发送请求。CDR 标志的置位还可阻止“写拒绝”中断的发生。

5．发送邮箱

邮箱 4 和邮箱 5 是专用于发送的邮箱，邮箱 2 和邮箱 3 均可配置成接收或发送邮箱。

在 CPU 把要发送的数据和标识符写入邮箱之后，只要相应的 TRS 位置位，报文就被发送。

如果不止一个邮箱被配置成发送邮箱，且在它们的 TRS 被置位的前提下，报文将按顺序发送。从最高顺序的使能邮箱开始，按降序排列。

如果由于仲裁或错误导致发送失败，CAN 会试图重发。

6．接收邮箱

邮箱 0 和邮箱 1 是专用于接收的邮箱，邮箱 2 和邮箱 3 可配置成接收或发送邮箱。

使用合适的标识符屏蔽字，每个接收到的报文标识符都会与邮箱中的标识符做比较。如果两者相同，接收到的标识符、控制位及数据会被写入对应的 RAM。同时，接收控制寄存器（RCR）中对应的“接收报文等待”（RMPn）位被置位，并且若中断已使能，将产生邮箱中断，CAN_IFR 寄存器中的邮箱中断标志位（MIFn）置 1，如果收到的标识符与邮箱中的标识符不同，收到的数据将被丢弃。当 CPU 读出接收的数据后，应把 RMPn 复位。

如果同一个邮箱收到了第二条报文，而此时 RMP 位已经置位，那么 RCR 寄存器中相应的“接收”报文丢失标志（RMLn）位将被置位。此时，已存储的报文会被新数据覆盖，除非“重写保护控制”（OPC）位已被清除，否则须检测下一个邮箱。

注意：如欲使 MIFn 位置 1，CAN_IMR 寄存器中的相应位必须使能。例如，准备使用轮询模式完成报文的收发，而不是使用中断模式，则必须使用下述位：

⑴对于发送，须使用 TCR 寄存器中的 TAn 位。

⑵对于接收，须使用 RCR 寄存器中的 RMPn 位。

7．处理远程帧

远程帧只能由邮箱 0～3 处理，邮箱 4 和邮箱 5 不能处理远程帧。

⑴接收远程请求

收到远程请求后（接收到的报文中远程发送请求位 RTR = 1），CAN 模块使用适当的屏蔽字把收到的标识符与所有邮箱中报文的标识符做比较，比较按降序进行，从最高序号邮箱开始。

若邮箱已被置成发送邮箱，且发现某个标识符与收到的标识符相同，那么：

⑴若它的“自动应答模式”位（AAM）已置位，则邮箱中的报文对象将被标记“已发送”（TRS 位被置位），如图 12.4(a)所示。

⑵若它的 AAM 未置位，则收到的远程请求将被丢弃，如图 12.4(b)所示。

⑶若在一个已发送了报文的邮箱中发现了匹配的标识符，CAN 将停止进一步的对比。

如果发现某个邮箱的标识符与接收到的标识符相同，但该邮箱已被置成接收邮箱，该报文将作为数据帧进行处理，接收控制器（RCR）中的 RMP 将被置位。CPU 将决定如何进一步处理这种情况，如图 12.4(e)所示。

如果 CPU 要改变远程帧邮箱（AAM 位已置位）中的数据，则必须先把对应主控寄存器中的邮箱号（MBNR）的 CDR 位置 1。

接着，CPU 可以清除 CDR，以便告诉 CAN 模块访问已经结束。只有 CDR 被清除，发送才能开始。由于 TRS 位不受 CDR 影响，CDR 清除之后，等待中的发送会被堆叠起来。因而，发送的数据是最新的。

为了改变邮箱中报文的标识符，应首先禁止报文对象（MDER 中的 ME = 0）。

发送远程请求：

如果 CPU 要从另一个节点请求数据，应被报文对象配置成接收邮箱（仅需对邮箱 2 和邮箱 3 这样做）并将 TRS 位置位，如图 12.4(f)所示。在此情况下，CAN 模块发出一个远程帧并由发送这个远程帧的邮箱接收数据帧。因此，发送远程帧只需要一个邮箱。

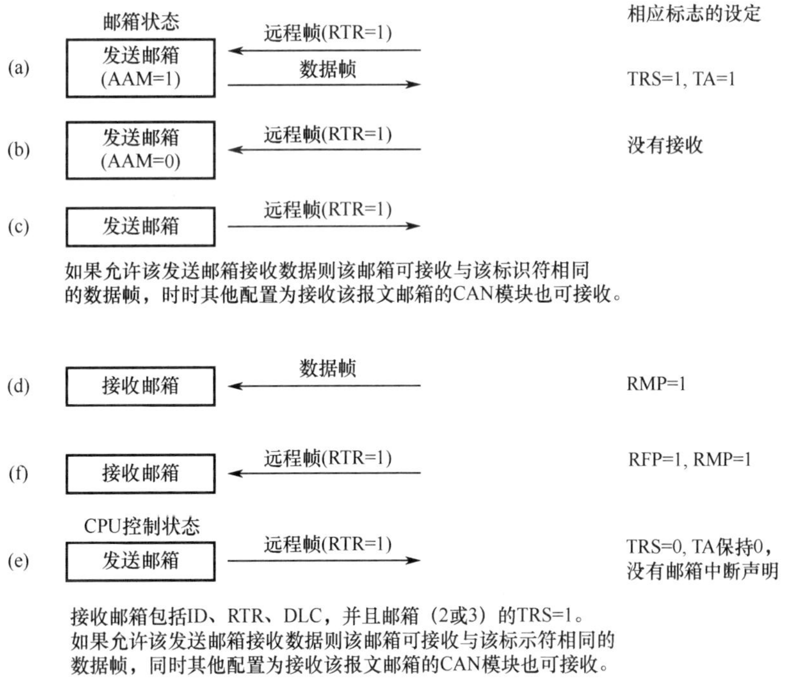

图 12.4　远程帧请求

8．邮箱配置

可以用如下 4 种方法配置邮箱：

(1)发送邮箱（邮箱 4、邮箱 5 和被配置成发送状态的邮箱 2、邮箱 3）只发送报文。

(2)接收邮箱（邮箱 0 和邮箱 1）只接收报文。

(3)邮箱 2、邮箱 3 配置成接收邮箱。在 TRS 置位时，它们只能发送远程请求帧并等待接收相应的数据帧。

(4)邮箱 2、邮箱 3 配置成发送邮箱，在 AAM 位置位的条件下，只要它收到了与标识符相符的远程请求帧，就将一个数据帧发送出去。

注意：成功发送一个远程帧后，TRS 将复位，但 TA（发送响应）不置位，也不产生邮箱中断标志。

9．接收滤波器

正被接收的报文标识符先与接收邮箱的报文标识符（存放在邮箱的 MSGIDnH 和 MSGIDnL 寄存器中）比较。然后，用适当的屏蔽字过滤掉标识符中不用比较的位。如果把报文标识符高字域（MSGIDnH）中的 AME 置成 0，则可禁止本地的接收屏蔽字。

本地接收屏蔽（LAM）用本地接收过滤，可以在本地屏蔽掉待接收报文标识符中的任何不关心的位。

本地接收屏蔽寄存器 LAM0 用于邮箱 0 和邮箱 1，LAMl 用于邮箱 2 和邮箱 3。在接收数据的过程中，首先检测邮箱 3 和邮箱 2，其次检测邮箱 1 和邮箱 0。

(1)本地接收屏蔽高位字寄存器（LAMn_H，n = 0, 1）：7l0BH，710DH

D15	D14～D13	D12～D0
LAMI	保留	LAMn[28～16]
RW-0		RW-0

D15：　LAMI　本地接收屏蔽标识符扩展位。

0　存储在邮箱中的标识符扩展位决定是接收标准帧还是扩展帧

1　标准帧和扩展帧都可接收。接收扩展帧时，29 位标识符都可进行滤波处理；接收标准帧时，收到的 11 位标识符只与本地接收屏蔽高位寄存器（LAMn_H）中的 D12～D2 位进行滤波处理

D12～D0：　LAMn[28～16]　高 13 位本地接收屏蔽字。

0　标识符中与本位对应的位须严格匹配，即接收到的标识符与接收邮箱中的标识符相对应的位必须相等，才能接收

1　标识符中与本位对应的位不相同也能接收

(2)本地接收屏蔽低位寄存器（LAMn_L，n = 0, 1）：710CH，710EH

D15～D0
LAMn[15～0]
RW-0

D15～D0：　LAMn[15～0]　低 16 位本地接收屏蔽字。

0　标识符中与本位对应的位须严格匹配，才能接收

1　标识符中与本位对应的位不相同也能接收

若 LAMn[27]为 0，则发送的报文标识符须和接收邮箱的报文标识符中的 D27 位相同，接收邮箱才能接收其发送的数据，若 LAMn[27]为 1，则上述两个标识符的 D27 位即使不同也能接收。

12.5 CAN 的中断

CAN 模块有两个来自 CAN 接口的对中断扩展（PIE）控制器的中断请求：邮箱中断和错误中断。这两个中断源都可对 CPU 声明一个高优先级或低优先级的请求。以下事件都可以引发一个中断请求：

⑴邮箱中断：一条报文成功发送或接收。

⑵中止应答中断：一个发送操作被中止所引发的错误中断。

⑶写禁止中断。在未被允许时，CPU 试图对一个邮箱进行写操作所引发的中断。

⑷唤醒中断：一旦处于唤醒状态，就产生唤醒中断，即使时钟未运行，唤醒也引发错误中断。

⑸接收报文丢失中断：先收到的报文被一个新的报文所覆盖，引发错误中断

⑹总线关中断：CAN 模块进入一个总线关状态所引发的错误中断。

⑺被动错误中断：CAN 模块进入一个被动错误操作模式所引发的错误中断。

⑻警告级别中断：两个错误计数器中任何一个的计数值超过 96 时，所引发的错误中断。

CAN 模块使用中断标志寄存器 CAN_IFR 和中断屏蔽寄存器 CAN_IMR 管理这些中断。

1．CAN 的中断标志寄存器（CAN_IFR）：7109H

中断发生时，对应的中断标志位将被置位。但是，仅当 CAN_IFR 寄存器中相应的中断屏蔽被置位，邮箱中断请求才会发生。在被清除之前，中断请求会一直有效。CPU 向相应的位写 1 可以清除该标志位。中断响应信号并不能清除中断标志。

邮箱的中断标志 MIFx 不能通过中断标志寄存器的写操作清除。向 TCR 寄存器中对应的 A 位写 1 可以清除发送邮箱（邮箱 2～5）的中断标志。向 RCR 寄存器中的某个 RMP 位写 1 可以清除接收邮箱（邮箱 0～3）的中断标志。

为了发现随后可能发生的中断，当前的中断标志位必须在进入中断服务程序后立即一并清除。为此，可以先把 CAN_IFR 寄存器中的内容复制到一个存储变量中，然后再对其中已置位的各个中断标志逐位进行中断服务。

D15～D14	D13	D12	D11	D10	D9	D8
保留	MIF5	MIF4	MIF3	MIF2	MIF1	MIF0
	R-0	R-0	R-0	R-0	R-0	R-0

D7	D6	D13	D12	D11	D10	D9	D8
保留	RMLIF	AAIF	WDIF	WUIF	BOIF	EPIF	WLIF
	RC-0	RC-0	RC-0	RC-0	RC-0	RC-0	RC-0

D13～D8: MIFn（n = 0, 1, 2, 3, 4, 5）接收或发送邮箱中断标志。
0 没有发送或接收信息
1 邮箱 n 成功发送或接收了一个信息

D6: RMLIF 接收报文丢失中断标志位。
0 无报文丢失
1 有至少一个接收邮箱发生了溢出事件

D5: AAIF 中止应答中断标志位。
0 未发生发送操作中止
1 发生了发送操作中止

D4: WDIF 写禁止中断标志。
0 对邮箱的写操作成功

1　写操作遭到拒绝

D3：　WUIF　唤醒中断标志。

0　CAN 模块处于正常或休眠模式

1　CAN 模块处于唤醒模式

D2：　BOIF　总线关中断标志。

0　CAN 模块处于总线开状态

1　CAN 模块已进入总线关断模式

D1：　PIF　被动错误中断标志。

0　CAN 模块未处于被动错误中断标志

1　CAN 模块已进入被动错误模式

D0：　警告级别中断标志。

0　无错误计数器达到计数警告级别

1　至少有一个错误计数器达到警告计数级别

2．CAN 的中断屏蔽寄存器（CAN_IMR）：710AH

D15	D14	D13	D12	D11	D10	D9	D8
MIL	保留	MIM5	MIM4	MIM3	MIM2	MIM1	MIM0
RW-0	R-0	RW-0	RW-0	RW-0	RW-0	RW-0	RW-0

D7	D6	D5	D4	D3	D2	D1	D0
EIL	RMLIM	AAIM	WDIM	WUIM	BOIM	EPIM	WLIM
RW-0	R-0	RW-0	RW-0	RW-0	RW-0	RW-0	RW-0

D15：　MIL　对应邮箱中断 MIF5～MIF0 的邮箱中断优先级。

0　邮箱发出高优先级中断请求

1　邮箱发出低优先级中断请求

D13～D8：　MIMn　邮箱 5～0 的中断屏蔽位。

0　禁止中断

1　允许中断

D7：　EIL　错误中断 RMLIF、AAIF、WDIF、BOIF、EPIF 及 WLIF 的中断优先级选择。

0　高优先级的中断请求

1　低优先级的中断请求

D6：　RMLIM　接收报文丢失的中断屏蔽位。

0　禁止中断

1　允许中断

D5：　AAIM　中止应答的中断请求屏蔽位。

0　禁止中断

1　允许中断

D4：　WDIM　写拒绝的中断屏蔽位。

0　禁止中断

1　允许中断

D3：　WUIM　唤醒的中断屏蔽位。

0　禁止中断

1　允许中断

D2：　BOLM　总线关闭的中断请求屏蔽位。

0　禁止中断

1　允许中断

D1：　EPIM　被动错误中断屏蔽位。

0　禁止中断

1　允许中断

D0：　WLIM　错误警告的中断屏蔽位。

0　禁止中断

1　允许中断

12.6 CAN 控制器应用实例

两片 TMS320LF2407 通过 CAN 总线进行通信的接口电路如图 12.5 所示，图中 SN65HVD230 是驱动 CAN 控制器与物理总线间的接口芯片，提供对总线的差分信号发送和接收功能，电阻作为 CAN 终端的匹配电阻。

下面的程序是两片 TMS320LF2407 通过 CAN 总线进行通信的程序。TMS320LF2407 的 CAN 控制器的邮箱 0 接收，邮箱 4 发送，都采用标准信息帧格式。发送采用查询方式，接收采用中断方式。接收到数据后，用接收到的数据更新邮箱 0 的数据，邮箱 0 用低中断优先级 GISR5。

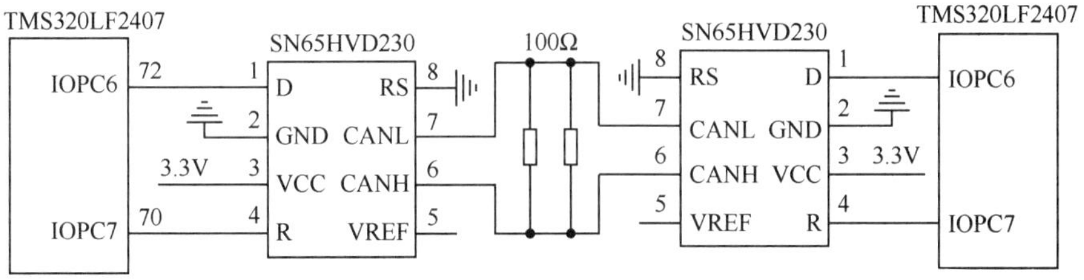

图 12.5　两片 TMS320LF2407 通过 CAN 总线进行通信的接口电路

1．C 源程序

```
#include "TMS320LF240x.h"                //引用头文件，参见 4.2.1 节
int CAN_FLAG;                            //定义标志寄存器
void sytem_init();                       //声明在程序中需要用到的函数
void CANMBX_ISR();
void CAN_INIT();
void interrupt canintrupt(void);         //中断入口程序
void inline disable()                    //中断屏蔽子程序
{
asm(" setc INTM");                       //关全局中断
}
void inline enable()                     //中断使能子程序
{
asm(" clrc INTM");                       //开全局中断
}
//主程序
main()
{
    sytem_init();                        //系统初始化程序
    CAN_FLAG=0X00;                       //清 CAN 用户标志，CAN_FLAG=01 表示接
                                         //收到数据
    CAN_INIT();                          //CAN 初始化程序
    enable();                            //中断使能
    for(;;)
    {
      *CANTCR=0X20;                      //MBX3 请求发送
 while(*CANTCR&0X2000==0)                //等待发送应答
            continue;
 *CANTCR=0X2000;                         //清 TA3 和 MIF3 标志位
     while(CAN_FLAG==0)
            continue;                    //等待接收数据
```

```
    CAN_FLAG=0;                      //清接收到标志
    *CANMDER=0X0000;                 //邮箱不使能
    *CANMCR=0X0100;                  //CDR=1，数据改变请求
    *CANMBX3A=*CANMBX2A+1;           //邮箱 2 中数据加 1 用来更新邮箱 3 中的数据
    *CANMBX3B=*CANMBX2B+1;
    *CANMBX3C=*CANMBX2C+1;
    *CANMBX3D=*CANMBX2D+1;
    *CANMCR=0X0480;                  //DBO=1，CDR=0，ABO=1，STM=1
    *CANMDER=0X04C;                  //ME2=ME3=1，MBX2 接收，MBX3 发送
  }
}
//系统初始化子程序
void sytem_init()
{
    asm(" setc INTM");               //关全局中断
    asm(" setc SXM");
    asm(" clrc OVM");
    asm(" clrc CNF");
    *IMR=0x0010;                     //开中断优先级 5
    *IFR=0xFFFF;                     //清中断标志位
    *SCSR1=0x81FE;                   //CLKIN=10M，CLKOUT=4×CLKIN=40MHz
    *WDCR=0xE8;
}
//CAN 初始化子程序
void CAN_INIT()
{
*MCRB=*MCRB|0X0C0;                   //设置 IOPC6、IOPC7 为 CANRX，CANTX
*CANIFR=0XFFFF;                      //清所有 CAN 中断标志
*CANLAM1H=0X7FFF;                    //设置邮箱 2、邮箱 3 的屏蔽 ID 寄存器 0
*CANLAM1L=0XFFFF;                    //要求 ID 必须匹配
*CANMCR=0X1040;                      //CCR=1 改变配置请求
while(*CANGSR&0X0010==0)
        continue;                    //当 CCE=1 时即可配置 BCR2，BCR1 寄存器
*CANBCR2=0X11;
*CANBCR1=0X0776;                     //波特率设置为 1Mbps
*CANMCR=*CANMCR&0XEFFF;              //CCR=0 改变配置结束请求
while(*CANGSR&0X0010==0)
        continue;                    //只有当 CEE=0 时，BCR2，BCR1 寄存器
                                     //配置成功
*CANMDER=0X040;                      //不使能邮箱，邮箱 2 设为接收方式
*CANMCR=0X0143;                      //CDR=1，数据区改变请求
*CANMSGID2H=0X2447;                  //设置邮箱 2 的控制字及 ID
*CANMSGID2L=0XFFFF;
*CANMSGCTRL2=0X08;                   //设置控制域
                                     //数据长度 DCL = 8，RTR=0 数据帧
*CANMBX2A=0X0000;                    //邮箱 2 信息初始化
*CANMBX2B=0X0000;
*CANMBX2C=0X0000;
*CANMBX2D=0X0000;
*CANMSGID3H=0X2447;                  //设置邮箱 3 的标识符
*CANMSGID3L=0XFFFF;
*CANMSGCTRL3=0X08;                   //RTR=0，DCL=8
*CANMBX3A=0X2211;                    //邮箱 3 信息初始化
*CANMBX3B=0X4433;
*CANMBX3C=0X6655;
```

```
*CANMBX3D=0X8877;
*CANMCR=0X0480 ;
*CANMDER=0X4C;                  //ME3=1，MBX3 发送，ME2=1 接收
*CANIMR=0XF7FF;                 //中断 MBX3 不使能，MBX2 使能低
                                //中断优先级
*CANIFR=0XFFFF;                 //清全部中断标志
}
//中断程序
void interrupt canintrupt(void)     //中断入口程序
{
switch(*PIVR)
{
      case 64:
CANMBX_ISR();                   //邮箱 2 接收中断服务子程序
break;
}
}
void CANMBX_ISR()               //邮箱 2 接收中断服务子程序
{
      *CANRCR=0X040;            //复位 RMP2 和 MIF2
      CAN_FLAG=1;               //置用户接收标志
}
void interrupt nothing()        //假中断程序
{
     return;
}
```

2. 中断向量表

```
                     .ref _canintrupt,_c_int0
                     .sect     ".vectors"
RSVECT       B    _c_int0        ; Reset Vector
INT1         B    PHANTOM        ; Interrupt Level 1
INT2         B    GISR2          ; Interrupt Level 2
INT3         B    GISR3          ; Interrupt Level 3
INT4         B    GISR4          ; Interrupt Level 4
INT5         B    _canintrupt    ; Interrupt Level 5
INT6         B    GISR6          ; Interrupt Level 6
RESERVED     B    PHANTOM        ; Reserved
SW_INT8      B    PHANTOM        ; Software Interrupt
SW_INT9      B    PHANTOM        ; Software Interrupt
SW_INT10     B    PHANTOM        ; Software Interrupt
SW_INT11     B    PHANTOM        ; Software Interrupt
SW_INT12     B    PHANTOM        ; Software Interrupt
SW_INT13     B    PHANTOM        ; Software Interrupt
SW_INT14     B    PHANTOM        ; Software Interrupt
SW_INT15     B    PHANTOM        ; Software Interrupt
SW_INT16     B    PHANTOM        ; Software Interrupt
TRAP         B    PHANTOM        ; Trap vector
NMI          B    NMI            ; Nonmaskable Interrupt
EMU_TRAP     B    PHANTOM        ; Emulator Trap
SW_INT20     B    PHANTOM        ; Software Interrupt
SW_INT21     B    PHANTOM        ; Software Interrupt
SW_INT22     B    PHANTOM        ; Software Interrupt
SW_INT23     B    PHANTOM        ; Software Interrupt
SW_INT24     B    PHANTOM        ; Software Interrupt
SW_INT25     B    PHANTOM        ; Software Interrupt
SW_INT26     B    PHANTOM        ; Software Interrupt
SW_INT27     B    PHANTOM        ; Software Interrupt
```

```
SW_INT28    B   PHANTOM     ; Software Interrupt
SW_INT29    B   PHANTOM     ; Software Interrupt
SW_INT30    B   PHANTOM     ; Software Interrupt
SW_INT31    B   PHANTOM     ; Software Interrupt
GISR1
GISR2
GISR3
GISR4
GISR5
GISR6
PHANTOM
```

3. 链接命令文件

```
-l rts2xx.lib
-stack 100
MEMORY
{
PAGE 0:
        VECS :o=0000,l=40h
        PRCT :o=0040h,l=4
        PROG :o=0044h,l=2000h
PAGE 1:
        IDATA1 :o=300h,l=100h
        IDATA2 :o=0c00h,l=400h
        REG_MEM: o=7000h , l=1000h
        DATA :o=8000h,l=8000h
}
SECTIONS
{
.vectors        :>VECS          PAGE 0
.prct           :>PRCT          PAGE 0
.text           :>PROG          PAGE 0
.cinit          :>PROG          PAGE 0
.data           :>PROG          PAGE 0
.stack          :>IDATA2        PAGE 1
.bss            :>IDATA2        PAGE 1
.reg240x        :> REG_MEM      PAGE 1
}
```

习题 12

1. 简述 TMS320F240x 系列 DSP CAN 总线的特点。
2. 如何理解 TMS320LF2407 中 CAN 总线模块的自测试模式？
3. 简述如何设置 CAN 总线通信的波特率。
4. TMS320F240x 系列 DSP 具有（　　）个字节数据长度的（　　）个对象邮箱，包括（　　）个接收邮箱（　　）、（　　）个发送邮箱（　　）及（　　）个可配置的发送接收邮箱（　　）。
5. CAN 模块有两个来自 CAN 接口的对中断扩展(PIE)控制器的中断请求，即(　　)和(　　)。

第 13 章　TMS320LF240x 应用系统设计

13.1　TMS320LF2407 外部总线应用系统设计

13.1.1　TMS320LF2407 与 LED 数码管接口电路设计

LED 是一种发光二极管显示器。发光二极管的阳极连在一起的称为共阳极显示器，阴极连在一起的称为共阴极显示器。1 位显示器由 8 个发光二极管组成，其中 7 个发光二极管 a～g 控制 7 个笔段的亮或暗，另一个控制一个小数点的亮或暗，这种笔画式的八段显示器能显示的字符少。字符的形象有些失真，但控制方便，使用简单。

LED 显示器的显示方法有静态和动态两种。显示器位数较少时，采用静态显示方法是合适的。当位数较多时，用静态显示所需的 I/O 太多，一般采用动态显示方法。

LED 数码管的段码表如表 13.1 所示，TMS320LF2407 与数码管硬件接口电路如图 13.1 所示。

表 1　数码管段码表

数　字	段　码	数　字	段　码
0	0x3F	8	0x7F
1	0x06	9	0x6F
2	0x5B	A	0x77
3	0x4F	B	0x7C
4	0x66	C	0x39
5	0x6D	D	0x5E
6	0x7D	E	0x79
7	0x07	F	0X71

1．C 源文件

```
#include "TMS320LF240x.h"                    //引用头文件，参见 4.2.1 节
ioport unsigned int port0001;
char table[]={0x3F,0x06,0x5B,0x4F,0x66,0x6D,0x7D,0x07,0x7F,0x6F,0x77,0x7C,0x39,
0x5E,0x79,0x71};
unsigned buffer[]={0,1,2,3,4,5,6,7};
//延时子程序
void Delay(int nDelay)
{
int i,j;
        unsigned int k;
        for ( i=0;i<nDelay;i++ )
            for ( j=0;j<64;j++ )
                k++;
}
//系统初始化子程序
void initial()
{
      asm(" SETC SXM");                      //符号位扩展有效
      asm(" CLRC OVM");                      //累加器中结果正常溢出
      asm(" CLRC CNF");                      //B0 被配置为数据存储空间
      asm(" SETC INTM");                     //关中断
```

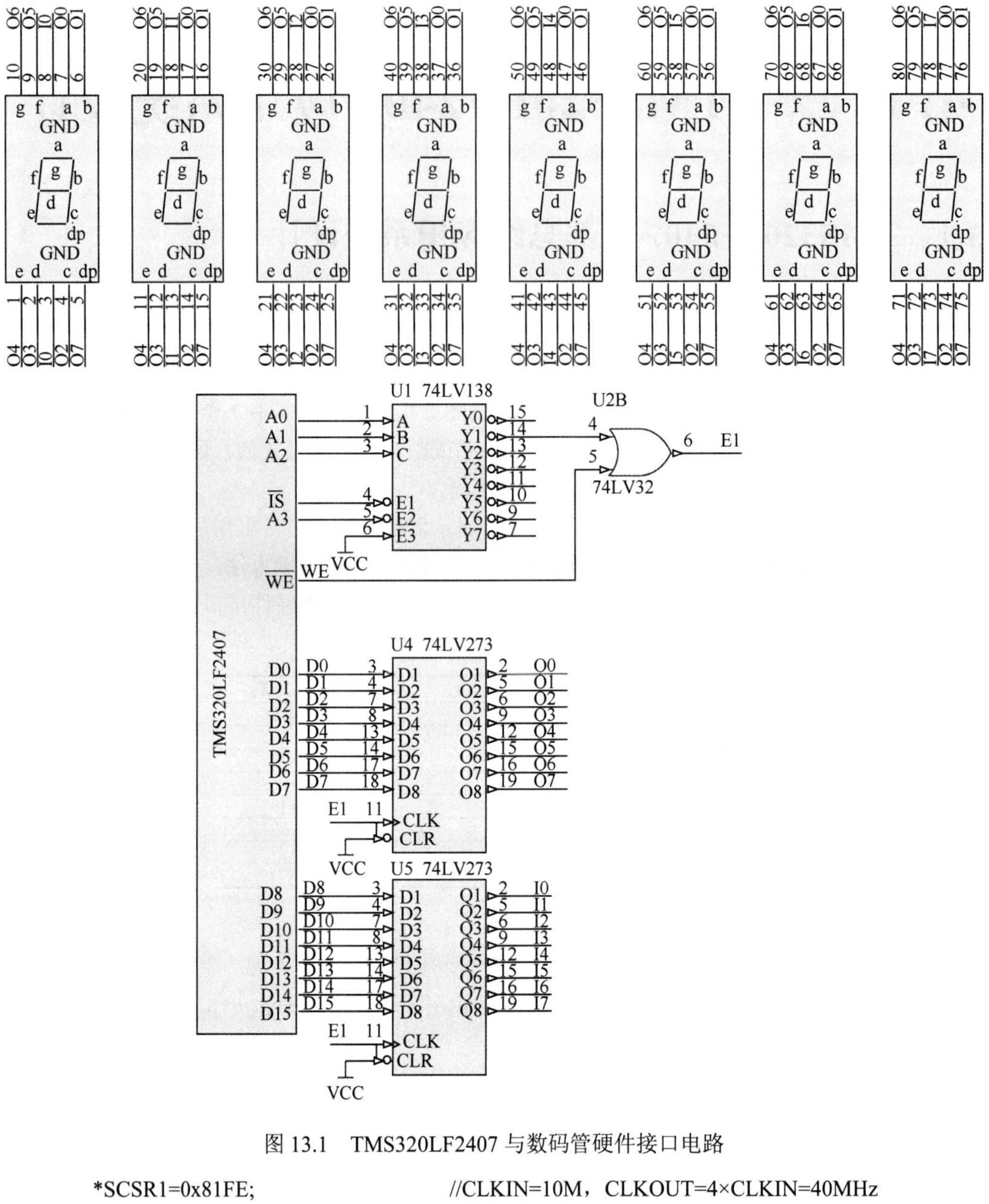

图 13.1　TMS320LF2407 与数码管硬件接口电路

```
        *SCSR1=0x81FE;                  //CLKIN=10M，CLKOUT=4×CLKIN=40MHz
        *WDCR=0x6F;                     //关闭看门狗
        *WSGR=0x07;
        *IMR=0x00;                      //屏蔽所有中断
}
main()
{
int i;
initial();                              //系统初始化子程序
while (1)
{
   for(i=0;i<8;i++)
   {
```

```
    port0001=((0xFEFF<<i)&0xFF00)|table[buffer[i]];
        Delay(100);
    }
  }
}
```

2．链接命令文件

```
-l rts2xx.lib
-stack 200
MEMORY
{
PAGE 0:
            VECS :o=0,l=40h
            PRCT :o=40h,l=4
            PROG :o=8000h,l=2000h
PAGE 1:
          IDATA1:o=300h,l=100h
          IDATA2:o=0c00h,l=400h
          REG_MEM: o=7000h , l=1000h
          DATA :o=8000h,l=8000h
}
SECTIONS
{
 .vectors       :>VECS          PAGE 0
 .prct          :>PRCT          PAGE 0
 .text          :>PROG          PAGE 0
 .cinit         :>PROG          PAGE 0
 .data          :>PROG          PAGE 0
 .stack         :>IDATA2        PAGE 1
 .bss           :>IDATA2        PAGE 1
 .reg240x       :>REG_MEM       PAGE 1
}
```

13.1.2　TMS320LF2407 与 TLC5510 接口电路设计

1．TLC5510 概述

TLC5510 是美国德州仪器（TI）公司生产的 8 位半闪速结构模数转换器，它采用 CMOS 工艺制造，可提供最小 20MSPS 的采样率。可广泛用于数字电视、医学图像、视频会议、高速数据转换及 QAM 解调器等方面。由于 TLC5510 采用了半闪速结构及 CMOS 工艺，因而大大减少了器件中比较器的数量，而且在高速转换的同时能够保持较低的功耗。TLC5510 不仅具有高速的 A/D 转换功能，而且还带有内部采样保持电路，从而大大简化了外围电路的设计；同时，由于其内部带有标准分压电阻，因而可以从+5V 的电源获得 2V 满刻度的基准电压。

TLC5510 是 CMOS 模数转换器，其主要特性如下：

⑴8 位的 ADC。

⑵转换速度为 20MSPS。

⑶利用了半闪速结构。

⑷采用单+5V 电源工作且只消耗 100mW（典型值）的功率，具有高输入阻抗方式的并行口及内部基准电阻。

TLC5510 的引脚图如图 13.2 所示，引脚功能如表 13.2 所示。

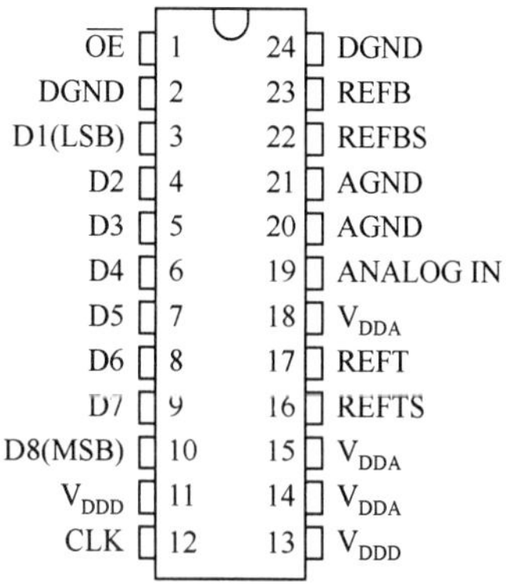

图 13.2　TLC5510 引脚图

表 13.2　TLC5510 引脚功能

引　脚　号	引 脚 名 称	功 能 说 明
1	OE	输出使能端
2	DGND	数字信号地
3	D1(LSB)	数据 0
4	D2	数据 1
5	D3	数据 2
6	D4	数据 3
7	D5	数据 4
8	D6	数据 5
9	D7	数据 6
10	D8(MSB)	数据 7
11	VDDD	数字电路工作电源
12	CLK	时钟输入端
13	VDDD	数字电路工作电源
14	VDDA	模拟电路工作电源
15	VDDA	模拟电路工作电源
16	REFTS	—
17	REFT	—
18	VDDA	模拟电路工作电源
19	ANALOG IN	模拟信号输入端
20	AGND	模拟信号地
21	AGND	模拟信号地
22	REFBS	—
23	REFB	—
24	DGND	数字信号地

2．TLC551 的工作时序图

控制 TLC5510 的时序电图如图 13.3 所示。

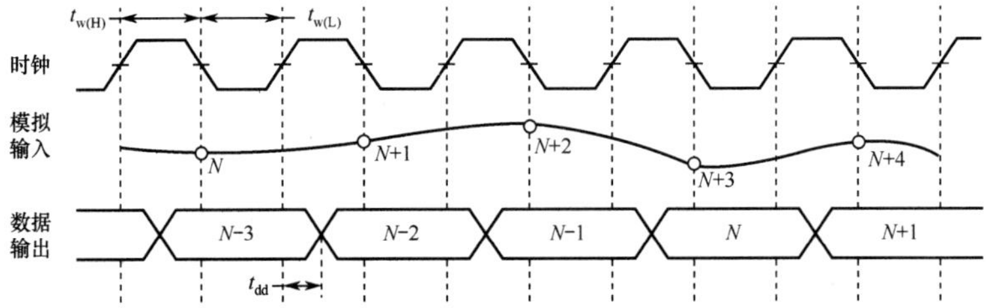

图 13.3　TLC5510 时序图

在图 13.3 所示工作时序的控制下，当第一个时钟周期的下降沿到来时，模拟输入电压将被采样到高比较器块和低比较器块，高比较器块在第二个时钟周期的上升沿最后确定高位数据，同时，低基准电压产生与高位数据相应的电压。低比较块在第三个时钟周期的上升沿的最后确定低位数据。高位数据和低位数据在第四个时钟周期的上升沿进行组合，这样，第 N 次采集的数据经过 2.5 个时钟周期的延迟后，便可送到内部数据总线上。此时如果输出使能 OE 有效，则数据便可被送至 8 位数据总线上。由于 CLK 的最大周期为 50ns，因此，TLC5510 数模转换器的最小采样速率可以达到 20MSPS。

3．硬件电路设计

TMS320LF2407 与 TLC5510 的接口电路如图 13.4 所示，图中采用内部基准电压作为参考电压，转换时钟信号 CLK 由外部有源晶振 ST 提供。由于 TLC5510 是+5V 供电，转换的数字量输入 TMS320LF2407 内部，在 TMS320LF2407 与 TLC5510 间通过 74LV245 进行电平隔离。TLC5510 的控制地址为 0006H，ANA 为模拟信号输入端。

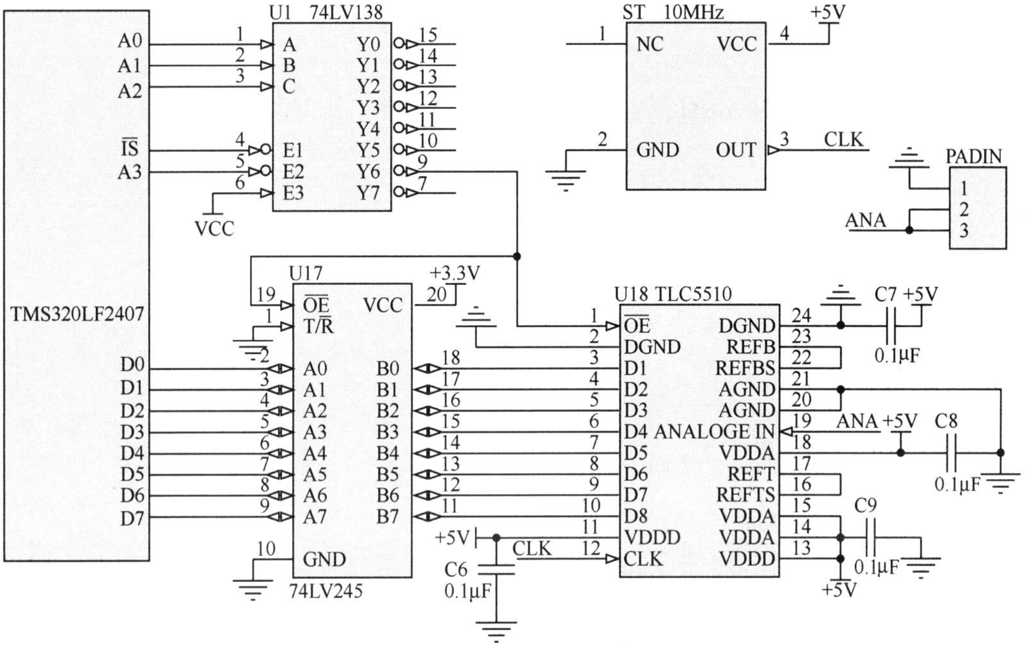

图 13.4　TMS320LF2407 与 TLC5510 的接口电路

1．C 源文件

```
#include "TMS320LF240x.h"                    //引用头文件，参见 4.2.1 节
ioport unsigned int port0006;
//关总中断程序
void inline disable()
{
      asm(" SETC INTM");
}
//开总中断程序
void inline enable()
{
      asm(" CLRC INTM");
}

//系统初始化子程序
void initial(void)
{
      asm(" SETC      SXM");                 //符号位扩展有效
      asm(" CLRC      OVM");                 //累加器中结果正常溢出
      asm(" CLRC      CNF");                 //B0 被配置为数据存储空间
      *SCSR1=0x81FE;                         //CLKIN=10M，CLKOUT=4*CLKIN=40MHz
      *WDCR=0x6F;                            //关闭看门狗
      *IMR=0x0000;                           //关闭所有可屏蔽中断
      *IFR=0xFFFF;                           //清除全部中断标志，"写 1 清 0"
}
//主程序
main()
{
  unsigned AdData;
```

```
 disable();                              //初始化时禁止中断
 while(1)
 {
      AdData=(port0006)&0xFF;            //与 0xFF 相与，取低八位
      asm(" NOP");                       //设置断点，观察 AdData 的值
}
}
```

2．链接命令文件

```
-l rts2xx.lib
-stack 200
MEMORY
{
PAGE 0:
          VECS :o=0,l=40h
          PRCT :o=40h,l=4
          PROG :o=8000h,l=2000h
PAGE 1:
         IDATA1:o=300h,l=100h
         IDATA2:o=0c00h,l=400h
         REG_MEM: o=7000h , l=1000h
         DATA :o=8000h,l=8000h
}
SECTIONS
{
 .vectors        :>VECS          PAGE 0
 .prct           :>PRCT          PAGE 0
 .text           :>PROG          PAGE 0
 .cinit          :>PROG          PAGE 0
 .data           :>PROG          PAGE 0
 .stack          :>IDATA2        PAGE 1
 .bss            :>IDATA2        PAGE 1
 .reg240x        :>REG_MEM       PAGE 1
}
```

13.1.3 TMS320LF2407 与 AD7524 接口电路设计

AD7524 是一款低成本、8 位单芯片 CMOS DAC，用于与大多数微处理器直接接口。AD7524 基本上是一个带输入锁存器的 8 位 DAC，其加载周期与一个随机存取存储器的“写入”周期类似。它采用先进的 CMOS 薄膜工艺制造，提供 1/8 LSB 精度，典型功耗小于 10mW。最新改进的设计不再需要肖特基二极管保护，并且采用+5V 电源时，还能保证 TTL 兼容性。加载速度也已提高，可以与大多数微处理器兼容。AD7524 具有出色的乘法特性（二象限或四象限），因而成为许多微处理器控制增益设置和信号控制应用的理想选择。

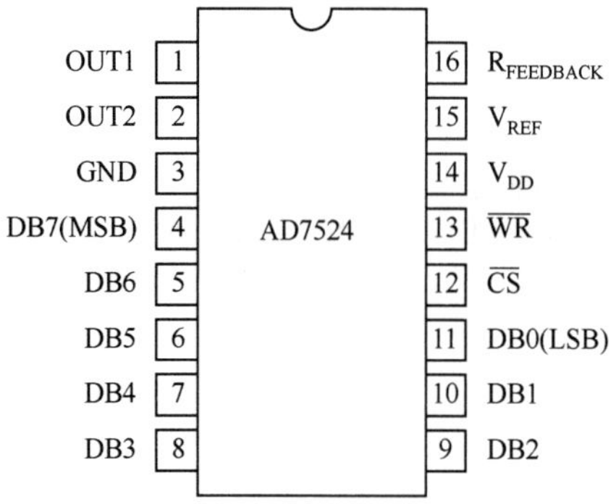

图 13.5　AD7524 的引脚图

AD7524 是 CMOS 数模转换器，其主要特性如下。

1．AD7524 的特性

(1)8 位的 DAC。

(2)输出为电流型 DAC。

(3)10MSPS 的转换速率。

(4)低电压供电（一般为 5V）。

AD7524 引脚图如图 13.5 所示，引脚功能如表 13.3 所示。

表 13.3 AD7524 引脚功能

引 脚 号	引 脚 名 称	功 能 说 明
1	OUT1	电流输出引脚 1
2	OUT2	电流输出引脚 2
3	GND	电源地
4	DB7（MSB）	数据 7
5	DB6	数据 6
6	DB5	数据 5
7	DB4	数据 4
8	DB3	数据 3
9	DB2	数据 2
10	DB1	数据 1
11	DB0(LSB)	数据 0
12	CS	片选端
13	WR	写使能端
14	VDD	电源
15	V_{REF}	参考电压
16	$R_{FEEDBACK}$	反馈电阻引脚

2．AD7524 的工作时序图

AD7524 的工作时序图如图 13.6 所示。

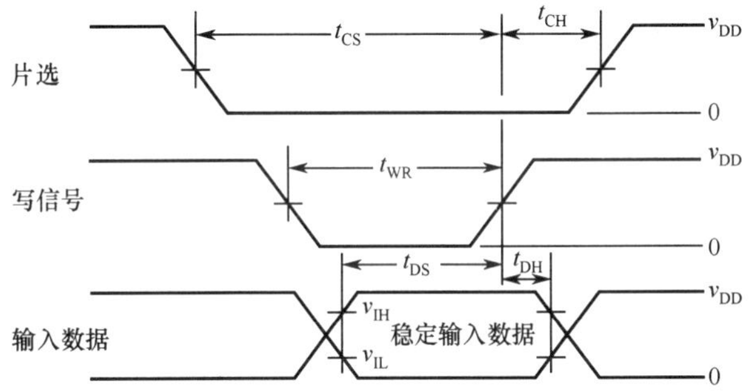

图 13.6 AD7524 的时序图

3．硬件电路设计

TMS320LF2407 与 AD7524 的接口电路如图 13.7 所示，由于 AD7524 是电流输出型 D/A 转换器，所以在其输出端加一个 OP27，进行电流-电压转换。AD7524 的控制地址是 0007H，OUTDA 为 D/A 的模拟信号输出端。下面的程序控制 AD7524 输出一个三角波。

1．C 源文件

```
#include "TMS320LF240x.h"              //引用头文件，参见 4.2.1 节
ioport unsigned int port0007;          //定义由地址总线和数据总线扩展的 I/O 口
main()
{
 int i;
      *WDCR=0x6F;                      //关闭看门狗
      *WDKEY=0x5555;
      *WDKEY=0xAAAA;

      *SCSR1=0x81FE;                   //DSP 运行频率 40MHz
      i=0;
      while (1)
      {
           port0007=i++;
```

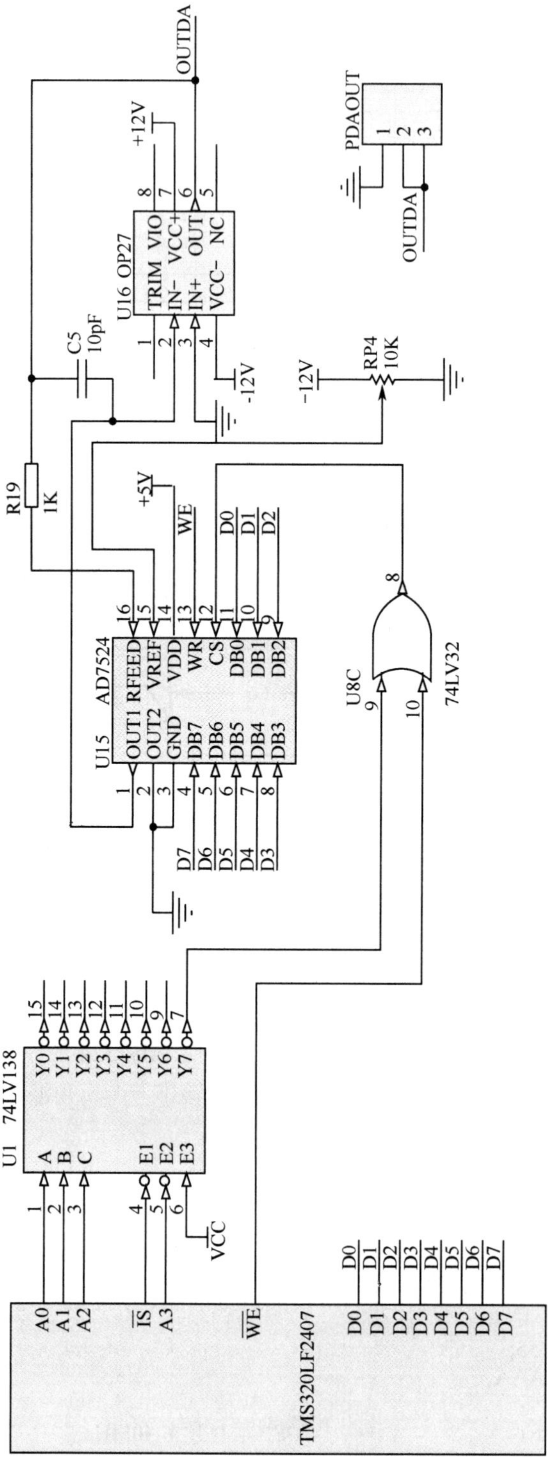

图 13.7　TMS320LF2407 与 AD7524 接口电路

```
            if(i>255)
                while( i )
                    port0007=--i;
        }
}
```

2．链接命令文件

```
-l rts2xx.lib
-stack 200
MEMORY
{
    PAGE 0:
        VECS :o=0,l=40h
        PRCT :o=40h,l=4
        PROG :o=8000h,l=1000h
    PAGE 1:
        IDATA1:o=300h,l=100h
        IDATA2:o=0c00h,l=400h
        REG_MEM: o=7000h , l=1000h
        DATA :o=8000h,l=8000h
}
SECTIONS
{
    .vectors    :>VECS       PAGE 0
    .prct       :>PRCT       PAGE 0
    .text       :>PROG       PAGE 0
    .cinit      :>PROG       PAGE 0
    .data       :>PROG       PAGE 0
    .stack      :>IDATA2     PAGE 1
    .bss        :>IDATA2     PAGE 1
    .reg240x    :>REG_MEM    PAGE 1
}
```

13.2 GPIO 应用系统设计

13.2.1 GPIO 扩展 RT128×64 液晶模块接口电路设计

1．RT128×64 液晶模块概述

RT128×64 液晶是一种具有 4 位/8 位并行、2 线或 3 线串行多种接口方式，内部含有国标一级、二级简体中文字库的点阵图形液晶显示模块；其显示分辨率为 128×64，内置 8192 个 16×16 点汉字，和 128 个 16×8 点 ASCII 字符集。利用该模块灵活的接口方式和简单、方便的操作指令，可构成全中文人机交互图形界面。可以显示 8×4 行 16×16 点阵的汉字，也可完成图形显示。低电压低功耗是其又一显著特点。由该模块构成的液晶显示方案与同类型的图形点阵液晶显示模块相比，无论是硬件电路结构还是显示程序都要简洁得多，且该模块的价格也略低于相同点阵的图形液晶模块。

基本特性：

(1)低电源电压（VDD：+3.0～+5.5V）。

(2)显示分辨率：128×64 点。

(3)内置汉字字库，提供 8192 个 16×16 点阵汉字（简繁体可选）。

(4)内置 128 个 16×8 点阵字符。

⑸2MHz 时钟频率。

⑹显示方式：STN、半透、正显。

⑺驱动方式：1/32DUTY，1/5BIAS。

⑻视角方向：6 点。

⑼背光方式：侧部高亮白色 LED，功耗仅为普通 LED 的 1/5～1/10。

⑽通信方式：串行、并口可选。

⑾内置 DC-DC 转换电路，无须外加负压。

⑿无须片选信号，简化软件设计。

⒀温度：工作温度 0℃～+55℃，存储温度-20℃～+60℃。

2．RT128×64 液晶的工作时序图

RT128×64 液晶模块有并行和串行两种连接方法。8 位并行连接，MPU 写资料到模块的时序图如图 13.8 所示，MPU 从模块读资料的时序图如图 13.9 所示。

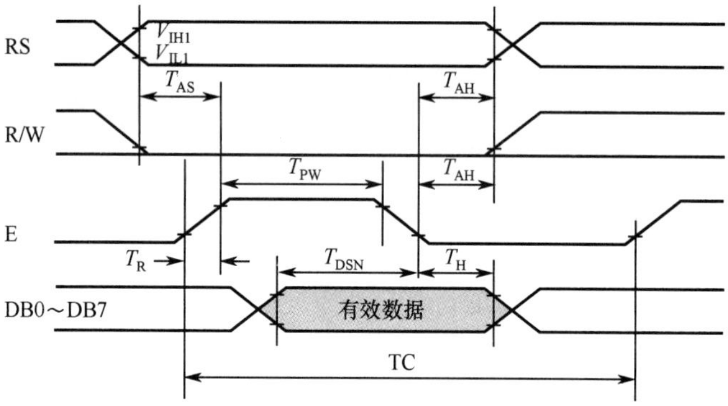

图 13.8　MPU 写资料到模块时序图

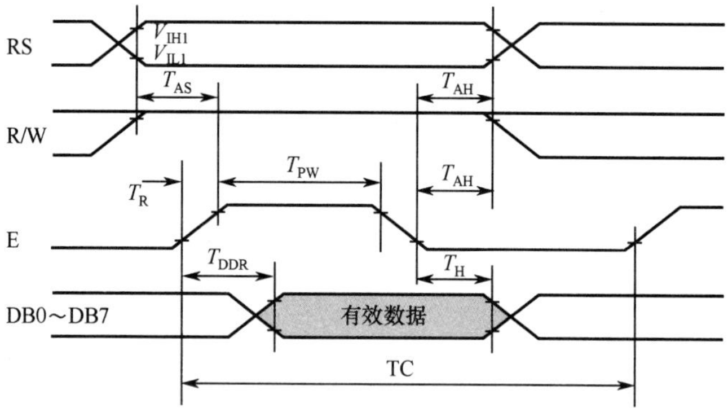

图 13.9　MPU 从模块读出资料时序图

串行数据传送共分三个字节完成：

8 位并行连接，MPU 从模块读出资料的时序图如图 13.3 所示。

第一字节：串口控制——格式 11111ABC。

A 为数据传送方向控制：H 表示数据从 LCD 到 MCU，L 表示数据从 MCU 到 LCD。

B 为数据类型选择：H 表示数据是显示数据，L 表示数据是控制指令。

C 固定为 0。

第二字节：（并行）8 位数据的高 4 位——格式 DDDD0000。

第三字节：（并行）8 位数据的低 4 位——格式 0000DDDD。

串行连接时序图如图 13.10 所示。

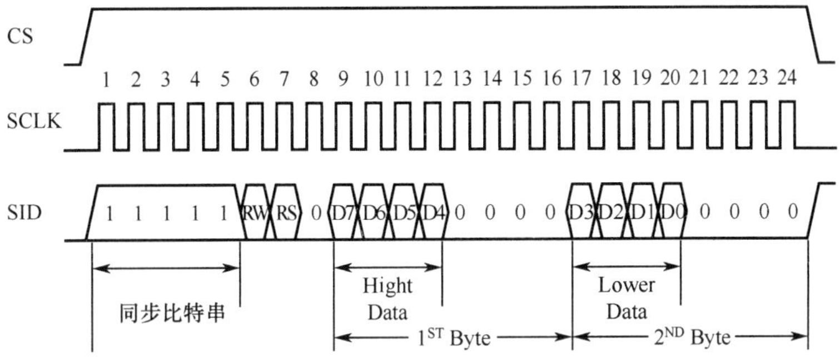

图 13.10 串行连接时序图

3．硬件电路设计

RT128×64 汉字图形点阵液晶显示模块引脚如表 13.4 所示，该显示模块有并行和串行两种连接方法。PSB 接高电平时为并行连接方式，PSB 接低电平时为串行连接方式。采用总线方式，TMS320LF2407 通过总线方式与 RT128×64 液晶模块进行并行接口电路，如图 13.4 所示。液晶数据/命令控制接口的地址为 0x0004，指令/数据选择信号、读写信号和使能信号控制接口的地址为 0x0005。

下面的程序运用 TMS320LF2407 的通用 IO 控制 RT128×64 液晶显示器，IOPB 口接到 RT128×64 的数据线上，IOPF0、IOPF1 和 IOPF2 分别接到 RT128×64 的 RS、R/W 和 E 上。根据 RT128×64 的并行控制时序，通过 TMS320LF2407 的通用 IO 向 RT128×64 写入数据/命令，TMS320LF2407 通过 I/O 与 RT128×64 液晶模块并行接口电路如图 13.11 所示。

表 13.4 RT128×64 液晶显示模块引脚说明

引 脚 号	引 脚 名 称	方 向	功 能 说 明
1	VSS	—	模块的电源地
2	VDD	—	模块的电源正端
3	V0	—	LCD 驱动电压输入端
4	RS(CS)	H/L	并行的指令/数据选择信号；串行的片选信号
5	R/W(SID)	H/L	并行的读写选择信号；串行的数据口
6	E(CLK)	H/L	并行的使能信号；串行的同步时钟
7	DB0	H/L	数据 0
8	DB1	H/L	数据 1
9	DB2	H/L	数据 2
10	DB3	H/L	数据 3
11	DB4	H/L	数据 4
12	DB5	H/L	数据 5
13	DB6	H/L	数据 6
14	DB7	H/L	数据 7
15	PSB	H/L	并/串行接口选择：H 表示并行，L 表示串行
16	NC		空脚
17	/RET	H/L	复位低电平有效
18	NC		空脚
19	LED_A	—	背光源正极（LED+5V）
20	LED_K	—	背光源负极（LED-OV）

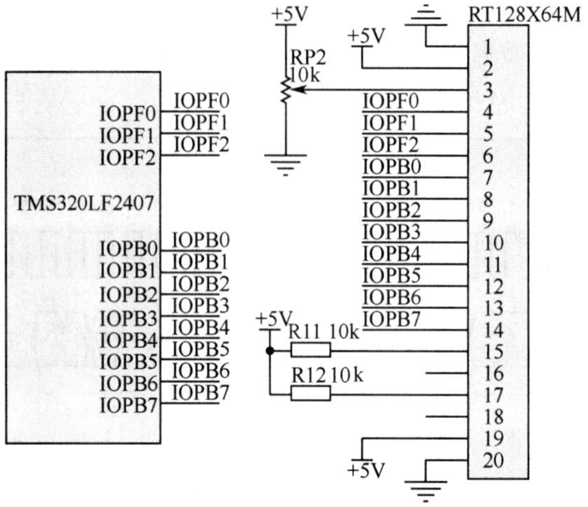

图 13.11　TMS320LF2407 通过 I/O 与 RT128×64 液晶模块并行接口电路

1．C 源文件

```
#include "TMS320LF240x.h"                        //引用头文件，参见 4.2.1 节
char disp[]={"长春理工大学电子信息工程学院电子信息工程系电子信息工程专业"};
//关总中断程序
void inline disable()
{
      asm(" SETC    INTM");
}
//开总中断程序
void inline enable()
{
      asm(" CLRC    INTM");
}
//延时子程序
void delay(int period)
{
   int i, j;
   for(i=0; i<period; i++)
   {
         for(j=0; j<period>>1; j++);
    }
}
//系统初始化子程序
void initial(void)
{
      asm(" SETC       SXM");                    //符号位扩展有效
      asm(" CLRC       OVM");                    //累加器中结果正常溢出
      asm(" CLRC       CNF");                    //B0 被配置为数据存储空间
      *SCSR1=0x81FE;                             //CLKIN=10M，CLKOUT=4*CLKIN=40MHz
      *WDCR=0x6F;                                //关闭看门狗
      *IMR=0x0000;                               //关闭所有可屏蔽中断
      *IFR=0xFFFF;                               //清除全部中断标志，"写 1 清 0"
      *MCRA=0x00;                                //IOPB 端口配置为一般的 I/O 功能
      *PBDATDIR=*PBDATDIR|0xFFFF;                //IOPB 端口设置为输出方式

      *MCRC=0x00;                                //IOPF 端口配置为一般的 I/O 功能
```

```
    *PFDATDIR=*PFDATDIR|0xFFFF;           //IOPF 端口设置为输出方式
}
//液晶写指令代码
//IOPF0 为 RS,IOPF1 为 RW,IOPF2 为 E
void wcommand(int command)
{
delay(20);
*PFDATDIR=*PFDATDIR&0xFFFE;               //RS=0
delay(5);
*PFDATDIR=*PFDATDIR&0xFFFD;               //RS=0,RW=0
*PBDATDIR=0xFF00|command;
*PFDATDIR=*PFDATDIR|0xFFF4;               //E=1
delay(5);
*PFDATDIR=*PFDATDIR&0xFFFB;               //E=0
}
//液晶写显示数据
//IOPF0 为 RS,IOPF1 为 RW,IOPF2 为 E
void wdata(int data)
{
delay(100);
*PFDATDIR=*PFDATDIR|0xFFF1;               //RS=1
delay(8);
*PFDATDIR=*PFDATDIR&0xFFFD;               //RS=1,RW=0
*PBDATDIR=0xFF00|data;
*PFDATDIR=*PFDATDIR|0xFFFC;
delay(8);
*PFDATDIR=*PFDATDIR&0xFFFB;               //E=0,RS=0,RW=0
}
//液晶功能设置子程序
void function(void)
{
wcommand(0xFF30);                         //功能设置 8 位数据，基本指令
delay(8);
wcommand(0xFF0C);                         //显示状态 on，游标 OFF  反白 OFF
delay(8);
wcommand(0xFF01);                         //清除显示
delay(8);
wcommand(0xFF02);                         //地址归位
delay(8);
wcommand(0xFF80);                         //地址归位
delay(8);
}
//显示汉字
void display(void)
{
int i;
wcommand(0xFF80);                         //设置 ddram 地址
delay(10);
for(i=0;i<12;i++)
{
wdata(ini_data[i]);                       //在第一行显示"长春理工大学"
delay(8);
}
wcommand(0xFF90);                         //设置 ddram 地址
for(i=0;i<16;i++)                         //在第二行显示"电子信息工程学院"
{
wdata(ini_data[i+12]);
```

```
delay(8);
}
wcommand(0xFF88);                     //设置 ddram 地址
for(i=0;i<14;i++)                     //在第三行显示"电子信息工程系"
{
wdata(ini_data[i+28]);
delay(8);
}
wcommand(0xFF98);                     //设置 ddram 地址
for(i=0;i<16;i++)                     //在第四行显示"电子信息工程专业"
{
wdata(ini_data[i+42]);
delay(8);
}

}//主程序
main()
{
disable();                            //初始化时禁止中断
initial();                            //系统初始化
function();
delay(10);
display();
while(1)
{
        ;
      }
}
```

2．链接命令文件

```
-l rts2xx.lib
-stack 100h
MEMORY
{
      PAGE 0:
            VECS :o=0000,l=40h
            PRCT :o=0040h,l=4
            PVECS:o=44h,l=100h
            PROG :o=0150h,l=7EAFh
            SARAM:o=8000H,l=800H
            EXTRAM:o=8800H,l=7600H
            B0_PM:o=0FF00H,l=0100H
      PAGE 1:
            REGS :o=0h,l=60h
            BLK_B2:o=60h,l=20h
            BLK_B0:o=200h,l=100h
            BLK_B1:o=300h,l=100h
            SARAM_D:o=0800h,l=0800h
            REG_MEM:o=7000h,l=1000h
            EXT_DATA:o=8000h,l=0800h
}
SECTIONS
{
      .vectors     :>VECS          PAGE 0
      .prct        :>PRCT          PAGE 0
      .text        :>PROG          PAGE 0
      .flash       :>PROG          PAGE 0
      .cinit       :>PROG          PAGE 0
```

```
        .data       :>SARAM_D    PAGE 1
        .stack      :>BLK_B1     PAGE 1
        .bss        :>SARAM_D    PAGE 1
        .switch     :>PROG       PAGE 0
}
```

13.2.2 GPIO 扩展矩阵键盘接口电路设计

键盘是一种常见的输入设备，用户可以向计算机输入数据或命令。根据按键的识别方法分类，有编码键盘和非编码键盘两种。通过硬件识别的键盘称为编码键盘，通过软件识别的键盘称为非编码键盘。非编码键盘有两种接口方式：独立式键盘和矩阵式键盘。在应用系统设计中，若所需按键数量较少，可采用独立式键盘；若需要的按键较多，则采用矩阵式键盘。

运用 TMS320LF2407 的 IOPE 口扩展 4×4 矩阵式键盘接口电路如图 13.12 所示，图中 K1 是 10kΩ 的上拉电阻。键盘扫描码采用给出列码、扫描行码的方式，通过软件的方式组合成一个键盘编码，如表 13.4 所示。在编写矩阵键盘驱动程序时，链接命令文件中的“.swith”段必须映射到程序存储器空间，否则不能完全识别所有按键。在程序中，测试按键功能，所有按键都是将显示缓冲区的数据加 1，然后显示到 RT128×64 液晶显示器上。

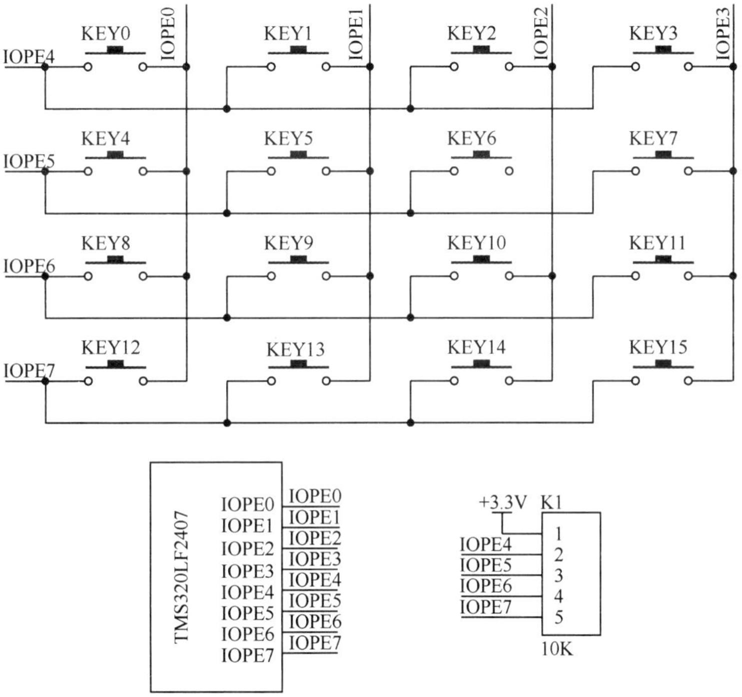

图 13.12 TMS320LF2407 外部总线扩展键盘显示电路

1. C 源程序

```
#include "TMS320LF240x.h"                    //引用头文件，参见 4.2.1 节
char disp[]={"液晶显示 4 × 4 矩阵键盘"};
unsigned int kcode[]={0xEE,0xED,0xEB,0xE7,0xDE,0xDD,0xDB,0xD7,0xBE,0xBD,
                      0xBB,0xB7,0x7E,0x7D,0x7B,0x77};
unsigned int colscan[]={0xFE,0xFD,0xFB,0xF7};
unsigned int buffer[]={0,1,2,3,4,5,6,7};
void show(unsigned int num,unsigned int adr,unsigned int data[]);
```

表 13.4　键盘扫描码

键　盘	行状态（二进制）				列状态（二进制）				键盘扫描码（十六进制）
	IOPC7	IOPC6	IOPC5	IOPC4	IOPC3	IOPC2	IOPC1	IOPC0	
KEY0	1	1	1	0	1	1	1	0	EEH
KEY1	1	1	1	0	1	1	0	1	EDH
KEY2	1	1	1	0	1	0	1	1	EBH
KEY3	1	1	1	0	0	1	1	1	E7H
KEY4	1	1	0	1	1	1	1	0	DEH
KEY5	1	1	0	1	1	1	0	1	DDH
KEY6	1	1	0	1	1	0	1	1	DBH
KEY7	1	1	0	1	0	1	1	1	D7H
KEY8	1	0	1	1	1	1	1	0	BEH
KEY9	1	0	1	1	1	1	0	1	BDH
KEY10	1	0	1	1	1	0	1	1	BBH
KEY11	1	0	1	1	0	1	1	1	B7H
KEY12	0	1	1	1	1	1	1	0	7EH
KEY13	0	1	1	1	1	1	0	1	7DH
KEY14	0	1	1	1	1	0	1	1	7BH
KEY15	0	1	1	1	0	1	1	1	77H

```
//关总中断程序
void inline disable()
{
        asm(" SETC INTM");
}
//开总中断程序
void inline enable()
{
        asm(" CLRC INTM");
}
//延时子程序
void delay(int period)
{
int i, j;
for(i=0; i<period; i++)
{
    for(j=0; j<period>>1; j++);
  }
}
//系统初始化子程序
void initial(void)
{
        asm(" SETC      SXM");                  //符号位扩展有效
        asm(" CLRC      OVM");                  //累加器中结果正常溢出
        asm(" CLRC      CNF");                  //B0 被配置为数据存储空间
        *SCSR1=0x81FE;                          //CLKIN=10M，CLKOUT=4*CLKIN=40MHz
        *WDCR=0x6F;                             //关闭看门狗
        *IMR=0x0000;                            //关闭所有可屏蔽中断
        *IFR=0xFFFF;                            //清除全部中断标志，"写 1 清 0"

        *MCRA=0x00;                             //IOPB 端口配置为一般的 I/O 功能
        *PBDATDIR|=0xFFFF;                      //IOPB 端口设置为输出方式

        *MCRC=0x00;                             //IOPF 端口配置为一般的 I/O 功能
        *PFDATDIR|=0xFFFF;                      //IOPF 端口设置为输出方式
        *PEDATDIR=0x0FFF;                       //IOPE 端口设置高四位输入，低四位输出方式
}
//液晶写指令代码
```

```
//IOPF0 为 RS,IOPF1 为 RW,IOPF2 为 E
void wcommand(int command)
{
delay(20);
*PFDATDIR&=0xFFFE;                          //RS=0
delay(5);
*PFDATDIR&=0xFFFD;                          //RS=0,RW=0
*PBDATDIR=0xFF00|command;
*PFDATDIR|=0xFFF4;                          //E=1
delay(5);
*PFDATDIR&=0xFFFB;                          //E=0
}
//液晶写显示数据
//IOPF0 为 RS,IOPF1 为 RW,IOPF2 为 E
void wdata(int data)
{
delay(100);
*PFDATDIR|=0xFFF1;                          //RS=1
delay(8);
*PFDATDIR&=0xFFFD;                          //RS=1,RW=0
*PBDATDIR=0xFF00|data;
*PFDATDIR|=0xFFFC;
delay(8);
*PFDATDIR&=0xFFFB;                          //E=0,RS=0,RW=0
}
//液晶功能设置子程序
void function(void)
{
wcommand(0xFF30);                           //功能设置 8 位数据，基本指令
delay(8);
wcommand(0xFF0C);                           //显示状态 on，游标 OFF 反白 OFF
delay(8);
wcommand(0xFF01);                           //清除显示
delay(8);
wcommand(0xFF02);                           //地址归位
delay(8);
wcommand(0xFF80);                           //地址归位
delay(8);
}
//显示初始化界面
void display(void)
{
int i;
wcommand(0xFF80);                           //设置 ddram 地址
delay(10);
for(i=0;i<8;i++)
{
wdata(disp[i]);                             //在第一行显示"液晶显示"
delay(8);
 }
wcommand(0xFF90);                           //设置 ddram 地址
for(i=0;i<14;i++)                           //在第二行显示"4×4 矩阵键盘"
{
wdata(disp[i+8]);
delay(8);
}
show(8,0xFF88,buffer);                      //在第三行显示"012345678"
```

```
}
//液晶动态显示数据子程序
void show(unsigned int num,unsigned int adr,unsigned int data[])
{
unsigned i;
wcommand(adr);                                    //设置 ddram 地址
for(i=0;i<num;i++)
{
delay(8);
wdata(0x30+data[i]);
delay(8);
}
}
//键盘扫描子程序
unsigned keyscan(void)
{
unsigned key,temp;
*PEDATDIR=0x0FF0;
delay(5);
temp=*PEDATDIR&0xF0;
if(temp!=0xF0)
  key=1;                                          //有键按下
else
  key=0;                                          //无键按下
return key;
}
//判断键盘子程序
unsigned keyjudge(void)
{
unsigned i,keycode,colcode,key;
for(i=0;i<4;i++)                                  //扫描四列，读入行值
{
 *PEDATDIR=colscan[i]|0x0F00;
 delay(5);
keycode=*PEDATDIR&0xF0;
if(keycode!=0xF0)
 {
  keycode=keycode|(colscan[i]&0x000F);            //形成键盘扫描码
  for(i=0;i<16;i++)
  {
   if(keycode==kcode[i])
     return i+1;
  }
  }
  }
}
//键盘处理子程序
void keydeal(unsigned key)
{
  switch(key)
  {
    case 1:buffer[0]++;
               if(buffer[0]==10)
                  buffer[0]=0;
            show(8,0xFF88,buffer);
            break;
    case 2:
          buffer[1]++;
```

```
                if(buffer[1]==10)
                    buffer[1]=0;
            show(8,0xFF88,buffer);
            break;
    case 3:
                buffer[2]++;
                if(buffer[2]==10)
                    buffer[2]=0;
            show(8,0xFF88,buffer);
            break;
    case 4:
                buffer[3]++;
                if(buffer[3]==10)
                    buffer[3]=0;
            show(8,0xFF88,buffer);
            break;
    case 5:
                buffer[4]++;
                if(buffer[4]==10)
                    buffer[4]=0;
            show(8,0xFF88,buffer);
            break;
    case 6:
                buffer[5]++;
                if(buffer[5]==10)
                    buffer[5]=0;
            show(8,0xFF88,buffer);
            break;
    case 7:
                buffer[6]++;
                if(buffer[6]==10)
                    buffer[6]=0;
            show(8,0xFF88,buffer);
            break;
          case 8:
                buffer[7]++;
                if(buffer[7]==10)
                    buffer[7]=0;
            show(8,0xFF88,buffer);
            break;
    case 9:
buffer[0]++;
                if(buffer[0]==10)
                    buffer[0]=0;
            show(8,0xFF88,buffer);
            break;
    case 10:
            buffer[1]++;
                if(buffer[1]==10)
                    buffer[1]=0;
              show(8,0xFF88,buffer);
              break;
    case 11:
                buffer[2]++;
                if(buffer[2]==10)
                    buffer[2]=0;
            show(8,0xFF88,buffer);
            break;
    case 12:
```

```
                    buffer[3]++;
                    if(buffer[3]==10)
                        buffer[3]=0;
                show(8,0xFF88,buffer);
                break;
        case 13:
                    buffer[4]++;
                    if(buffer[4]==10)
                        buffer[4]=0;
                show(8,0xFF88,buffer);
                break;
            case 14:
                    buffer[5]++;
                    if(buffer[5]==10)
                        buffer[5]=0;
                show(8,0xFF88,buffer);
                break;
case 15:
                    buffer[6]++;
                    if(buffer[6]==10)
                        buffer[6]=0;
                show(8,0xFF88,buffer);
                break;
        case 16:
                    buffer[7]++;
                    if(buffer[7]==10)
                        buffer[7]=0;
                show(8,0xFF88,buffer);
                break;
    }
}
//主程序
main()
{
disable();                                          //初始化时禁止中断
initial();                                          //系统初始化
function();
delay(10);
display();
while(1)
{
if(keyscan())
        {
          delay(200);                               //延时，去抖动
          if(keyscan())
          keydeal(keyjudge());
          }
        }
}
```

2．链接命令文件

```
-l rts2xx.lib
-stack 200
MEMORY
{
PAGE 0:
            VECS :o=0,l=40h
            PRCT :o=40h,l=4
```

```
        PROG :o=4000h,l=5000h
PAGE 1:
        IDATA1:o=300h,l=100h
        IDATA2:o=0c00h,l=400h
        REG_MEM: o=7000h , l=1000h
        DATA :o=8000h,l=8000h
}
SECTIONS
{
.vectors        :>VECS          PAGE 0
.prct           :>PRCT          PAGE 0
.text           :>PROG          PAGE 0
.cinit          :>PROG          PAGE 0
.data           :>PROG          PAGE 0
.stack          :>IDATA2        PAGE 1
.bss            :>IDATA2        PAGE 1
.reg240x        :>REG_MEM       PAGE 1
.switch         :>PROG          PAGE 0      /*.switch 映射到程序存储区*/
}
```

13.3　外部中断应用

TMS320LF2407 DSP 有两个外部中断输入引脚，可以是上升沿或下降沿触发外部中断。图 13.13 为外部中断 XINT1（IOPA2）的测试电路，设置下降沿产生中断，图中是 TMS320LF2407 与发光二极管、输入按键的接口电路。通过控制 IOPF6 的输出电平可控制发光二极管的亮灭。当 IOPF6 输出为低电平时，发光二极管点亮；当 IOPF6 输出为高电平时，发光二极管熄灭。通过按下 S0 键产生外部中断，每按下一次 S0 键，产生一次外部中断，发光二极管 LED 的状态翻转一次。

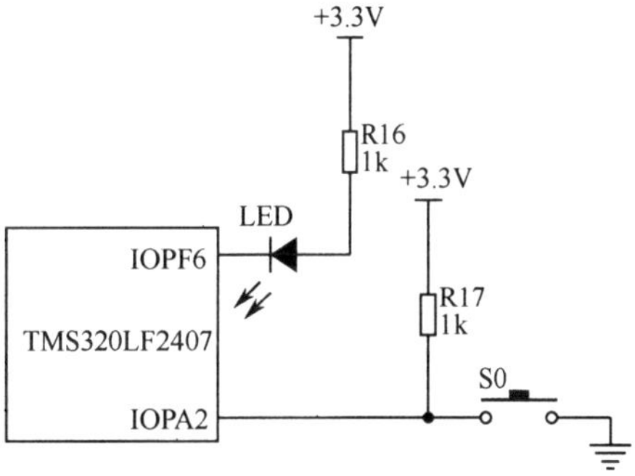

图 13.13　按键产生外部中断

1. C 源程序

```
#include "TMS320LF240x.h"                //引用头文件，参见 4.2.1 节
void interrupt xint(void);               //中断服务程序，外部中断调用
unsigned int uWork;

main()
{
    *WDCR=0x6F;                          //关闭看门狗
    *WDKEY=0x5555;
    *WDKEY=0xAAAA;

    *SCSR1=0x81FE;                       //CLKIN=10M，CLKOUT=4×CLKIN=40MHz
    *MCRA=0x4;                           //设置 IOPA2 是外部中断 1 输入引脚
    asm(" SETC INTM");                   //关全局中断

    uWork=*MCRC;                         //将 IOPF6 设置成通用 I/O 口
    uWork&=0xBFFF;
    *MCRC=uWork;
    *PFDATDIR=0x4040;                    //将 IOPF6 设置成输出，默认输出高电平
```

```
        *IMR=0x1;                          //使能 TMS320LF240x DSP 的一级中断 INT1
        *IFR=0xFFFF;                       //清除中断标志
        *XINT1CR=0x1;                      //下降沿产生中断，使能外部中断 1

        asm(" CLRC INTM");                 //开全局中断
        for(;;)
          ;
}
//INT1 中断服务程序
void interrupt xint(void)                  //中断服务程序定义，必须使用 interrupt 声明
{
      uWork=*PIVR;                         //读外设中断向量寄存器
      switch(uWork)
      {
           case 0x1:
           {
                 *XINT1CR=0x8001;          //清除外部中断标志位
           *IFR=0xFFFF;                    //清除中断标志
                 uWork=*PFDATDIR;          //设置 LED 指示灯状态翻转一次
                 uWork|=0x4000;            //*PFDATDIR 与 0x4000 做或运算，保证 IOPF6
                                           //是输出

                 uWork^=0x0040;
                 *PFDATDIR=uWork;
                break;
           }
      }
}
```

2．中断向量表

```
                .ref _xint,_c_int0
                .sect ".vectors"
RSVECT      B   _c_int0         ; Reset Vector
INT1        B   _xint           ; Interrupt Level 1
INT2        B   GISR2           ; Interrupt Level 2
INT3        B   GISR3           ; Interrupt Level 3
INT4        B   GISR4           ; Interrupt Level 4
INT5        B   GISR5           ; Interrupt Level 5
INT6        B   GISR6           ; Interrupt Level 6
RESERVED    B   PHANTOM         ; Reserved
SW_INT8     B   PHANTOM         ; Software Interrupt
SW_INT9     B   PHANTOM         ; Software Interrupt
SW_INT10    B   PHANTOM         ; Software Interrupt
SW_INT11    B   PHANTOM         ; Software Interrupt
SW_INT12    B   PHANTOM         ; Software Interrupt
SW_INT13    B   PHANTOM         ; Software Interrupt
SW_INT14    B   PHANTOM         ; Software Interrupt
SW_INT15    B   PHANTOM         ; Software Interrupt
SW_INT16    B   PHANTOM         ; Software Interrupt
TRAP        B   PHANTOM         ; Trap vector
NMI         B   NMI             ; Nonmaskable Interrupt
EMU_TRAP    B   PHANTOM         ; Emulator Trap
SW_INT20    B   PHANTOM         ; Software Interrupt
SW_INT21    B   PHANTOM         ; Software Interrupt
SW_INT22    B   PHANTOM         ; Software Interrupt
SW_INT23    B   PHANTOM         ; Software Interrupt
SW_INT24    B   PHANTOM         ; Software Interrupt
```

```
SW_INT25    B   PHANTOM     ; Software Interrupt
SW_INT26    B   PHANTOM     ; Software Interrupt
SW_INT27    B   PHANTOM     ; Software Interrupt
SW_INT28    B   PHANTOM     ; Software Interrupt
SW_INT29    B   PHANTOM     ; Software Interrupt
SW_INT30    B   PHANTOM     ; Software Interrupt
SW_INT31    B   PHANTOM     ; Software Interrupt
GISR1
GISR2
GISR3
GISR4
GISR5
GISR6
PHANTOM
```

3．链接命令文件

```
-l rts2xx.lib
-stack 200
MEMORY
{
    PAGE 0:
        VECS :o=0,l=40h
        PRCT :o=40h,l=4
        PROG :o=9000h,l=2000h
    PAGE 1:
        IDATA1 :o=300h,l=100h
        IDATA2 :o=0c00h,l=400h
        REG_MEM :o=7000h,l=1000h
        DATA :o=8000h,l=8000h
}
SECTIONS
{
    .vectors    :>VECS       PAGE 0
    .prct       :>PRCT       PAGE 0
    .text       :>PROG       PAGE 0
    .cinit      :>PROG       PAGE 0
    .data       :>PROG       PAGE 0
    .stack      :>IDATA2     PAGE 1
    .bss        :>IDATA2     PAGE 1
    .reg240x    :> REG_MEM   PAGE 1
}
```

13.4　频率测量系统设计

频率测量是电子测量领域的最基本测量。通常频率测量有如下两种方法：

(1)**计数法**。计数法是指在一定的时间间隔 T 内，对输入的脉冲信号进行计数，若计数为 n，则信号的频率为 $f= 1/n$。这种方法适合于高频测量，信号的频率越高，则相对误差越小。

(2)**测周法**。测周法是指计量在被测信号的一个周期内，频率为 f 的标准信号的脉冲数 N 来间接测量频率，被测信号的频率是 $F = Nf$。被测信号的周期越长（频率越低），则测得的标准信号的脉冲数 N 越大，则相对误差越小。

以下程序通过计数法测量信号频率。TMS320LF2407 系统时钟频率为 40MHz，设置通用定时器 1 工作在连续增计数模式下，32 分频，周期值为 12500，定时器 1 的定时时间为 25×12500×32 = 10ms；设置通用定时器 4 工作在连续增计数模式下，1 分频，采用外部时钟源，外部时钟从 IOPF5（TCLKINB）引脚输入。

在通用定时器 1 产生中断时，通用定时器 4 的计数值乘 100 后的值就是被测信号的频率，频率的测量范围为 100Hz～6MHz，且将测量得到的频率值显示到 RT128×64 液晶上。

1．C 源程序

```
#include "TMS320LF240x.h"                    //引用头文件，参见 4.2.1 节
void interrupt gptime1(void);                //定时器中断服务程序
void gp_init(void);                          //定时器 1 初始化
void gp_init4(void);                         //定时器 4 初始化

unsigned int uWork;
long Frequency;                              //频率暂存变量
unsigned int EndFlag;                        //每次频率测量结束标志
unsigned int buffer[]={0,0,0,0,0,0,0};       //显示缓存区
char disp[]={"数字频率计测量频率：0000000Hz "};
//延时子程序
void delay(int period)
{
int i, j;
for(i=0; i<period; i++)
{
 for(j=0; j<period>>1; j++);
}
}
//液晶写指令代码
//IOPF0 为 RS,IOPF1 为 RW,IOPF2 为 E
void wcommand(int command)
{
delay(20);
*PFDATDIR&=0xFFFE;                           //RS=0
delay(5);
*PFDATDIR&=0xFFFD;                           //RS=0,RW=0
*PBDATDIR=0xFF00|command;
*PFDATDIR|=0xFFF4;                           //E=1
delay(5);
*PFDATDIR&=0xFFFB;                           //E=0
}
//液晶写显示数据
//IOPF0 为 RS,IOPF1 为 RW,IOPF2 为 E
void wdata(int data)
{
delay(100);

*PFDATDIR|=0xFFF1;                           //RS=1
delay(8);
*PFDATDIR&=0xFFFD;                           //RS=1,RW=0
*PBDATDIR=0xFF00|data;
*PFDATDIR|=0xFFFC;
delay(8);
*PFDATDIR&=0xFFFB;                           //E=0,RS=0,RW=0
}
//液晶功能设置子程序
void function(void)
{
wcommand(0xFF30);                            //功能设置 8 位数据，基本指令
delay(8);
```

```
wcommand(0xFF0C);                          //显示状态 ON，游标 OFF  反白 OFF
delay(8);
wcommand(0xFF01);                          //清除显示
delay(8);
wcommand(0xFF02);                          //地址归位
delay(8);
wcommand(0xFF80);
delay(8);
}
//显示汉字
void display(void)
{
int i;
wcommand(0xFF80);                          //设置 ddram 地址
delay(10);
for(i=0;i<10;i++)
{
wdata(disp[i]);                            //在第一行显示"数字频率计"
delay(8);
}

wcommand(0xFF90);                          //设置 ddram 地址
for(i=0;i<10;i++)                          //在第二行显示"测量频率："
{
wdata(disp[i+10]);
delay(8);
}

wcommand(0xFF88);                          //设置 ddram 地址
for(i=0;i<10;i++)                          //在第三行显示测得具体频率值
{
wdata(disp[i+20]);
delay(8);
}
}
//液晶动态显示数据子程序
void show(unsigned int num,unsigned int adr,unsigned int data[])
{
unsigned i;
wcommand(adr);                             //设置 ddram 地址
for(i=0;i<num;i++)
{
delay(8);
wdata(0x30+data[i]);
delay(8);
}
}
main()
{
    *WDCR=0x6F;                            //关闭看门狗中断
    *WDKEY=0x5555;
    *WDKEY=0xAAAA;

    *SCSR1=0x81FE;                         //设置 DSP 运行频率 40MHz
    asm(" SETC INTM");                     //关全局中断
    uWork=*MCRC;                           //将 IOPF5 设置成外部时钟输入引脚
    uWork|=0x20FF;
```

```
        *MCRC=uWork;
        *PFDATDIR|=0xFFFF;                      //IOPF 端口设置为输出方式

    *MCRA=0x00;                                 //IOPB 端口配置为一般的 I/O 功能
    *PBDATDIR|=0xFFFF;                          //IOPB 端口设置为输出方式

        gp_init();                              //初始化定时器
        gp_init4();
        *IMR=0x2;                               //使能 TMS320LF240x DSP 的一级中断 INT2
        *IFR=0xFFFF;                            //清除中断标志

        asm(" CLRC INTM");                      //开全局中断

        Frequency=0;
        EndFlag=0;

        function();
    delay(10);
    display();
        while(1)
          if(EndFlag)
          {
           EndFlag=0;
           //将测量的频率值分解并显示
           buffer[0]=Frequency*100/1000000;
           buffer[1]=(Frequency*100/100000)%10;
           buffer[2]=(Frequency*100/10000)%10;
           buffer[3]=(Frequency*100/1000)%10;
           buffer[4]=(Frequency*100/100)%10;
           buffer[5]=(Frequency*100/10)%10;
           buffer[6]=(Frequency*100)%10;
      show(7,0xFF88,buffer);
          }
    }
    //INT2 中断服务程序
    void interrupt gptime1(void)                //中断服务程序声明，必须使用 interrupt 声明
    {
     uWork=*PIVR;                               //读外设中断向量寄存器
     switch(uWork)
     {
      case 0x27:                                //0x27 为定时器 1 的周期中断的向量值
      {
           *EVAIFRA=0x80;                       //清除中断标志 T1PINT
           *IFR|=0x0002;                        //清除中断标志
           Frequency=*T4CNT;                    //测得的频率值=Frequency×100
           *T4CNT=0;
           EndFlag=1;                           //每次测频结束 EndFlag=1
           break;
      }
     }
    }

    void gp_init(void)
    {
    *EVAIMRA = 0x80;                            //使能 EVA 通用定时器 1 周期中断
    *EVAIFRA = 0xFFFF;                          //清除中断标志
```

```
*GPTCONA = 0x0000;
*T1PR = 12500;                          //设置周期寄存器值为 12500
*T1CNT = 0;                             //计数初值为 0
*T1CON = 0x154E;                        //连续增计数模式，32 分频，启动计数器
}
void gp_init4(void)
{
*EVAIMRB = 0x00;                        //使能 EVA 通用定时器 1 周期中断
*EVAIFRB = 0xFFFF;                      //清除中断标志
*GPTCONB = 0x0000;
*T4PR = 0xFFFF;                         //设置周期寄存器值为 0xFFFF
*T4CNT = 0;                             //计数初值为 0
*T4CON= 0x105C;                         //连续增计数模式，1 分频，采用外部时钟源，
                                        //启动计数器
}
```

2．中断向量表

```
            .ref _gptime1,_c_int0
            .sect   ".vectors"
RSVECT      B   _c_int0         ; Reset Vector
INT1        B   GISR1           ; Interrupt Level 1
INT2        B   _gptime1        ; Interrupt Level 2
INT3        B   GISR3           ; Interrupt Level 3
INT4        B   GISR4           ; Interrupt Level 4
INT5        B   GISR5           ; Interrupt Level 5
INT6        B   GISR6           ; Interrupt Level 6
RESERVED    B   PHANTOM         ; Reserved
SW_INT8     B   PHANTOM         ; Software Interrupt
SW_INT9     B   PHANTOM         ; Software Interrupt
SW_INT10    B   PHANTOM         ; Software Interrupt
SW_INT11    B   PHANTOM         ; Software Interrupt
SW_INT12    B   PHANTOM         ; Software Interrupt
SW_INT13    B   PHANTOM         ; Software Interrupt
SW_INT14    B   PHANTOM         ; Software Interrupt
SW_INT15    B   PHANTOM         ; Software Interrupt
SW_INT16    B   PHANTOM         ; Software Interrupt
TRAP        B   PHANTOM         ; Trap vector
NMI         B   NMI             ; Nonmaskable Interrupt
EMU_TRAP    B   PHANTOM         ; Emulator Trap
SW_INT20    B   PHANTOM         ; Software Interrupt
SW_INT21    B   PHANTOM         ; Software Interrupt
SW_INT22    B   PHANTOM         ; Software Interrupt
SW_INT23    B   PHANTOM         ; Software Interrupt
SW_INT24    B   PHANTOM         ; Software Interrupt
SW_INT25    B   PHANTOM         ; Software Interrupt
SW_INT26    B   PHANTOM         ; Software Interrupt
SW_INT27    B   PHANTOM         ; Software Interrupt
SW_INT28    B   PHANTOM         ; Software Interrupt
SW_INT29    B   PHANTOM         ; Software Interrupt
SW_INT30    B   PHANTOM         ; Software Interrupt
SW_INT31    B   PHANTOM         ; Software Interrupt
GISR1
GISR2
GISR3
GISR4
GISR5
GISR6
PHANTOM
```

3. 链接命令文件

```
-l rts2xx.lib
-stack 200
MEMORY
{
    PAGE 0:
        VECS :o=0,l=40h
        PRCT :o=40h,l=4
        PROG :o=9000h,l=2000h
    PAGE 1:
        IDATA1:o=300h,l=100h
        IDATA2:o=0c00h,l=400h
        REG_MEM:o=7000h , l=1000h
        DATA :o=8000h,l=8000h
}
SECTIONS
{
    .vectors    :>VECS       PAGE 0
    .prct       :>PRCT       PAGE 0
    .text       :>PROG       PAGE 0
    .cinit      :>PROG       PAGE 0
    .data       :>PROG       PAGE 0
    .stack      :>IDATA2     PAGE 1
    .bss        :>IDATA2     PAGE 1
    .reg240x    :>REG_MEM    PAGE 1
}
```

13.5 输入捕获测量脉宽系统设计

脉宽测量是计数器的典型应用之一。脉冲宽度指的是稳定电平持续的时间，脉冲宽度分为高脉冲宽度和低脉冲宽度两种。

⑴高脉冲宽度：测量电平从低到高开始计时（上升沿），一直到由高到低结束（下降沿），中间持续的时间。

⑵低脉冲宽度：测量电平由高到低开始计时（下降沿），一直到由低到高结束（上升沿），中间持续的时间。

脉宽测量基本原理如下：脉宽测量实际上是计数器的定时应用，从一个沿变化开始计时，到另外一个沿变化结束计时，中间经历的时间由标准的脉冲计数实现。通过两个沿之间经历过的标准脉冲数，可以精确地计算出其经历的时间，这要求标准脉冲的频率必须远高于需要测量的脉宽，标准脉冲频率越高，则测量越精确。

下面的程序通过输出捕获的方法测量脉冲的宽度。TMS320LF2407 系统时钟频率为 40MHz，设置通用定时器 2 工作在连续增计数模式下，16 分频，周期值为 0xFFFF。

定时器 2 的最大定时时间为 $25\times65535\times16 = 16.77696$ms；定时器 2 的最小定时时间为 $25\times1\times16 = 400$ns；由此可以得出捕获的脉冲宽度理论上为 400ns～16.77696ms。

外部脉冲从 IOPA5/CAP3 输入，且将测量得到的脉冲宽度值显示在 RT128×64 液晶上。在测试程序过程中，从 IOPA5/CAP3 输入的是占空比为 50%的 TTL 波形，捕获信号的一个周期，再除以 2，获得脉冲宽度。

1. C 源程序

```
#include   "TMS320LF240x.h"                    //引用头文件，参见 4.2.1 节
void   interrupt   capint(void);
unsigned int uWork;
unsigned result[4];                            //定义一个存储结果的数组
unsigned k;                                    //定义的捕获中断次数变量
long Frequency;                                //计算周期暂存变量
unsigned int EndFlag;                          //每 4 次捕获结束标志
unsigned int buffer[7];                        //显示缓存区
char disp[]={"输入捕获测试程序四次捕获平均值：0000000ns "};
                                               //停止所有捕获以及其中断
void inline StopCaps()
{
*EVAIMRC = 0x0;
*EVBIMRC = 0x0;
*CAPCONA = 0;
*CAPCONB = 0;
}
//延时子程序
void delay(int period)
{
int i, j;
for(i=0; i<period; i++)
{
 for(j=0; j<period>>1; j++);
}
}
//液晶写指令代码
//IOPF0 为 RS,IOPF1 为 RW,IOPF2 为 E
void wcommand(int command)
{
delay(20);

*PFDATDIR&=0xFFFE;                             //RS=0
delay(5);
*PFDATDIR&=0xFFFD;                             //RS=0,RW=0
*PBDATDIR=0xFF00|command;
*PFDATDIR|=0xFFF4;                             //E=1
delay(5);
*PFDATDIR&=0xFFFB;                             //E=0
}
//液晶写显示数据
//IOPF0 为 RS,IOPF1 为 RW,IOPF2 为 E
void wdata(int data)
{
delay(100);
*PFDATDIR|=0xFFF1;                             //RS=1
delay(8);
*PFDATDIR&=0xFFFD;                             //RS=1,RW=0
*PBDATDIR=0xFF00|data;
*PFDATDIR|=0xFFFC;
delay(8);
*PFDATDIR&=0x0FFFB;                            //E=0,RS=0,RW=0
}
//液晶功能设置子程序
void function(void)
```

```
{
wcommand(0xFF30);                       //功能设置 8 位数据，基本指令
delay(8);
wcommand(0xFF0C);                       //显示状态 ON，游标 OFF 反白 OFF
delay(8);
wcommand(0xFF01);                       //清除显示
delay(8);
wcommand(0xFF02);                       //地址归位
delay(8);
wcommand(0xFF80);                       //地址归位
delay(8);
}
//显示汉字
void display(void)
{
int i;
wcommand(0xFF80);                       //设置 ddram 地址
delay(10);
for(i=0;i<16;i++)
{
 wdata(disp[i]);                        //在第一行显示"输入捕获测试程序"
 delay(8);
 }
wcommand(0xFF90);                       //设置 ddram 地址
for(i=0;i<16;i++)                       //在第二行显示"四次捕获平均值："
{
 wdata(disp[i+16]);
 delay(8);
 }
wcommand(0xFF88);                       //设置 ddram 地址
for(i=0;i<10;i++)                       //在第三行显示捕获的脉宽值
{
 wdata(disp[i+32]);
 delay(8);
 }
}
//液晶动态显示数据子程序
void show(unsigned int num,unsigned int adr,unsigned int data[])
{
unsigned i;
wcommand(adr);                          //设置 ddram 地址
for(i=0;i<num;i++)
{
 delay(8);
 wdata(0x30+data[i]);
 delay(8);
 }
}
//系统初始化子程序
void initial(void)
{
asm(" SETC    INTM");                   //关全局中断
       asm(" SETC      SXM");           //抑制符号位扩展
       asm(" CLRC      OVM");           //累加器中结果正常溢出
       asm(" CLRC      CNF");           //B0 被配置为数据存储空间
       *SCSR1=0x81FE;                   //CLKIN=10MHz，CLKOUT=4*CLKIN=40MHz
```

```
        *WDCR=0x6F;                            //关闭看门狗

        uWork=*MCRC;                           //IOPF 端口配置为一般的 I/O 功能
        uWork|=0x00FF;
        *MCRC=uWork;
        *PFDATDIR|=0xFFFF;                     //IOPF 端口设置为输出方式

        uWork=*MCRA;                           //IOPB 端口配置为一般的 I/O 功能
        uWork|=0x0020;                         //配置 IOPA5 口为捕捉功能
        *MCRA=uWork;
        *PBDATDIR|=0xFFFF;                     //IOPB 端口设置为输出方式

        *IMR=0x8;                              //允许 INT4 中断
        *IFR=0x0FFFF;                          //清除全部中断标志，"写 1 清 0"
}
//捕获单元 4 初始化子程序
void CAP2INT(void)
{
        *T2PR=0xFFFF;                          //通用定时器 2 的周期寄存器为 0XFFFF
        *T2CON=0x1400;                         //通用定时器 2 为连续增计数模式
        *T2CNT=0x00;                           //计数器初值为 0
        *CAPCONA=0x5004;                       //设置捕获单元 3 为检测上升沿，且
                                               //选择 TIMER2 为时钟
        *T2CON=*T2CON|0x0040;                  //启动定时器 2
        *EVAIMRC=0x0004;                       //允许 CAPTURE3 中断
        *EVAIFRC=0xFFFF;
        asm(" CLRC    INTM");                  //开全局中断
}
//主程序
main()
{
        int i;
        for(i=0;i<7;i++)                       //显示缓存区初始化
            buffer[i]=0;
        initial();                             //系统初始化
        function();
        delay(10);
        display();
        CAP2INT();                             //捕获单元 2 初始化

        Frequency=0;
        EndFlag=0;
        k=0;
        while(1)
        {
          if(EndFlag)
          {
            EndFlag=0;
            //将捕获值取平均值
            Frequency=(result[3]-result[1])/4;     //除以 2，获得捕获平均值，再除以 2，获得脉
                                                   //冲宽度值

            //将捕获值分解并显示
            buffer[0]=Frequency*400/1000000;
            buffer[1]=(Frequency*400/100000)%10;
            buffer[2]=(Frequency*400/10000)%10;
```

```
            buffer[3]=(Frequency*400/1000)%10;
            buffer[4]=(Frequency*400/100)%10;
            buffer[5]=(Frequency*400/10)%10;
            buffer[6]=(Frequency*400)%10;
            show(7,0xFF88,buffer);

            asm(" CLRC    INTM");
            *IMR=0x8;                          //允许 INT4 中断
            *EVAIMRC=0x0004;
            *CAPCONA=0x5004;
            *T2CNT=0x00;                       //计数器初值为 0
            k=0;
          }
      }
}
//若是由于干扰引起其他中断，则执行此子程序
void   interrupt nothing()
{
      return;                                  //返回前开中断
}
void   interrupt NMI()
{
      *WDKEY=0x5555;
      *WDKEY=0xAAAA;
      return;                                  //返回前开中断
}
//捕捉中断服务程序
void   interrupt   capint(void)
{
uWork=*PIVR;                                   //读外设中断向量寄存器
switch(uWork)
{
   case 0x35:                                  //0x35 为输入捕获 3 的中断向量值
   {
         *EVAIFRC=0xFFFF;                      //清除中断标志
         *IFR=0x0FFFF;                         //清除全部中断标志，"写 1 清 0"
         result[k++]=*CAP3FIFO;                //读取捕捉值，存于相应的数组
         if(k>=4)
         {
          asm(" SETC    INTM");                //关全局中断
          *IMR=0x0;                            //屏蔽所有可屏蔽中断
          StopCaps();                          //关闭所有捕获
          EndFlag=1;                           //每次捕获结束后 EndFlag=1
     }
     }
     }
}
```

2．中断向量表

```
                 .ref _capint,_NMI,_c_int0
                 .sect    ".vectors"
RSVECT           B    _c_int0           ; Reset Vector
INT1             B    GISR1             ; Interrupt Level 1
INT2             B    GISR2             ; Interrupt Level 2
INT3             B    GISR3             ; Interrupt Level 3
```

```
INT4        B   _capint     ; Interrupt Level 4
INT5        B   GISR5       ; Interrupt Level 5
INT6        B   GISR6       ; Interrupt Level 6
RESERVED    B   PHANTOM     ; Reserved
SW_INT8     B   PHANTOM     ; Software Interrupt
SW_INT9     B   PHANTOM     ; Software Interrupt
SW_INT10    B   PHANTOM     ; Software Interrupt
SW_INT11    B   PHANTOM     ; Software Interrupt
SW_INT12    B   PHANTOM     ; Software Interrupt
SW_INT13    B   PHANTOM     ; Software Interrupt
SW_INT14    B   PHANTOM     ; Software Interrupt
SW_INT15    B   PHANTOM     ; Software Interrupt
SW_INT16    B   PHANTOM     ; Software Interrupt
TRAP        B   PHANTOM     ; Trap vector
NMI         B   _NMI        ; Nonmaskable Interrupt
EMU_TRAP    B   PHANTOM     ; Emulator Trap
SW_INT20    B   PHANTOM     ; Software Interrupt
SW_INT21    B   PHANTOM     ; Software Interrupt
SW_INT22    B   PHANTOM     ; Software Interrupt
SW_INT23    B   PHANTOM     ; Software Interrupt
SW_INT24    B   PHANTOM     ; Software Interrupt
SW_INT25    B   PHANTOM     ; Software Interrupt
SW_INT26    B   PHANTOM     ; Software Interrupt
SW_INT27    B   PHANTOM     ; Software Interrupt
SW_INT28    B   PHANTOM     ; Software Interrupt
SW_INT29    B   PHANTOM     ; Software Interrupt
SW_INT30    B   PHANTOM     ; Software Interrupt
SW_INT31    B   PHANTOM     ; Software Interrupt
GISR1
GISR2
GISR3
GISR4
GISR5
GISR6
PHANTOM
```

3．链接命令文件

```
-l rts2xx.lib
-stack 200
MEMORY
{
    PAGE 0:
        VECS :o=0,l=40h
        PRCT :o=40h,l=4
        PROG :o=9000h,l=2000h
    PAGE 1:
        IDATA1:o=300h,l=100h
        IDATA2:o=0c00h,l=400h
        REG_MEM:o=7000h , l=1000h
        DATA :o=8000h,l=8000h
}
SECTIONS
{
    .vectors    :>VECS      PAGE 0
    .prct       :>PRCT      PAGE 0
    .text       :>PROG      PAGE 0
```

```
    .cinit      :>PROG       PAGE 0
    .data       :>DATA       PAGE 1
    .stack      :>IDATA2     PAGE 1
    .bss        :>IDATA2     PAGE 1
    .reg240x    :>REG_MEM    PAGE 1
}
```

在应用 TMS320LF2407 的输入捕获功能时，设置完成捕获中断相关的所有寄存器后，利用捕获中断采集波形的边沿信息，采集一定数目之后，停止中断，然后处理；但是第二次再启动采集时，却不能进入中断服务程序。

原因是第一次捕获完毕，停止中断时，只关闭了全局中断，而 TMS320LF2407 的中断系统采用的是两级管理，底层事件管理器那一级中断还在继续，捕获也仍在进行，很容易导致程序处理混乱，尤其是捕获数据参与计算时，计算结果会出现无法预料的偏差。

这就要求用户在应用 TMS320LF2407 的输入捕获功能，在关闭全局中断时，同时要关闭底层事件管理器的相关中断，并停止捕获。其程序代码如下：

```
void inline StopCaps()
{
 *EVAIMRC = 0x0;
 *EVBIMRC = 0x0;
 *CAPCONA = 0;
 *CAPCONB = 0;
}
```

13.6 直流电动机控制系统设计

直流电动机是最早出现的电动机，也是最早能实现调速的电动机。近年来，直流电动机的结构和控制方式都发生了很大的变化。随着计算机进入控制领域，以及新型的电力电子功率元器件的不断出现，使采用全控型的开关功率元件进行脉宽调制（Pulse Width Modulation，PWM）的控制方式已成为绝对主流。

1．PWM 调压调速原理

直流电动机转速 n 的表达式为

$$n = \frac{U - IR}{K\phi}$$

式中，U 为电枢端电压，I 为电枢电流，R 为电枢电路总电阻，ϕ 为每极磁通量，K 为电动机结构参数。所以直流电动机的转速控制方法可分为两类：对励磁磁通进行控制的励磁控制法；对电枢电压进行控制的电枢控制法。其中励磁控制法在低速时受磁极饱和的限制，在高速时受换向火花和换向器结构强度的限制，并且励磁线圈电感较大，动态响应较差，所以这种控制方法用得很少。现在，大多数应用场合都使用电枢控制法。绝大多数直流电动机都采用开关驱动方式。开关驱动方式是使半导体功率器件工作在开关状态，通过脉宽调制 PWM 来控制电动机电枢电压。

直流电动机调速电路如图 13.14 所示。图 TMS320LF2407 的 IOPA6（PWM1）引脚输出 PWM 信号，用来控制直流电动机的转速；IOPA7 引脚输出高电平或低电平，控制直流电动机的方向。从 TMS320LF2407 DSP 输出的 PWM 信号和方向信号先经过 2 个与门和 1 个非门，再与各个开关管的基极相连。

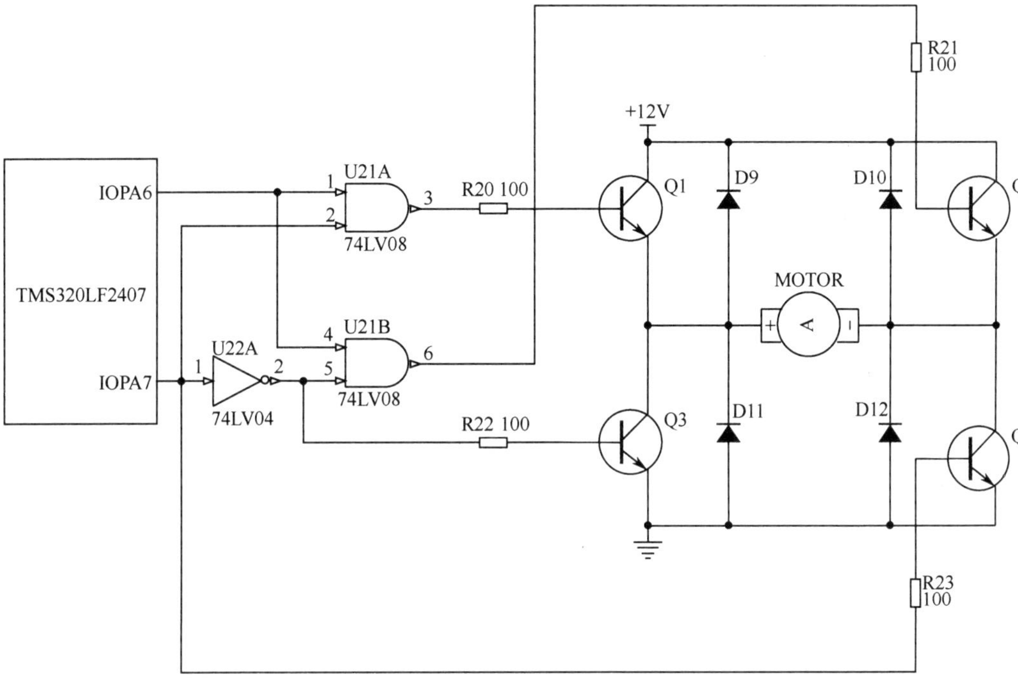

图 13.14　直流电动机调速电路

控制原理：直流电动机正转时，IOPA7 输出高电平信号，该信号分成 3 路：第 1 路接与门 U21A 的输入端，使与门 U21A 的输出由 PWM 决定，所以开关管 Q1 的基极受 PWM 控制；第 2 路直接与开关管 Q4 的基极相连，使 Q4 导通；第 3 路经非门 U22A 连接到与门 U21B 的输入端，使与门 U21B 输出为 0，这样使开关管 Q2 截止；从非门 U22A 输出的另一路与开关管 Q3 的基极相连，其低电平信号也使 Q3 截止。同样，当电动机要求反转时，IOPA7 给出低电平信号，经过 2 个与门和 1 个非门组成的逻辑电路后，使开关管 Q2 受 PWM 信号控制，Q3 导通，Q1、Q4 全部截止。

下面的程序通过 PWM 单元在 PWM2/IOPA6 引脚输出 PWM 波形，KEY0 键控制输出 PWM 波形的占空比，可以在 1:5、2:5、3:5 和 4:5 之间变化；KEY1 键控制直流电动机正向、反向旋转；KEY2 键控制直流电动机的运行或停止。

1．C 源程序

```
#include "TMS320LF240x.h"
char disp[]={"直流电动机调速系统占空比:1:5(key0)方向: 正向(key1)状态: 停止(key2)"};
char zhaungtai[]={"停止运行"};
char dirction[]={"正向反向"};
char zhankongbi[]={":1:5:2:5:3:5:4:5"};                //定义在液晶上显示的占空比
unsigned int kcode[]={0xEE,0xED,0xEB,0xE7,0xDE,0xDD,0xDB,0xD7,0xBE,0xBD,
0xBB,0xB7,0x7E,0x7D,0x7B,0x77};
unsigned int colscan[]={0xFE,0xFD,0xFB,0xF7};          //键盘列扫描码
unsigned int uWork;
unsigned iNUM;
char StartStop,Dir,Zhkb;                               //StartStop 运行状态标志量
                                                       //Dir 运行方向标志量
                                                       //Zhkb 占空比标志量

//延时子程序
```

```
void delay(int period)
{
   int i, j;
   for(i=0; i<period; i++)
   {
      for(j=0; j<period>>1; j++);
    }
}
//系统初始化子程序
void initial(void)
{
      asm(" SETC   INTM");                    //关全局中断
      asm(" SETC   SXM");                     //符号位扩展有效
      asm(" CLRC   OVM");                     //累加器中结果正常溢出
      asm(" CLRC   CNF");                     //B0 被配置为数据存储空间

      *WDCR=0x6F;                             //关闭看门狗中断
      *WDKEY=0x5555;
      *WDKEY=0xAAAA;

      *SCSR1=0x81FE;                          //TMS320LF240x DSP 工作在 40MHz
      *IMR=0;                                 //屏蔽所有可屏蔽中断
      *IFR=0xFFFF;                            //清除所有的中断标志
      uWork=*WSGR;                            //I/O 引脚 0 等待
      uWork&=0xFE3F;
      *WSGR=uWork;

      *MCRA=0x040;                            //IOPA6 被配置为基本功能方式，PWM1
                                              //IOPA7 被配置为一般 IO
      *PADATDIR|=0xFFFF;                      //IOPA7 被配置为输出，并输出高电平
      *PBDATDIR|=0xFFFF;                      //IOPB 端口设置为输出方式
      *MCRC=0x00;                             //IOPF 端口配置为一般的 I/O 功能
      *PFDATDIR=0xFFFF;                       //IOPF 端口设置为输出方式
      *PEDATDIR=0x0FFF;                       //IOPE 端口设置高四位输入，低四位输出方式

      *ACTRA=0x02;                            //PWM1 高有效
      *DBTCONA=0x00;                          //不使能死区控制
      *CMPR1=40000;                           //比较单元 1 设置
                                              //占空比 1:5，*CMPR1=40000
                                              //占空比 2:5，*CMPR1=30000
                                              //占空比 3:5，*CMPR1=20000
                                              //占空比 4:5，*CMPR1=10000

      *T1PR=50000;                            //设置定时器 1 的周期寄存器，以确定不同的
                                              //输出占空比
      *COMCONA=0x8200;                        //使能比较操作
      *T1CON=0x1000;                          //定时器 1 为连续增计数模式

      StartStop=0;
      Dir=0;
      Zhkb=0;
}
//液晶写指令代码
//IOPF0 为 RS,IOPF1 为 RW,IOPF2 为 E
void wcommand(int command)
```

```
{
delay(20);

*PFDATDIR&=0xFFFE;                    //RS=0
delay(5);
*PFDATDIR&=0xFFFD;                    //RS=0,RW=0
*PBDATDIR=0xFF00|command;
*PFDATDIR|=0xFFF4;                    //E=1
delay(5);
*PFDATDIR&=0xFFFB;                    //E=0
}
//液晶写显示数据
//IOPF0 为 RS,IOPF1 为 RW,IOPF2 为 E
void wdata(int data)
{
delay(100);
*PFDATDIR|=0xFFF1;                    //RS=1
delay(8);
*PFDATDIR&=0xFFFD;                    //RS=1,RW=0
*PBDATDIR=0xFF00|data;
*PFDATDIR|=0xFFFC;
delay(8);
*PFDATDIR&=0xFFFB;                    //E=0,RS=0,RW=0
}
//液晶功能设置子程序
void function(void)
{
wcommand(0xFF30);                     //功能设置 8 位数据，基本指令
delay(8);
wcommand(0xFF0C);                     //显示状态 on，游标 OFF 反白 OFF
delay(8);
wcommand(0xFF01);                     //清除显示
delay(8);
wcommand(0xFF02);                     //地址归位
delay(8);
wcommand(0xFF80);                     //地址归位
delay(8);
}
//显示汉字
void display(void)
{
int i;
wcommand(0xFF80);                     //设置 ddram 地址
delay(10);
for(i=0;i<16;i++)
{
wdata(disp[i]);                       //在第一行显示"直流电动机调速系统"
delay(8);
}
wcommand(0xFF90);                     //设置 ddram 地址
for(i=0;i<16;i++)                     //在第二行显示"占空比:1:5(key0)"
{
wdata(disp[i+16]);
delay(8);
}
wcommand(0xFF88);                     //设置 ddram 地址
for(i=0;i<16;i++)                     //在第三行显示"方向: 正向(key1) "
```

```
{
wdata(disp[i+32]);
delay(8);
}
wcommand(0xFF98);                                  //设置 ddram 地址
for(i=0;i<16;i++)                                  //在第四行显示"状态: 停止(key2)"
{
wdata(disp[i+48]);
delay(8);
}
}
//键盘扫描子程序
unsigned keyscan(void)
{
unsigned key,temp;
*PEDATDIR=0x0FF0;
delay(5);
temp=*PEDATDIR&0xF0;
if(temp!=0xF0)
  key=1;                                           //有键按下
else
  key=0;                                           //无键按下
return key;
}
//判断键盘子程序
unsigned keyjudge(void)
{
unsigned i,keycode,colcode,key;

 for(i=0;i<4;i++)                                  //扫描四列，读入行值
 {
 *PEDATDIR=colscan[i]|0x0F00;
 delay(5);
 keycode=*PEDATDIR&0xF0;
 if(keycode!=0xF0)
 {
  keycode=keycode|(colscan[i]&0x000F);             //形成键盘扫描码
  for(i=0;i<16;i++)
  {
   if(keycode==kcode[i])
     return i+1;
   }
   }
   }
}
//键盘处理子程序
void keydeal(unsigned key)
{
  switch(key)
  {
    case 1:
       if(Zhkb==0)
       {
      Zhkb=1;
      *CMPR1=30000;
       wcommand(0xFF93);                           //设置 ddram 地址
       for(iNUM=0;iNUM<4;iNUM++)                   //在第二行显示"占空比:2:5(key0)"
```

```
    {
     wdata(zhankongbi[iNUM+4]);
     delay(8);
     }
            }
            else
                if(Zhkb==1)
                {
                 Zhkb=2;
                 *CMPR1=20000;
                 wcommand(0xFF93);                //设置 ddram 地址
                 for(iNUM=0;iNUM<4;iNUM++)        //在第二行显示"占空比:3:5(key0)"
                 {
                   wdata(zhankongbi[iNUM+8]);
                   delay(8);
                   }
                }
                 else
                     if(Zhkb==2)
                     {
                      Zhkb=3;
                      *CMPR1=10000;
                      wcommand(0xFF93);           //设置 ddram 地址
                      for(iNUM=0;iNUM<4;iNUM++)//在第二行显示"占空比:4:5(key0)"
                       {
                        wdata(zhankongbi[iNUM+12]);
                        delay(8);
                          }
                      }
                      else
                          if(Zhkb==3)
                          {
                           Zhkb=0;
                           *CMPR1=40000;
                          wcommand(0xFF93);       //设置 ddram 地址
                           for(iNUM=0;iNUM<4;iNUM++)
                           //在第二行显示"占空比:1:5(key0)"
                           {
                            wdata(zhankongbi[iNUM]);
                            delay(8);
                              }
                             }
          break;
case 2:
           if(Dir==0)
            {
            Dir=1;
            *PADATDIR&=0xFF7F;                    //IOPA7 被配置为输出，并输出低电平
           wcommand(0xFF8B);                      //设置 ddram 地址
    for(iNUM=0;iNUM<4;iNUM++)                     //在第三行显示"方向：反向(key1)"
    {
     wdata(dirction[iNUM+4]);
     delay(8);
       }
         }
     else
       if(Dir==1)
        {
```

```
            Dir=0;
            *PADATDIR|=0xFFFF;                  //IOPA7 被配置为输出，并输出高电平
             wcommand(0xFF8B);                  //设置 ddram 地址
            for(iNUM=0;iNUM<4;iNUM++)           //在第三行显示"方向：正向(key1)"
            {
             wdata(dirction[iNUM]);
             delay(8);
             }
               }
             break;
case 3:
              if(StartStop==0)
               {
               StartStop=1;
               *T1CON=*T1CON|0x0040;            //启动定时器 1
              wcommand(0xFF9B);                 //设置 ddram 地址
      for(iNUM=0;iNUM<4;iNUM++)                 //在第四行显示"状态：运行(key2)"
      {
       wdata(zhaungtai[iNUM+4]);
       delay(8);
       }
         }
       else
         if(StartStop==1)
          {
            StartStop=0;
            *T1CON=*T1CON&0xFFBF;               //停止定时器 1
             wcommand(0xFF9B);                  //设置 ddram 地址
            for(iNUM=0;iNUM<4;iNUM++)           //在第四行显示"状态：停止(key2)"
            {
             wdata(zhaungtai[iNUM]);
             delay(8);
               }
              }
             break;
case 4:
             break;
case 5:
             break;
case 6:
             break;
case 7:
             break;
case 8:
             break;
case 9:
             break;
case 10:
             break;
case 11:
             break;
case 12:
             break;
case 13:
             break;
case 14:
             break;
```

```
        case 15:
                break;
        case 16:
                break;
    }
}
main()
{
        initial();                                      //系统初始化
        function();
        delay(10);
        display();
        while (1)
        {
        if(keyscan())
          {
               delay(200);                              //延时，去抖动
               if(keyscan())
               keydeal(keyjudge());
              }
}
}
```

2．链接命令文件

```
-l rts2xx.lib
MEMORY
{
PAGE 0:
      VECS :o=0h,length=040h
      PROG :o=40h,length=0FFC0h

PAGE 1:
MMRS: o=0h,l=060h
      B2 :o=0060h,l=020h
      B0 :o=0200h,l=0100h
      B1 :o=0300h,l=0100h
      DATA :o=8000h,l=8000h
}
SECTIONS
{
.vectors     : { } > VECS       PAGE 0
.reset       : { } > VECS       PAGE 0
.star        : { } > PROG       PAGE 0
.text        : { } > PROG       PAGE 0
.data        : { } > PROG       PAGE 0
.mmrs        : { } > MMRS       PAGE 1
.bss         : { } > DATA       PAGE 1
.blk0        : { } > B0         PAGE 1
.blk1        : { } > B1         PAGE 1
.blk2        : { } > B2         PAGE 1
.blk3        : { } > DATA       PAGE 1
}
```

习题 13

1. 参照 13.1.1 节中的图 13.1，运用总线方式设计 4×4 矩阵式键盘，并编写驱动程序。

2. 参照 13.2.1 节中的 RT128×64 液晶的时序图，运用 TMS320F240x 系列 DSP 的 SPI 总线驱动液晶并编写驱动程序。
3. 参照 13.4 节中的测频程序，运用测周法测量频率。
4. 参照 13.6 节中直流电动机的控制程序，采用通用定时器的比较输出产生脉宽调制波形，控制直流电动机的转速。

第 14 章　TMS320LF240x 芯片开发环境

作为 DSP 芯片的开发者，要想缩短开发周期，降低开发难度，就须有一套完整的软/硬件开发工具。目前许多 DSP 生产厂商在 DSP 产品的开发环境、开发工具上，为工程师对 DSP 系统的集成和开发提供了大量的使用工具。本章主要介绍 TMS320 系列的 DSP 开发环境和开发工具。

14.1　开发流程和开发工具

图 14.1 所示为 TMS320 DSP 的软件开发流程图，其中虚线框内的部分是开发 C 代码的常规流程，其他用于辅助和加速开发过程。通常 DSP 芯片的开发工具可分为代码生成工具和代码调试工具两类。代码生成工具的作用是，将 C 或汇编语言编写的 DSP 程序编译并链接成为可执行的 DSP 程序。代码调试工具的作用则是，对 DSP 程序及系统进行调试，使编写的程序达到设计目标。

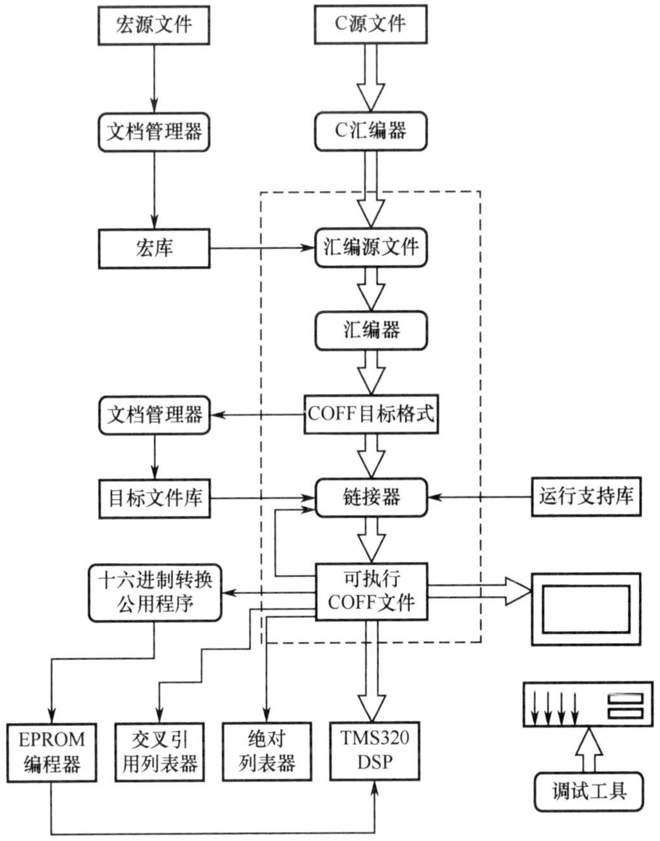

图 14.1　系统软件开发流程图

14.2 代码生成工具

代码生成工具是指将用高级语言、汇编语言或用两种语言混合编写的 DSP 程序转换为可执行的目标代码程序，它除了最基本的 C 编译器、汇编器和链接器外，还有文档管理器、运行支持库、交叉引用列表器、代码格式转换器等辅助工具程序。

1．C 编译器

所谓 C 编译器，是指一种能将 C 语言程序自动编译为 DSP 汇编程序的代码生成工具，它为开发 DSP 芯片提供了一种极为便利的软件开发手段。TI 公司为其 TMS320 系列 DSP 提供了系列的 C 编译器，这些标准 C 优化编译器将标准 C 语言源文件编译为相应片种的汇编语言源代码文件，通过汇编和链接，产生可执行的目标文件。这些 C 编译器的主要特点是：

⑴完全符合 ANSI C 标准。

⑵具有完整的运行支持库，可以对运行支持函数库和用户定义函数库进行扩展。

⑶能够进行优化编译，产生高效汇编代码。

⑷用户可进行库或档案的管理，可以对库进行文件的添加、删除、替换等操作，可以将目标文件库作为链接器的输入。

⑸可控制存储器的分配、存储器的配置和部分链接。

⑹C 编译器提供的外壳程序，只需用一个命令，就可以完成编译、汇编和链接，直接从 C 源文件产生可执行的公用目标文件格式（COFF）文件。

⑺具有灵活的汇编语言接口。

⑻提供了多种列表文件，如源代码文件和汇编列表文件、预处理输出文件等。

⑼可以利用建库应用程序，通过不同的选择来建立自己的运行支持库等。

2．汇编器

汇编器能够将汇编语言的源程序文件汇编成机器语言的目标文件，目标文件的格式为公用目标文件格式（COFF），该汇编语言文件可以是 C 编译器产生的汇编文件或汇编优化器输出的汇编文件，或者是由文档管理器管理的宏库内的宏。该汇编器的功能为：

⑴处理汇编语言文件（.ASM）中的源语句，产生可重新定位时目标文件（.obj）。

⑵根据要求产生源程序列表文件（.lst），并向用户提供对此列表的控制。

⑶根据要求将交叉引用列表加到源程序列表中。

⑷将代码分为段，并为每个目标代码段设置段程序计数器（SPC）。

⑸定义和引用全局符号。

⑹汇编条件块。

⑺支持宏调用，允许用户在程序中或在库内定义宏。

3．链接器

链接器的作用是将目标文件组合成一个可执行的 COFF 目标模块。链接器可以接收的输入文件包括汇编器产生的 COFF 目标文件、命令文件、库文件，以及已部分链接好的文件，它产生的可执行 COFF 目标模块可以装入各种开发工具或由 TMS320 器件来执行。在生成可执行模块的过程中，链接器进行重定位操作，并处理外部引用符号。其主要功能包括：

⑴定义一个与目标系统存储器一致的存储器模块。

⑵组合目标文件块。

⑶定位程序段到目标系统存储器的特定区域，赋予它们最后的地址。

⑷定义和重新定义全局符号以赋予它们特定的值。

⑸处理输入文件之间未定义的外部符号。

4．文档管理器

文档管理器的主要作用是，将多个独立文件组合成一个文档或库。使用文档管理器可以方便地管理一组文件，这些文件可以是源文件或目标文件。文档管理器把这组文件放入一个称为库的文档文件内，每个文件称为一个库成员，利用文档管理器可以方便地删除、替换、提取或增添库成员。利用文档管理器可以生成不同类型的库。用户可以通过任何类型的文件建立库。汇编器和链接器都可接收文档管理器作为输入，汇编器可以使用包含各源文件的库，链接器可以使用包含各目标文件的库。文档管理器最有用的应用之一是建立目标模块库。例如，用户可以编写几种算法子程序，然后汇编并使用文档管理器把目标文件收集到单个逻辑组中，再后可以规定目标库作为链接器的输入，链接器将搜索库并包含解决外部引用的成员，用户也可使用文档管理器来建立宏库。用户可以创建几个源文件，每个文件包含单个宏，并使用文档器把这些宏收集到单个功能组内。在汇编过程中，汇编器将对规定的库搜索用户调用的宏。

5．交叉引用列表器

交叉引用列表器接收已连接的目标文件作为输入，产生一个交叉引用列表，在列表文件中列出符号、符号的定义，以及它们在已经链接的源文件中的引用。

要使用交叉引用列表器，需在汇编源程序的命令中加入一个适当的选项，在列表文件中产生一个交叉引用表，并在目标文件中加入交叉引用的信息。链接目标文件得到可执行文件，再利用交叉引用列表器，即可得到希望的交叉引用列表。

6．代码格式转换器

代码格式转换器的作用是将链接器生成的.out 文件（COFF 文件格式）转换为若干标准的 ASCII 十六进制形式之一，如 Intel 的 Hex 文件格式、TI-Tagged 文件格式等。

7．绝对列表器

绝对列表器是接收已链接的目标文件作为输入，创建.abs 文件作为输出的调试工具。这些.abs 文件可被汇编以产生显示目标代码绝对地址的列表。如果用人工的方法，将需要冗长的操作过程，而绝对列表器实用程序可以自动完成这些操作。产生绝对列表所需要的步骤如下：

⑴汇编源文件。

⑵链接所产生的目标文件。

⑶调用绝对列表器，使用已链接的目标文件作为输入，创建扩展名为.abs 的文件。

⑷汇编.abs 文件，这时用户在命令中需加入一个适当的选项以调用汇编器，进而产生包含绝对地址的列表。

14.3　CCS 3.x 集成调试环境安装

为提高实时信号处理系统的开发进程，TI 公司针对 TMS320C2XX、C54X/C54XX/C55X、C6X、C3X/C4X 分别提供了一套全新的集成开发环境 CC（Code Compose）或 CCS（Code Compose Studio）。

CCS 采用图形接口，提供有编辑指令、参数修改工具，它为非代码产生工具集成了一个统一的环境，包括 TI 公司提供的 C 源代码调试器和模拟器所具有的功能，能对 TMS320LF240x

系列 DSP 进行指令级的仿真，并进行可视化的实时数据分析，可大大提高开发工作效率，缩短应用系统开发周期。

图 14.2　CCS v3.3 的启动和设置快捷方式

安装 CCS 软件包括以下两个完整的步骤：

(1)运行 CCS 安装程序 setup.exe。安装完成后，在桌面上会有 CCStudio v3.3 和 Setup CCStudio v3.3 两个快捷方式图标，分别对应 CCS 的应用程序和配置程序，如图 14.2 所示。

(2)运行 Setup CCStudio v3.3 配置程序设置驱动程序。如果 CCStudio v3.3 是在目标板上运行，则要先安装目标板驱动程序，然后运行 Setup CCStudio v3.3 配置驱动程序，最后才能执行 CCStudio v3.3。除非用户改变 CCStudio v3.3 应用平台类型，否则只需运行一次 Setup CCStudio v3.3 配置程序。

本书以北京瑞泰创新的 ICETEK-5100USB 仿真机为例进行讲解。

(1)运行 CCS 安装程序 setup.exe，将 CCS v3.3 安装到默认路径 C:\CCStudio_v3.3。

(2)运行安装光盘中的 ICETEK_driver_CCS3.3，安装设备驱动程序，如图 14.3 所示。注意，安装路径须与 CCS v3.3 安装到的默认路径“C:\CCStudio_v3.3”一致，否则将找不到驱动程序。

将仿真机连接到计算机的 USB 口上，系统提示找到新的硬件，如图 14.4 所示。选择“从列表或指定位置安装（高级）(S)”，单击“下一步”按钮弹出如图 14.5 所示的对话框，在此对话框之中，将驱动搜索路径改为“C:\CCStudio_v3.3\ICETEK”。

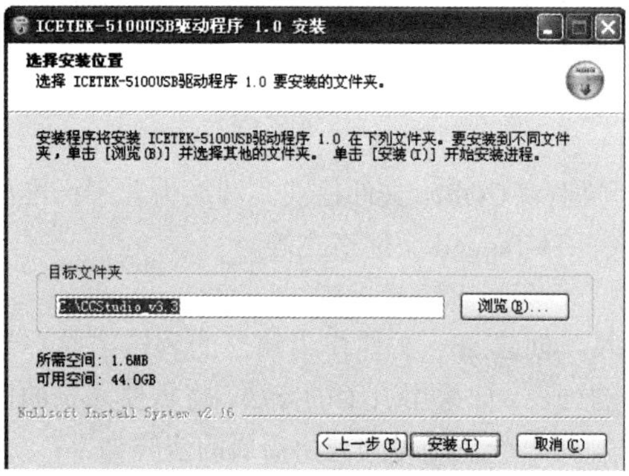

图 14.3　安装设备驱动程序

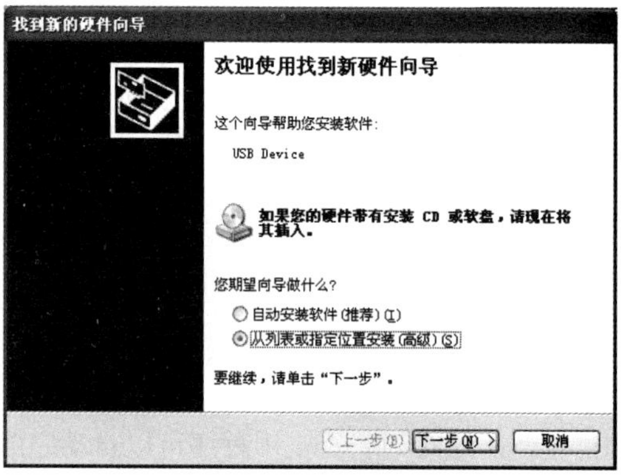

图 14.4　找到新硬件向导

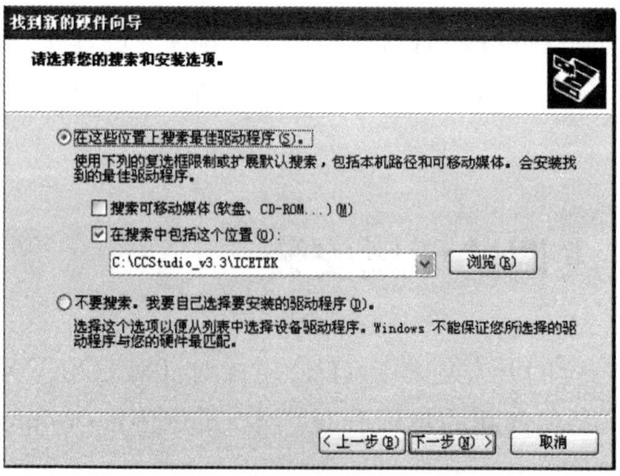

图 14.5　设置驱动索索路径

最后，在计算机的“设备管理器”会出现 Blackhawk 项，如图 14.6 所示。

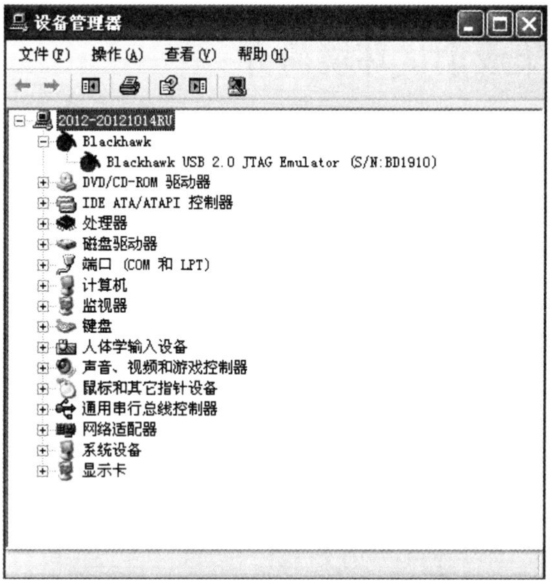

图 14.6 设备管理器之中的 Blackhawk 项

⑶运行 Setup CCStudio v3.3 配置程序设置驱动程序，如图 14.7 所示，选择驱动程序 ICETEK-5100 USB-C24xx Emulator，单击 Add 按钮，关闭对话框即可。

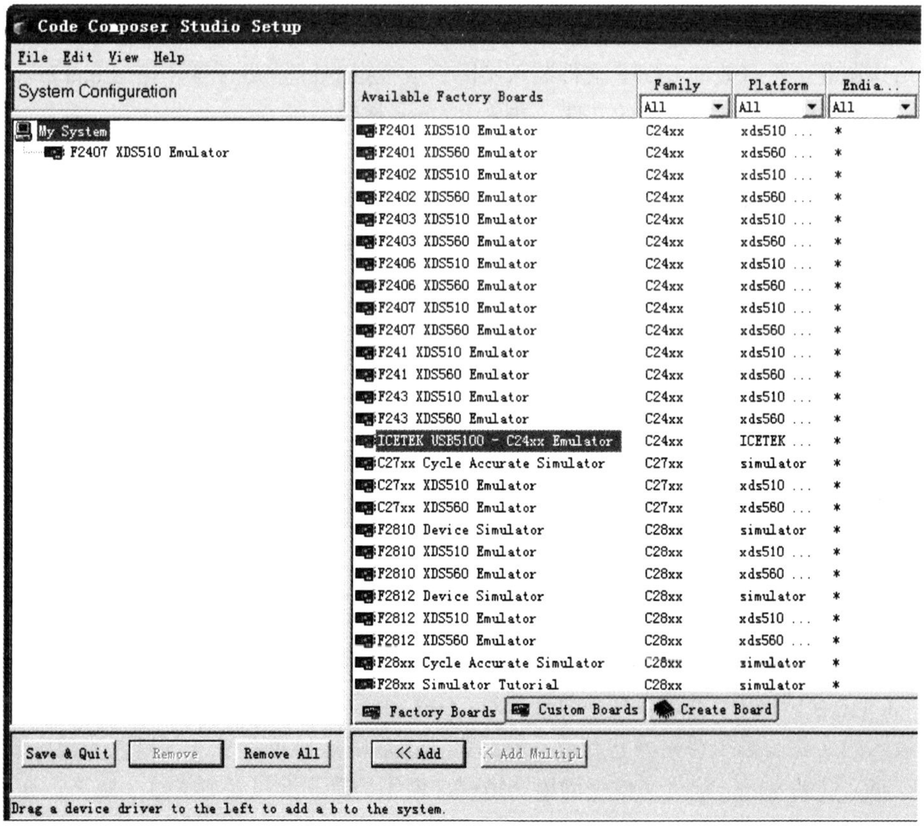

图 14.7 设置驱动程序

14.4 CCS 3.x 集成调试环境简介

14.4.1 文件管理功能

CCS v3.3 有许多软件均有的“文件管理功能”，现将各菜单项命令描述如下。

1．New（新建文件）

打开一个新的编辑窗口。

2．Open（打开文件）

打开一个已有的文件，它可以打开任何编辑器编辑的 ASCII 文件。

3．Close（关闭文件）

关闭一个已经打开的文件。

4．Save（保存文件）

保存活动窗口标题栏上使用的名字的文件。

5．Save As（另存为）

将活动窗口文件以其他文件名或其他扩展名形式保存。

6．Save All（全部保存）

保存所有打开的文件。

7．Load Program（装入程序）

使用该命令可将有效的 COFF 文件装入实际的或模拟的目标板。在弹出的 Load Program（装入程序）对话框中，选择要装入的文件，并单击 Open 按钮即可。

8．Load Symbol（装入符号）

使用该命令将仅装入符号信息。在 Load Symbol In-fo（装入符号信息）对话框中，选择所要装入的文件，并单击 Open 按钮。这个功能在不能装入调试器（Debugger）的调试环境中或者需要装入目标代码时很有用，例如当代码在 ROM 中时，该命令在装入新信息前将先清除已有的符号表，但不修改存储器或设置程序进入点。

9．Reload Program（重新装入程序）

使用该命令可将有效的 COFF 文件重新装入实际的或模拟的目标板。在重新装入前，要核对程序在上次装入后是否做了修改，如果文件做了修改，则程序和它的符号信息都将重新装入。如果未检测到改变，将仅重新装入程序，与该程序有关的符号表将不重新装入。该命令可在目标存储器被破坏了的情况下重新装入程序。

10．Load Gel（装入 GEL 文件）

GEL 是通用扩展语言（General Extension Language）的简称，它是一种与 C 语言类似的解释语言，用来创建函数以扩展 CCS 功能。使用该命令即可装入 GEL 文件，装入后 GEL 函数就驻留在 CCS 的存储器中，并可在任何时候执行。GEL 函数一直保留在存储器中，直到将其移出。要修改装入的文件，必须要先将它卸载，然后将修改后的文件重新装入，修改才能生效。GEL 装载器在将文件装入时，检查文件中的语法错误，但不检查其变量是否进行了定义。在 GEL 函数执行之前符号必须被定义。如果 CCS 在装入时发现了语法错误，则将放弃装入过程并显示相应的错误消息。在重新装载前必须将错误改正。GEL 文件调入后，GEL 函数将出现在主菜单的

GEL 下拉菜单中。利用 GEL 可以访问实际的或模拟的目标存储器位置，GEL 对自动测试和定制用户工作空间特别有用。关于 GEL 的进一步使用方法，可在 CCS 帮助中查找或参考相关文献。

11. Print（打印）

使用该命令可对打印机型号及打印的页面范围进行设置，并打印当前活动窗口的文件。

12. Print Preview（打印预览）

使用该命令可进行打印预览。

13. Data（数据文件）

使用命令 Data→Load（装入数据文件）可将数据文件装入目标板的任何有效地址，而使用命令 Data→Save（保存数据文件）可将目标板上存储器内的值保存到数据文件中。在装入或保存数据的过程中，需指定数据的起始地址和长度。数据文件可以是 COFF 目标文件，或者是 CCS 数据文件。注意 CCS 软件中输入的数值，其前面若加前缀“0x”则为十六进制数，否则为十进制数。另外，凡是 CCS 软件中输入数值（修改地址、数据）的场合，均可输入 C 表达式。C 表达式由函数名、已定义的变量符号、运算式等构成。

14. Workspace（工作空间）

使用命令 Workspace→Save（保存工作空间）可保存工作空间，而命令 Workspace→Load（装入工作空间）可装入工作空间。保存在工作空间中的内容包括父窗、子窗、断点、测试点和特征点、代码性能评估选项、当前的工程、当前装入的 GEL 函数、存储器配置图、动画速度选项、文件 I/O 配置等。不保存在工作空间的内容为：当前的字体、当前的颜色方案、目标系统存储器、程序或处理器的状态、编辑和查找/替代工具、在生成窗口的错误和过程消息、GEL 输出窗口、浏览的相关窗口、反汇编的风格选项等。

⑴载入外部数据

程序执行到适当的时候，需要向某变量定义的缓冲区载入数据时，可选择 Data→Load（数据→装入）命令，弹出文件载入对话框，选择预先准备好的数据文件。此后，将弹出一装载对话框。Address 栏和 Length 栏已被文件头信息自动填入，用户也可在对话栏中重新指定变量名（或缓冲区首地址）和数据块长度。

⑵保存数据到文件

程序执行到适当时候，需要保存某缓冲区时，可选择 Data→Save（数据→保存）命令，这时将弹出一对话框要求给出输出文件名。完成后，弹出 Store Memory into File 对话框，输入需要保存的变量名（或数据块首地址）和长度，单击 OK 按钮即可。

15. File I/O（文件输入/输出）

单独使用该命令适合于偶尔的、手工的读入和写出数据场合，该命令更多地和测试点一起使用，它可将一个数据流与 DSP 代码中的特殊点相连接，当到达算法中的测试点时，可将特殊的存储器区域中的数据流与文件进行数据交换。

16. Recent Source Files（最近使用过的源文件）

使用该命令可选择出现在菜单项目中最近使用过的源文件。

17. Recent Workspaces（最近使用过的工作空间）

使用该命令可选择出现在菜单项目中最近使用过的工作空间。

18. Recent Program Files（最近使用过的可执行程序）

使用该命令可选择出现在菜单项目中最近使用过的可执行程序.out 文件。

19．Exit（退出）

退出 CCS 应用环境。

14.4.2 编辑功能（Edit）

CCS 集成编辑环境可以编辑任何文本文件。CCS 的内嵌编辑器支持下述功能：

⑴语法高亮度显示。关键字、注释、字符串和汇编指令用不同的颜色显示，以相互区别。

⑵查找和替换。可以在一个文件和一组文件中查找和替换字符串。

⑶针对内容的帮助。在源程序内，可以调用针对高亮度显示字的帮助。这对于获得汇编指令和 GEL 内部函数的帮助特别有用。

⑷多窗口显示。可以打开多个窗口或对同一文件打开多个窗口。

⑸可以利用标准工具条和编辑工具条帮助用户快速使用编辑功能。

⑹作为 C 语言编辑器，可以判别圆括号或花括号是否匹配，排除语法错误。

⑺鼠标右键。在编辑窗口的任何地方单击右键，可从上下文菜单中选择所需要的功能。

⑻所有编辑命令都有快捷键对应。

现依据编辑（Edit）下拉菜单中的各项，描述其功能：

⑴Undo（取消键入）：撤销活动窗口中的最后一次编辑行为。

⑵Redo（重复键入）：恢复活动窗口中的最后一次编辑行为。

⑶Cut（剪切）：从活动窗口中剪切所选择的文本到剪贴板。

⑷Copy（复制）：从活动窗口中复制所选择的文本到剪贴板。

⑸Paste（粘贴）：插入来自剪贴板的文本。

⑹Delete（删除）：删除所选择的文本而不会复制到剪贴板。

⑺Select All（全选）：选取活动窗口中的所有内容。

⑻Find/Replace（查找/替换）：从当前文件中搜索文本串，也可用一个文本串替换另一个文本串。

⑼Find in Files（在多个文件中寻找文本）：用来在多个文本文件中搜索指定的文本串或正规的表达式，这对在多个文件中追踪、修改变量、函数特别有用。

⑽Go To（进到）：使用该命令可以快速地进到原文件中的指定行或书签。

⑾Memory（存储器）：该命令常在数据块初始化时用于编辑和复制、填充存储器。

① 选择 Memory→Edit（存储器→编辑）命令，出现 Edit Memory（编辑存储器）对话框。若在存储器窗口双击要编辑的存储器位置，则可直接选中该位置所包含的地址与数值。

若采用命令菜单，则给出的是地址和数值的默认值。要得到所希望的地址位置，可在地址区域输入指定的地址。按 Tab 键或单击数据（Data）区域，其内容将被指定地址处的值所更新。若要改变该位置数据的值，则应在数据区域输入所希望的值（该输入值也可是任何有效的 C 表达式），然后单击 Done（完成）按钮。也可在地址区域使用滚动按钮移动到指定的存储器位置。

② 若选择 Memory→Copy（存储器→复制）命令，则出现 Setup for Copying（复制设置）对话框，如图 14.8 所示，它将复制某段内存到一新位置。在输入源存储器信息的 Address（源地址）处填入被复制的存储器块的开始地址，在 Length（长度）处填入被复制的存储器块的长度；在输入目的存储器信息的 Address（目的地址）处填入复制后的存储器块放置的新地址，单击

OK 按钮执行复制。

③若选择 Memory→Fill（存储器→填充）命令，则出现 Setup Filing Memory（填充存储器）对话框，如图 14.9 所示，它将用特定数据填充某段内存。在 Address（地址）处输入要填充的存储器块的开始地址，在 Length（长度）填入要填充的存储器块的长度，在 Fill Pattern（填充模式）处填入要填充的内容，单击 OK 按钮执行填充。

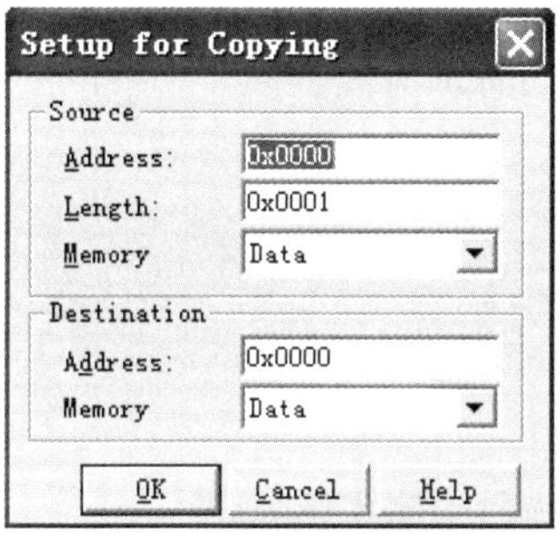

图 14.8 复制设置对话框

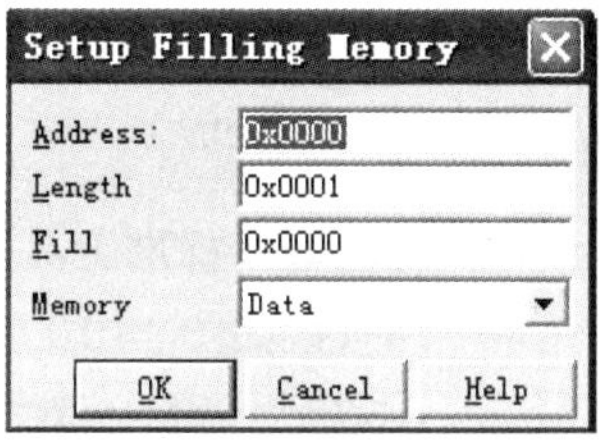

图 14.9 填充存储器对话框

⑿Edit Register（编辑寄存器）：使用该命令会出现 Edit Register（编辑寄存器）对话框，在 Register（寄存器）处输入要编辑的寄存器的名称，在 Value（寄存器内容）中指定当前寄存器的内容，格式为带前缀“0x”的十六进制或十进制，也可输入任何有效的 C 表达式。在寄存器内容修改后，单击 Close 按钮，接受所做的改变，再次单击 Close 按钮，关闭对话框。但要注意若采用软件模拟器，将不支持修改片内外设的寄存器。

⒀Edit Variable（编辑变量）：使用该命令会出现一对话框，可直接编辑用户定义的数据变量。在 Variable（变量）处输入要被编辑的变量名；在 Value（值）处输入新值，单击 OK 按钮执行编辑。注意该对话框也可在观察窗口用来编辑表达式。所有的输入是任何有效的 C 表达式。对于 TI 的定点处理器，如果实际或模拟的目标由几个页面组成，可用符号@指定特定的页面。在@符号后输入 prog、data 或 io，其中关键字指定页面是程序、数据或 I/O 空间，同时变量名前应加“*”前缀，否则显示的是变量地址。

⒁Edit Command Line（编辑命令行）：使用该命令可以方便地输入表达式或执行 GEL（通用扩展语言）函数，可执行任何内部的 GEL 函数或用户自己装入的 GEL 函数。下面的一些例子显示了可在 GEL 工具条或命令行对话框中输入的命令：

① 输入表达式修改变量：PC=c-int00。

② 用内部的 GEL 函数装入程序：GEL-Load("C:\kmyprog.out")。

③ 运行用户的 GEL 函数：MyFunc()。

⒂Column Edit（列编辑）：该命令为输入列方式，或按 Ctrl + Shift + F8 组合键。当按 Alt 键时，移动光标到希望选择的列，并单击和拖动选择一个列区域。也可在按住 Shift 键的同时，用箭头移动光标来选择列。可以用此方法剪切、复制、粘贴和删除所选的列。

⒃Bookmarks（书签）：使用该命令可在文件中设置书签，其作用是帮助用户标记重点，以便寻找和保持关键的位置。可以在任意类型文件的任意一行设置书签，书签随 CCS 工作空间保存，在下次载入文件时被重新调入。

设置书签：将光标移到需要设置书签的文字行，在编辑视窗中单击右键，弹出关联菜单，选择 Bookmarks→Set a Bookmark 或单击编辑工具条上的 Toggle Bookmark（设置或取消标签）

按钮。光标所在行以高亮度显示，表示标签设置成功。设置多个书签后，可以单击编辑工具条上的 Previous Bookmark（上一书签）和 Next Bookmark（下一书签）快速定位书签。

显示和编辑书签列表。以下两种方法都可以显示和编辑书签列表：

① 在编辑中选择 Bookmark 标签，得到书签列表图。若双击某书签，则在编辑窗口光标跳转至此书签所在行。若右键单击某书签，则可从弹出窗口中编辑或删除此书签。

② 选择命令 Bookmarks 或单击编辑工具条上的 Bookmarks Properties（标签属性）按钮，双击某书签，则在编辑窗内光标跳转至此书签所在行，同时关闭此对话框。用户也可单击某书签并且编辑或删除之。

14.4.3 视图功能（View）

1. Standard Toolbar（标准工具条）

标准工具条上的按钮如图 14.10 所示，其含义如下：

图 14.10 标准工具条

 创建新文件。

 打开已有的文件。

 保存活动窗口中的文件。

 剪切标记的文本到剪贴板。

 复制标记的文本到剪贴板。

 将剪贴板文本粘贴到光标处。

 撤销最后的编辑活动。

 恢复最后撤销的活动。

 在活动窗口寻找下一个指定要搜索的串。

 在活动窗口寻找前一个指定要搜索的串。

 使用光标下的字作为搜索文本。如果一个文本段被高亮度显示，则使用该段作为单击该按钮，窗口将移动到该段下一个出现的地方。

 搜索多个文件或指定的文本。

 打印活动的源文件。

 单击该按钮，然后单击一个目标来观看上下文相关帮助。

2. GelToolbar（GEL 工具条）

所有内部的 GEL 函数和用户定义的 GEL 函数都是由 GEL 语句组成的，这些语句均可直接从 CCS 的 GEL 工具条中调用。该工具条由一个表达式区域和一个执行按钮组成，如图 14.11 所示。

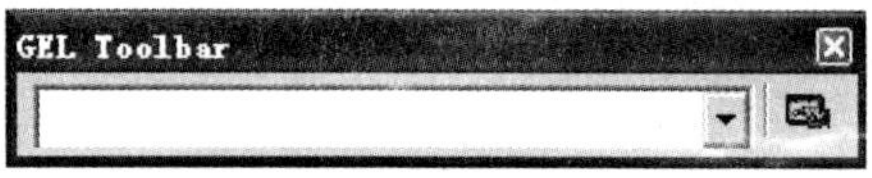

图 14.11 GEL 工具条

要调用任何 GEL 语句或用户定义的 GEL 函数，只需在表达式区域框内输入相应函数调用并按执行钮。表达式对话框保持最近调用过的GEL语句或用户定义的GEL函数的历史，可用滚动按钮进行选择。默认情况下，GEL 工具条的显示可通过切换 View→Gel Toolbar（观察→Gel 工具条）来打开或关闭。

3. Project Toolbar（工程工具条）

工程工具条上的按钮如图 14.12 所示。

图 14.12 工程工具条

含义如下：

 仅编译当前源文件，不执行链接。

 生成当前的工程，该命令只编译在上次生成后改变了的文件。

 重新编译当前工程中的所有文件，并且重新链接形成输出文件。

 放弃生成过程，生成过程将在完成对当前文件的编译后停止。

 设置或清除断点。

 删除所有断点。

 设置或清除测试点。

 删除所有测试点。

4. Debug Toolbar（调试工具条）

调试工具条上的按钮如图 14.13、图 14.14 和图 14.15 所示。

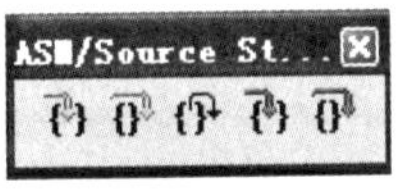

图 14.13 汇编/源文件单步

图 14.14 目标控制

图 14.15 调试窗口

其含义如下：

 单步执行，即完成一条汇编指令的执行。若调试的是 C 程序代码，则该命令执行一条 C 指令。

 单条执行，用于单步执行当前函数中的单条语句。如果遇到了函数调用，在函数调用后，除非遇到断点，否则在完成函数执行前不会停止。

若程序正执行到子程序中，执行该命令能从当前子程序的位置跳出，直接返回到调用该子程序的位置上。

 跳出函数或子程序执行。

 反汇编单步执行。

 反汇编单步跳出执行。

 从程序执行的当前位置一直执行到反汇编窗口光标所在位置。

 从当前 PC 指针所在位置执行到光标所在的位置。

 从当前程序指针所指的位置上开始执行程序，直到遇到断点才停止运行。

 暂停程序执行。

 动画运行。程序将一直执行到遇到断点为止。它更新未连接到任何测试点的窗口并继续执行。

 打开观察寄存器窗口，显示 CPU 寄存器内容。

 打开观察存储器窗口，显示存储器内容。

打开观察调用堆栈窗口，显示函数或子程序的调用情况。

打开反汇编窗口，显示反汇编窗口和调试所需的符号信息。

5．Edit Toolbar（编辑工具条）

图 14.16　编辑工具条

使用该命令可打开编辑工具条。在多处理器中，编辑功能工作在当前选定的父窗的活动子窗中，父窗的名称出现在编辑工具条的标题上，在多处理器系统中，每个父窗对应一个处理器。编辑工具条中有 10 个按钮，如图 14.16 所示，其含义如下：

设置括号标志，以便能实现括号匹配。

搜索下一个开括号，如果找到，则标记与之对应的闭括号内的文本。若再次单击该按钮，可查找所标记文字中的下一层括号。

移动光标到匹配的括号。

将光标移动到下一个开括号。

将选定的文本块向左移动一个制表位。

将选定的文本块向右移动一个制表位。

从活动窗口文件中的当前行创建或删除书签。

在活动窗口文件中寻找下一个书签。

在活动文件中寻找前一个书签。

打开书签属性对话框。

6．Status Bar（状态工具条）

状态工具条如图 14.17 所示，使用该命令可显示目标系统的工作状态、光标所在行与列等状态信息。

图 14.17　状态工具条

7．Dis-Assembly（反汇编）

使用该命令显示反汇编后的指令和调试所需的符号信息。用户的执行程序（不论是 C 程序还是汇编程序）载入目标板或仿真器时，CCS 调试器自动打开一个反汇编窗口，对每条可反汇编的语句，反汇编窗口显示对应的反汇编指令（某些 C 语句的一条可能对应几条反汇编指令）；语句所处地址和操作码（即二进制 C 机器指令），当前程序指针（Program Point）所在语句，用彩色高亮度显示。当源程序为 C 代码时，用户可以选择使用混合 C 源程序（C 源代码和反汇编指令显示在通用窗口）或汇编代码（只有反汇编指令）模式显示。多次使用该命令可打开多个反汇编窗口。也可使用调试工具条上的反汇编窗口来打开。第一个窗口跟踪程序指针的位置。出现多个反汇编窗口时，在窗口的标题栏上将附有反汇编窗口号<n>，同时还可双击反汇编窗口的地址区域改变反汇编窗口的起始地址。另外，从反汇编窗口还可十分方便地管理断点（Break Point）、测试点（Probe Point）和特征点（Profile）

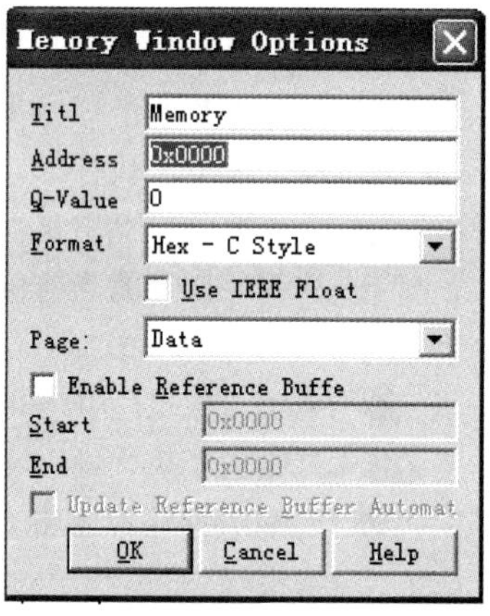

图 14.18　存储器窗口

8．Memory（存储器）

使用该命令可观察指定位置的存储器内容。CCS 允许显示特定区域的内存单元数据。选择该命令或单击调试工具条上的“显示内存数据”后将弹出对话框，在该对话框中输入内存变量名（或对应地址）、显示方式即可显示指定地址的内存单元，改变内存窗口显示属性（如数据显示格式，是否对照显示等），如图 14.18 所示。

内存窗口选项包括以下内容：

⑴Address：输入需要显示内存区域的起始地址。

⑵Q value：显示整数时使用的 Q 值（定点位置）。新的整数值 = 二进制整数/2^Q。

⑶Format：从下拉菜单中选取存储器显示的格式。

⑷Use IEEEF loat：是否使用 IEEE 浮点格式。

⑸Page：选择显示的内存空间类型——程序、数据或 I/O。

⑹Enable Reference Buffer：选择此复选框将保存一特定区域的内存块，以便用于比较。

⑺Star：用户希望保存到参考缓冲区的内存段的起始地址。只有选择了 Enable Reference Buffer 复选框，此区域才被激活。

⑻End：用户希望保存到参考缓冲区的内存段的终止地址。只有选择了 Enable Reference Buffer 复选框，此区域才被激活。

⑼Update Reference Buffer Automatically：若选择此复选框，则参考缓冲区的内容将自动被内存段（由定义参考缓冲区的起始/终止地址所规定的内存区域）的当前内容覆盖。

9．CPU Registers（CPU 寄存器）

使用该命令可观察目标处理器中 CPU 寄存器和辅助寄存器的内容。

10．Graph（图形显示）

使用该命令可以将运算结果通过 CCS 提供的图形功能经过一定处理显示出来，CCS 提供的图形显示包括时频分析、眼图和图像显示等。当用户准备好需要显示的数据后，选择该命令，设置相应的参数，即可根据所选图形类型显示数据。

各种图形显示所采用的工作原理基本相同，即采用双缓冲（采集缓冲区和显示缓冲区）分别存储和显示图形。采集缓冲区存在于实际或仿真目标板中，包含用户需要显示的数据区。显示缓冲区存在于主机内存中，内容为采集缓冲区的副本。用户定义好显示参数后，CCS 从采集缓冲区中读取规定长度的数据进行显示。显示缓冲区尺寸可以和采集缓冲区的不同。如果用户允许左移数据显示（Left-Shift Data Display），则采样数据从显示区的右端向左端循环显示。“左移数据显示”特性对显示串行数据特别有用。

CCS 提供的图形显示类型共有 9 种，每种显示所需的设置参数各不相同。

11．Watch Window（观察窗口）

使用该命令可不间断地观察局部变量和全局变量及 C/C++表达式的值，它用于调试过程中实时地查看和修改变量值。

⑴加入观察变量

选择命令 View-Watch Window 或单击调试工具条上的“打开观察窗口”按钮，则观察窗口将出现在 CCS 的下部位置。CCS 最多提供 4 个观察窗口，在每个观察窗口，用户都可以定义若干观察变量。有三种方法可以定义观察变量：

① 将光标移到观察窗口中按 Insert 键，弹出表达式加入对话框，在对话框中填入变量符号

即可。

② 将光标移到观察窗口中，单击右键，从弹出菜单中选择 Insert New Expression，在表达式加入对话框中填入变量符号即可。

③ 在源文件窗口或反汇编窗口中双击变量，则该变量反白显示，右键单击 Add to Watch Window，则该变量将直接进入当前观察窗口列表。

⑵从窗口中删除变量

从观察窗口中删除变量的方法有如下两种：

① 双击观察窗口的某变量，选中后该变量以彩色亮条显示，按 Delete 键即可删除此变量。

② 选中某变量，右键单击，然后选择 Remove Current Expression。

12．CallStack（调用堆栈）

在调试应用程序的过程中，往往要确定某一个调用指令是否被执行。例如，当外部中断发生时，就要调用相应的子程序；再例如，在用 C 语言编写的源程序中，“if...then”语句可能分别调用不同的函数或子程序。通过观察某个子程序是否被调用过，可以判断出程序的流程是否正确；也可以再次判别某个数据是否出现或某个判断是否正确。利用 Call Stack 窗口可以详细了解到系统的调用过程，调用堆栈仅对 C 程序有用，程序必须具有堆栈段和主函数，否则，调用堆栈将显示信息 source is not available（没有可用的 C 源程序）。

13．Expression List（表达式列表）

使用该命令将出现 Expressions Executing（正在执行的表达式）对话框，从中可观察当前正被计算的表达式；可以放弃任何当前正在计算的表达式，只需选择相应的表达式并单击 Abort（放弃）按钮即可。这样做可以防止陷入无限循环或花费太多时间执行 GEL 函数。

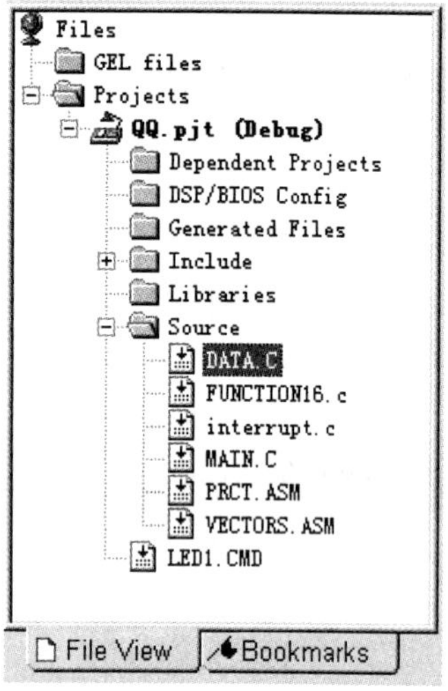

图 14.19　工程工具条

14．Project（工程）

使用该命令可打开工程窗口。当 CCS 启动时，Project View（工程观察）窗口会自动打开，如图 14.19 所示。若选择了书签图标，则在工程观察窗口底部单击 File View（文件观察）图标。在一个工程内，文件分成下面几个文件夹：

⑴include：包含了所有头文件和包括文件：*.h。

⑵source：包含了所有源文件：*.asm。

⑶libraries：包含了所有库文件：*.1ib。

链接器命令文件（*.cmd）直接出现在工程文件（*.pjt）中。

15．Mixed Source/Asm（混合的 C/ASM 代码）

使用该命令可观察 C 源程序与汇编程序的混合代码。把程序装载到目标板或仿真器中后，观察 C 源程序与汇编程序混合反汇编的方法为：首先选择该命令，然后选择 Debug go main（调试→进入主程序），调试器开始执行用户程序，并在 main()处停止执行，同时，C 程序的源文件将自动显示在编辑窗口中。注意：对每一条 C 语句的反汇编指令都出现在源代码中。和反汇编窗口一样，PC 显示为黄色，可以选择带或不带汇编代码的方式观看 C 源文件。

要改变选择，可切换 Mixed Source/Asm 或在编辑窗口右击打开上下文菜单，按需要选择 Mixed Mode（混合方式）或 Source/Mode（源代码方式）。

14.4.4 项目管理（Project）

CCS 采用工程文件夹集中管理一个工程，包括源程序、库文件、链接命令文件和头文件等，它们按照目录树的结构组织在工程文件中。工程构建（编译链接）完成后生成可执行文件。一个典型的工程文件应记录下述信息：源程序文件名和目标库，编译器、汇编器和链接器选项，以及相关的包括文件。

1．New（新建）

使用该命令可创建一个新的工程文件（后缀为.pjt），此后用户就可以编辑源程序、连接命令文件和头文件等，然后加入工程。工程编译链接后产生的可执行程序的后缀为.out。

2．Open（打开）

使用该命令可打开一个已存在的工程，这时会出现 Project Open（工程打开）对话框，在该对话框中找到工程文件所在的目录，选中要使用的工程文件并单击 Open 按钮即可。

3．Add Files To Project（加入文件到工程）

使用该命令可将与该工程有关的源代码、目标文件、库文件和链接器命令文件等加入工程清单。注意，不要将工程指定头文件和包括文件（head/include/文件*.h）作为生成过程的一部分，这些文件在扫描源文件的相应文件时，会通过扫描相关性自动加入。

4．Close（关闭）

使用该命令可关闭已打开的工程。

5．Compile File（编译）

使用该命令仅编译当前文件，不进行链接。

6．Build（生成）

使用该命令可生成整个工程。

7．Rebuild All（重新生成）

使用该命令可重新编译链接当前工程。

8．Stop Build（停止构建）

使用该命令停止生成当前工程的生成进程。

9．Show File Dependencies（显示从属文件）

为产生一个从属文件树，在工程清单中的所有源文件对#include、.include 和.copy 伪指令进行递归扫描，且每个被包括的文件名都被加到工程清单中。被包括的文件会自动地加入工程，一定不要人工加入。

10．Scan All File Dependencies（扫描所有的从属文件）

使用该命令可扫描所有的文件从属性，不管它在上次扫描时是否做过改变。

11．Build Options（生成选项）

使用该命令会出现 Build Option（生成选项）对话框，如图 14.20 所示。可设置生成程序时的编译器、汇编器和链接器选项，步骤如下：定义一组用于工程的所有文件的工程级选项，然后对单个源代码文件定义专门的选项来对程序进行优化。该选项影响所有的工程文件。

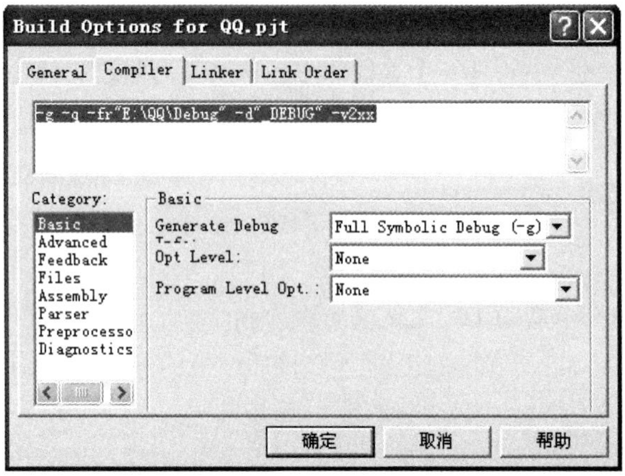

图 14.20　生成选项对话框

14.4.5　调试功能（Debug）

CCS 提供了一组用于调试程序的工具。它具有异常丰富的调试手段，提供了 4 种程序执行控制方式，用户可以对内存单元和寄存器进行查看和编辑、输入/输出外部数据、设置测试点等。一般的调试步骤为：调入生成好的可执行程序，先在感兴趣的程序段设置断点，然后执行程序停留在断点处，查看寄存器的值或内存单元的值，对中间数据进行在线（或输出）分析。不断重复这个过程，直到程序完成预期的功能。

1．Breakpoint（断点）

断点的作用是暂停程序的运行，以便观察/修改中间变量或寄存器数值、考察程序的状态、检查调用的堆栈等。CCS 提供了两种断点：软件断点和硬件断点，它们可以在断点属性中进行设置。设置断点应当避免以下两种情形：

⑴将断点设置在属于分支或调用的语句上。

⑵将断点设置在块重复操作的倒数第一条或倒数第二条语句上。

2．Probe point（测试点）

在算法开发过程中，测试点是一个有用的工具，它允许用户在特定时刻从外部文件中读入数据或写出数据到外部文件中，通过将测试点与外部文件关联起来读入和写出数据，这种方式适用于自动调入和输出数据的场合。信号的测试点与算法中的测试点可以相联系，测试点允许使用特殊的窗口从文件中为算法的指定点更新或读写数据的样品。测试点与 CCS 的文件 I/O 功能一起使用，可将一个数据流与 DSP 代码中的特殊点相连接。当达到算法中的测试点时，可将特殊存储器区域中的数据流与文件进行数据交换。由于文件的读写实际上调用的是操作系统功能，因此不能保证数据交换的实时性。

3．Step Into（单步执行）

该命令若在 C 源文件模式，则单步执行单条 C 语句，否则单步执行单条汇编指令。可通过 F8 键或单击它的图标，或在调试工具条的菜单中选择 Debug→Step into，执行该命令。

4．Step Over（单条执行）

使用该命令完成单条执行操作，单条执行的意思是每发出一个单条操作指令，就能够执行一条或一段程序。例如，对于一般的程序指令，按一次单条执行的结果就是执行一条程序指令。

如果所执行的是一个程序调用语句，则单条执行命令在执行完所调用的子程序才返回，也就是把所调用的程序作为一条指令完成，这是与单步执行指令的根本区别。单步执行命令在执行程序调用时，仍然是执行完一条指令后即停止，而不是把调用指令和调用程序作为一条指令执行。也可通过 F10 键或单击图标执行该命令。

5．Step Out（跳出子程序）

若正处于子程序中，则可采用该命令完成子程序的执行。在当前的函数返回到调用函数后，执行停止。可通过按 Shift + F7 组合键或单击它的图标执行该命令。在 C 源文件模式，使用局部帧指针从标准的运行时间 C 堆栈中确定返回的调用函数，否则，调用函数的返回地址将被认为是在堆栈顶的值。若汇编程序使用堆栈存储其他的信息，则不适合使用该命令。

6．Run（运行程序）

使用该命令从当前的程序指针位置开始执行程序，程序将一直执行到遇到断点为止。也可单击调试工具条上的按钮完成该功能。这种运行方式可使程序在更接近实际工作的情况下运行。

7．Halt（暂停程序执行）

使用该命令可暂停程序的执行。也可单击在调试工具条上的按钮来完成此功能。

8．Animate（动画执行）

这是一个在断点支持下快速调试程序的命令。在执行各个命令前应预先设置好程序断点，然后每按一次动画按钮，就会从当前程序位置执行到所遇到的第一个断点为止。之后，继续按动画按钮就会执行到第二个断点所在的程序位置，如此下去直到遇到最后一个断点。执行到最后一个断点时应当注意，如果再次按动画按钮，程序就会因为找不到断点而一直执行下去，能否停止与程序的结构有关。如果程序不能停止执行，则需要使用 Halt 命令中止程序的执行，也可单击在调试工具条上的按钮完成动画运行功能。选择 Option→Animate Speed（选项→动画速度）可控制动画的速度。

9．Run Free（自由运行）

该命令使所有断点包括测试点和特征点都无效，然后从当前的 PC 位置开始全速执行用户程序。与运行程序命令不同的是，自由运行命令忽略所有的断点，只能使用 Debug→Halt 命令停止程序的自由运行。如果用户利用 JTAG 设备连接 PC 和开发系统，则在程序自由运行时 PC 与开发系统之间没有通信联络，这样可移除 JTAG 或 MPSD 电缆。在自由运行时，也可对目标处理器执行硬件复位。注意软件模拟器（Simulator）不支持自由运行。

10．Run to cursor（运行到光标）

可使用该命令运行已装入的程序，直到遇到反汇编窗中的光标位置为止。按 Ctrl + F10 组合键或单击它的图标，或选择调试工具条中的菜单 Debug→Run to cursor，可执行该命令。

11．Multiple Operation（多步操作）

该命令可将单步操作命令执行多次来实现多步操作。

12．Reset DSP（复位 DSP）

该命令可初始化所有的寄存器内容并暂停运行中的程序。如果目标板不响应命令，并且用户正在使用一基于核的设备驱动，则 DSP 核可能被破坏，用户需要重新装入核代码。对于仿真器，CCS 复位所有寄存器到其上电状态。

13．Restart（重新开始）

该命令将程序指针恢复到当前载入程序的入口地址，此命令不执行当前程序。

14．Go main（进入主程序）

该命令在主程序入口处设置一临时断点，然后开始执行。当程序被暂停或遇到一断点时，临时断点被删除。此命令提供了快速方法来运行用户应用程序。

14.4.6 选项（Option）

1．Font（字体）

可改变文本的字体和字的大小。

2．Dis-assembly Style（反汇编风格）

用于改变在反汇编窗口观察信息的方法，可用来观察调试进程的方式。例如，可选择十六进制或十进制作为寻址的数制。

3．Memory Map（存储器映射）

使用该命令后会出现一对话框，如图 14.21 所示。

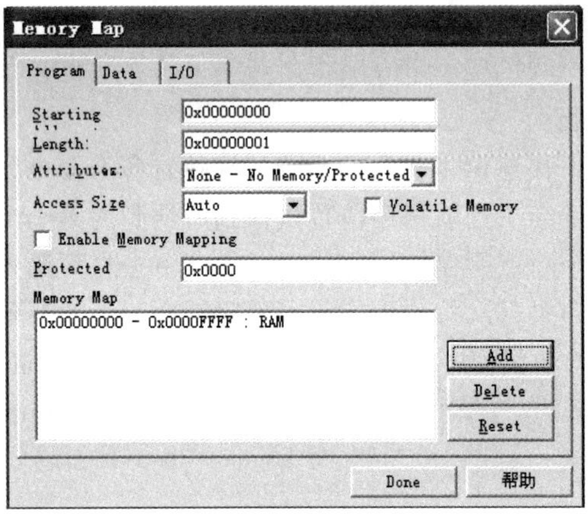

图 14.21　内存映射窗口

用户可利用对话框查看和定义内存映射。默认情况下，Enable Memory Mapping（使能存储器映射）复选框是未选中的，目标板上所有 RAM 都是有效可访问的。为利用内存映射机制，要确保选中 Enable Memory Mapping 复选框，选择需要定义的内存空间（代码、数据或，I/O）。在 Starting Address（开始地址）和 Length（长度）栏中，输入需要映射的内存块起始地址和长度，选择读/写属性。单击 Add 按钮，则新的内存映射定义被输入，用户也可选中一个已定义好的内存映射并删除之。

用户新定义的内存区域可以和以前定义的相重叠，重叠部分的属性以新定义的为有效。

注意：Reset 按钮将禁止所有内存单元的读写。

4．Customize（用户设置）

用户可以自定义调试属性、字体颜色、快捷键、编辑属性和程序装入特性等。

14.4.7 工具（Tools）

该工具主要包含以下内容。

1．Command Windows（命令窗口）

执行该命令出现命令窗口，可在命令区域输入命令，按执行按钮，输入的命令将被执行，结果在输出窗口中显示。

2．On-Chip Flash Programer（写 Flash）

执行该命令即可将.out 程序写入相关芯片中。

14.4.8 窗口（Windows）

1．New Windows（新建窗口）

可得到同一个文件的多个视图，当出现一个文件的多个副本时，标题栏上将在文件名后面附上窗号（n），在一个窗口上的改变也将反映在其他窗口上。

2．Close All（关闭所有窗口）

关闭所有的活动窗口。

3．Cascade（层叠窗口）

将当前打开的所有窗口层叠。

4．Arrange Icons（排列图标）

在窗口底部排列图标。

5．Refresh（刷新窗口）

该命令用当前的目标数据更新活动的窗口。

14.5 CCS 3.x 的应用

利用 CCS v3.3 集成开发环境，用户可以在一个开发环境下完成工程定义、程序编辑、编译链接、调试和数据分析等工作环节。使用 CCS v3.3 开发应用程序的一般步骤为：

⑴打开或建立一个工程文件，工程文件中包括源程序（C 或汇编）、目标文件、库文件、链接命令文件和包含文件。

⑵使用 CCS v3.3 集成编辑环境，编辑各类文件，如头文件（.h 文件）、命令文件（.cmd 文件）和源程序（.c、.asm 文件）等。

⑶对工程文件进行编译。如果有语法错误，将在生成（Build）窗口中显示出来。用户可以根据显示的信息定位错误位置，更改错误。

⑷排除程序的语法错误后，用户可以对计算结果输出数据进行分析，评估算法性能。

CCS v3.3 提供了测试点、图形显示、性能测试等工具来分析数据、评估性能。

下面以一个简单的程序为例，介绍如何在 CCS v3.3 中新建一个程序，以及如何编译、链接、下载、调试程序。

1．新建一个工程文件

⑴运行 CCS v3.3 程序。

⑵选择 Project→New，新建一个工程项目文件，输入项目名 test，CCS v3.3 会建立一个名为 test.pjt 的项目文件。

2．往工程中加入文件

⑴选择 Project→Add Files to Poject，在文件类型选项中选择*.asm 或*.c 文件，加入项目文件。

⑵选择 Project→Add Files to Poject，在文件类型选项中选择 CMD 文件（*.cmd），选择命令链接文件；

⑶此时可通过工作窗口工程视窗中 test.pjt 旁边的“+”号，展开工程查看其中的文件。

3．浏览代码

与 Windows 的浏览器相似，只要打开“+”号展开下面的文件，然后双击文件和图标，在主窗口就会显示相应文件的原始代码。

4．编译/执行程序

⑴选择 Poject→Rebuild All，或单击工具条中的相应按钮，编译所有的程序；

⑵编译成功后，选择 File→LoadProgram，选择刚编译的可执行程序 test.out；

⑶选择 Debug→Run，或单击工具条中的相应图标，运行程序。

5．跟踪/调试程序

⑴选择 Debug→Restart，重新执行程序；

⑵不全速运行，而是选择 Debug→Step Into 或按 F8 键，单步执行；

⑶单步执行程序的同时选择 View→Registers→CPU Registers，观察主要寄存器的变化。

6．关于出现问题的处理

如果在 CCS v3.3 的编译链接过程中出现问题，CCS v3.3 都会给出提示，用户通过阅读提示，可找到问题出现在什么地方。如果是语法上的错误，请查阅相关的语法资料；如果是环境参数设置上的问题，一般应在 Project→Build Options 中进行相应的修改（新安装程序时的默认设置，不熟悉的用户最好不要随意修改）。如果是下载过程中出现的问题，可以尝试使用 Debug→Reset DSP，或是按硬件上的复位键。

参考文献

[1] *TMS320LF/LC240x DSP Controllers System and Peripherals Reference Guide*, Texas Instruments Inc., 2001.

[2] *TMS320F/24x DSP Controllers CPU and Instruction Set Reference Guide,* Texas Instruments Inc., 2003.

[3] 张芳兰．TMS320C2xx 用户指南．北京：电子工业出版社，1999.

[4] 彭启琮，李玉柏．DSP 技术．成都：电子科技大学出版社，1997.

[5] 张雄伟，曹铁勇．DSP 芯片的原理与开发应用．北京：电子工业出版社，2000.

[6] 李哲英，骆丽，刘元盛．DSP 基础理论与应用技术．北京：北京航空航天大学出版社，2002.

[7] 刘和平，严利平，张学锋，卓清锋．TMS320LF240x DSP 结构、原理及应用．北京：北京航空航天大学出版社，2002.

[8] 刘和平，王维俊，江渝，邓力．TMS320LF240x DSP C 语言开发应用．北京：北京航空航天大学出版社，2002.

[9] 王念旭等．DSP 基础与应用系统设计．北京：北京航空航天大学出版社，2001.

[10] 何苏秦，王忠勇．TMS320C2000 系列 DSP 原理及实用技术．北京：电子工业出版社，2003.

[11] 秦永左，杨光等．TMS320LF240x DSP 原理及应用．北京：清华大学出版社，2009.

[12] 江思敏等编著．TMS320LF240x DSP 硬件开发教程．北京：机械工业出版社，2003.

反侵权盗版声明

举报电话：（010）88254396；（010）88258888
传　　真：（010）88254397
E-mail:　dbqq@phei.com.cn
通信地址：北京市海淀区万寿路 173 信箱
电子工业出版社总编办公室
邮　　编：100036